国家出版基金项目
NATIONAL PUBLICATION FOUNDATION

【第六卷】 （2002—2012）

中宣部 2019 年主题出版重点出版物

郑 谦 庞 松 主编

中华人民共和国通史

柳建辉 著

SPM
南方传媒　广东人民出版社
·广州·

图书在版编目（CIP）数据

中华人民共和国通史. 第六卷，2002—2012 / 郑谦，庞松主编；柳建辉
著. —广州：广东人民出版社，2020.1（2024.10 重印）
ISBN 978-7-218-14151-0

Ⅰ. ①中… Ⅱ. ①郑… ②庞…③柳… Ⅲ. ①中国历史—现代史—
2002—2012 Ⅳ. ①K27

中国版本图书馆 CIP 数据核字（2019）第 292421 号

中华人民共和国通史·第六卷（2002—2012）
郑谦、庞松主编 柳建辉著

出 版 人：肖风华

出版策划：钟永宁
责任编辑：卢雪华 曾玉寒 廖智聪 伍茗欣 李宜励
责任校对：王立东 梁敏岚 胡艺超 林 俏 吴丽平
装帧设计：书窗设计工作室
责任技编：吴彦斌

出版发行：广东人民出版社
地　　址：广州市越秀区大沙头四马路 10 号（邮政编码：510199）
电　　话：(020) 85716809（总编室）
传　　真：(020) 83289585
网　　址：http://www.gdpph.com
印　　刷：广州市豪威彩色印务有限公司
开　　本：787mm×1092mm　1/16
印　　张：301.25　字　数：3900 千
版　　次：2020 年 1 月第 1 版
印　　次：2024 年 10 月第 4 次印刷
定　　价：1380.00 元（全七卷）

如发现印装质量问题，影响阅读，请与出版社（020-85716849）联系调换。
售书热线：020-87716172

总　序

一

在中华人民共和国成立 70 周年之际，我们组织撰写了这部《中华人民共和国通史》。

本书所叙史事，始于 1949 年中华人民共和国成立，截止于 2019 年书稿完成。全书共分七卷，前后贯通共和国 70 年发展中政治、经济、文化、国防、外交等各领域，其中包括国体与政体、中央与地方、中国与世界相互关系的历史演变和不同时期人民生活的变化，以及经济变革、政治发展、社会变迁带来的人口、环境、教育、城镇化、社会分层、利益结构等相当丰富又复杂交织的历史内容，依时间顺序，分卷次予以叙述。

1949 年 9 月 30 日，中国人民政治协商会议第一届全体会议向世界庄严宣告中华人民共和国成立，中国人民从此站起来了。这一伟大事件，彻底改变了近代以来 100 多年中国积贫积弱、受人欺凌的悲惨命运，中华民族从此走上了实现伟大复兴的道路。

以中华人民共和国成立为起点，在中国共产党的坚强领导下，在第二次世界大战后并不宽松的国际环境中，依靠社会主义制度，依靠全国各族人民的团结奋斗，中国从一个近代史上不断走向衰败、贫穷落后的东方大国，发展成为独立自主、巍然屹立于国际社会、以坚定的步伐走向社会主义现代化的国家。这无论如何是一个奇迹。综观中华人民共和国70年历史发展，"我国相继实现了从半殖民地半封建社会到民族独立、人民当家作主新社会的历史性转变，从新民主主义革命到社会主义革命和建设的历史性转变，从高度集中的计划经济体制到充满活力的社会主义市场经济体制、从封闭半封闭到全方位开放的历史性转变"。这是执政的中国共产党站在时代的高度，对中华人民共和国历史发展主线的科学概括。

中国的成功有哪些独特的背景、内容、原因和经验？中国的崛起面临哪些问题和挑战？又是如何渐次解决的？中国的崛起向世界贡献了哪些独特经验？中国的复兴还会经历哪些考验，还需要进行哪些探索？这些问题对于中外有识之士始终具有特殊的魅力。

二

中国改革开放40多年来，共和国史研究出现空前活跃的局面，从官方到民间，从科研院所到高等学校，从资料发掘到专题研究，从宏观叙事到微观考察，从译介国外学术动态到向国外介绍国内研究成果，都有许多值得重视的新观点、新成果、新方法。经过多年的积累和提升，学界对共和国史的认识已经今非昔比。

历史学的发展，一是要靠史料的发掘和积累，一是要靠认识方法、分析方法的提高、更新。历史事实是既定的，一旦发生了就不可更改，历史研究必须忠实于史实。但是，认识历史的理论、方法、分析框架却是在不断发展、更新的。在不同的历史时期，人们对历史可以有不同的认识，不同的理论高度和深度。在理性的、专业的研究和写作中，应该注意学习、借鉴国外一些科学的历史研究方法和成果。但我们觉得，迄今为止，开放的、不断发展的马克思主义的历史唯物主义，仍被证明是观察和解释历史、经济、政治、文化及国际事务的科学、有效的分析工具，这是我们写作这部通史的理论遵循。中国特色社会主义理论作为马克思主义在当代中国的最新形态，不断开阔我们的研究视野，提升我们的认识高度，给我们与时俱进的勇气与追求。用它来审视当代中国史，会有许多新的视角，产生一些新结论、新认识。

国家的发展、规律性的揭示和对未来的正确把握，需要深刻的历史经验和历史智慧的支撑。谁在这方面做得好，谁就掌握了话语权和主动权，就能顺应历史潮流引领时代发展，就能真正让历史智慧之光照进现实。一个对历史浮光掠影、浅尝辄止、一知半解或采取虚无主义、实用主义态度的民族，无法企及"历史的高度"，无缘于历史的自觉。

三

这部通史为七卷本，按照历史的发展顺序及其内在逻辑，在总体结构上将中华人民共和国史分为三个大的阶段：

第一阶段——社会主义革命和建设时期（1949—1976），包括：第一卷（1949—1956）；第二卷（1956—1966）；第三卷（1966—1976）。

第二阶段——改革开放和加快现代化建设时期（1976—2012），包括：第四卷（1976—1992）；第五卷（1992—2002）；第六卷（2002—2012）。

第三阶段——建设中国特色社会主义新时代，以第七卷

（2012—2019）作为进入新时代及其后续篇章的开卷。

我们认为，通史采用这种历史分期法，既能较好地展现三个阶段各自的历史特点，又能贯通新中国成立 70 年发展脉络的内在联系，特别是反映建设中国特色社会主义新时代的由来及历史方位。当然，我们也注意到共和国史研究中其他一些有见地的分期方法及其所体现的治史理念。例如，在社会主义革命和建设时期，本书是按目前较通行的分期法，把新中国成立的头七年作为一个整体来叙述的。但我们注意到这七年中前三年和后四年明显的阶段性区分，即"新中国的成立和新民主主义建国纲领在全国的实施"（1949—1952）和"社会主义基本制度在中国的确立"（1953—1956）两个阶段。把头三年的"新民主主义建设"作为一个阶段，本是历来的分期法，是当时中央领导人的共识，党中央的文件也是这样表述的。过去中共党史、共和国史及经济史著作曾把这三年概括为"国民经济恢复时期"，但现在看来，这并不能充分反映这个时期的历史本质。按照历史的原貌，那时中国共产党就是以新民主主义的《共同纲领》来号召人民的，其实质内容是对新民主主义建国方略的稳健实施。本书虽然在形式上未将这头三年单独分期，但吸取了它的精华要义，即：突出而不是刻意淡化新民主主义建国论、新民主主义改革论及新民主主义建设论；强调新中国成立初期经历了一个由半殖民地半封建社会向新民主主义社会的转变过程，通过发展新民主主义经济、政治，为向社会主义过渡准备基本条件。由于 1949—1952 年坚持贯彻《共同纲领》进行新民主主义建设，新中国发生了翻天覆地的变化，政治昌明，经济迅速恢复，社会面貌焕然一新。正是在从半殖民地半封建社会到民族独立、人民当家作主新社会的历史性转变所创造的现实基础上，1953 年中国共产党提出党在过渡时期的总路线，团结全国各族人民为实现向社会主义转变的总任务而奋斗，反映了历史必然性。

又如，中华人民共和国历史发展的新时期应该从何时算起？历史学家胡绳先生在 20 世纪 90 年代提出并体现在《中国共产党历史》第二卷中的分期法，是以中共十一届三中全会为标志，把新中国的历史划分为两大时期，即"社会主义革命和建设时期"和"改革开放新时期"。胡绳强调这不仅是一个编写历史划分篇章的形式问题，其"实质意义是在把党的十一届三中全会的历史地位突出出来"，说明不是以 1976 年粉碎"四人帮"、结束"文化大革命"作为新时期的开始，而是以 1978 年中共十一届三中全会作为共和国发展史上具有开辟新时期、新道路，开创新理论意义的历史标志。这在编写中国共产党历史的分期上，当然是一种卓见。

但是在编写共和国史的时候，我们考虑到不妨有另一种叙史的角度，即如本书第三卷就写到 1976 年粉碎"四人帮"，这在客观历史上也标志着十年"文化大革命"时期的结束。第四卷书写开辟改革开放的新时期，首先是 1976—1978 年中共十一届三中全会之前徘徊前进的两年。这两年的历史进程非常重要，面对"文化大革命"十年内乱造成的重大损失，国家建设百业待兴，党内外强烈要求纠正"文化大革命"的错误，使党和国家从危难中重新奋起。随着党和国家正常政治生活的逐步恢复，国民经济的复苏，平反冤假错案的开始，关于真理标准问题的讨论在全党全国引发思想解放的大潮，批判因袭着历史重负的"两个凡是"错误方针，推动了党和国家工作重点转移思想的酝酿和提出。这两年安定社会政治秩序、恢复国民经济的举措和指导理论上的正本清源，都为 1978 年中共十一届三中全会实现伟大历史转折做了充分和必要的准备，这是促进理性回归、达成社会和解、逐步实现伟大转折不可或缺的客观历史进程，是开辟新时期、新道路，开创新理论的前奏。通观中华人民共和国史，这些内容不宜放到第三卷的末尾捎带来写，而应放在第四卷的开头作为实现伟大转折的历史背景来写。如同历史发展中存在多种选择一样，对历史的叙述也可以有不同的考虑，以上两种分期法各有侧重，各有所长，为新中国史的进一步研究提供了选择的多样性，体现了唯物史观在治史的切入点和叙述角度上亦当有所不同。

再如，关于建设中国特色社会主义新时代，2017 年 10 月，中共十九大报告对我国发展新的历史方位作了科学的判断，指出："经过长期努力，中国特色社会主义进入了新时代，这是我国发展新的历史方位。"这是基于我国社会主要矛盾发生新变化的新特点，与分两步走全面建设社会主义现代化国家的新目标有机结合起来而作出的重大政治论断。"进入新时代"最关键的理论和实践基础是，我国社会主要矛盾已经从"人民日益增长的物质文化需要同落后的社会生产之间的矛盾"，转化为"人民日益增长的美好生活需要和不平衡不充分的发展之间的矛盾"。这表明，人民美好生活的需要已经不再局限于物质文化层面，还包括民主法治、公平正义、公共服务、社会福利、生态环境等更多层面。同时，经济社会发展中还存在着城乡之间、地区之间、群体之间、行业之间及社会福利、公共服务等方面的不平衡，并且已成为经济社会发展新的制约因素。

社会主要矛盾发生新变化，针对发展不平衡不充分状况提出解决新矛盾的总任务，是中国特色社会主义进入新时代的重要标志，也是新时代的重要特征。这意味着中国特色社会主义站到更高层级的历史方位上，要求全面提升物质文明、政治文明、精神文明、社会文明和生态文明，实现国家治理体系和治理能力现代化，使中国成为综合国力和国际影响力领先的国家，中国人民基本实现共同富裕、享有更加幸福安康的生活，中华民族以更加自信、昂扬的姿态屹立于世界民族之林。历史起点和逻辑前提在这里结合起来得到统一。

第七卷（2012—2019）主要记述中共十八大以来，以习近平同志为核心的中央领导集体提出一系列新理念、新思想、新战略，出台一系列重大方针政策，推出一系列重大举措，推进一系列重大工作，推动党和国家事业取得全方位、开创性成就的历史进程。当然，第七卷所书写的内容，还仅仅是一个开端，必须随着人民共和国的新征程新发展而续写新篇章。

四

我们从哪里来，到哪里去？我们为什么会选择这样的发展道路和战略而不是别样的发展道路和战略？本书希望从对历史的学习、研究中，发掘历史的深层规律和意义，进一步接近历史演进的肌理和纹路。例如，对新中国成立初期选择重工业优先的发展战略，我们在书中强调了它并不只是简单地学习苏联模式，而是当时国际冷战环境和国内经济结构性矛盾演化的必然结果。朝鲜战争的爆发和美国为首西方国家的封锁禁运，使得中国领导人不得不把国家安全放在首位来考虑，不能不更多地强调国家工业化要以重工业（国防工业）为中心。优先发展重工业不是一种照搬外国经验的外源性战略，不取决于人们的主观意志，而是当时特定历史条件下中国政治、经济现实状况内生的需要，是历史背景决定的。如果新中国在成立之初不采取重工业优先的国策，而是像西方发达国家早期现代化那样采取农业—轻工业—重工业的发展路径，显然是一条不适合中国亟需改变落后面貌、迎头赶上的发展道路。历史上的选择从来不会只是在"全优"或"全劣"中进行的，有的只能是在反复权衡利弊后的次优选择。工业化道路如此，其他各方面的选择又何尝不是如此。

进一步的研究使我们发现，正所谓"牵一发而动全身"，当年工业化道路这个重大的战略选择又引起了经济基础和上层建筑

领域一系列深刻的变化。而对这些变化，有些我们至今认识得还
比较肤浅。例如，为保证重工业优先，必须加快经济的计划化，
限制"看不见的手"的作用；强调运用行政权力来引导和推动经
济发展；强调领导体制的高度集中；强调意识形态领域的集中统
一领导，如此等等。所以，如同优先发展重工业是内生型的一
样，社会其他方面的变革也是具有内生性的，是前者的派生物。
当然，还有历史、人文等其他方面的各种因素的影响。半个多世
纪过去了，当年中国工业化起步时起过重要历史作用的那些体
制、机制，如今很多已成为改革的对象。如同恩格斯所论述：
"一切依次更替的历史状态都只是人类社会由低级到高级的无穷
发展进程中的暂时阶段。每一个阶段都是必然的，因此，对它发
生的那个时代和那些条件说来，都有它存在的理由；但是对它自
己内部逐渐发展起来的新的、更高的条件来说，它就变成过时的
和没有存在的理由了；它不得不让位于更高的阶段。"

本书还注重考察国际环境因素的变化对中国发展的影响，在
各个发展阶段抓住中美关系、中苏（俄）关系、中日关系的折冲
和演变的基本线索，包括中国与发展中国家、周边民族独立国家
以及西欧发达国家之间关系的发展变化等，把中国的事情放在国
际形势和全球环境背景下加以全面考量，以证中国不断融入国际
社会和经济全球化的必然趋势，以及倡导构建人类命运共同体的
历史逻辑。

许多中外学者在面对改革开放以来中国的巨变时，都会不约
而同地发问：这种巨变从何而来？其原因何在？人们可以列出的
原因很多，几乎所有人都注意到 1978 年中共十一届三中全会前
后的思想解放运动对当代中国的影响。但是，迄今为止，对这场
思想解放运动的深层原因、意义、影响的发掘似乎还欠"火候"。
当代社会主义各国的改革从上世纪 50 年代就已开始，而且多是
以不同形式、不同程度的思想解放为先导，并一度都取得一些成

就，但这些改革又多以"改旗易帜"而告终。同样都有思想解放，为什么结果却如此不同？这就不能不考虑到中国的思想解放运动对"左"倾教条主义冲击的广度、深度和力度。如果再进一步思考，为什么这种思想解放只能产生于 70 年代末至 80 年代初？中国的改革开放的进程与之前的历史尤其是"文化大革命"刻骨铭心的教训有着怎样的深层关联？

中华人民共和国的主要缔造者毛泽东说过："人类的历史，就是一个不断地从必然王国向自由王国发展的历史。这个历史永远不会完结。""因此，人类总得不断地总结经验，有所发现，有所发明，有所创造，有所前进。停止的论点，悲观的论点，无所作为和骄傲自满的论点，都是错误的。"中国道路的成功，正在于以毛泽东为主要代表的中国共产党人，把马克思列宁主义基本原理同中国革命具体实践结合起来，团结带领全党全国各族人民，经过长期浴血奋斗，完成了新民主主义革命，建立了中华人民共和国，确立了社会主义基本制度，成功实现了中国历史上最深刻最伟大的社会变革，为当代中国一切发展进步奠定了根本政治前提和制度基础。在探索过程中，虽然经历了严重曲折，但党在社会主义革命和建设中取得的独创性理论成果和巨大成就，为在新的历史时期开创中国特色社会主义提供了宝贵经验、理论准备、物质基础。中共十一届三中全会以后，以邓小平为主要代表的中国共产党人，团结带领全党全国各族人民，深刻总结我国社会主义建设正反两方面经验，借鉴世界社会主义历史经验，顺应经济社会发展的规律和需要，成功开创了中国特色社会主义道路。

中华人民共和国成立 70 年特别是经过 40 多年的改革开放，极大改变了中国的面貌、中华民族的面貌、中国人民的面貌、中国共产党的面貌。中华民族迎来了从站起来、富起来到强起来的伟大飞跃！中国特色社会主义迎来了从创立、发展到完善的伟大飞跃！中国人民迎来了从温饱不足到小康富裕的伟大飞跃！中华民族正以崭新姿态屹立于世界的东方！

"为什么我的眼里常含泪水？因为我对这土地爱得深沉"。主编这部《中华人民共和国通史》的我们，同为共和国的同龄人，这是我们永远的骄傲。"中国应当对于人类有较大的贡献"——毛泽东的这句话，我们在中学时代就铭记于心。50多年过去了，它一直在我们这一代人的灵魂深处闪耀，成为我们精神世界的一部分，给我们以勇气、胸怀和力量。如今，青年时代的憧憬、梦想已成为现实，这是我们的荣耀与幸福。我们毫不怀疑，祖国的明天会更加美好。我们庆幸能生活在这样一个充满奋斗、巨变与希望的新时代。

与人民共和国同龄、同行，共同经历了风风雨雨、沧桑巨变，目睹了中国道路的曲折与辉煌。这种亲身的经历及长期的理性思考，使我们加深了一个认识，70年中，不论是巨大的成就还是发展中的曲折，都是中国人民在中国共产党的领导下，探索中国自己的建设社会主义道路过程中获得和发生的。正确地总结这些历史经验是非常必要的，因为它们无论是正面的还是反面的，都是中国人民的宝贵财富，都是中华民族贡献给世界文明的智慧结晶。

郑谦　庞松
2019 年 10 月
于北京·中关村西区

目 录 | Contents

第一章　制定新世纪经济社会发展战略

当中国共产党迎来 80 华诞之际，人类社会已步履匆匆地踏入 21 世纪的门槛。为了把握新世纪带来的新机遇，迎接新世纪面临的新挑战，中共中央、国务院在新世纪到来之前，高瞻远瞩地谋划面向新世纪的发展战略，开始实施我国经济社会发展的第三步战略部署。此时，随着"九五"计划的胜利完成，中国现代化建设第二步战略目标已经实现，人民生活总体上达到小康水平，为实现第三步战略目标奠定了良好基础。因此，中共十五届五中全会郑重宣布："从新世纪开始，我国将进入全面建设小康社会，加快推进社会主义现代化的新的发展阶段。……这是中华民族发展史上一个新的里程碑。"①

一、新世纪中国发展面临的机遇和挑战

展望新的世纪，世界科技、经济、政治发展将经历巨大而深刻的变革，中国现代化建设的国际环境将日趋复杂；同时，中国国内改革与发展也进入了一个新的阶段，将面临一系列更为复杂

---

① 《中共中央关于制定国民经济和社会发展第十个五年计划的建议》2000 年 10 月 11 日。以下出自此处的引文不再注明。

的矛盾。因此，中国在新世纪的发展不仅遇到难得的良好机遇和有利条件，更会遇到许多重大挑战和不利因素。如同党的十五届五中全会所指出的："对于当今世界形势的深刻变化和发展趋势给我国带来的机遇与挑战，我们要有清醒的认识，增强紧迫感和忧患意识。"只有充分认识稍纵即逝的发展机遇，深刻分析客观存在的严峻挑战，才能把握机遇，迎接挑战，更好地走向未来。

（一）良好机遇和有利条件

从国内条件看，执政的中国共产党已经成功地走出了一条有中国特色的社会主义道路，产生了强大的凝聚力，能有效保持中国的政治和社会稳定，且对跨世纪发展作出了切实可行的战略部署，完全能够从容地驾驭宏观经济和应对各种复杂局面，及时果断地处理各种新的问题，这是现代化建设的根本政治保证；中国经济在经历了多年的快速发展之后，积累了比较坚实的物质基础，并仍将继续保持较快的增长态势，这是现代化建设的经济基础；全面体制改革和对外开放，在推动中国经济和社会历经多年高速发展之后，将继续发挥强大的体制驱动作用，这是现代化建设的根本动力；香港、澳门的回归和海峡两岸关系的加强，乃至未来祖国的完全统一，将加强包括中国大陆、台湾和港澳地区在内的整体经济实力和国家的整体竞争力，为现代化建设创造有利的条件。

从国际环境看，新世纪国际经济、政治和科技、文化发展的总体趋势在可预见的将来，将为中国现代化建设提供比较有利的国际环境，这是现代化建设的有利的外部条件。当今世界正处于历史变动的时期，世界多极化的趋势在继续发展，国际形势总体上仍然趋向缓和，和平与发展依然是时代的主题。尽管天下仍不太平，和平与发展受到了霸权主义和强权政治的极度挑战，不排除进入新世纪后发生大规模局部冲突的可能，但在较长时期内避免新的世界大战是可能的。

从国际政治格局发展的趋向看，美国仍将致力于形成和维持单极世界格局，多极化格局的最终形成将是一个充满复杂斗争的长期过程，但这一历史方向不可逆转。江泽民指出："无论是在全球还是在地区范围，无论是在政治还是在经济领域，多极化趋势都在加速发展。极少数大国或大国集团垄断世界事务、支配其他国家命运的时代，已一去不复返了。"[①] 美国是世界上唯一的超级大国，拥有超强的政治、经济、军事和科技实力，但也并未建立起单极霸权，受到了世界其他国际力量的制约。其中欧盟、日本、俄罗斯、中国等几大力量相对突出。欧盟在建成统一的市场和统一的货币体系之后，正致力于政治上的联合，加快推进政治、经济、外交、防务一体化进程，有摆脱对美依赖的战略考虑；日本争取政治大国地位的动向十分明显；俄罗斯经济实力虽然下降，却仍是世界上唯一可以同美国抗衡的核大国，随着经济的逐渐恢复，在国际事务中的作用也在增大。改革开放以来，中国经济快速发展，综合国力明显增强，国际地位不断提高，从发展趋势看，必然要成为世界上一个主要的力量中心，是重要的"一极"。印度等地区大国也不甘寂寞，正谋求走向国际政治的中心舞台。上述几大力量的发展是推动世界多极化进程的重要因素。

世界多极化的实质是国际关系的民主化，它的深刻基础在于世界的多样性。世界是丰富多彩的，各国在历史文化传统、社会政治制度以及发展阶段上的差异，是历史发展的产物，将长期存在，也是人类进步的动力。尊重世界的多样性，尊重各国的历史文化、社会制度和发展模式，有利于各国和睦相处与共同发展。

---

① 《江泽民论有中国特色社会主义（专题摘编）》，中央文献出版社 2002 年版，第 513 页。

所以说："世界各种文明和社会制度，应长期共存，在竞争比较中取长补短，在求同存异中共同发展。"①

从 21 世纪中国的周边环境看，中国与周边国家在许多方面的利益冲突将进一步凸显，不稳定因素会不断增加，但只要处理稳妥，仍可继续维持和平与稳定的发展环境。所以，中国完全有可能争取一个良好的国际和平环境和周边环境，继续推进中国的现代化建设。虽然解决和平与发展这两大战略性问题，仍然任重道远，"但从总体上看，和平与发展作为时代主题没有改变，世界多极化的趋势没有改变，我国面临的国际环境依然是机遇大于挑战。总体和平、局部战争，总体缓和、局部紧张，总体稳定、局部动荡，是当前和今后一个时期国际局势发展的基本态势"②。只要中国保持高度警惕，善于把握大局，审时度势，坚定地抓住机遇加快中国的发展，坚决维护中国的利益和安全，就能不断推进世界和平与发展的崇高事业。

从未来国际经济发展的总趋势看，虽然资本主义发达国家仍将主宰全球化进程，但是，全球化、区域集团化的总体趋势不会逆转。世界经济的全球化、集团化和区域化发展趋势十分迅猛。以世界贸易组织、国际货币基金组织和世界银行为框架，全球经济正在迅速形成一个有机整体。这将会促进中国经济与世界经济的进一步融合，为中国进入世界市场、扩大出口、引进技术和资金提供更多的机会。

随着经济全球化的发展，世界科技进步突飞猛进，知识化潮流加速发展，科技经济一体化、国际化趋势将进一步加强，同

---

① 《江泽民论有中国特色社会主义（专题摘编）》，中央文献出版社 2002 年版，第 535 页。

② 《江泽民论有中国特色社会主义（专题摘编）》，中央文献出版社 2002 年版，第 522 页。

时，世界文化发展潮流也将呈现多元化发展趋向，文化冲突与文化融合双重趋势并存。这都将为中国全面扩大中外经济、文化交流创造有利条件。

（二）重大挑战和不利因素

（1）进入新世纪，中国改革处于攻坚阶段，发展处于关键时期，社会转型处于加速状态，体制改革、社会转型、意识形态矛盾和文化冲突都将带来不稳定因素，改革、发展与社会稳定的矛盾将进一步加剧。

世界银行的专家指出："中国正处于两个历史性转变的转型过程之中，即从乡村型农业社会，向城市型的工业社会的转型；从指令性经济向市场经济转型。""这两种转型的合力，产生了强大的旋涡和逆流，它们是可能破坏稳定的潜在因素，而且总是难以预测。"[①] 因此，处理好改革、发展与稳定的关系，以改革促发展，在发展中解决中国面临的所有问题，在稳定的前提下推进改革，实现发展，是中国面临的关系未来现代化建设全局的重大挑战。

（2）社会主义初级阶段在社会发展方面的一个重要特征，就是科技教育文化落后，文盲和半文盲人口占很大比重。而 21 世纪将是知识经济进一步兴起并将占据主导地位的时代，因此，中国将面临知识经济兴起所提出的严峻挑战，需要完成加快工业化和追赶知识经济的双重任务。

进入 20 世纪 90 年代以来，世界经济发展出现了新的变化，"现代科学技术突飞猛进，知识经济初现端倪。"知识经济的出现，标志着人类社会那种大规模的工业化生产时代已接近尾声，

---

① 世界银行：《2020 年的中国》，中国财政经济出版社 1997 年版，第 5 页。

正在步入一个以智力资源为主要依托的知识经济时代。按照普遍的定义，知识经济是"以智力资源的占有、配置，知识的生产、分配、使用（消费）为最重要的要素的经济形态"。这是一种全新形态的经济，而知识经济时代是一个区别于农业经济、工业经济时代的全新的时代。在知识经济时代，知识将成为最重要的经济因素和生产要素，创造知识和应用知识的能力与效率成为影响一个国家综合国力和国际竞争力的重要因素。

21世纪，知识经济将逐步占据国际经济的主导地位，因此，中国在新世纪的发展将面临着加快工业化和追赶知识经济的双重问题。中国必须清醒地认识到，一方面知识经济对发展中国家不仅意味着中国在某些领域或某些发展阶段有实现跨越式发展的可能性，是一种机遇；另一方面，知识经济对发展中国家也是一种挑战，甚至存在某种威胁。发展中国家和发达国家的差距，本质上是知识的差距。世界银行《1998/99年世界发展报告》分析认为："缩小知识差距不是轻易就能完成的。由于高收入工业国永远在不断扩展知识的疆界，因而发展中国家所追赶的是变动着的目标。""比知识差距更大的差距是创建知识的能力上的差距。与收入上的差异相比，穷国与富国在知识创建方面用某些重要标准来衡量的差异要大得多。"[1] 可见，如果中国不能迎头赶上知识经济的潮流，将会再一次拉大与发达国家的差距。这是一场决定着中国国家前途和命运的新的国际竞争。

（3）农业和农村发展在经济发展的新阶段面临更加突出的问题。改革开放以来，中国农村改革与发展取得了巨大的成绩，但是，农村发展仍然十分落后，新世纪中国农业和农村发展将面临一系列严峻挑战。

---

[1] 世界银行：《1998/99年世界发展报告》，中国财政经济出版社1999年版，第2页。

首先是农业生产力发展水平低下与国民经济快速发展的矛盾。按《1998/99 年世界发展报告》中的统计数据，中国 1994—1996 年的农业生产率（每个农业工人创造的农业附加值）为 193 美元（1987 年美元比值，下同），不到低收入国家的平均水平 397 美元的一半，与印度（404 美元）、巴西（2384 美元）、日本（16712 美元）、美国（17719 美元）和荷兰（41245 美元）相比，差距更加巨大。[①] 农业的这种落后状况将在很大程度上制约国民经济的快速发展。与此相关联的是，工农关系、城乡关系严重失衡，存在着社会不断增加的对农产品的需求同日益严重的农业资源短缺间的矛盾；实现农业现代化、农村工业化、农村城市化同农业剩余劳动力转移滞缓的矛盾；农民收入增长缓慢与农民全面实现小康的矛盾；农村社会发展滞后与经济发展不协调；等等。

以上情况说明，实现中国经济和社会发展的战略目标，农业和农村始终处于举足轻重的地位。农业基础是否巩固，农村经济是否繁荣，农民生活是否富裕，关系国民经济和社会发展的全局，所以，必须把农业、农村和农民问题作为现代化建设的根本问题来看待。

（4）进入新世纪后，中国经济发展与人口、资源、环境的矛盾与上世纪八九十年代相比将更加突出。

人口问题一直是制约中国发展的重大问题，而首当其冲的是人口数量继续猛增的巨大压力。预计到 21 世纪 30 年代，可能达到人口峰值，总人口约 16 亿。[②] 同时，老龄化社会提前到来，人口素质提高缓慢等，都将直接制约中国未来的发展。

---

① 参见世界银行：《1998/99 年世界发展报告》，中国财政经济出版社 1999 年版，第 204—205 页。

② 参见张维庆：《人口问题是中国可持续发展的首要问题》，《学习时报》2000 年 1 月 31 日。

21世纪二三十年代将是中国工业化飞速发展并全面完成的历史时期，因此，中国面临的资源和环境压力将进一步加剧，资源利用和可持续发展的矛盾格外尖锐，资源的压力会越来越大。中国是一个资源短缺的国度，资源总量虽不低，但由于庞大的人口基数，人均占有量却远低于世界平均水平。关系到人类生存的淡水、耕地、森林和草地四类资源，中国的人均占有量分别只有世界平均水平的28%、32%、14%和32%。尤其值得关注的是，工业化的快速发展将进一步加大能源消费，加剧与环境保护的矛盾，环境污染、生态失衡和中国面临的国际环境问题的压力将越来越大。

（5）急遽变化的国际经济、政治环境与国家开放战略和安全战略的矛盾。

从世纪之初的国际环境看，与发展机遇相伴而来的是种种挑战和不利因素。展望21世纪，随着科学技术的迅猛发展和经济全球化趋势的加强，国际经济格局的不平等性将进一步加剧，中国作为一个发展中国家，面临着经济发达国家在经济与科技方面占有优势的巨大压力。从对外经济关系看，随着我国与世界经济交流的扩大，日益增强的世界经济区域化、集团化和贸易保护主义将对中国参与世界经济合理分工和扩大出口形成制约，在劳动密集型产品出口以及吸引利用外资和国际先进技术方面面临着同其他发展中国家和周边国家激烈的竞争。在经济全球化的条件下，经济发展面临的来自外部的风险和不可预测性进一步加大，因此，必须高度重视国家经济安全，特别是信息安全、金融安全和重要短缺资源的保障。从国际政治环境看，以美国为首的北约发动科索沃战争之后，霸权主义和强权政治进一步抬头，世界单极化和多极化的斗争将会进入更加复杂的阶段。从周边环境看，存在的压力与挑战也正在上升。周边国家和地区热点冲突不断，可控程度下降，中亚民族分裂主义的渗透以及台湾问题的凸显，说明未来中国与周边国家和地区的矛盾将会激增。

二、新世纪中国经济社会发展战略

为了把握稍纵即逝的发展机遇，迎接客观存在的严峻挑战，从 20 世纪 90 年代中期起，中共中央、国务院就总揽全局，高瞻远瞩地全面谋划跨世纪战略部署。

（一）统筹跨世纪战略部署

1995 年 9 月，中共十四届五中全会开始制订跨世纪发展战略，提出了到 2010 年实现国民生产总值比 2000 年翻一番，使人民的小康生活更加宽裕，形成比较完善的社会主义市场经济体制的奋斗目标。这就把第二步战略部署和第三步战略部署开始衔接起来。

1997 年 9 月，中共十五大面向新世纪，高瞻远瞩地阐述了科教兴国、可持续发展战略，第一次提出了依法治国方略，并且提出了 21 世纪前 50 年新的"三步走"战略部署："展望下世纪，我们的目标是，第一个十年实现国民生产总值比二〇〇〇年翻一番，使人民的小康生活更加宽裕，形成比较完善的社会主义市场经济体制；再经过十年的努力，到建党一百年时，使国民经济更加发展，各项制度更加完善；到世纪中叶建国一百年时，基本实现现代化，建成富强民主文明的社会主义国家。"①

要把十五大的战略决策落到实处，必须建立一个精干高效、运行规范、廉洁奉公的政府。为此，1998 年 2 月，中共中央召开了十五届二中全会，讨论通过了《国务院机构改革方案》，这一

① 《十五大报告辅导读本》，人民出版社 1997 年版，第 4 页。

方案在同年 3 月召开的九届全国人大一次会议上正式通过，近三千名代表用掌声揭开了我国政治体制改革的重要一幕。随后，国务院机构改革全面推开，国务院的组成部门由原来的 40 个减少到 29 个，一大批政府工作人员被精减下来。在国务院机构改革初见成效后，地方各级政府的机构改革也相继展开。这次机构改革，力度之大、范围之广，是中华人民共和国成立以来所没有的。它不仅要精简机构、减少人员，更重要的是政府职能的根本转变。

为了推进十五大确定的依法治国方略，第九届全国人大及其常委会成立之后，按照十五大提出的任务，努力加强立法工作，初步形成了以宪法为核心的中国特色社会主义法律体系的基本框架。与此同时，九届全国人大还大力加强执法监督，高度重视法律的有效实施，有重点地展开工作监督，及时纠正和制止了一些执法过程中的偏差与错误，以及执法犯法问题。这是党的十五大提出的治国方略的成功实践。

农业、农村和农民问题，作为关系现代化建设全局的重大课题，一贯受到中共中央、国务院的高度重视。为此，1998 年 10 月，中共十五届三中全会审议通过了《中共中央关于农业和农村工作若干重大问题的决定》，按照十五大确定的中国社会主义初级阶段的基本纲领和总体部署，从经济、政治、文化三个方面，提出了到 2010 年建设有中国特色社会主义新农村的奋斗目标，确定了实现这一目标必须坚持的方针。

国有企业改革是整个经济体制改革的中心环节，搞好国有企业改革事关中国改革开放和社会主义建设的大局。因此，1999 年 9 月，中共中央在北京召开十五届四中全会，讨论并通过了《中共中央关于国有企业改革和发展若干重大问题的决定》，确定了到 2010 年国有企业改革和发展的主要目标和必须坚持的指导方针。

（二）新世纪共同奋斗的行动纲领

在"九五"计划即将完成之时，中共中央、国务院便开始筹划新的发展部署。2000 年春，国家计委发布了国家将要研究制订第十个五年计划的信息，并向有关研究机构下达了"十五"计划重大研究课题，组织国内有关专家对"十五"期间需要着重解决的重大问题进行深入调查研究。同时利用信息网，设立"十五"计划献计献策专栏，广泛听取社会各界的意见。在计划制订过程中，党和国家领导人多次听取各部门的专题研究汇报，同有关领导和专家一起讨论。经过发扬民主，集思广益，最后达成了共识。

在即将进入新世纪的历史时刻，2000 年 10 月，中共十五届五中全会在北京召开。全会以邓小平理论为指导，贯彻党的十五大精神，全面分析新世纪之初中国面临的国际国内形势，审议并通过了《中共中央关于制定国民经济和社会发展第十个五年计划的建议》。该建议站在历史的新高度，以放眼世界的战略眼光规划中国的发展，提出经济和社会发展的目标及总体战略部署，描绘了中国在新世纪第一个五年，乃至十年经济社会发展的壮丽蓝图，反映了全党的意志和全国各族人民的共同心愿，是指导我国在新世纪伟大进军的行动纲领。

中共十五届五中全会指出，"十五"计划是中国进入 21 世纪实施的第一个五年计划，也是中国现代化建设第三步战略部署的伟大开端，对中国经济和社会的长远发展意义重大。全会按照十五大对新世纪中国现代化建设的总体展望和部署，提出了"十五"时期中国经济和社会发展的主要奋斗目标："国民经济保持较快发展速度，经济结构战略性调整取得明显成效，经济增长质量和效益显著提高，为到二〇一〇年国内生产总值比二〇〇〇年翻一番奠定坚实基础；国有企业建立现代企业制度取得重大进展，社会保障制度比较健全，完善社会主义市场经济体制迈出实质性步伐，在更大范围内和更深程度上参与国际经济合作与竞争；就业渠道拓宽，城乡居民收入持续增加，物质文化生活有较大改善，生态建设和环境保护得到加强；科技教育加快发展，国民素质进一步提高，精神文明建设和民主法制建设取得明显进展。"

全会强调，制定"十五"计划并顺利实现上述目标，必须把发展作为主题，把结构调整作为主线，把改革开放和科技进步作为动力，把提高人民生活水平作为根本出发点。为此，全会强调：

要更加牢固地树立"发展是硬道理"的指导思想，在坚持速度与效益统一的基础上，保持国民经济持续快速健康发展。

要不失时机地以提高经济效益为中心，对经济结构进行战略性调整。这是制定"十五"计划的主线。只有把经济结构理顺，才能真正提高经济增长的质量，进一步增强发展后劲，在21世纪日趋激烈的国际竞争中赢得主动。要坚持在发展中推进经济结构调整，在经济结构调整中保持快速发展，优化产业结构，全面提高中国农业、工业、服务业的水平和效益；合理调整生产力布局，促进地区经济协调发展；逐步推进城镇化，努力实现城乡经济良性互动；着力改善基础设施和生态环境，实现可持续发展。要大力采用新的科技成果，以信息化带动工业化，发挥后发优势，实现社会生产力的跨越式发展。继续推进国有经济战略性改组，把产业结构优化升级同所有制结构调整完善结合起来。

要积极推进体制创新和科技创新，这是推动中国经济发展的强大动力。为此，就必须毫不动摇地坚持市场取向的改革，进一步消除影响生产力发展的体制性障碍，使完善社会主义市场经济体制迈出实质性步伐。科技创新在经济和社会发展中显示出越来越重要的作用，已经成为发展生产力的关键因素。要坚定不移地实施科教兴国战略，提高自主创新能力，深化科技体制改革，大力培养科技人才，全面提高中国劳动者的素质。

要把不断提高人民生活水平作为全部工作的根本出发点。这也是正确处理改革、发展、稳定关系的结合点。要按照全面建设小康社会并加快推进现代化的要求，把不断提高城乡人民收入水平和生活质量提到重要位置。在加快经济发展的基础上，不断满足人们日益增长的物质文化生活的需要，特别是要很好地解决农民收入、就业、社会保障等群众普遍关心的问题。积极扩大就业，继续实行鼓励自谋职业的优惠政策，完善社会保障制度，建立良好的社会秩序，保障人民安居乐业。

要继续努力推进社会主义精神文明建设和民主法制建设，促进经济社会协调发展。为此，要把物质文明建设和精神文明建设作为统一的奋斗目标，始终坚持两手抓、两手都要硬，坚持不懈地进行党的基本理论和基本路线教育，巩固和加强马克思主义的指导地位，弘扬爱国主义、集体主义、社会主义精神，在全社会形成共同理想和精神支柱。要坚持"二为"方向和"双百"方针，繁荣社会主义文化，抵制不良文化。要加强民主政治建设，发展社会主义民主；加强法制建设，落实依法治国方略。深入开展社会主义法制教育，提高全体人民首先是各级领导干部的法制观念。

全会指出，进入新世纪，继续推进现代化建设、完成祖国统一、维护世界和平与促进共同发展，是必须抓好的三大任务。党的建设，是实现这三大任务的根本保证。全会强调，要按照"三个代表"的要求，全面加强党的思想、组织、作风建设，增强党的凝聚力和战斗力。"面对世界日新月异的新发展新变化，面对我国社会主义现代化建设的新形势新任务，共产党人必须站在时代的前列，肩负起历史的重任"。

根据十五届五中全会的《中共中央关于制定国民经济和社会

发展第十个五年计划的建议》，国务院制定了《国民经济和社会发展第十个五年计划纲要》，并经 2001 年 3 月九届全国人大四次会议批准。这一纲要为进入新世纪后的第一个五年规划了经济和社会发展蓝图，明确了指导方针和主要任务，成为全国各族人民在新世纪初共同奋斗的行动纲领。随着"十五"计划的付诸实施，中国进入了全面建设小康社会，加快推进社会主义现代化建设的新的发展阶段。

三、中国进入小康社会

十五届五中全会总结指出，以完成"九五"计划为标志，经过 20 多年的改革开放和发展，中国的生产力水平迈上了一个大台阶，商品短缺状况基本结束，市场供求关系发生了重大变化；社会主义市场经济体制初步建立，市场机制在配置资源中日益明显地发挥基础性作用，经济发展的体制环境发生了重大变化；全方位对外开放格局基本形成，开放型经济迅速发展，对外经济关系发生了重大变化。中国已经实现了现代化建设的前两步战略目标，经济和社会全面发展，人民生活总体上达到了小康水平。这些都是带有阶段性、根本性的变化。"九五"期间经济社会发展的上述历史性变化，标志着中国进入了小康社会，具体表现在：

（一）经济发展取得突出成就，达到了预定发展目标

其突出特点，是国民经济持续快速健康发展，综合国力进一步增强。国内生产总值年均增长 8.3%，2000 年达到 89404 亿元，经济总量由世界第 9 位跃居第 7 位。中共十四届五中全会提出的到 2000 年在中国人口将比 1980 年增长 3 亿左右的情况下，实现人均国内生产总值比 1980 年翻两番的任务已经超额完成。在经

济持续增长和效益改善的基础上，2000 年国家财政收入达 13380 亿元，年均增幅达 16.5%。主要工农业产品产量位居世界前列，商品短缺状况基本结束。国家外汇储备超过 1500 亿美元，位居世界第二。对于中国 20 年间经济发展的变化，世界银行专家评价道："中国只用了一代人的时间，取得了其他国家用了几个世纪才能取得的成就。"①

在经济快速增长的同时，产业结构调整取得积极进展。种植业的品种结构得到改善，优质农作物的种植面积增加，林业、畜牧业发展较快。粮食等主要农产品生产能力明显提高，实现了农产品供给由长期短缺到总量基本平衡、丰年有余的历史性转变。淘汰落后和压缩过剩工业生产能力取得成效。电子、信息等高新技术产业迅速发展，已成为中国社会发展中新的经济增长点。服务业稳定增长，新兴产业开始崛起，并逐渐成为吸纳就业的重要渠道。重点企业按照增加品种、改善质量、提高效益和替代进口的要求，加快了技术改造。随着经济的结构调整和企业的技术改造，经济增长的质量和效益不断提高，全社会劳动生产率、万元产值能源消耗和节能率均超额完成预期计划目标。

基础设施建设不断加强，能源、交通、通信和原材料的"瓶颈"制约得到缓解。"九五"期间，在扩大内需和积极财政政策的支持与推动下，通过发行国债，扩大投资，集中建设了一批重大项目，办了一些多年来想办而没有办成的大事。农林水利建设明显加快，加固和新修大江大河大湖堤防 16000 多公里，黄河万家寨和广东飞来峡水利枢纽、新疆引额济乌工程等一批综合利用水利工程竣工投产，长江三峡、黄河小浪底水利枢纽进展顺利。建成仓容 250 多亿公斤的中央粮食储备粮库，新建和改造近 200

———————————

① 世界银行：《2020 年的中国》，中国财政经济出版社 1997 年版，第 1 页。

万公里的农村电网高、低压线路。公路建设进入前所未有的快速
发展时期，新增通车里程 24 万公里，新建高速公路 11000 多公
里。铁路建设规模达到历史最高水平，京九、南昆、邯济、西康
线及宝成、新菏、株六复线相继铺通或，新增铁路营运里程 6000
多公里。机场建设发展迅速，新建、扩建和改造民航机场 40 个，
包括新建上海浦东、桂林两江、海口美兰和改扩建北京首都、成
都双流、深圳黄田等枢纽和干线机场。城市基础设施建设力度加
大，上海地铁二号线、北京地铁复八线、广州地铁一号线和长春
引松入长供水等一大批城市基础设施项目建成，基础设施承载能
力显著提高，城市功能进一步完善。这些成就的取得，使中国基
础产业和基础设施建设长期滞后的局面大为改观，经济发展的后
劲大为增强。

（二）各项改革进一步深化，其突出标志是社会主义市场经济体制初步建立

继中共十四大提出建立社会主义市场经济体制之后，"九五"
计划提出了到 2000 年初步建立社会主义市场经济体制的历史任
务。"九五"期间，市场取向的改革取得重大突破。

所有制结构不断完善。"九五"期间，以公有制为主体、
多种所有制经济共同发展的基本经济制度进一步巩固。公有制
在国民经济中居主体地位，提供了 3/4 的国内生产总值，非公
有制经济得到较快发展，约占国内生产总值的 1/4；在工业总
产值中，公有制经济占 62%，非公有制经济占 38%；在社会消
费品零售总额中，公有制经济占 38%，非公有制经济占 62%。
多种所有制经济的共同发展，对促进经济增长，满足人们的多
样化消费需求，增加就业岗位，发挥了重要作用。不少人认为，
中国改革开放之所以取得成功，是因为中国采取了先进行经济
体制改革而不触动政治体制改革的方式。实际上这是不正确的。

党的十一届三中全会以来，中国的政治体制改革始终与经济体制改革相呼应，处于稳步推进之中。在世纪之交的历史时刻，中共十五大确认"法治"概念，提出"依法治国，建设社会主义法治国家"的目标和任务，使政治体制改革和民主法制建设的总思路有了新的突破，政治体制改革也从此进入了一个新的发展阶段。

国有企业改革成效明显。党的十五大确定的国有企业三年改革与脱困的目标已基本实现。大多数国有大中型骨干企业通过优化结构、减员增效，人员大幅度减少，效益显著增加，摆脱了长期亏损的局面，初步建立起现代企业制度。国有中小型企业放开搞活取得明显成效。国有企业管理体制和经营机制发生了深刻变化，优胜劣汰的竞争机制初步形成，开创了国有企业改革和发展的新局面。

市场体系发育较快。商品市场中的市场调节比重越来越大，在社会商品零售环节、农产品收购环节以及生产资料出厂环节，市场调节价分别高达95%、84%和86%。资本、劳动力、技术等生产要素市场加速发展，国民经济市场化程度进一步提高，市场在资源配置中的基础性作用明显增强。

宏观调控体系逐步完善。财税、金融、投融资、价格、外汇、外贸等改革继续推进。政府职能转变，政企分开，改革审批制度，还权于企业，还权于市场。一个适应市场经济的宏观调控体系已经初步形成。

社会保障体系的基本框架初步形成。"九五"期间，初步建立了国有企业下岗职工基本生活保障、失业保险和城市居民最低生活保障的"三条保障线"制度，以城镇职工基本养老保险、失业保险、城镇职工基本医疗保险为主要内容的社会保险制度初步确立。

此外，城镇住房制度、粮食流通体制等方面的改革，在"九五"时期也有明显推进。

（三）开放型经济迅速发展，全方位对外开放格局基本形成

这期间，为了适应经济全球化趋势不断增强、中国经济与世界经济联系日益密切的新形势，中国不断提高对外开放水平，扩大对外贸易和对外经济技术交流与合作。随着开放型经济的进一步发展，以及加入世界贸易组织进程的加快，全方位、多层次、宽领域的对外开放格局基本形成。

随着对外开放领域的拓展，中国的对外贸易不断扩大，利用外资的数量和质量也不断提高。在对外贸易方面，2000年进出口贸易总额达4743亿美元，在世界贸易中的排名由1995年的第11位提升到第9位。在对外贸易中，出口商品的结构得到进一步优化，继实现了由初级产品为主向加工产品为主的转变之后，又实现了从一般加工品为主向机电产品为主的转变。在利用外资方面，"九五"期间累计实际利用外资2894亿美元，比"八五"时期增长79.6%。其中，外商直接投资2136亿美元，比"八五"时期增长87%。外商投资领域不断拓宽，金融、保险、商业、外贸、旅游等服务领域利用外资的试点进一步扩大。外商直接投资的科技含量增加，跨国公司来华投资增多。

在对外开放、对外贸易和利用外资等诸多方面都获得了较快发展的同时，外贸体制改革也迈出了新步伐。具体表现在：（1）大幅度减少了配额许可证管理和统一联合经营的出口商品品种，由200多种减少到44种，并在配额分配中引入市场机制；（2）对国有大中型生产型企业、商业企业和科研院所的进出口实行登记备案制，放开了私营生产企业进出口经营权；（3）主动大幅度降低进口关税，降税幅度达53%，平均关税水平由1995年的35.6%降至2000年的16.4%，与发展中国家的关税水平基本一致；（4）调整、提高部分商品的出口退税率，使平均出口退税

率由"八五"末期的 8.3% 提高到 2000 年的 14.75% 左右。伴随着对外贸易的发展和外贸体制改革的推进,市场多元化战略取得了新的进展。在保持对美国、日本、欧盟等传统贸易伙伴出口快速增长的同时,开拓新兴市场取得成效。

(四)商品供应十分充裕,人民生活总体上达到小康

"九五"以来,社会商品零售总额年均增长 10.6%,市场商品丰富,有效供给水平明显提高,长期困扰中国人民的商品短缺状况基本结束。市场供求关系实现了由卖方市场向买方市场的历史性转变。据 2000 年国家内贸局商业信息中心对国内市场上 609 种主要商品排队分析,当时供过于求的比重达 80%,供求基本平衡的占 18%,供不应求的商品只占 2%。城乡居民蛋白食物人均占有量已超过世界平均水平。1999 年肉、蛋和水产品人均占有量分别达到 47.3 公斤、17 公斤和 32.7 公斤。有市场需求和竞争力的产品大幅度增长。

"九五"期间,城乡居民收入水平都有较大幅度的提高。城乡居民储蓄存款余额和股票、债券等其他金融资产也有较大增加。2000 年,农村居民人均纯收入和城镇居民人均可支配收入分别达到 2253 元和 6280 元,剔除价格变动因素,"九五"期间年均增长 4.7% 和 5.7%。与城乡居民收入大幅增加相对应,贫困人口数量迅速减少。全国未解决温饱的贫困人口从 1995 年的 6500 万减少到 2000 年的 2500 万。"八七"扶贫攻坚目标基本实现,农村贫困人口大幅度减少,人民生活总体上达到小康水平。

(五)科技、教育、文化事业加快发展,社会全面进步

这个时期,中国坚持实施科教兴国和可持续发展战略,社会事业蓬勃发展。五年间,科技经费投入累计 5828 亿元,是

"八五"的1.9倍，平均每年取得科技成果30000余项。航空航天、信息、新材料和生物工程等高科技领域取得一批重要成果。"神威"可缩放大规模并行计算机系统研制成功，使中国成为继美、日之后具备研制高性能计算机能力的国家。"神舟"号飞船试验飞行成功，载人航天事业迈出重要步伐。数字高清晰度电视、稀土材料应用和生物技术等重大科研成果产业化取得重要进展。

全国普及九年义务教育的人口覆盖率从1995年的36.2%增加到2000年的85%。基本普及九年义务教育和基本扫除青壮年文盲的目标初步实现。2000年全国普通高校招生数达220.6万人，比1995年增长138%；在校学生数556.1万人，增长91%。

文化、广播影视、新闻出版、卫生和体育等各项社会事业全面发展。大中城市文化设施建设加快，兴建了一批标志性的大型文化设施。广播电视覆盖网得到进一步完善和扩大，到2000年年底，全国广播综合人口覆盖率达92.1%，电视综合人口覆盖率达93.4%。医疗保健体制改革和医疗卫生体制改革迈出较大步伐，城镇社区卫生服务、农村合作医疗和初级卫生保险体系进一步健全，人民群众健康水平有了新的提高。

生态环境建设投入力度明显加大。大河大湖的水污染防治、大气污染防治等工作全面展开，"三河"（淮河、辽河、海河）、"三湖"（太湖、滇池、巢湖）治理取得了阶段性成果。随着"退耕还林（草）、封山绿化"政策的实施，天然林资源保护和林草植被建设、生态环境综合治理工程等方面初见成效。

总之，经过"九五"计划的实施，中国经济建设、综合国力和人民生活迈上了一个新台阶；科技教育摆在突出位置，社会事业全面发展；社会主义体制改革进入全面攻坚和体制创新的阶段；对外开放进入积极参与经济全球化的新阶段。改革开放充分调动了人民的积极性、主动性和创造精神，为经济和社会发展注入了强大的生机和活力，促进了整个国民经济的持续、快速、健康发展，人民生活总体上达到了小康水平，为实现第三步战略部署奠定了良好基础。以此为基础，中国开始进入全面建设小康社会的新阶段。

第二章　开始全面建设小康社会

在"九五"发展目标基本实现的基础上，作为新世纪的第一年，2001 年是"十五"计划和第三步战略部署的开局之年，新气象、新成绩扑面而来。在此基础上，中共十六大提出全面建设小康社会的奋斗目标，指导中国社会主义现代化建设取得辉煌成就。经济结构调整取得积极进展，经济增长质量和效益进一步提高，经济体制改革进一步深化；科教文卫事业全面发展，城乡居民生活继续改善；强劲的经济发展势头和稳定的社会政治局面，使中国赢得了世界瞩目和赞誉。

一、适时提出全面建设小康社会的奋斗目标

在世界经济增长明显减速的情况下，中国坚持扩大内需的方针，继续实施积极的财政政策和稳健的货币政策，综合运用各种宏观调控手段，巩固和发展经济增长的大好形势。2001 年国内生产总值达到 95933 亿元，比上年增长 7.3%。北京获得 2008 年奥运会举办权、中国成功加入世界贸易组织等重大事件，既令国人振奋，也进而说明中国已开始全面融入世界。

（一）中共十六大提出全面建设小康社会

在取得 2001 年的各项成就后，中共中央政治局对 2002 年的工作提出明确要求：以邓小平理论和党的十五大精神为指导，进一步贯彻落实江泽民"七一"讲话和党的十五届五中、六中全会精神，按照"三个代表"要求，正确把握复杂多变的国际政治经济形势，抵御和克服前进道路上的风险和困难，保持经济和社会稳定，以改革开放和现代化建设的新成就迎接党的十六大召开。

2002 年 5 月 31 日，江泽民在中共中央党校省部级干部进修班毕业典礼上发表重要讲话（简称"五三一"讲话），号召全党同志和全国上下一定要高举邓小平理论伟大旗帜，全面贯彻"三个代表"要求，努力开创建设有中国特色社会主义事业新局面，为迎接党的十六大召开进一步统一了全党思想。

11 月 3 日至 5 日，中共中央召开十五届七中全会，讨论并通过了提请党的十六大审议的十五届中央委员会的报告、《中国共产党章程（修正案）》。全会以邓小平理论和"三个代表"重要思想为指导，全面分析了新世纪党面临的国际国内形势和肩负的历史任务，就中国新世纪新阶段改革开放和现代化建设的若干重大问题进行了深入讨论，为十六的召开做了充分准备。

11 月 8 日至 14 日，中国共产党第十六次全国代表大会在北京隆重召开。大会正式代表 2114 人，特邀代表 40 人，代表全党 6600 多万党员。大会通过了江泽民代表中共十五届中央委员会所作的《全面建设小康社会，开创中国特色社会主义事业新局面》的报告，通过了《中国共产党章程（修正案）》和中央纪律检查委员会的工作报告，选举产生了由 198 位中央委员和 158 位候补委员组成的新一届中央委员会，选举产生了新一届中央纪律检查委员会。

中共十六大是中国共产党在新世纪新阶段召开的第一次全国

代表大会，其主题是：高举邓小平理论伟大旗帜，全面贯彻"三个代表"重要思想，继往开来，与时俱进，全面建设小康社会，加快推进社会主义现代化，为开创中国特色社会主义事业新局面而奋斗。

大会报告紧密围绕大会主题，回答了在新世纪新阶段党举什么旗、走什么路、实现什么目标的重大问题。报告清楚地向世人昭示：在新世纪新阶段，中国共产党高举的旗帜，就是马克思列宁主义、毛泽东思想和邓小平理论的旗帜，就是"三个代表"重要思想的旗帜；中国共产党要走的道路，就是邓小平开辟的、以江泽民同志为核心的党中央坚持并发展了的中国特色社会主义道路；中国共产党带领人民在新世纪前50年要实现的目标，就是全面建设小康社会进而实现现代化的目标。这些鲜明有力的回答，表明了中共中央的决心，反映了人民群众的意愿，体现了党和国家事业不断发展的客观要求，对于统一全党和全国人民的思想，凝聚力量，同心同德，艰苦奋斗，全面开创中国特色社会主义事业新局面具有十分重大的意义。

大会报告全面回顾了十五大以来五年的工作，并联系改革开放以来的实践，系统总结了十三届四中全会以来13年的十条基本经验。

报告指出，这13年是中国综合国力大幅度跃升、人民得到实惠最多的时期，是中国社会长期保持安定团结、政通人和的时期，是中国国际影响显著扩大、民族凝聚力极大增强的时期。党和中国人民做出的艰辛努力和取得的伟大成就举世瞩目，必将载入中华民族伟大复兴的光辉史册。

报告指出，这13年来的实践，加深了党和人民对什么是社会主义、怎样建设社会主义，建设什么样的党、怎样建设党的认识，积累了十分宝贵的经验：（1）坚持以邓小平理论为指导，不断推进理论创新。（2）坚持以经济建设为中心，用发展的办法解决前进中的问题。（3）坚持改革开放，不断完善社会主义市场经济体制。（4）坚持四项基本原则，发展社会主义民主政治。（5）坚持物质文明和精神文明两手抓，实行依法治国和以德治国相结合。（6）坚持稳定压倒一切的方针，正确处理改革发展稳定的关系。（7）坚持党对军队的绝对领导，走中国特色的精兵之路。（8）坚持团结一切可以团结的力量，不断增强中华民族的凝聚力。（9）坚持独立自主的和平外交政策，维护世界和平与促进共同发展。（10）坚持加强和改善党的领导，全面推进党的建设新的伟大工程。

"以上十条，是党领导人民建设中国特色社会主义必须坚持的基本经验。这些经验，联系党成立以来的历史经验，归结起来就是，党必须始终代表中国先进生产力的发展要求，代表中国先进文化的前进方向，代表中国最广大人民的根本利益。这是坚持和发展社会主义的必然要求，是党艰辛探索和伟大实践的必然结论。"①

为了建设中国特色社会主义的宏伟事业，永葆执政党的先进性，大会集中全党智慧，郑重将"三个代表"重要思想确立为党的指导思想。这是一个历史性的决策，也是一个历史性的贡献。"三个代表"重要思想是十六大报告的灵魂，是贯穿报告全篇的一条红线。报告单设《全面贯彻"三个代表"重要思想》一章进行论述，高度评价了"三个代表"重要思想的历史地位，指出："'三个代表'重要思想是对马克思列宁主义、毛泽东思想和邓小平理论的继承和发展，反映了当代世界和中国的发展变化对党和国家工作的新要求，是加强和改进党的建设、推进我国社会主义自我完善和发展的强大理论武器，是全党集体智慧的结晶，

---

① 《全面建设小康社会，开创中国特色社会主义事业新局面》，人民出版社 2002 年版，第 10—11 页。

是党必须长期坚持的指导思想。"① 报告科学阐述了"三个代表"重要思想的时代背景、精神实质和指导意义，还重点就如何全面贯彻"三个代表"重要思想的根本要求作了系统阐述，重申了"三个坚持"，即"贯彻'三个代表'重要思想，关键在坚持与时俱进，核心在坚持党的先进性，本质在坚持执政为民"。同时，为了实现"三个坚持"的根本要求，报告提出贯彻"三个代表"重要思想，必须使全党始终保持与时俱进的精神状态，不断开创马克思主义理论发展的新境界；必须把发展作为党执政兴国的第一要务，不断开创现代化建设的新局面；必须最广泛最充分地调动一切积极因素，不断为中华民族的伟大复兴增添新力量；必须以改革的精神推进党的建设，不断为党的肌体注入新活力。这里强调的是，党的理论、党的事业、党的基础、党的建设都要在"三个代表"重要思想指导下，体现新要求，达到新水平。大会号召全党把这一重要思想贯彻到社会主义现代化建设的各个领域，体现在党的建设的各个方面。

大会通过的党章修正案，把"三个代表"重要思想作为党的行动指南写入党章，这对于保证党统一思想、统一行动，团结和带领全国各族人民，全面开创中国特色社会主义事业新局面，必将产生重要的推动作用。

十六大着眼于党和国家的长治久安，顺利实现了中央领导集体的新老交替。经过充分准备和认真酝酿，大会选出了新一届中央委员会和中央纪律检查委员会，一批德才兼备、年富力强的优秀中青年干部当选为新一届的"两委"成员。尤其引人注目的是，新进入中央委员会的委员和候补委员达180名，占一半以上。十六届中央委员会的委员和候补委员，全部是新中国成立后

① 《中国共产党第十六次全国代表大会文件汇编》，人民出版社2002年版，第11页。

参加工作的，其中有一些是改革开放以来参加工作的年轻干部，年龄平均 55.4 岁，具有大专以上文化程度的占 98.6%。11 月 15 日，十六届一中全会选举产生了中共中央政治局委员、中央政治局常务委员会委员，胡锦涛当选为中央委员会总书记。根据中央政治局常务委员会的提名，通过了中央书记处成员；决定了中央军事委员会组成人员，江泽民为中央军事委员会主席；批准了中共中央纪律检查委员会第一次全体会议选举产生的书记、副书记和常务委员会委员人选，吴官正为中央纪律检查委员会书记。

（二）全面建设小康社会的奋斗目标

根据全面开创中国特色社会主义事业新局面的要求，十六大明确提出了全面建设小康社会的任务和奋斗目标，指出："综观全局，二十一世纪头二十年，对我国来说，是一个必须紧紧抓住并且可以大有作为的重要战略机遇期。""根据十五大提出的到二〇一〇年、建党一百年和新中国成立一百年的发展目标，我们要在本世纪头二十年，集中力量，全面建设惠及十几亿人口的更高水平的小康社会，使经济更加发展、民主更加健全、科教更加进步、文化更加繁荣、社会更加和谐、人民生活更加殷实。"[1] 这是实现现代化建设第三步战略目标必经的承上启下的发展阶段，也是完善社会主义市场经济体制和扩大对外开放的关键阶段。经过这个阶段的建设，再继续奋斗几十年，到本世纪中叶基本实现现代化，把中国建设成富强民主文明的社会主义国家。

这个奋斗目标，涵盖了中国特色社会主义经济、政治、文化和生态各个领域，指明了新世纪头 20 年中国经济社会发展的前进方向，同时也展示了新世纪头 20 年中国经济社会发展的灿烂

---

[1] 《全面建设小康社会　开创中国特色社会主义事业新局面》，人民出版社 2002 年版，第 19 页。

前景。据此，十六大报告从四个方面提出了中国在新世纪新阶段全面建设小康社会的具体目标：

（1）经济与社会发展目标。

全面建设小康社会的目标首先包括经济增长的奋斗目标，即"在优化结构和提高效益的基础上，国内生产总值到二〇二〇年力争比二〇〇〇年翻两番，综合国力和国际竞争力明显增强。"

经济增长是指一国或一定区域在一定时期实际产出的绝对量和相对量的增长。经济增长是经济社会发展的前提和基础。在全面建设小康社会的奋斗目标中首先明确规定经济增长的目标，表明了经济增长在全面建设小康社会中具有极其重要的地位，同时也提出了新世纪头 20 年中国国民财富增加与经济规模扩大的总要求。

经济增长虽然在经济社会发展中具有非常重要的地位和作用，但毕竟经济增长并不等同于经济发展，经济发展是比经济增长在内涵上更为广泛和深刻的范畴。就全面建设小康社会的经济发展目标而言，如果只有经济增长的目标，显然是不完备的，还应该包括：

第一，基本实现工业化。十六大报告明确提出，要先于基本实现现代化而在 20 年的时间中基本实现工业化。经过新中国成立后半个世纪，特别是改革开放以来 20 多年的奋斗，中国的工业化水平有了很大的提高，已经进入工业化中期阶段。但对照国际经验和工业化国家的发展水平，中国工业化的任务尚未完成。因此，要在新世纪的头 20 年中，加快推进工业化进程，基本实现工业化，主要方面是：推进产业结构优化升级，形成以高新技术产业为先导、基础产业和制造业为支撑、服务业全面发展的产业格局；优先发展信息产业，在经济和社会领域广泛应用信息技术；积极发展对经济增长有突破性重大带动作用的高新技术产业；用高新技术和先进适用技术改造传统产业，大力振兴装备制造业；继续加强基础设施建设；加快发展现代服务业，提高第三产业在国民经济中的比重；正确处理发展高新技术产业和传统产业、资金技术密集型产业和劳动密集型产业、虚拟经济和实体经济的关系。到 2020 年，中国要实现由农业国到工业国的基本转变，国民经济总量和综合国力位居世界前列。在实现工业化的过程中，要大力推进信息化。这就是要按照应用主导、面向市场、网络共建、资源共享、技术创新、竞争开放的发展思路，广泛应用信息技术，大力建设信息基础设施，发展电子、信息产品制造业，努力实现中国信息产业的跨越式发展，提高信息产业在国民经济中的比重，以信息化带动工业化加快步伐，带动服务业加快发展并提高水平。到 2020 年，中国要开始从工业社会到信息社会的转变，信息产业在国民经济中的地位将进一步加强，信息产业增加值在国内生产总值中的比重将不断增加，有关信息化率的指数值将进一步提高。

第二，实现市场经济体制完善化。经过 20 多年的经济体制改革，特别是 1992 年确立建立社会主义市场经济体制的目标以后的改革推进，在进入新世纪之际，中国已经初步建立社会主义市场经济体制，但还很不完善，随着生产力的发展还可能会产生新的矛盾和问题。因此，必须根据解放和发展生产力的要求，进一步深化经济体制改革，完善社会主义市场经济体制。主要方面是：坚持和完善公有制为主体、多种所有制经济共同发展的基本经济制度，继续从战略上调整国有经济布局和对国有企业进行战略改组，深化国有资产管理体制改革和国有企业改革，健全现代市场体系及加强和完善宏观调控，深化分配制度改革和健全社会保障体系等。到 2020 年，要全面完成从计划经济向社会主义市场经济的转轨，形成完善的社会主义市场经济体制，使整个经济运行更具有活力。

第三，较为主动地参与经济全球化，建成更具活力、更加开放的经济体系。以加入世界贸易组织为标志，中国的对外开放进入了一个新的阶段。从这个新的起点开始，要进一步推进全方位、多领域的对外开放，在更大范围和更高程度上参与国际竞争与合作，使中国的对外贸易额在世界贸易总额中占有相当的比重，在世界经济发展中的地位提升到新的高度，对世界经济活动的规则制定产生相当的影响。

第四，推进城镇化，缩小工农差别和城乡差别。改革开放后，中国城镇化进程逐渐加快。1978年到2001年年底，中国城镇总人口由1.72亿增加到4.8064亿，城镇化率由17.9%提高到37.66%。但是，与中国的工业化进程相比，城镇化进程依然滞后。据世界银行的资料，到2001年底中国城镇化水平比同等人均GDP国家和地区低11个百分点。所以在新世纪的头20年，中国坚持实施城镇化战略，城镇化率每年平均保持提高一个百分点，到2020年将达到56%。考虑到一些不确定的因素，城镇化率达到50%还是有把握的。与此相联系，城市人口占总人口的比重相应提高，非农产业劳动力占总劳动力的比重也相应提高，进而真正扭转工农差别、城乡差别扩大的趋势。

第五，扭转地区差别，实现区域经济发展协调化。要建设全面惠及十几亿人口的小康社会，必然要缓解并逐步缩小区域经济发展差距。遏制地区差别扩大可以通过三个步骤来完成：第一步，有效控制区域经济发展差距扩大的趋势；第二步，逐步缩小过大的区域经济发展差距；第三步，保持区域经济发展差距在合理的、可承受的区间。在全面建设小康社会的20年中，就是要通过加快中西部地区，特别是西部地区的开发和发展，彻底扭转区域经济发展差距扩大的趋势，开始缩小地区之间经济发展差距的进程，为最终把发展差距控制在一个合理的区间提供基础。

第六，健全社会保障体系，实现相当程度的收入分配公平化。在全面建设小康社会的过程中，社会不同群体的收入分配差距缩小，基尼系数有相当幅度的下降，社会保障制度进一步完善。基尼系数反映一个国家的普遍富裕程度，也体现贫富差距的情况。中国改革开放初期的基尼系数大约是 0.28，1995 年为 0.38，2002 年大约为 0.45。2020 年可考虑降至 0.3—0.35。2001 年中国城镇居民最低生活保障率达到 71.6%，今后一个时期中国社会保障制度将逐步完善。预计到 2010 年，城镇居民最低生活保障率将可以超过 95% 并持续保持。

第七，社会就业充分化。通过保持每年 7% 的经济增长速度和加快经济结构调整，确保每年新增就业岗位 1000 万个以上，力争把城镇登记失业率控制在 4.5% 左右。

第八，实现人均收入中等化，确保家庭财产普遍增加，人民过上更加富足的生活。按照世界银行《2000/2001 年世界发展报告》的标准，人均 GNP 750 美元及以下的国家是低收入国家；人均 GNP 756—9265 美元的国家为中等收入国家，同时以 2995 美元为下中等收入国家和上中等收入国家的分界线；人均 GNP 9266 美元及以上的国家是高收入国家。[①] 到 2020 年，中国国内生产总值为 43000 亿美元左右，人口大约为 14 亿，人均国内生产总值为 3000 多美元，基本上也翻两番。按照世界银行《2000/2001 年世界发展报告》的标准，中国就刚刚从下中等收入国家的行列上升到上中等收入国家的行列，在整个中等收入国家的行列中，也基本上处在中间的位置。从城镇居民人均可支配收入来看，2000 年为 6280 元，按照过去 20 年中国城镇居民人均可支配收入增长 3 倍的速度，预计到 2020 年可达到 18840 元（2000 年不变价），按整数计为 18000 元。从农村居民家庭人均纯收入来看，2000 年为 2253 元，过去 20 年人均收入增长 3.5 倍，新世纪

---

① 　世界银行：《2000/2001 年世界发展报告》，中国财政经济出版社 2001 年版，第 275 页。

头 20 年按增长 3.2 倍测算，基本达到人均纯收入 8000 元。

与收入有关的还有一个衡量指标是恩格尔系数，即用于衡量食物支出与总支出的比率。随着人们生活水平的提高，用于基本生活需要的购买食物支出的比重会逐步下降。联合国粮农组织提出的标准值是：60% 以上为贫困，50%～60% 为温饱，40%～50% 为小康，40% 以下为富裕。2000 年，中国这一系数为 46%，近 10 年下降了 15 个百分点。2010 年，全国恩格尔系数低于40%，2020 年将进一步降到 35% 左右。因此，到那时，中国城乡居民的家庭财产将普遍增加，人民生活质量和水平将大幅提高。

（2）政治文明建设目标。

江泽民在"五三一"讲话中指出：发展社会主义民主政治，建设社会主义政治文明，是社会主义现代化建设的重要目标。这是中共中央领导人第一次正式使用"社会主义政治文明"的概念。十六大报告进一步指出："发展社会主义民主政治，建设社会主义政治文明，是全面建设小康社会的重要目标。"这就把建设社会主义政治文明纳入到了中国特色社会主义的理论体系，成为与社会主义物质文明、精神文明并列的一个重要内涵。

建设社会主义政治文明之所以成为全面建设小康社会的重要目标，是因为社会主义政治文明为物质文明与精神文明建设提供政治环境和政治保障。政治文明与物质文明和精神文明所涵盖的内容是不同的，政治文明建立在一定的物质文明和精神文明基础之上，同时又对物质文明和精神文明的发展具有巨大的促进作用，一方面为物质文明和精神文明建设提供良好的政治环境，另一方面又为物质文明和精神文明建设提供方向指导。社会主义物质文明和精神文明的发展，要求更高程度的政治文明与之相适应，实现三种文明的相互协调；而社会主义政治文明所提供的规范有效的制度和法制，所实现的稳定和谐的社会秩序，所规定的社会发展的性质和方向，又促进、保障社会主义物质文明和精神文明建设的不断推进。如果忽视社会主义政治文明建设，物质文明建设、精神文明建设就可能会遇到来自政治领域的障碍而难以顺利进行。同时，社会主义政治文明建设也是社会主义民主政治自身完善和发展的需要。

社会主义政治文明概念的提出，是中国改革开放和社会主义现代化建设发展的必然要求，是党领导人民坚持和发展人民民主长期实践的必然结论，反映了党在理论上的与时俱进和创新精神，进一步深化了党对建设中国特色社会主义规律的认识。

中国特色社会主义事业是一个多层次、有机联系的整体，它包括物质文明、政治文明和精神文明三个方面，三者相互依存，互相促进。其中物质文明是基础，为政治文明和精神文明提供物质条件和实践经验；精神文明为物质文明和政治文明的发展提供思想保证和智力支持；政治文明则既为物质文明和精神文明建设提供稳定有效的制度保障，同时又是调动和发挥人民群众主人翁责任感和积极性来推进物质文明和精神文明建设的重要动力。符合社会前进要求的政治文明，不仅规范着物质文明和精神文明的发展，而且影响以至决定着物质文明和精神文明建设的进程和方向。社会主义政治文明的提出，不仅加深了党对社会主义文明建设的全面性、系统性和战略性的认识，而且丰富和发展了邓小平关于"两个文明"建设的理论，为中国的政治体制改革和民主政治建设指明了方向和道路。

（3）民族素质提高目标。

建设社会主义精神文明，提高全民族的思想道德素质、科学文化素质和健康素质，形成比较完善的现代国民教育体系、科技和文化创新体系、全民健身和医疗体系，让人民享有接受良好教育的机会，基本普及高中阶段教育，消除文盲，最终形成全民学习、终身学习的学习型社会，促进人的全面发展，也是全面建设小康社会的重要目标。社会主义的精神文明建设，不仅为经济发展和政治文明建设提供精神动力、智力支持和人才保障，而且能够形成并不断地强化和提升整个中华民族共同的价值观念、思想信仰、理想目标和民族精神，使中华民族的凝聚力不断加强，使全国人民同心同德地为民族整体利益和长远利益而不懈奋斗，使整个国家在激烈的综合国力竞争中得以形成、保持和不断提高民族精神文化的优势。人的全面发展，既包括物质生活水平和质量的不断提高，包括充分享有政治民主权利，也包括精神文化生活的不断丰富和人自身素质的全面提高。而精神文明建设，一方面丰富了人们的精神文化生活，使人们的生活质量从物质层面延伸到精神层面，使小康水平从物质层次扩展到精神文化层次；另一方面，精神文明建设提高人的修养、道德素质及其精神境界，促进人形成正确的人生追求，正确的人生观、价值观和世界观以及优良的思维品质，从而不断推动着人本身的全面发展。因此，在2010年前后，要建立和完善适应社会主义市场经济体制的科学技术体制和高等教育体制，建设国家创新体系，培育若干所世界一流大学、若干所世界一流科研机构和一批世界一流的企业研究开发机构，形成合理的科学技术布局。在一些重要的科技领域进入世界先进行列，造就一批有重要国际影响的科学技术带头人，为科学和技术持续快速发展奠定坚实的基础。到2020年，中国的科学技术在主要领域接近或基本达到世界先进水平，形成强大的自主创新能力，在科学和高技术领域占有一席之地，掌握一批重要知识产权，形成支撑中国核心竞争力的知识创新和技术创新基础，进入科学和技术大国的行列。研究与开发经费是同科学技术发展水平相关的一个重要指标。到2020年，中国的研究与开发经费占GDP的比重有较大程度的增加。研究与开发经费占国内生产总值的比例，是指全社会用于研究与开发活动的全部实际支出（简称R&D经费）占国内生产总值的比例，是国际上衡量一个国家科技投入规模和科技实力的重要指标。中国 2000 年 R&D 经费占国内生产总值的比重超过 0.9%，2005 年提高到 1.5% 以上，2020 年估计可达到 3% 以上。2020 年中国不仅要基本普及高中教育，而且要大大提高大学入学率。中国的大学入学率 2000 年为 11%。随着科教兴国战略的实施力度加大，高校继续扩招，今后一个时期，这一指标将快速提高。2020 年有可能达到 25%。

（4）可持续发展目标。

可持续发展能力不断增强，生态环境得到改善，资源利用效率显著提高，促进人与自然的和谐，推动整个社会走上生产发展、生活富裕、生态良好的文明发展道路，也是全面建设小康社会的重要目标。实施可持续发展战略，是关系中华民族生存和发展的长远大计。实施可持续发展战略，实质就是要树立新的发展观，改变传统发展思维和模式，经济发展不能以浪费资源和破坏环境和牺牲子孙后代的利益为代价，而是要努力实现经济持续发展、社会全面进步、资源永续利用、环境不断改善和生态良性循环的协调统一。

总之，十六大所确定的全面建设小康社会的奋斗目标，不仅规定了新世纪头 20 年中国经济发展的目标，而且也规定了建设社会主义政治文明、精神文明和生态文明的奋斗目标，是经济增长、经济发展、社会进步、生态良好相互联系、有机统一的综合性、系统性目标，是与加快推进社会主义现代化建设相统一的目标，符合中国国情和现代化建设实际，符合人民的愿望，进一步体现了社会主义制度的优越性。为完成这样的奋斗目标，报告要求：

在经济建设方面，要走新型工业化道路，坚持以信息化带动工业化、以工业化促进信息化，走出一条科技含量高、经济效益好、资源消耗低、环境污染少、人力资源优势得到充分发挥的新路子；要统筹城乡经济社会发展，建设现代农业，加快城镇化进程；必须毫不动摇地巩固和发展公有制经济，毫不动摇地鼓励、支持和引导非公有制经济发展，两者统一于社会主义现代化建设的进程中；分配制度的改革，要确立劳动、资本、技术和管理等生产要素按贡献参与分配的原则，完善按劳分配为主体、多种分配方式并存的分配制度。

在政治建设和政治体制改革方面，要发展社会主义民主政治，建设社会主义政治文明。最根本的是要把坚持党的领导、人民当家作主和依法治国有机统一起来，着重加强制度建设，实现社会主义民主政治的制度化、规范化和程序化。

在文化建设和文化体制改革方面，要牢牢把握先进文化的前进方向，坚持弘扬和培育民族精神，切实加强思想道德建设，大力发展教育和科学事业，积极发展文化事业和文化产业，继续深化文化体制改革。

在国防和军队建设方面，要创新和发展军事理论。努力完成机械化和信息化建设的双重历史任务，实现我军现代化的跨越式发展。

在实现祖国统一问题上，更加明确地强调台湾问题不能无限期地拖延下去，中国人民将义无反顾地捍卫国家主权和领土完整，绝对不允许任何人以任何方式把台湾从中国分割出去。

在对外工作方面，在强调独立自主的和平外交政策的同时，又对建立公正合理的国际政治经济新秩序提出了更明确的主张，即政治上应相互尊重，共同协商；经济上应相互促进，共同发展；文化上应相互借鉴，共同繁荣；安全上应相互信任，共同维护。

在党的建设方面，强调一定要高举邓小平理论伟大旗帜，全面贯彻"三个代表"重要思想，改革和完善党的领导方式和执政方式，把思想建设、组织建设和作风建设有机结合起来，把制度建设贯穿其中，切实做好基层党建工作，增强党的阶级基础和扩大党的群众基础。

这些方针政策，充分体现了与时俱进、开拓进取的精神，为全面建设小康社会指明了方向。

二、明确全面建设小康社会的制约因素

全面建设小康社会的目标是宏伟的，鼓舞人心、催人奋进。但毋庸讳言，在中国这样一个经济文化落后而又发展很不平衡的大国，实现全面建设小康社会的战略目标，并在此基础上实现现代化，不会没有困难，更不可能一帆风顺。重要的是必须清醒地认识困难，并充分利用有利条件，克服和化解不利因素，认真采取措施解决改革和发展中的问题。

（一）全面建设小康社会的指导思想

胡锦涛在 2003 年"七一"重要讲话中指出，在实现全面建设小康社会宏伟目标的征程中，中国将长期面对三个重大课题："一是要科学判断和全面把握国际形势的发展变化，正确应对世界多极化和经济全球化以及科技进步的发展趋势，妥善处理影响世界和平与发展的各种复杂和不确定因素，抓住和用好重要战略机遇期，在日益激烈的综合国力竞争中牢牢掌握加快我国发展的主动权。二是要科学判断和全面把握我国将长期处于社会主义初级阶段的基本国情，正确认识和妥善处理人民日益增长的物质文化需要同落后的社会生产这个社会主要矛盾，紧紧抓住经济建设这个中心不动摇，正确处理好改革发展稳定的关系，推动物质文明、政治文明和精神文明协调发展，不断增强综合国力，逐步实现全体人民的共同富裕。三是要科学判断和全面把握我们党所处的历史方位和肩负的历史使命，正确认识和妥善处理党在改革开

放和发展社会主义市场经济条件下执政遇到的新情况新问题，以改革的精神加强和改进党的建设，不断提高党的领导水平和执政水平，增强拒腐防变和抵御风险能力，始终成为团结带领人民建设中国特色社会主义的领导核心。能否始终解决好这三个重大课题，关系我们党和国家的前途命运，关系全面建设小康社会的成败。'三个代表'重要思想为我们正确认识和处理这些重大课题提供了科学理论和科学方法，指明了方向。"①

（二）全面建设小康社会的制约因素

（1）"三农"问题是全面建设小康社会的最大困难。

实现全面建设小康社会和现代化目标，难度最大而非完成不可的一项任务，就是保持农业和农村经济的持续稳定增长，不断提高农民生活水平。江泽民指出："我国的基本国情决定了，抓住农村这个大头，就有了把握经济社会发展全局的主动权。"②因此，中共十六大报告提出，建设现代农业，繁荣农村经济，增加农民收入，是全面建设小康社会的重大任务，是立足中国国情和农村实际作出的一个重大判断。在中国绝大多数群众稳定地解决温饱、进入小康以后，今后 10—20 年，中国社会经济发展的主要任务是全面建设小康社会。完成这一伟大的历史任务，重点和难点都在农村。一是中国处于社会主义初级阶段，农村尤其不发达。全国近 13 亿人口，62% 以上在农村，占大多数。农村能否如期完成建设小康的各项任务，对全国来说举足轻重。二是中国国民经济发展的突出矛盾是农民收入增长缓慢。2002 年中国农

① 《在"三个代表"重要思想理论研讨会上的讲话》（2003 年 7 月 1 日），人民出版社 2003 版，第 13—14 页。

② 《江泽民论有中国特色社会主义（专题摘编）》，中央文献出版社 2002 年版，第 121 页。

民人均纯收入实现了恢复性增长，达到 2476 元，但地区之间、农户之间很不平衡，沿海不少地区已经达到了 3500 元以上，而西部一些省份还在 1500 元左右。农民收入上不去，提高农业生产水平，开拓农村市场，改善农民生活就难以实现。这不仅是农村经济发展中的紧迫问题，也是贯彻落实扩大内需的方针，促进整个国民经济持续快速健康发展的关键问题。三是中国城市与农村经济发展差距拉大，农村人均纯收入增长远远落后于城市居民人均可支配收入的增长，农村文化、科技、教育、卫生、体育等现代文明远远落后于城市。特别是到 2000 年底，中国农村还有 3000 万左右的贫困人口，主要集中在中西部的老、少、边、穷地区。还有约 6000 万人刚刚越过温饱线，收入还不稳定。缩小城乡差距，不断提高农民的收入水平进而大幅度提高他们的生活水平，在农村完成全面建设小康社会的任务十分艰巨。邓小平曾经指出，"没有农民的小康就没有全国人民的小康"[①]。江泽民进一步强调："没有农村的稳定和全面进步，就不可能有整个社会的稳定和全面进步；没有农民的小康，就不可能有全国人民的小康；没有农业的现代化，就不可能有整个国民经济的现代化。"[②]

（2）人口与就业压力大是全面建设小康社会的主要难题。

中国是一个拥有 13 亿人口、劳动力资源非常丰富的发展中大国，即使今后 10 年中国人口自然增长率控制在 10% 以内，每年仍将净增人口 1000 万左右，到 21 世纪中叶，中国人口将继续增加，人口总量高峰、就业人口高峰、老龄人口高峰将接踵而至，就业矛盾和老龄化问题必将成为全面建设小康社会过程中的

----

① 《从小康，到全面小康（人民论坛）》，《人民日报》2007 年 10 月 19 日。

② 《江泽民论有中国特色社会主义（专题摘编）》，中央文献出版社 2002 年版，第 118 页。

主要难题。从就业来看，多重就业矛盾交织，就业形势非常严峻。一是总量性矛盾。根据有关资料，中国15～64岁人口2000年为8.5亿，2010年达到9.7亿，2020年将达到9.97亿。预计今后几年，全国新生劳动力供给将达到4650万，城镇现有下岗职工和失业人员1400万，农村剩余劳动力1.5亿以上。无论城镇还是农村，劳动力总供给都明显大于总需求。二是结构性矛盾。随着结构调整、产业升级、体制转轨，第一产业从业人员比重持续下降，释放出大批剩余劳动力，城市化进程加快，数以亿计的农村剩余劳动力将进入城镇；一些工业特别是传统工业生产能力过剩，部分资源枯竭的矿山和困难企业关闭破产，大批职工将转岗失业；企业管理体制和劳动用工制度改革，大量冗员需要分流；加入世界贸易组织，一些行业可能受到冲击，将加剧结构性失业现象。三是素质性矛盾。科技进步、技术更新、新兴产业迅速兴起，部分低素质劳动者不适应需要而失业或难以就业，一些急需的专业技术人员和技术工人又不能满足甚至后继无人。四是经济增长速度放慢的矛盾。在保持20多年的高速发展之后，中国经济总量扩大，从20世纪90年代后期开始，经济增长有所减缓，加上资本有机构成的提高，对劳动力的吸纳量相应减少，加上就业观念、职业培训和创业政策等方面也都存在问题，所以，就业形势不容乐观。从人口老龄化的趋势来看，中国65岁以上人口已经达到总人口的7.1%，按照国际标准，开始步入老龄化社会，由此带来的社会问题也尖锐地显露出来。因此，在全面建设小康社会过程中，中国将面临人口高峰、就业高峰和老龄化高峰"三峰迭至"的巨大压力，能否有效地控制人口增长、拓展就业空间和妥善解决好老龄化问题，关系全面建设小康社会事业的成败。

（3）资源不足与生态恶化是全面建设小康社会的客观约束。中国资源虽然总量大，但由于人口众多，所以许多重要资源

人均占有量远远低于世界平均水平。如中国人均耕地面积只有
0.1公顷，仅相当于世界平均水平的42%；中国水资源总量为
28100亿立方米，人均淡水资源量为2257立方米，仅相当于世界
人均水平的27%。全国大部分城市特别是北方城市面临严重的资
源型缺水和污染型缺水情况。中国是少林国家，约有森林面积
1.59亿公顷，约占世界森林面积的4%；人均森林面积仅为0.12
公顷，人均蓄积量8.9立方米，分别为世界人均水平的20%和
12.5%。中国石油资源最终可采储量为130亿~150亿吨，仅占世
界总量的3%左右。矿产资源种类不全，有的虽储量不少，但品
位低，开采难度大。大多数矿产资源人均占有量不到世界平均水
平的一半，资源短缺的同时，资源破坏和浪费又非常突出，滥
采、滥垦、滥伐屡禁不止，资源的产出率、回收率和综合利用率
低，生产、流通和生活消费方面浪费惊人，一些地区环境污染和
生态状况令人触目惊心，部分大中城市污染形势日益严峻。全国
大气污染排放总量多年处于高水平，城市空气污染普遍较重，酸
雨面积已占全国面积的1/3。水土流失情况严重，全国水土流失
面积已达到3.6亿公顷，约占国土面积的38%，并且仍在继续增
加。土地荒漠化、草原沙化面积仍在快速扩散。全国沙漠化土地
面积达1.7亿公顷，占国土面积的18.2%，受沙漠化影响的人口
达到4亿。2003年，中国日排污水量1.3亿吨左右，七大水系近
一半河段严重污染。近岸海域水质恶化，赤潮频繁发生。物种濒
危现象十分严重，中国约有4600种高等植物和约400种野生动
物已经处于濒危或临界状态。因此，资源不足和生态恶化必然成
为制约经济发展和实现全面建设小康社会目标最大的"硬约束"。

（4）结构不合理是全面建设小康社会的直接阻力。

江泽民指出："经济结构不合理，主要表现为产业结构不合
理，地区发展不协调，城镇化水平低，工农业生产技术水平落
后，国民经济的整体素质还不高。""这些问题如不加紧解决，就

难以提高经济增长质量，难以增强我国经济发展的后劲。"① 具体来讲：

第一，产业结构不合理的表现是多种多样的。一是低水平重复建设、重复引进造成的生产结构不合理，生产供给结构不适应国内和国际市场需求变化。一方面表现为低消费水平下的阶段性、结构性和地区性过剩，造成大量的生产能力闲置和企业开工不足；另一方面又表现为低素质下的高消耗、高成本和低效益。二是第一、第二、第三产业结构比较粗放和落后，第一产业现代化程度很低，第二产业比重过高，但内部素质不高，第三产业虽然发展很快，但仍不能适应现代经济发展要求，对经济增长和就业的贡献低。三是在各类产业内部，不仅企业组织结构不合理，"大而全""小而全"的问题突出，专业化水平低，难以形成规模优势，而且产品科技含量低，结构陈旧，附加值不高。

第二，地区发展不协调不仅突出表现在东部地区与中西部地区之间的发展差距不断拉大，而且地区之间的产业结构趋同化现象严重。以 2004 年为例，西部地区国土面积占全国的 71% 左右，人口占全国的 28.6%，国内生产总值却仅占全国国内生产总值的 17.1%。从消费能力来看，东部地区人均社会消费品零售总额为 3786 元，中部地区为 2000 元，西部地区仅有 1482 元。3000 万左右的农村贫困人口，80% 左右分布在西部地区。全国 592 个贫困县，西部就有 307 个。与此同时，地区之间趋同的产业结构，弱化了地区之间的分工与协作，刺激了地方保护主义盛行，阻碍生产要素合理流动，进而降低了资源配置效率，恶化了全国范围内的生产力布局。

第三，城镇化水平低，城乡"二元经济结构"矛盾突出。城

① 《江泽民文选》第 3 卷，人民出版社 2006 年版，第 119 页。

镇化水平低，不仅制约了中国的工业化、市场化和现代化的进程，而且束缚国民经济结构的升级和人的全面发展。据世界银行统计，世界高收入国家的城市化率达到75%左右，中等收入国家的城市化率达到60%左右。美国和日本的农村人口比重不超过2%和5%。至2003年，中国的城市化率仅为37.7%，农业劳动力和农业人口在全社会劳动力和总人口中分别占50%和62%左右。中国的城镇化水平不仅远远低于发达国家，而且低于人均国内生产总值与我们相当的国家11个百分点。城镇化水平低直接加剧了"二元经济结构"的矛盾，对国民经济的发展造成一系列的负面影响。一是城镇化滞后使得工业化缺乏积聚资本、信息和人才的物质载体和巨大的市场空间。二是大量农业人口不能随就业方式的改变而转为城镇人口，使农村人均土地过少，农业生产率过低，农民收入增长缓慢。三是影响了第三产业的发展和就业岗位的增加。四是影响了教育投入和人力资本投资增长，不利于全民素质的提高。

第四，工业生产技术水平落后，国民经济的整体素质还不高。不仅产业创新能力弱，产品附加值低，而且资源利用效率低，环境污染严重，可持续发展能力差。

（5）体制不完善是全面建设小康社会的主要障碍。

改革开放以来，随着中国经济体制市场化取向改革的不断深入和社会主义市场经济体制的初步建立，中国的社会生产力空前发展，综合国力显著增强，人民生活水平明显提高。但是，社会主义市场经济体制还很不完善，不仅传统计划经济体制的"烙印"仍然很深，而且"家长制"的领导方式还有很深的社会土壤，阻碍社会生产力发展的体制性障碍还大量存在。

第一，所有制结构不合理，国有经济比重过高、战线过长、分布过广，垄断经营的弊端仍然突出。至2003年，在18.1万家国有中小型企业中，亏损企业就有9.4万家，亏损面为52%。同时，在全部国有企业中，资不抵债（即负债大于资产）和空壳企业（即损失挂账大于所有者权益）合计为8.5万家，占全部国有企业总户数的44.5%。因此，由于国有企业效率不高，却占有相对较多的资源，其他所有制企业生产效率较高，却得不到应有的资源支持。因此，社会资源不能得到有效而充分的利用，因而抑制了经济发展速度。

第二，规范而有效的国有资产管理体制尚未建立，"政企不分"致使国有企业无法真正成为市场主体，竞争力低下的问题依然严重。国有大企业机制不合理、社会负担重、创新能力弱等问题仍然比较严重，尚未脱困的大企业尤为突出。垄断行业的大企业缺乏优胜劣汰的压力，在经营机制、收费标准和服务质量等方面，与整个社会和消费者的要求还有较大差距。国有经济布局战略性调整任重道远，该加强的还未完全到位，该退出的也未退够。因此，深化国有企业改革，仍然是整个经济体制改革中的关键环节和最繁重的任务。

第三，政府行为约束软化和政府过当干预，导致政府职能的"越位""错位"和"缺位"现象仍然严重。一般市场经济中政府机构和政府官员对经济的干预是在法律的框架下依照法定程序进行的，受到法律的约束和公众的监督，是"法治"的市场经济。所以政府和官员的干预行为规范性较强，随意性较小。中国的市场经济之所以还不"法治"，并不是因为缺乏应有的法律文本，而是仍然存在"权大于法"的问题，对"权力"缺乏强有力的制衡机制，不严肃的决策和随意性的干预仍司空见惯，代价沉重。

第四，"条块分割"行政管理体制，不仅诱发一些部门出现利益集团化和公共职能弱化倾向，而且诱发"部门或地方保护主义"盛行。由于政府行为缺乏制衡机制和透明的程序，许多部门很容易"打着冠冕堂皇的旗号"通过"设租"来吸引"寻租者",从而不正当地获得部门利益和个人利益。地方政府出于自身的利益和政绩需要,也很少考虑与周边地区的分工与协作,重复地上项目、铺摊子,重复建设,许多政府直接投资或怂恿投资建设的工程项目成为"亏损陷阱"或"债务陷阱"。

第五,分配关系混乱,社会保障制度滞后,分配矛盾日益突出。一般说来,随着经济市场化程度的不断加深,通过按劳分配或按生产要素分配所获得的收入差距出现扩大是正常的,总的来说有利于调动各类经济主体的积极性。但问题是现实生活中收入差距拉大,并非全是合理制度安排的结果,有许多不合理、不规范,甚至非法的因素造成的非正常收入。最为突出的是各种形式的垄断、市场秩序混乱中的制假售假、走私贩私、偷税漏税,以及权力结构体系中的寻租设租等各种形式带来的非法收入,造就了一批暴富者。而这些体制外的灰色收入和法制外的黑色收入的大量存在,是人们深恶痛绝的。2001年,中国居民的基尼系数已经高达0.45,超过了国际社会公认的分配不公警戒线0.4的标准。如果分配关系不进一步理顺,分配不公的问题得不到很好的解决,不仅会影响人们的工作和生产效率,而且会引起社会不满,最终酿成社会动荡。

第六,政治体制改革滞后,制衡机制残缺,造成党政不分、以权代法、以权压法、官僚主义和形式主义现象依然存在。一些部门和官员,出于政绩需要大搞"形象工程""条子项目""切块分配"等配置资源的"形式主义"和"家长主义"行为仍很有"市场";出于政绩攀比进行"大呼隆""大跃进"式重复建设、重复生产、重复引进等现象仍然屡禁不止。特别是由于政府或官员仍然掌握着许多资源的控制权,所以在缺乏有效监督的情况下,"权钱交易"和贪污受贿等腐败现象屡见不鲜。

三、突出全面建设小康社会的战略重点

实现全面建设小康社会的奋斗目标，我们必须针对上述阻碍和制约全面建设小康社会进程的制约因素，确定新的战略重点，集中力量，切实解决关系全面建设小康社会和现代化全局的关键问题，夯实全面建设小康社会的物质基础、健全全面建设小康社会的制度保证。

（一）巩固和加强农业基础地位

农业、农村、农民问题，关系中国改革开放和现代化建设全局，直接决定全面建设小康社会的进程，任何时候都不能忽视和放松。21 世纪以来，中国的农业综合生产能力上了一个大台阶，有力地支持了国民经济发展和社会稳定。同时，也出现了农产品供大于求、价格下跌、农民收入缓慢等问题。如果不改变这种状况，就会严重挫伤农民的积极性，动摇农业的基础地位，甚至危及国民经济全局。因此，仍然必须坚持把加强农业、发展农村经济、增加农民收入，作为经济工作的重中之重，下大工夫解决好。

（二）着力提高经济增长的质量和效益

发展是硬道理，是解决中国所有问题的关键，必须使国民经济保持较快的发展速度。发展必须有新思路，有市场、有效益的速度，才是真正的、健康的发展。在中国经济发展出现阶段性变化的新情况下，必须坚决进行经济结构战略性调整。在全面建设小康社会过程中，中国必须把各方面主要精力引导到调整结构、提高经济增长质量和效益上来，努力实现速度与结构、质量、效

益相统一。中国要坚持全面调整产业结构、地区结构和城乡结构，着力抓好调整结构这个关键。一要加强基础设施建设，这是在加工业生产能力过剩的情况下调整结构的必然选择，既可以消除基础设施的"瓶颈"制约，又可以带动装备制造业等相关行业的发展；二要大力发展高新技术产业特别是信息产业，积极推进国民经济和社会信息化，实现跨越式发展；三要大力发展劳动密集型产业，发挥中国劳动力密集和人力资源丰富的比较优势；四要努力发展服务业，进一步提高服务业对经济增长和扩大就业的贡献率；五要加快城镇化进程，统筹协调城乡经济发展，根除"二元经济结构"；六要积极推进西部大开发，促进区域经济协调发展。

（三）大力发展科技与教育

发展科技、教育，是实现经济振兴和国家现代化的根本大计。科学技术、科技创新能力与产业化正成为国家竞争力的关键因素。如果说工业化时代，国家竞争主要表现在争夺工业发展所需要的资源和工业产品及工业资本输出的市场，未来竞争的焦点则是科技与人才。谁能把握先进的技术知识与人才资源，谁就可能在竞争与合作中把握主动权和占据优势地位。中国作为发展中的社会主义国家，能不能抓住本世纪头20年这个重要战略机遇期，大力发展科学技术，提升自身的科技创新能力、综合国力和国际竞争与合作能力，是关系党、国家和民族前途命运的大事。因此，要把握世界科技发展趋势，加强基础研究和高技术研究，优先发展信息技术、生命科学、新材料等重点领域，大力推进关键技术创新和系统集成，实现技术跨越式发展。鼓励科技创新，在关键领域和若干科技发展前沿掌握核心技术和拥有一批自主知识产权，增强自主创新能力。要推进国家创新体系建设，发挥大学和科研机构在知识创新中的重要作用，支持企业成为科研开发投入和技术创新的主体。发挥风险投资的作用，形成一套促进科技创新和创业的资本运作及人才汇集机制。教育是发展科学技术和培养人才的基础，必须充分发挥教育在中国现代化建设中的先导性、全局性作用，坚持教育优先发展，深化教育改革，优化教育结构，合理配置教育资源，提高教育管理水平和质量。实施人才战略，培养数以亿计的高素质劳动者、数以千万计的专门人才和一大批拔尖人才。大力吸引海外各类专门人才，完善知识产权保护制度。

（四）增强经济社会的可持续发展能力

实行计划生育、保护环境和保护资源，是中国的基本国策，绝不能以牺牲环境和浪费资源为代价求得一时的经济发展。在全面建设小康社会进程中，中国必须始终把实施可持续发展战略放在十分突出的位置，大幅度增加投入，从源头抓起，坚持标本兼治。由于人口多、人均资源不足以及长期粗放经营，导致中国必须在收入水平较低、工业化任务尚未完成的情况下，就要下大力气解决发达国家在完成工业化后的高收入阶段面临的资源和生态环境问题。过去粗放经营，伴随高增长的高投入、高消耗，以及不顾生态和环境的发展路子已难以为继，今后必须坚持走可持续发展的道路。因此，要坚持计划生育、保护环境和保护资源的基本国策。保持低生育率水平，控制人口增长。合理开发和节约使用各种自然资源特别是水资源，发展节水工业、节水农业，建设节水型社会。加强油气资源勘探开发和战略资源储备。国家和社会都要加大投入，持之以恒地加强生态保护和建设，强化城乡环境污染治理。

（五）彻底清除束缚社会生产力发展的体制性障碍

发展必须依靠改革，这是我们建设中国特色社会主义的基本经验。党的十一届三中全会以来，我们坚持市场取向改革，为经济发展注入了强大动力。但是，制约经济发展的体制性障碍仍然存在，完善社会主义市场经济体制还需努力。因此，必须以完善社会主义市场经济体制为目标，继续推进市场取向的改革，在坚持和完善基本经济制度、深化国有企业和国有资产管理体制改革、健全现代市场体系、加强和完善宏观调控、深化分配制度改革、健全社会保障体系等重大改革方面取得新的突破和重大进展，不断消除束缚生产力发展的体制性障碍。

第三章　提出和积极贯彻科学发展观

　　十六大以来，中共中央、国务院总结中国改革开放和现代化建设的宝贵经验，立足社会主义初级阶段的基本国情，针对国家经济社会发展的阶段性特征，适应未来经济社会发展的新要求，提出坚持以人为本，树立全面协调可持续的科学发展观，促进经济社会和人的全面发展。在科学发展观指导下，中国加快推进和深化各项改革，积极扩大对外开放，不断加强和改善宏观调控，切实转变经济发展方式，努力克服国际贸易保护主义抬头、石油价格大幅上涨以及突如其来的"非典"疫情和严重洪涝、干旱等复杂多变的国内外经济环境的不利影响，经济社会发展取得了举世瞩目的成就，综合国力明显增强，国际地位显著提高，全面建设小康社会取得了新进展。

一、科学发展观的逐步提出

　　从 21 世纪开始，中国社会主义现代化建设进入一个新的阶段，经济社会发展呈现出一系列新的阶段性特征。这些特征，主要表现在八个方面：一是经济实力显著增强，同时生产力水平总体上还不高，自主创新能力还不强，长期形成的结构性矛盾和粗放型增长方式尚未根本改变；二是社会主义市场经济体制初步建立，同时影响发展的体制机制障碍依然存在，改革攻坚面临深层次矛盾和问题；三是人民生活总体上达到小康水平，同时收入分配差距拉大趋势还未根本扭转，城乡贫困人口和低收入人口还有相当数量，统筹兼顾各方面利益难度加大；四是协调发展取得显著成绩，同时农业基础薄弱、农村发展滞后的局面尚未改变，缩小城乡、区域发展差距和促进经济社会协调发展任务艰巨；五是社会主义民主政治不断发展、依法治国基本方略扎实贯彻，同时民主法制建设与扩大人民民主和经济社会发展的要求还不完全适应，政治体制改革需要继续深化；六是社会主义文化更加繁荣，同时人民精神文化需求日趋旺盛，人们思想活动的独立性、选择性、多变性、差异性明显增强，对发展社会主义先进文化提出了更高要求；七是社会活力显著增强，同时社会结构、社会组织形式、社会利益格局发生深刻变化，社会建设和管理面临诸多新课题；八是对外开放日益扩大，同时面临的国际竞争日趋激烈，发达国家在经济科技上占优势的压力长期存在，可以预见和难以预见的风险增多，统筹国内发展和对外开放要求更高。

基于经济社会发展新特征和新因素的考虑，中共中央、国务院及时作出了"我国改革发展正处在关键时期"的正确判断。这是一个既有巨大发展潜力和动力又有各种困难和风险的时期，是一个既有难得机遇又有严峻挑战的时期。能不能抓住机遇、解决新问题、实现新发展，是对党的执政能力的重大考验。2003年，中国人均国内生产总值首次突破1000美元，到2020年预计将达到3000美元。许多国家和地区的经验表明，在这个阶段，经济社会结构将发生深刻变化，经济社会发展也处于一个重要关口。如果施政得当，就能推动经济社会协调发展，顺利实现工业化和现代化；反之，就可能出现贫富悬殊、失业人口增多、城乡和地区差距拉大、社会矛盾加剧、生态环境恶化等问题，导致经济徘徊乃至社会动荡。从这个时候起，国内理论界纷纷讨论所谓"黄金发展期"和"矛盾凸显期"的话题，党和国家领导人也相当重视先行国家的正反经验，并在不同场合多次要求各级党和政府见微知著，防患未然，借鉴他国持续发展的经验，吸取一些国家徘徊动荡的教训。

2003 年春夏之交发生的"非典"疫情，更是给全党、全社会重要启示，引发了国人广泛而深刻的思考。7 月 28 日，中共中央、国务院召开全国防治"非典"工作会议，总结防治"非典"的工作经验，研究和部署加强公共卫生建设工作，进一步推动经济社会协调发展。会议对抗击"非典"斗争积累的经验、获得的启示进行了全面总结。胡锦涛在会议中明确指出，"通过抗击非典斗争，我们比过去更加深刻地认识到，我国的经济发展和社会发展、城市发展和农村发展还不够协调"。会议强调，今后"我们不仅要继续保持经济较快增长的良好势头，而且要重视提高经济增长的质量和效益；不仅要确保今年经济社会发展目标的实现，而且要高度重视研究和解决经济社会发展中存在的深层次问题；不仅要努力做好当前的工作，而且要为长远发展打下良好的基础"。①

国际国内环境的新变化，经济社会发展的新情况，迫切要求中国共产党进一步回答"什么是发展、为什么发展、怎样发展"这一重大理论和实践问题。2003 年 10 月，中共十六届三中全会把"坚持以人为本，树立全面、协调、可持续的发展观，促进经济社会和人的全面发展"作为深化经济体制改革的重大指导原则正式提出，强调"'按照统筹城乡发展、统筹区域发展、统筹经济社会发展、统筹人与自然和谐发展、统筹国内发展和对外开放

---

① 《十六大以来重要文献选编》（上），中央文献出版社 2005 年版，第 395 页。

的要求'，推进改革和发展"。① 胡锦涛在全会第二次全体会议上指出："树立和落实全面发展、协调发展、可持续发展的科学发展观，对于我们更好坚持发展才是硬道理的战略思想具有重大意义。树立和落实科学发展观，这是二十多年来改革开放实践的经验总结，是战胜非典疫情给我们的重要启示，也是推进全面建设小康社会的迫切要求。"② 2004 年 2 月，中共中央在中央党校举办省部级主要领导干部"树立和落实科学发展观"专题研究班，温家宝、曾庆红、曾培炎等中央领导同志在研究班上作了讲话。由此开始，2003 年以来形成的"以人为本、全面协调可持续"的发展观被冠以"科学发展观"的概念正式公开使用。

2004 年 3 月 10 日，在中央人口资源环境工作座谈会上，胡锦涛全面阐述了科学发展观的深刻内涵和基本要求。他指出："坚持以人为本，就是要以实现人的全面发展为目标，从人民群众根本利益出发谋发展、促发展，不断满足人民群众日益增长的物质文化需要，切实保障人民群众经济、政治、文化权益，让发展成果惠及全体人民。全面发展，就是要以经济建设为中心，全面推进经济、政治、文化建设，实现经济发展和社会全面进步。协调发展，就是要统筹城乡发展、统筹区域发展、统筹经济社会发展、统筹人与自然和谐发展、统筹国内发展和对外开放，推进生产力和生产关系、经济基础和上层建筑相协调，推进经济、政治、文化建设各个环节各个方面相协调。可持续发展，就是要促进人与自然的和谐，实现经济发展和人口、资源、环境相协调，坚持走生产发展、生活富裕、生态良好的文明发展道路，保证一

---

① 《十六大以来重要文献选编》（上），中央文献出版社 2005 年版，第 755 页。

② 《胡锦涛文选》第 2 卷，人民出版社 2016 年版，第 104 页。

代接一代地永续发展。"①

科学发展观的内涵十分丰富，涉及生产力和经济基础的问题，也涉及生产关系和上层建筑的问题，把中国现代化建设的总体布局由社会主义经济、政治、文化建设"三位一体"发展为包括社会建设在内的"四位一体"，推进了社会主义物质文明、政治文明、精神文明和和谐社会共同发展。科学发展观的提出，既顺应时代发展潮流，又符合当代中国国情，反映了中国共产党对发展问题的新认识。

二、实现国民经济又好又快发展

从 2003 年下半年开始，中国经济运行中出现了一些不稳定、不健康因素，尤其以两个问题最为突出：一是粮食问题。粮食播种面积连续 5 年减少，粮食产量持续下降。二是投资问题。固定资产投资总量增长过快，一些行业和地区投资过度扩张；而投资结构却没有改善，不仅已经关闭的小钢厂等恢复生产，而且又新上了一批资源消耗大、技术水平低、污染严重的项目。进入 2004 年，煤电油运紧张的报道更是不绝于耳。针对经济生活中出现的新问题，中央抓住主要矛盾，抓准关键环节，在信贷、土地、农业生产等方面采取有针对性的调控措施，抑制了经济运行中的不健康不稳定因素，避免了国民经济大的起落，保持了持续快速增长的势头。

（一）宏观调控成效显著

这一轮的宏观调控是具有预见性的主动调控，因而不是单纯

---

① 《胡锦涛文选》第 2 卷，人民出版社 2016 年版，第 166—167 页。

的紧缩，而是"区别对待，有保有压"，对过热和过冷行业进行结构调整。一方面严格控制部分行业过度投资、盲目发展；另一方面加强和支持农业、教育等经济社会发展中的薄弱环节。这次宏观调控的另外一大特征就是主要运用经济和法律手段，重视发挥市场机制作用，正确引导市场主体的行为。

2004 年的宏观调控是贯彻以人为本、全面协调可持续的落实科学发展观的重大实践。随后几年，中央都针对经济发展过程中出现的问题，进行了有力而有效的宏观调控，并从中不断总结经验，在贯彻落实科学发展观方面有了一些新体会。2006 年 12 月中央经济工作会议明确提出，必须深刻认识又好又快发展是全面落实科学发展观的本质要求。

从此前的"又快又好"到此时的"又好又快"，虽是"好"与"快"的顺序调整，却有着深刻寓意。这是贯彻落实科学发展观、正确实施宏观调控的客观要求，也是形成经济与社会、人与自然之间的和谐关系，实现全面建设小康社会宏伟目标的现实需要，更是对科学发展观本质要求认识的深化，反映了党的经济建设指导思想的升华。

（二）社会主义市场经济体制进一步完善

新世纪之初，中国社会主义市场经济体制初步建立，公有制为主体、多种所有制经济共同发展的基本经济制度已经确立，全方位、宽领域、多层次的对外开放格局基本形成。改革的不断深化，极大地促进了社会生产力、综合国力和人民生活水平的提高，使中国经受住了国际经济金融动荡和国内严重自然灾害、重大疫情等严峻考验。同时也存在经济结构不合理、分配关系尚未理顺、农民收入增长缓慢、就业矛盾突出、资源环境压力加大、经济整体竞争力不强等问题。其重要原因是中国处于社会主义初级阶段，经济体制还不完善，生产力发展仍面临诸多体制性障碍。

改革是经济发展、社会进步的强大动力。为适应经济全球化和科技进步加快的国际环境，适应全面建设小康社会的新形势，必须加快推进改革，进一步完善社会主义市场经济体制。2003 年 10 月，中共十六届三中全会通过了《中共中央关于完善社会主义市场经济体制若干问题的决定》，着重就当前和今后一个时期需要解决的重要体制问题提出改革目标和任务，作出决策和部署。该决定明确提出了完善社会主义市场经济体制的目标和主要任务。主要目标是："按照统筹城乡发展、统筹区域发展、统筹经济社会发展、统筹人与自然和谐发展、统筹国内发展和对外开放的要求，更大程度地发挥市场在资源配置中的基础性作用，增强企业活力和竞争力，健全国家宏观调控，完善政府社会管理和公共服务职能，为全面建设小康社会提供强有力的体制保障。主要任务是：完善公有制为主体、多种所有制经济共同发展的基本经济制度；建立有利于逐步改变城乡二元经济结构的体制；形成促进区域经济协调发展的机制；建设统一开放竞争有序的现代市场体系；完善宏观调控体系、行政管理体制和经济法律制度；健全就业、收入分配和社会保障制度；建立促进经济社会可持续发展的机制。"

该决定具有鲜明的继承性和连续性，是一个承前启后的历史性文件。它比较系统地充实了 10 年前来不及或者因为条件不成熟而不可能展开的内容，是完善社会主义市场经济的纲领性文件。这充分反映了中国改革实践的发展，也反映了党对发展社会主义市场经济规律认识的不断深化。

（三）制定"十一五"发展规划

新世纪的头五年正处于国民经济和社会发展的"十五"期间。五年间，中国经济实力、综合国力和国际地位显著提高。

"十五"计划确定的主要发展目标提前实现，经济体制改革不断深化，对外贸易迈上新台阶，国家财政收入大幅度增加，价格总水平保持基本稳定，城乡人民生活进一步改善，民族团结不断巩固，各项社会事业取得新进步，社会主义民主政治和精神文明建设继续加强。尤为重要的是，党对经济社会发展规律的认识有了新的飞跃，提出了以人为本、全面协调可持续的科学发展观，这对于推进全面建设小康社会和整个现代化事业具有全局的和长远的指导作用。

2005 年 10 月，中共十六届五中全会通过《中共中央关于制定国民经济和社会发展第十一个五年规划的建议》（本节简称《建议》），提出了"十一五"的主要目标：实现 2010 年人均国内生产总值比 2000 年翻一番；单位 GDP 能源消耗比"十五"期末降低 20%左右，生态环境恶化趋势基本遏制，耕地减少过多状况得到有效控制；形成一批拥有自主知识产权和知名品牌、国际竞争力较强的优势企业；社会主义市场经济体制比较完善，开放型经济达到新水平，国际收支基本平衡；普及和巩固九年义务教育，城镇就业岗位持续增加，社会保障体系比较健全，贫困人口继续减少；城乡居民收入水平和生活质量普遍提高，价格总水平基本稳定，居住、交通、教育、文化、卫生和环境等方面的条件有较大改善；民主法制建设和精神文明建设取得新进展，社会治安和安全生产状况进一步好转，构建和谐社会取得新进步。

坚持以科学发展观统领经济社会发展全局，是《建议》最鲜明的特点。《建议》明确指出："科学发展观是指导发展的世界观和方法论的集中体现。"在全面、深入贯彻科学发展观的基础上，《建议》提出，"十一五"期间要坚持"六个必须"的原则：必须保持经济平稳较快发展，必须加快转变经济增长方式，必须提高自主创新能力，必须促进城乡区域协调发展，必须加强和谐社会建设，必须不断深化改革开放。这"六个必须"，体现了全面贯彻落实科学发展观的基本要求，是相互联系和相互促进的。与此同时，温家宝在《关于制定国民经济和社会发展第十一个五年规划建议的说明》中还强调了"十一五"期间需要处理好的"五大关系"：正确处理内需和外需的关系；正确处理市场机制和宏观调控的关系；正确处理中央和地方的关系；正确处理经济发展和社会发展的关系；正确处理改革、发展、稳定的关系。

"十一五"规划（2006—2010 年），是全面建设小康社会进程中的重要规划，是符合中国国情、顺应时代要求的发展目标、指导方针和总体部署。

（四）建设社会主义新农村

进入新世纪特别是中共十六大以来，全党全社会高度重视"三农"工作，将其提到了前所未有的高度。2002 年党的十六大，把统筹城乡经济社会发展作为全面建设小康社会的重大任务提出。同年 12 月，中共中央政治局专门召开会议，强调要把农业、农村、农民问题作为全党工作的重中之重，放在更加突出的位置。2003 年 10 月，中共十六届三中全会把统筹城乡发展列为完善社会主义市场经济体制的目标之一。2004 年 9 月，在中共十六届四中全会上，胡锦涛提出"两个趋向"的论断，认为"工业反哺农业、城市支持农村"是一种普遍性的倾向。同年 12 月，胡锦涛在中央经济工作会议上进一步提出，中国现在总体上已到了以工促农、以城带乡的发展阶段。在着眼城乡统筹发展的基础上，2005 年党的十六届五中全会提出建设一个"生产发展、生活宽裕、乡风文明、村容整洁、管理民主"的"社会主义新农村"的历史任务。从 2004—2008 年，中共中央、国务院还连续 5 年颁发有关"三农"的"一号文件"。特别是 2006 年年初，更以"一号文件"的形式明确下发《中共中央 国务院关于推进社会主义新农村建设的若干意见》，全面部署社会主义新农村建设。

为了推进社会主义新农村建设的步伐，中共中央、国务院领导各级政府采取了一系列重大举措，主要表现在：

（1）建立以工促农、以城带乡的长效机制。顺应经济社会发展阶段性变化和建设社会主义新农村的要求，中央坚持了"多予少取放活"的方针，重点在"多予"上下工夫。总的要求是：调整国民收入分配格局，国家财政支出、预算内固定资产投资和信贷投放，按照存量适度调整、增量重点倾斜的原则，不断增加对农业和农村的投入。扩大公共财政覆盖农村的范围，建立健全财政支农资金稳定增长机制。2006年，中央财政全年用于"三农"的支出为3397亿元，比上年增加422亿元。在中央财政支持下，农村水利、道路、电网、通信、安全饮水、沼气等基础设施建设得到显著加强；农村义务教育、劳动力技能培训、卫生、文化、社会保障等事业也有了很大改善。

（2）推进现代农业建设，强化社会主义新农村建设的产业支撑。中央从多个方面改善农业生产条件，推动农业科技进步，提高农业综合生产能力：一是加快建设国家创新基地和区域性农业科研中心，大力提高农业科技创新和转化能力。二是加强农村现代流通体系建设，积极推进农产品批发市场升级改造，促进入市农产品质量等级化、包装规格化。鼓励商贸企业、邮政系统和其他各类投资主体通过新建、兼并、联合、加盟等方式积极参与。三是稳定发展粮食生产。立足国内实现粮食基本自给的方针，稳定发展粮食生产，持续增加种粮收益，不断提高生产能力，适度利用国际市场，积极保持供求平衡。四是按照高产、优质、高效、生态、安全的要求，积极推进农业结构调整。五是发展农业产业化经营，着力培育一批竞争力、带动力强的龙头企业和企业集群示范基地，推广龙头企业、合作组织与农户有机结合的组织形式，让农民从产业化经营中得到更多的实惠。六是加快发展循环农业，大力开发节约资源和保护环境的农业技术，重点推广废弃物综合利用技术、相关产业链接技术和可再生能源开发利用技术。

（3）深化农村改革，创新农村体制机制。中央进一步加快了推进粮食流通体制、征地制度和农村金融体制等多方面配套改革的部署，为社会主义新农村建设提供体制保障。尤其以农村税费改革成效最为显著，影响比较深远。从 2000 年开始的农村税费改革进程明显加快。2005 年 12 月 29 日，十届全国人大常委会第十九次会议决定，自 2006 年 1 月 1 日起，正式废止《中华人民共和国农业税条例》。中央还承诺，从 2006 年起财政每年将安排1000 亿元以上的资金用于支持农村税费改革的巩固完善。农业税的取消，终结了中国历史上存在两千多年的"皇粮国税"，是国民收入分配格局的一次历史性变革。由此，中国农村改革进入了以乡镇机构、农村义务教育和县乡财税管理体制改革为主要内容的综合改革阶段。2006 年 9 月，国务院召开全国农村综合改革工作会议，提出综合改革的目标是，按照巩固农村税费改革成果和完善社会主义市场经济体制的要求，推进乡镇机构、农村义务教育和县乡财政管理体制改革，建立精干高效的农村行政管理体制和运行机制、覆盖城乡的公共财政制度、政府保障的农村义务教育体制，促进农民减负增收和农村公益事业发展，全面推进社会主义新农村建设。

"社会主义新农村"不是新的命题，但在改革发展的关键时期提出建设社会主义新农村的历史任务，体现了农村全面发展的要求，也是巩固和加强农业基础地位、全面建设小康社会的重大举措，更是以科学发展观统领经济社会发展全局的生动反映。

三、确立科学发展观的历史地位

2007 年 6 月 25 日，胡锦涛在中央党校省部级干部进修班发表重要讲话，要求全党坚持以邓小平理论和"三个代表"重要思想为指导，深入贯彻落实科学发展观，继续解放思想，坚持改革开放，推动科学发展，促进社会和谐，为夺取全面建设小康社会新胜利而奋斗。胡锦涛的讲话科学分析了当时中国面临的新形势新任务，全面阐述了以邓小平理论和"三个代表"重要思想为指导、深入贯彻科学发展观的基本要求，深刻回答了党和国家未来发展的一系列理论和实践问题，为党的十七大召开奠定了重要的政治、思想和理论基础。

10 月 9 日至 12 日，中共十六届七中全会在北京召开。全会讨论并通过了党的十六届中央委员会向党的第十七次全国代表大会的报告，讨论并通过了《中国共产党章程（修正案）》，决定将这两份文件提请党的第十七次全国代表大会审议。全会审议并通过了《中共中央纪律检查委员会关于陈良宇问题的审查报告》、《中共中央纪律检查委员会关于杜世成问题的审查报告》。全会全面分析了面临的形势和任务，深入讨论了从新的历史起点出发继续推进中国特色社会主义伟大事业和党的建设新的伟大工程的若干重大问题。

根据十六届七中全会的决定，中国共产党第十七次全国代表大会于 2007 年 10 月 15 日至 21 日在北京召开。大会正式代表2213 人，特邀代表 57 人。大会批准了胡锦涛代表第十六届中央委员会向大会作的《高举中国特色社会主义伟大旗帜，为夺取全面建设小康社会新胜利而奋斗》的报告，批准了中央纪律检查委员会工作报告，审议通过了《中国共产党章程（修正案）》，选举产生了由 204 名中央委员和 167 名候补委员组成的新一届中央委员会，选举产生了由 127 名委员组成的新一届中央纪律检查委员会。

大会主题是："高举中国特色社会主义伟大旗帜，以邓小平理论和'三个代表'重要思想为指导，深入贯彻落实科学发展观，继续解放思想，坚持改革开放，推动科学发展，促进社会和谐，为夺取全面建设小康社会新胜利而奋斗。"胡锦涛在大会报告中指出："中国特色社会主义伟大旗帜，是当代中国发展进步的旗帜，是全党全国各族人民团结奋斗的旗帜。解放思想是发展中国特色社会主义的一大法宝，改革开放是发展中国特色社会主义的强大动力，科学发展、社会和谐是发展中国特色社会主义的基本要求，全面建设小康社会是党和国家到二〇二〇年的奋斗目标，是全国各族人民的根本利益所在。"

对改革开放的伟大进程和宝贵经验进行总结，是本次大会的一大特色。大会召开的第二年，即 2008 年，中国将迎来改革开放 30 周年。为此，大会报告专门对改革开放新时期进行了高度概括，指出：新时期最鲜明的特点是改革开放，新时期最显著的成就是快速发展，新时期最突出的标志是与时俱进。事实雄辩地证明，改革开放是决定当代中国命运的关键抉择，是发展中国特色社会主义、实现中华民族伟大复兴的必由之路；只有社会主义才能救中国，只有改革开放才能发展中国、发展社会主义、发展马克思主义。

在回顾历史进程的基础上，报告分析了我们这样一个十几亿人口的发展中大国摆脱贫困、加快实现现代化、巩固和发展社会主义的宝贵经验，即"把坚持马克思主义基本原理同推进马克思主义中国化结合起来，把坚持四项基本原则同坚持改革开放结合起来，把尊重人民首创精神同加强和改善党的领导结合起来，把坚持社会主义基本制度同发展市场经济结合起来，把推动经济基础变革同推动上层建筑改革结合起来，把发展社会生产力同提高全民族文明素质结合起来，把提高效率同促进社会公平结合起来，把坚持独立自主同参与经济全球化结合起来，把促进改革发展同保持社会稳定结合起来，把推进中国特色社会主义伟大事业同推进党的建设新的伟大工程结合起来"。

　　报告强调："改革开放以来我们取得一切成绩和进步的根本原因，归结起来就是：开辟了中国特色社会主义道路，形成了中国特色社会主义理论体系。高举中国特色社会主义伟大旗帜，最根本的就是要坚持这条道路和这个理论体系。中国特色社会主义道路，就是在中国共产党领导下，立足基本国情，以经济建设为中心，坚持四项基本原则，坚持改革开放，解放和发展社会生产力，巩固和完善社会主义制度，建设社会主义市场经济、社会主义民主政治、社会主义先进文化、社会主义和谐社会，建设富强民主文明和谐的社会主义现代化国家。""中国特色社会主义理论体系，就是包括邓小平理论、'三个代表'重要思想以及科学发展观等重大战略思想在内的科学理论体系。"

　　"中国特色社会主义理论体系"这一新命题的提出，是对改革开放新的历史时期党创新理论的科学整合，是改革开放以来党的理论成果开放性特征的科学表述，是十七大的重大理论贡献。它坚持和发展了马克思列宁主义、毛泽东思想，凝结了几代中国共产党人带领人民不懈探索实践的智慧和心血，是马克思主义中国化的最新成果，是党最可宝贵的政治和精神财富，是全国各族人民团结奋斗的共同思想基础，是不断发展的开放的理论体系。

　　邓小平理论和"三个代表"重要思想分别于党的十五大和十六大写入党章，并被确立为党的指导思想。根据形势发展的要求，十七大适时对党章进行了修改，把党的十六大以来形成的科学发展观等重大战略思想写入党章，使修改后的党章充分体现了马克思主义中国化的最新成果，充分体现了党的工作和党的建设的新鲜经验。

　　大会报告对科学发展观的科学内涵和基本要求作了进一步阐述："科学发展观，第一要义是发展，核心是以人为本，基本要求是全面协调可持续，根本方法是统筹兼顾。"深入贯彻落实科学发展观，要求我们始终坚持"一个中心、两个基本点"的基本路线，积极构建社会主义和谐社会，继续深化改革开放，切实加强和改进党的建设。大会认为："科学发展观，是对党的三代中央领导集体关于发展的重要思想的继承和发展，是马克思主义关于发展的世界观和方法论的集中体现，是同马克思列宁主义、毛泽东思想、邓小平理论和'三个代表'重要思想既一脉相承又与时俱进的科学理论，是我国经济社会发展的重要指导方针，是发展中国特色社会主义必须坚持和贯彻的重大战略思想。"

大会一致同意在党章中把党的基本路线中的奋斗目标表述为把我国建设成为富强民主文明和谐的社会主义现代化国家。大会认为，把经济建设、政治建设、文化建设、社会建设"四位一体"的中国特色社会主义事业总体布局写入党章，对于夺取全面建设小康社会新胜利、开创中国特色社会主义事业新局面，具有重大意义。

在贯彻落实科学发展观的基础上，大会提出了实现全面建设小康社会奋斗目标的新要求：一是增强发展协调性，努力实现经济又好又快发展；二是扩大社会主义民主，更好保障人民权益和社会公平正义；三是加强文化建设，明显提高全民族文明素质；四是加快发展社会事业，全面改善人民生活；五是建设生态文明，基本形成节约能源资源和保护生态环境的产业结构、增长方式、消费模式。

十七大报告科学把握国际国内大势和当前中国发展的阶段性特征，总结党的十六大以来的工作和取得的伟大成就，提出中国特色社会主义小康社会的奋斗目标，全面部署社会主义经济建设、政治建设、文化建设、社会建设以及国防和军队建设、"一国两制"和祖国统一、对外工作等方面的主要任务，确定了以改革创新精神加强和改进党的建设的主要工作，提出一系列的新观点、新概括、新举措，具有很强的政治性、思想性、战略性、指导性，对团结带领全国各族人民夺取全面建设小康社会新胜利、开创中国特色社会主义事业新局面，产生了重大而深远的指导作用。报告鲜明地向党内外、国内外宣示了在改革发展关键阶段党举什么旗、走什么路、以什么样的精神状态、朝着什么样的发展目标继续前进，以战略性思维和前瞻性眼光描绘了中国改革发展的宏伟蓝图。这是中国共产党人面向现代化、面向世界、面向未来的政治宣言，是马克思主义的纲领性文献，是指引全国各族人民夺取全面建设小康社会新胜利、开创中国特色社会主义事业新局面的行动纲领。

10月21日举行闭幕会。在总监票人和监票人监督下，到会的2235名代表和特邀代表以无记名投票方式，选举出由204名委员、167名候补委员组成的十七届中央委员会，选举出中央纪律检查委员会委员127名。随后，大会通过了关于十六届中央委员会报告的决议；关于中央纪律检查委员会工作报告的决议；关于《中国共产党章程（修正案）》的决议。10月22日，十七届一中全会在北京举行，选举产生了中共中央政治局委员、中央政治局常务委员会委员，胡锦涛当选为中央委员会总书记。根据中央政治局常务委员会的提名，通过了中央书记处成员；决定了中央军事委员会组成人员，胡锦涛为中央军事委员会主席；批准了中央纪律检查委员会第一次全体会议选举产生的书记、副书记和常务委员会委员人选，贺国强为中央纪律检查委员会书记。

四、深入贯彻落实科学发展观

十七大报告的一大亮点和突出贡献，是对科学发展观的时代背景、科学内涵、精神实质和历史地位进行了深刻阐述，对深入贯彻落实科学发展观提出了明确要求。

胡锦涛在党的十七大报告中指出："科学发展观，第一要义是发展，核心是以人为本，基本要求是全面协调可持续，根本方法是统筹兼顾。"① 这是对科学发展观基本内涵的精辟阐述，科学发展观的精神实质，就是实现经济社会又好又快发展。

十七大报告将经济增长方式的提法改为经济发展方式，体现了党对实践经验的总结和理论认识的深化。加快转变经济发展方式，是深入贯彻落实科学发展观的必然要求，是十七大提出的关系中国发展全局的紧迫而重大的战略任务。中央要求各级党委和政府把转变经济发展方式放在更加突出的位置来抓。

（1）大力推进社会主义新农村新牧区建设。各地在十七大精神的鼓舞下，着力发展现代农牧业、多渠道增加农牧民收入、加快农村牧区社会事业发展、继续深化农牧区综合改革，着力建立以工促农、以城带乡长效机制，发挥工业对农牧业的支持反哺作用、城市对农村牧区的辐射带动作用，实现农牧业稳定发展、农牧民持续增收、农村牧区全面进步，努力形成城乡经济发展一体化新格局。

（2）大力推进经济结构调整。经济结构不合理，是制约中国经济持续快速协调健康发展的突出问题。要增强经济结构调整的紧迫感，坚持走中国特色新型工业化道路，积极构建现代产业体系，推动产业优化升级不断取得新进展。中央要求各地要放眼全局推进经济结构调整，要立足优势推进经济结构调整，要紧扣节约推进经济结构调整。

（3）大力推进自主创新。中央提出，要坚持实施科教兴国战略和人才强国战略，继续深化科技体制改革，促进经济增长由主要依靠增加物质资源消耗向主要依靠科技进步、劳动者素质提

① 《中国共产党第十七次全国代表大会文件汇编》，人民出版社2007年版，第14页。

高、管理创新转变。一是要加大对科技事业的投入力度，二是要明确科技创新的主攻方向，三是要强化企业在科技创新中的主体地位，四是要造就创新人才队伍。

（4）大力推进生态环境保护。十七大明确提出建设生态文明的新要求，顺应了当今世界的发展潮流，反映了人民群众的迫切愿望。中央要求在建设生态文明中要做到三个结合，即把生态建设与生态保护结合起来，把加强教育与健全体制结合起来，把发挥政府作用与动员全社会力量结合起来。

（5）大力推进改革开放。只有坚持深化改革、扩大开放，才能解决发展中的深层次矛盾和问题，才能为推进经济社会又好又快发展提供有力的体制保障和不竭的动力源泉。在推进改革开放的实践中，一要坚持和完善社会主义基本经济制度，二要加快推进行政管理体制改革，三要着力健全现代市场体系，四要统筹对内开放与对外开放。

（6）高度重视改善民生。党的十七大提出了"加快推进以改善民生为重点的社会建设"的重大任务。中共中央、国务院要求各级党委和政府按照十七大的部署，坚持以人为本，更加注重社会建设，着力保障和改善民生，努力使全体人民学有所教、劳有所得、病有所医、老有所养、住有所居，推动建设和谐社会。

第一，着力保障和改善民生。主要是着力做好六项工作，一是千方百计扩大就业；二是加快建立覆盖城乡居民的社会保障体系；三是优先发展教育；四是发展医疗卫生事业；五是着力解决群众住房问题；六是抑制消费品价格过快上涨。

第二，着力加强民族工作和宗教工作。牢牢把握各民族共同团结奋斗、共同繁荣发展的主题，把加快少数民族和民族地区发展放在更加突出的位置；坚持不懈地开展马克思主义民族理论、党的民族政策和民族团结宣传教育，广泛深入开展民族团结进步创建活动；坚持和完善民族区域自治制度，全面贯彻民族区域自治法；大力培养少数民族干部和人才；全面贯彻党的宗教工作基本方针，认真贯彻宗教事务条例，依法管理宗教事务，坚持独立自主自办的原则。

第三，着力加强和改进社会管理。一是形成科学有效的利益协调机制、诉求表达机制、矛盾调处机制，建立健全应急管理体制机制，为有效应对各种可能发生的突发事件提供制度保证。二是深刻认识和把握新形势下人民内部矛盾的特点和规律，建立健全正确处理人民内部矛盾的工作机制，完善信访制度，健全党和政府主导的维护群众权益机制，注重从源头上减少人民内部矛盾的发生。三是加强思想政治工作，加强基层基础工作，教育引导群众以理性合法的形式表达利益要求、解决利益矛盾，深入开展矛盾纠纷排查化解工作，依法及时合理地处理群众反映的问题，努力把影响社会稳定的问题解决在基层、解决在萌芽状态。四是搞好安全生产，牢固树立安全发展理念，认真落实安全生产责任制，有效遏制重特大安全事故，确保人民生命财产安全。五是加强社会治安综合治理，完善社会治安防控体系，深入开展平安创建活动，依法打击各种形式的犯罪活动，强化边境管控，高度警惕和严密防范各种敌对势力的渗透破坏活动，确保社会治安大局稳定和国家边境安全。

当然，中国经济社会发展中也面临着一些突出困难和问题，如经济增长的资源环境代价过大；城乡、区域、经济社会发展仍然不平衡；农业稳定发展和农民持续增收难度加大；劳动就业、社会保障、收入分配、教育卫生、居民住房等方面关系群众切身利益的问题仍然较多，部分低收入群众生活比较困难等。这些问题，需要我们下大力气，采取更坚决、更配套的措施，长期不懈地抓下去，才能逐步得到解决。

第四章　构建社会主义和谐社会

　　科学发展和社会和谐是内在统一的，没有科学发展就没有社会和谐，没有社会和谐也难以实现科学发展。党和政府既要通过发展增加社会物质财富不断改善人民生活，又要通过发展保障社会公平正义不断促进社会和谐。改革开放以来，中国社会总体上是和谐的，但也存在不少影响社会和谐的矛盾和问题。为此，进入新世纪以来，中共中央、国务院把构建社会主义和谐社会摆在了更加重要的位置，作出一系列决策部署，推动和谐社会建设取得新的成效。

一、首次提出"构建社会主义和谐社会"

　　中共中央、国务院对于构建社会主义和谐社会的认识和实践，经历了一个不断探索、不断深化的过程。2002 年 11 月，中共十六大把"社会更加和谐"作为全面建设小康社会的六大目标之一明确提出。十六大以后，根据国际国内形势发生的新变化，全面分析中国发展面临的机遇和挑战，党和政府逐步深化了对于社会和谐在中国特色社会主义事业中重要地位和作用的认识。2004 年 9 月，中共十六届四中全会首次提出"构建社会主义和谐社会"的重要思想，并要求全党适应中国经济社会的深刻变化，提高构建社会主义和谐社会的能力，把和谐社会建设摆在重要位置，注重激发社会活力，促进社会公平和正义，增强全社会的法律意识和诚信意识，维护社会安定团结。2005年2月，胡锦涛在省部级主要领导干部"提高构建社会主义和谐社会能力"专题研讨班上指出："我们所要建设的社会主义和谐社会，应该是民主法治、公平正义、诚信友爱、充满活力、安定有序、人与自然和谐相处的社会。"同年10月，中共十六届五中全会把构建社会主义和谐社会确定为贯彻落实科学发展观必须抓好的重大任务，提出了工作要求和政策措施。2006年10月，中共十六届六中全会通过的《中共中央关于构建社会主义和谐社会若干重大问题的决定》，指出社会和谐是中国特色社会主义的本质属性，并提出了当前和今后一个时期构建社会主义和谐社会的指导思想、目标任务、工作原则和重大部署。

实现社会和谐，是科学社会主义的应有之义，是马克思主义的崇高理想追求。马克思主义经典作家认为，未来理想社会是社会生产力高度发达和人的精神生活高度发展的社会，是每个人自由而全面发展的社会，是人与人和谐相处、人与自然和谐共生的社会。社会主义的价值理想是创造更高的劳动生产率，消灭私有制和雇佣劳动，消灭阶级压迫和剥削制度，消灭城乡对立，实现公平正义与社会和谐，实现人的自由全面发展。同时，还要谋求人与自然的和谐，实现人与自然的和谐共生。实现社会和谐，也是中国共产党人的不懈追求。胡锦涛指出："我们党领导人民进行新民主主义革命，推翻三座大山，建立人民当家作主的新中国，为中国实现社会和谐提供了根本前提。新中国成立后，我们党为促进社会和谐进行了艰辛探索。""把社会和谐明确为中国特色社会主义的本质属性，有利于更全面地坚持科学社会主义的基本原理，有利于更全面地体现党的奋斗目标和全国各族人民的共同理想，从而也有利于更好地建设中国特色社会主义，更好地实现最广大人民的根本利益。"

构建和谐社会，实现社会和谐，是党的根本宗旨的本质要求，是中国政权性质的鲜明体现。胡锦涛指出："社会和谐是中国特色社会主义的本质属性，这个重大判断符合立党为公、执政为民的本质要求，符合我国社会主义国家政权的性质。"① 中国共产党是中国工人阶级的先锋队，同时是中国人民和中华民族的先锋队，始终坚持全心全意为人民服务的根本宗旨，以实现、维护和发展最广大人民的根本利益为己任。党除了工人阶级和最广大人民群众的利益，没有自己的特殊利益。中国是人民当家作主的社会主义国家，国家的一切权力属于人民。党和国家的性质与宗旨，决定了中国社会的基本矛盾是非对抗性的，广大人民的根本利益是一致的。这是构建社会主义和谐社会的根本的政治前提和制度保证。中国社会总体上是和谐的，但由于中国正处于并将长期处于社会主义初级阶段，生产力还不发达，城乡、区域、经济社会发展不平衡，人与自然的发展不协调。在这样的历史和现实条件下，构建社会主义和谐社会，不可能一蹴而就，"必须根据经济社会发展和人民生活改善的实际，从实现好、维护好、发展好最广大人民的根本利益出发，充分发挥中国共产党领导和社会主义国家政权的优势，在中国特色社会主义道路上，不断实现全体人民共同建设、共同享有的和谐社会的目标。"②

构建和谐社会，实现社会和谐，是党带领人民抓住机遇、应对挑战，继续推进中国特色社会主义伟大事业的需要。中国

① 胡锦涛：《切实做好构建社会主义和谐社会的各项工作，把中国特色社会主义伟大事业推向前进》，《求是》2007年第1期。

② 胡锦涛：《切实做好构建社会主义和谐社会的各项工作，把中国特色社会主义伟大事业推向前进》，《求是》2007年第1期。

的发展已站在一个新的历史起点上，中国面临的发展机遇前所未有，面对的挑战也前所未有。在看到难得的历史机遇的同时，党和政府更要增强忧患意识，清醒地看到面临的严峻挑战。从国际上看，影响和平与发展的不稳定不确定因素增多。从国内来看，深层次矛盾逐步显现，影响社会和谐的问题明显增多，包括发展不平衡、部分群众生活困难、收入分配差距拉大、消极腐败现象滋长等。为了把中国特色社会主义伟大事业推向前进，我们必须抓住机遇、应对挑战，坚持以经济建设为中心，把构建社会主义和谐社会摆在更加突出的地位，更加积极主动地正视矛盾、化解矛盾，切实解决经济社会发展不协调，城乡、区域、经济社会发展不平衡，人口资源环境压力加大，体制机制不完善，民主法制不健全，一些社会成员诚信缺失、道德失范，一些领导干部的素质、能力和作风与新形势新任务的要求不适应，一些领域存在比较严重的腐败现象，以及就业、社会保障、收入分配、教育、医疗、住房、安全生产、社会治安等问题，最大限度地增加和谐因素，最大限度地减少不和谐因素，不断促进社会和谐。

构建和谐社会，实现社会和谐，必须加强经济、政治、文化、社会建设和党的建设，追求人与人、人与社会、人与自然的整体和谐。胡锦涛指出："我们要构建的社会主义和谐社会，是经济建设、政治建设、文化建设、社会建设协调发展的社会，是人与人、人与社会、人与自然整体和谐的社会，要贯穿于建设中国特色社会主义的整个历史过程。在实际工作中，我们既要从'大社会'着眼，把和谐社会建设落实到包括经济建设、政治建设、文化建设、社会建设和党的建设等在内的党和国家全部工作之中；又要从'小社会'着手，以解决人民群众最关心、最直接、最现实的利益问题为重点，着力发展社会事业、促进社会公平正义、建设和谐文化、完善社会管理、增强社会创造活力，走共同富裕道路，推动社会建设与经济建设、政治建设、文化建设协调发展。"① 在当代中国，我们要构建和谐社会，实现社会和谐，不仅要发展经济，还要发展民主政治、先进文化和社会事业；不仅要建设物质文明，还要建设政治文明、精神文明和社会文明；不仅要实现经济社会协调发展，还要实现人与自然和谐发展。而要实现构建社会主义和谐社会的战略目标，必须加强和改善党的建设和党的领导。我们既要从中国特色社会主义事业的总体布局和全面建设小康社会的全局这样的战略视野，自觉而清醒地认识到社会主义和谐社会是经济、政治、文化、社会协调发展以及人与自然和谐发展的社会，要把构建社会主义和谐社会贯穿于建设中国特色社会主义、实现中华民族伟大复兴的整个历史过程之中，体现于党和国家的一切重大决策、改革举措和全部工作之中；同时，又要着力分析、解决影响社会和谐的突出矛盾，努力发展各项社会事业，切实解决分配、就业、科技、教育、医疗卫生、社会保障、生态环境等诸多方面的问题，努力形成全体人民各尽其能、各得其所、和谐相处以及人与自然和谐发展的局面。

构建社会主义和谐社会，是中国共产党人坚持社会主义价值理想、顺应时代进步潮流、把握当代中国发展特点，反映广大人民愿望要求，从中国特色社会主义事业总体布局和全面建设小康社会全局出发提出的重大战略任务。实现这一重大任务，对于全面建设小康社会，推进中国特色社会主义伟大事业，巩固党的执政地位，完成党的执政使命，具有极为重大的意义。

---

① 胡锦涛：《切实做好构建社会主义和谐社会的各项工作，把中国特色社会主义伟大事业推向前进》，《求是》2007 年第 1 期。

二、构建和谐社会的总体要求和目标任务

根据科学发展观的总要求，2005 年 2 月 19 日，胡锦涛在省部级主要领导干部"提高构建社会主义和谐社会能力"专题研讨班上提出构建社会主义和谐社会的总体要求，并揭示了总要求六个方面的本质规定。2006 年 10 月，中共十六届六中全会通过的《中共中央关于构建社会主义和谐社会若干重大问题的决定》，明确提出了构建社会主义和谐社会的总体要求、指导思想、目标任务和基本原则。

（一）构建和谐社会的总体要求

胡锦涛在省部级主要领导干部"提高构建社会主义和谐社会能力"专题研讨班上的讲话中指出："根据马克思主义基本原理和我国社会主义建设的实践经验，根据新世纪新阶段我国经济社会发展的新要求和我国社会出现的新趋势新特点，我们所要建设的社会主义和谐社会，应该是民主法治、公平正义、诚信友爱、充满活力、安定有序、人与自然和谐相处的社会。"① 这是从人们的经济关系、政治关系、社会关系、思想关系以及人与自然的关系等诸多方面对社会主义和谐社会的本质规定和基本特征所作的阐释，也是对构建社会主义和谐社会提出的总体要求。

第一，社会主义和谐社会是民主与法治的社会。"民主法治，就是社会主义民主得到充分发扬，依法治国基本方略得到切实落

---

① 《十六大以来重要文献选编》（中），中央文献出版社 2006 年版，第 706 页。

实，各方面积极因素得到广泛调动。"① 构建社会主义和谐社会，在处理人们的政治关系、建设社会主义政治文明方面，总的来说，就是坚持党的领导、人民当家作主和依法治国相结合，不断发展社会主义民主政治，建设社会主义法治国家，为改革、发展、稳定从政治上、法律上提供保障，巩固和发展民主团结、生动活泼、安定和谐的政治局面。

第二，社会主义和谐社会是公平正义的社会。"公平正义，就是社会各方面的利益关系得到妥善协调，人民内部矛盾和其他社会矛盾得到正确处理，社会公平和正义得到切实维护和实现。"② 公平正义是指在解决社会个体之间、群体之间以及个体与群体、个体与社会之间的利益关系时，体现一种公正、正义的原则和精神。

第三，社会主义和谐社会是诚信友爱的社会。"诚信友爱，就是全社会互帮互助、诚实守信，全体人民平等友爱、融洽相处。"③ 我们既要尊重和维护每一个公民的自由、民主、平等权利，尊重每一个人合理需要的满足、正当利益的追求、独特个性的发展、自我价值的实现，同时也要明确强调每一个公民的社会责任，要求做到诚实守信、相互关爱、和睦相处。为了增强信用意识，就要在全社会进行诚信教育，增强诚信意识，"以诚实守信为荣、以见利忘义为耻"④；同时，又要建立健全现代产权制

① 《十六大以来重要文献选编》（中），中央文献出版社 2006 年版，第 706 页。

② 《十六大以来重要文献选编》（中），中央文献出版社 2006 年版，第 706 页。

③ 《十六大以来重要文献选编》（中），中央文献出版社 2006 年版，第 706 页。

④ 胡锦涛：《牢固树立社会主义荣辱观》，《求是》2006 年第 9 期。

度，强化产权保护，形成良好的信用基础；健全和完善社会信用信息的透明度和开放制度；加强信用方面的立法和执法，健全失信惩罚机制；完善政府的信用监管体系和制度，建立健全社会信用体系，使诚实守信者得到社会的褒奖和好处，使失信者受到社会的鄙弃，受到应有的惩罚。

第四，社会主义和谐社会是充满活力的社会。"充满活力，就是能够使一切有利于社会进步的创造愿望得到尊重，创造活动得到支持，创造才能得到发挥，创造成果得到肯定。"① 最大多数人的利益和全社会全民族的积极性创造性，对党和国家事业的发展始终是最具有决定性的因素。在中国社会深刻变革、党和国家事业快速发展的进程中，妥善处理各方面的利益关系，把一切积极因素充分调动和凝聚起来，至关紧要。构建社会主义和谐社会，就要全面贯彻尊重劳动、尊重知识、尊重人才、尊重创造的方针，最广泛最充分地调动一切积极因素，增强全社会的创造活力，不断为中华民族的伟大复兴增添新力量。

第五，社会主义和谐社会是安定有序的社会。"安定有序，就是社会组织机制健全，社会管理完善，社会秩序良好，人民群众安居乐业，社会保持安定团结。"② 社会主义和谐社会应当是社会管理体制不断创新和健全的社会。在社会主义市场经济条件下，政府的主要职能是经济调节、市场监管、社会管理和公共服务。社会管理，就是通过制定社会政策和法规，依法管理和规范社会组织、社会事务，化解社会矛盾，调节收入分配，维护社会公正、社会秩序和社会稳定。加强社会治安综合治理，保障人民

---

① 《十六大以来重要文献选编》（中），中央文献出版社 2006 年版，第 706 页。

② 《十六大以来重要文献选编》（中），中央文献出版社 2006 年版，第 706 页。

群众生命财产安全。加强社会管理，必须加快建立健全各种突发事件应急机制，提高政府应对公共危机的能力。加强社会建设和管理，就要深入研究社会管理规律，推进社会管理体制创新，完善社会管理体系和政策法规，整合社会管理资源，建立健全党委领导、政府负责、社会协同、公众参与的社会管理格局。

第六，社会主义和谐社会是人与自然和谐相处的社会。"人与自然和谐相处，就是生产发展，生活富裕，生态良好。"① 在构建社会主义和谐的过程中，要正确处理人与自然的关系，转变发展方式和生活方式，走生产发展、经济繁荣、生活富裕、环境优化、生态良好的可持续发展之路，实现经济社会的可持续发展。

（二）构建和谐社会的目标任务

2006 年 10 月，中共十六届六中全会作出《中共中央关于构建社会主义和谐社会若干重大问题的决定》（本节简称《决定》），成为构建社会主义和谐社会的纲领性文件。文件从三个方面阐述了构建社会主义和谐社会的重要性和紧迫性：第一，明确提出社会和谐是中国特色社会主义的本质属性，把和谐写入中国社会主义现代化建设的总体目标；第二，科学分析国际国内形势，深刻论述构建社会主义和谐社会是党带领人民把中国特色社会主义伟大事业推向前进的必然选择；准确把握中国发展的阶段性特征，客观分析当前影响社会和谐的突出矛盾和问题。

构建社会主义和谐社会，首先要明确社会主义和谐社会的性质和定位。我们要构建的社会主义和谐社会，既不同于中国历史上一些思想家所憧憬的"大同世界"，也不同于空想社会主义者

---

① 《十六大以来重要文献选编》（中），中央文献出版社 2006 年版，第 706 页。

所描绘的"乌托邦"，而是马克思主义关于社会和谐的思想同当代中国实际相结合的产物。《决定》指出："我们要构建的社会主义和谐社会，是在中国特色社会主义道路上，中国共产党领导全体人民共同建设、共同享有的和谐社会。"这就明确了社会主义和谐社会建设的领导核心、发展道路、实践主体和根本目的。

构建社会主义和谐社会，必须有正确的指导思想。全会强调："必须坚持以马克思列宁主义、毛泽东思想、邓小平理论和'三个代表'重要思想为指导，坚持党的基本路线、基本纲领、基本经验，坚持以科学发展观统领经济社会发展全局，按照民主法治、公平正义、诚信友爱、充满活力、安定有序、人与自然和谐相处的总要求，以解决人民群众最关心、最直接、最现实的利益问题为重点，着力发展社会事业、促进社会公平正义、建设和谐文化、完善社会管理、增强社会创造活力，走共同富裕道路，推动社会建设与经济建设、政治建设、文化建设协调发展。"①

按照十六大确立的全面建设小康社会的奋斗目标，根据构建社会主义和谐社会的总要求，全会提出："到二〇二〇年，构建社会主义和谐社会的目标和主要任务是：社会主义民主法制更加完善，依法治国基本方略得到全面落实，人民的权益得到切实尊重和保障；城乡、区域发展差距扩大的趋势逐步扭转，合理有序的收入分配格局基本形成，家庭财产普遍增加，人民过上更加富足的生活；社会就业比较充分，覆盖城乡居民的社会保障体系基本建立；基本公共服务体系更加完备，政府管理和服务水平有较大提高；全民族的思想道德素质、科学文化素质和健康素质明显提高，良好道德风尚、和谐人际关系进一步形成；全社会创造活力显著增强，创新型国家基本建成；社会管理体系更加完善，社

---

① 《中国共产党第十六届中央委员会第六次全体会议文件汇编》，人民出版社 2006 年版，第 4—5 页。

会秩序良好；资源利用效率显著提高，生态环境明显好转；实现全面建设惠及十几亿人口的更高水平的小康社会的目标，努力形成全体人民各尽其能、各得其所而又和谐相处的局面。"①

（三）构建和谐社会的基本原则

构建社会主义和谐社会，必须遵循正确的原则。全会《决定》提出了"六个必须坚持"的基本原则：

一是必须坚持以人为本。始终把最广大人民的根本利益作为党和国家一切工作的出发点和落脚点，实现好、维护好、发展好最广大人民的根本利益，不断满足人民日益增长的物质文化需要，做到发展为了人民、发展依靠人民、发展成果由人民共享，促进人的全面发展。

二是必须坚持科学发展。切实抓好发展这个党执政兴国的第一要务，统筹城乡发展，统筹区域发展，统筹经济社会发展，统筹人与自然和谐发展，统筹国内发展和对外开放，转变增长方式，提高发展质量，推进节约发展、清洁发展、安全发展，实现经济社会全面协调可持续发展。

三是必须坚持改革开放。坚持社会主义市场经济的改革方向，适应社会发展要求，推进经济体制、政治体制、文化体制、社会体制改革和创新，进一步扩大对外开放，提高改革决策的科学性、改革措施的协调性，建立健全充满活力、富有效率、更加开放的体制机制。

四是必须坚持民主法治。加强社会主义民主政治建设，发展社会主义民主，实施依法治国基本方略，建设社会主义法治国家，树立社会主义法治理念，增强全社会法律意识，推进国家经

---

① 《中国共产党第十六届中央委员会第六次全体会议文件汇编》，人民出版社 2006 年版，第 5 页。

济、政治、文化、社会生活法制化、规范化，逐步形成社会公平保障体系，促进社会公平正义。

五是必须坚持正确处理改革发展稳定的关系。把改革的力度、发展的速度和社会可承受的程度统一起来，维护社会安定团结，以改革促进和谐、以发展巩固和谐、以稳定保障和谐，确保人民安居乐业、社会安定有序、国家长治久安。

六是必须坚持在党的领导下全社会共同建设。坚持科学执政、民主执政、依法执政，发挥党的领导核心作用，维护人民群众的主体地位，团结一切可以团结的力量，调动一切积极因素，形成促进和谐人人有责、和谐社会人人共享的生动局面。①

三、抓住构建和谐社会的关键环节

改革、发展、稳定是中国特色社会主义总体布局中的三个关键环节，也是贯彻落实科学发展观，构建社会主义和谐社会的三个关键环节。要构建社会主义和谐社会，坚持和发展中国特色社会主义，就必须抓紧抓好这三个关键环节，以改革促进和谐，以发展巩固和谐，以稳定保障和谐。

（一）深化改革是构建和谐社会的强大动力

当前中国社会中存在的不和谐，本质上是各种关系的不和谐。构建社会主义和谐社会，就是通过改革理顺经济社会发展中的各种重大关系以及人民内部的各种利益关系，促进经济社会协调发展，形成全体人民各尽所能、各得其所、和谐相处的局面。

---

① 参见《中国共产党第十六届中央委员会第六次全体会议文件汇编》，人民出版社 2006 年版，第6—8页。

制度建设具有根本性、全局性、稳定性和长期性。改革、完善制度体制，是实现公平正义、促进社会和谐的重要保证。我们既立足当前着力解决影响社会和谐的突出矛盾和问题，又着眼长远致力于制度体制的改革创新。中共十六届六中全会突出强调制度建设和创新对促进社会和谐的重大作用，从经济、政治、文化、社会等方面提出了明确要求和任务。

（二）科学发展是构建和谐社会的坚实基础

发展是解决中国一切问题的关键，也是构建社会主义和谐社会的关键。只有不断推进、努力实现科学发展，才能为社会主义和谐社会建设奠定坚实基础。

（1）发展必须是以人为本的发展。坚持以人为本，就要尊重广大人民的价值主体地位，做到发展为了人民，从人民群众的根本利益出发谋发展、促发展，根据最广大人民的根本利益来考虑问题和制定政策，用人民拥护不拥护、赞成不赞成、高兴不高兴、答应不答应来衡量一切决策，不断满足人民群众日益增长的物质文化需要，切实保障人民群众的经济、政治和文化权益。围绕人民群众最现实、最关心、最直接的利益，把经济社会发展的长远战略目标和提高人民生活水平的阶段性任务统一起来，把实现人民的长远利益和当前利益结合起来。研究和解决关系人民切身利益的实际问题，做好就业和再就业、社会保障、义务教育、扶贫开发等工作，特别是认真研究和解决收入分配差距拉大、看病难看病贵、教育乱收费、打官司难、城乡低收入群众基本生活保障、生态环境保护、安全事故频发等群众反映强烈的问题。

（2）发展必须是以经济建设为中心的发展。只有实现国民经济又好又快发展，创造更加丰富的物质财富，不断增强国家经济实力，才能更好地促进经济社会协调发展，才能形成更完善的分配关系和社会保障体系，才能创造更多就业机会，不断满足人民群众多方面的需求。

（3）发展必须是全面协调的发展。我们统筹城乡发展、统筹区域发展、统筹经济社会发展、统筹人与自然和谐发展、统筹国内发展和对外开放，推进生产力和生产关系、经济基础和上层建筑相协调，推进经济、政治、文化建设的各个环节、各个方面相协调：一是发展社会主义民主政治，建设社会主义法治国家，把坚持党的领导、人民当家作主和依法治国有机统一起来；二是发展社会主义先进文化，牢牢把握文化发展的正确方向，积极推进文化创新，为广大人民群众提供更多更好的精神产品，充分发挥文化启迪思想、陶冶情操、传授知识、鼓舞人心的积极作用；三是发展各项社会事业，努力扩大就业，健全社会保障，不断改善民生，切实保障人民安居乐业。

（4）发展必须是可持续的发展。资源、环境与生态系统是人类生存和发展的前提条件，人与自然的和谐是和谐社会建设的优先前提和根本基础。我们要加强能源资源节约和生态环境保护，把建设资源节约型、环境友好型社会放在工业化、现代化发展战略的突出位置，落实到每个单位、每个家庭。坚持经济社会发展与环境保护、生态建设相统一，既讲求经济效益，也重视社会效益、生态效益；坚持资源开发与节约并举，把节约放在首位，在保护中开发，在开发中保护；坚持统筹规划，加大投入，标本兼治，突出重点，有步骤地进行环境治理和建设；坚持依靠科技进步推进环境保护和治理，推进资源开发与节约，依法严格保护环境与生态；坚持深化改革，创新机制，实行政府调控与市场机制相结合，从体制和机制上鼓励生态建设和环境保护，促进可持续发展。大力发展循环经济，在经济发展中充分利用资源，提高资源利用效率，减少环境污染。在全社会进一步树立节约资源、保护环境的意识，形成有利于节约资源、减少污染的生产模式和消费方式，建设资源节约型和环境友好型社会。

（三）保持稳定是构建和谐社会的可靠保障

当今世界正处于深刻变革与调整时期，国际形势错综复杂，不稳定、不确定因素增多；中国经济社会发展既处于重要的战略机遇期，又处于人民内部矛盾凸显、刑事犯罪高发、对敌斗争复杂的时期，维护国家安全和社会稳定面临着一系列新的情况和问题。发展是硬道理，是第一要务；稳定是硬任务，是第一责任。考虑问题、制定政策，必须正确处理改革、发展、稳定的关系，把改革的力度、发展的速度和社会可承受的程度统一起来，既搞好改革发展，又抓好社会稳定，以改革促和谐、以发展求和谐、以稳定保和谐。把维护社会稳定摆在更加突出的位置，认真研究维护社会稳定面临的新情况新问题，积极探索维护社会稳定的新思路新办法，全力做好维护社会稳定的各项工作，确保人民安居乐业、社会安定有序、国家长治久安。

（1）构建社会主义和谐社会，推进社会管理体制创新，加强社会建设和社会管理。只有建立起与社会主义经济、政治、文化体制相适应的社会体制，才能形成与社会主义经济、政治、文化秩序相协调的社会秩序。要把加强社会建设和管理同推进经济社会协调发展紧密结合起来，同满足群众多样化的生活需要紧密结合起来，同推进基层民主建设紧密结合起来，同加强党的执政能力建设紧密结合起来，把社会建设和管理提高到一个新的水平。同时，深入研究社会管理规律，加强社会管理体制的建设和创新，完善社会管理体系和政策法规，整合社会管理资源，建立健全党委领导、政府负责、社会协同、公众参与的社会管理格局。

（2）构建社会主义和谐社会，正确处理人民内部矛盾，维护安定团结的政治局面。第一，党和国家在进行决策、制定政策时，以最广大人民群众的根本利益为出发点和落脚点，找准最大多数人的共同利益与不同阶层的具体利益结合点，充分考虑和兼顾不同地区、不同行业、不同阶层、不同方面群众的利益，充分考虑社会各方面的承受能力，充分反映和兼顾不同方面群众的合法权益，坚决反对和纠正各种侵害群众利益的行为。第二，高度重视、认真解决人民群众最关心、最直接、最现实的利益问题。第三，完善社会保障体系，进一步扩大养老、失业、医疗、工伤等社保覆盖面，加大征缴力度，逐步提高统筹层次，增强社会保障能力，进一步完善城市"低保"制度，积极探索建立农村居民最低生活保障制度。第四，整顿和规范收入分配秩序，合理调整国民收入分配格局。通过改革税收制度、增加公共支出、加大转移支付等措施，支持和扶助欠发达地区和困难群众。第五，积极解决矛盾纠纷；要充分发挥基层组织在排查、调解、处置人民内部矛盾中的作用，将矛盾消灭在萌芽状态，解决在基层；健全群体性事件的应急处置机制，积极预防和妥善处置群体性事件。

（3）构建社会主义和谐社会，建立健全社会预警体系和应急救援、社会动员机制，提高处置突发事件的能力。一是建立了完整的社会信息反馈网络，确保党和政府所必需的社会动态、情报信息渠道畅通，以便及时果断地处置各种突发事件。二是建立健全了各种预警和应急机制，强化预警、防范、应变和处置能力，提高应对各种突发事件和风险的本领，在做好传统领域工作的同时，切实加强卫生、信息、能源、粮食安全以及防范恐怖主义威胁和防范金融风险等方面的工作。三是进一步加强了社会治安综合治理，积极推进社会治安防控体系建设，依法严厉打击各种刑事犯罪，维护良好的社会秩序，保障人民生命财产安全和安居乐业。四是高度重视并切实做好安全工作。进一步完善安全生产责任制，创新安全管理的体制、机制，并针对安全事故频发的原因，切实增加安全生产基础设施和技术改造、关键技术攻关的投入，加强安全生产的经常性督促检查，及时消除隐患，最大限度地预防和减少安全事故尤其是重特大事故的发生。

四、有序推进社会主义民主政治

中共十六大把发展社会主义民主政治，建设社会主义政治文明，确定为全面建设小康社会的一个重要目标，并对建设社会主义政治文明作出部署。十六大以后，中共中央、国务院在推进物质文明、精神文明建设的同时，也不断推进社会主义政治文明的发展。

（一）坚持和完善中国特色社会主义民主政治制度

胡锦涛在中共十六届二中全会上指出："发展社会主义民主政治，建设社会主义政治文明，最重要的是要坚持和完善人民代表大会制度，要坚持和完善中国共产党领导的多党合作和政治协商制度。"① 十六大以来，中共中央把坚持和完善人民代表大会制度作为中国特色社会主义政治发展道路的主要内容和政治体制改革的重要着力点来推进。

2004 年 9 月，首都各界隆重纪念全国人民代表大会成立 50 周年，胡锦涛在纪念大会上发表讲话，从加强立法、监督、与人民群众联系和自身建设 4 个方面对人大工作提出了明确要求。与此同时，中共十六届四中全会从加强党的执政能力建设的角度，强调要坚持和完善人民代表大会制度，保证各级人民代表大会都由民主选举产生、对人民负责、受人民监督，支持人民通过人民代表大会行使国家权力，支持人民代表大会及其常委会依法履行

---

① 《十六大以来重要文献选编》（上），中央文献出版社 2005 年版，第 142 页。

职能，密切人大代表同人民群众的联系，使国家的立法、决策、执行、监督等工作更好地体现人民的意志，维护人民的利益。

十六届四中全会后，有关方面研究提出了坚持和完善人民代表大会制度，支持人民代表大会及其常委会依法履行职能的具体措施。在全国人大常委会调研的基础上，形成了《中共全国人大常委会党组关于进一步发挥全国人大代表作用，加强全国人大常委会制度建设的若干意见》。2005 年 5 月，中共中央转发了这个文件。该若干意见指出，坚持和完善人民代表大会制度，当前要重点做好两方面工作：一是进一步发挥全国人大代表的作用，支持、规范和保证其依法履行职责和行使权力；二是加强全国人大常委会的制度建设，使全国人大及其常委会更好地发挥最高国家权力机关、工作机关和代表机关的作用。该若干意见的制定，进一步明确了坚持和完善人民代表大会制度的指导思想、工作重点和主要措施，对于坚持和完善人民代表大会制度，做好新时期人大工作，具有极为重要的意义。

这一时期，中国共产党领导的多党合作和政治协商制度也在不断加强和完善。2004 年 9 月，胡锦涛在庆祝中国人民政治协商会议成立 55 周年大会上发表讲话，强调人民政协要从 5 个方面不断提高政治协商、民主监督、参政议政的水平：第一，要坚持以邓小平理论和"三个代表"重要思想统揽政协工作，使人民政协事业真正体现时代性、把握规律性、富于创造性；第二，要按照围绕中心、服务大局的要求开展工作，积极为中国特色社会主义事业贡献力量；第三，要切实做好各方面的团结工作，不断壮大最广泛的爱国统一战线；第四，要推动政治协商、民主监督、参政议政的制度化、规范化、程序化，进一步发挥人民政协的特点和优势；第五，要重视自身建设，发挥政协委员在履行职能中的主体作用。

2005 年 1 月，中共中央政治局召开会议，研究加强中国共产党领导的多党合作和政治协商制度建设问题，强调必须把发展作为多党合作和政治协商的根本任务，推进社会主义物质文明、政治文明、精神文明协调发展和人的全面发展。同年3月，中共中央正式颁发了《中共中央关于进一步加强中国共产党领导的多党合作和政治协商制度建设的意见》。该文件为多党合作和政治协商制度的完善、发展提供了原则性指导和政策性基础，也使中国共产党领导的多党合作和政治协商制度向制度化方面前进了一大步。

2006年2月8日，中共中央下发《关于加强人民政协工作的意见》。该意见坚持以邓小平理论和"三个代表"重要思想为指导，全面贯彻落实科学发展观，在系统总结人民政协事业发展历史经验和成功做法的基础上，提出了许多新的理论观点、政策思想和具体措施。该意见提出，人民政协在新世纪新阶段的任务是：高举爱国主义、社会主义旗帜，在热爱中华人民共和国、拥护中国共产党的领导、拥护社会主义事业、共同致力于中华民族伟大复兴的政治基础上，进一步巩固和发展爱国统一战线，把全体社会主义劳动者、社会主义事业的建设者、拥护社会主义的爱国者和拥护祖国统一的爱国者都团结起来，同心同德，群策群力，为推进社会主义经济建设、政治建设、文化建设、社会建设，为实现祖国完全统一，为维护世界和平、促进共同发展而奋斗。人民政协的主要职能是政治协商、民主监督、参政议政。要支持政协围绕团结和民主两大主题履行职能，把加强团结和发扬民主贯穿于政协工作的各个方面，推进政治协商、民主监督、参政议政的制度化、规范化和程序化。该意见是指导新世纪新阶段人民政协事业发展的纲领性文件，充分体现了党对社会主义民主的深刻理解，反映了党对人民政协地位和作用认识的不断深化，具有重大而深远的意义。

扩大基层民主，是发展社会主义民主的基础性工作。中共十六大以后的 5 年间，随着村民自治和社区建设的不断深入，基层民主政治不断推进和深入：一是民主选举稳步推进。95%的村委会实行了直接选举，参选率在 80%以上。30%的城市社区居委会实行了直接选举，参选率接近 50%。二是民主决策逐步规范。45%的村每年都召开 1 次以上的全体村民会议，60%的村每年都召开 3 次以上的村民代表会议。30%的城市社区每年都召开 1 次以上的居民代表会议。三是民主管理扎实有效。2004 年 6 月，经中共中央、国务院同意，中办、国办下发《关于健全和完善村务公开和民主管理制度的意见》。在此指导下，村务公开、民主管理工作切实加强。98%以上的村实行了村务公开。与此同时，70%以上的城市社区推行了居务公开。四是民主监督进一步加强。80%以上的村和 30%左右的社区建立了民主评议、任期或离任审计、辞职罢免等制度，加强了对村（居）委员会工作人员的监督和约束。

（二）不断推进依法治国基本方略

中共十六大重申了十五大提出的到 2010 年形成中国特色社会主义法律体系的立法任务。十六大以后，中共中央、国务院高度重视社会主义民主法制建设，依法治国的基本方略稳步推进，在许多方面有重大突破。

首先，法治理念不断自觉和完善。十六大以来，中共中央、国务院推进依法治国的自觉性、主动性日益增强。2002 年 12 月，胡锦涛主持的中共中央政治局第一次集体学习就以宪法为内容。在其后的历次政治局集体学习中，依法治国也始终是一个重点内容。2003 年 3 月，吴邦国在十届全国人大一次会议上指出，本届全国人大及其常委会将继续把发展社会主义民主、健全社会主义法制作为根本任务，争取在本届任期内，基本形成中国特色的社会主义法律体系。同年 3 月，温家宝也在国务院第一次全体会议上郑重宣告，本届政府履行职责要严格遵守和执行《中华人民共和国宪法》与《中华人民共和国国务院组织法》，并把依法行政作为新一届政府工作的三项基本准则之一。中共十六届三中全会提出了全面推进经济法制建设的任务，要求按照依法治国的基本方略，着眼于确立制度、规范权责、保障权益，加强经济立法。十六届六中全会又进一步提出，要完善发展民主政治、保障公民权利、推进社会事业、健全社会保障、规范社会组织、加强社会管理等方面的法律法规，为构建和谐社会提供法制保障。

其次，中国特色社会主义法律体系初步形成。在党的领导下，十届全国人大及其常委会共审议宪法修正案草案、法律草案、法律解释草案和有关法律问题的决定草案 100 多件。在立法过程中着重处理好三个关系：一是正确处理数量与质量的关系；二是正确处理权力与权利的关系；三是正确处理法律的稳定性与改革过程中变动性的关系。立法质量因而不断提高，立法工作取得重大进展。

根据改革开放和社会主义现代化建设的实践以及形势发展的客观需要，2004 年，全国人大对宪法进行了修改，把完善土地征用制度、保护公民合法的私有财产权、保护非公有制经济合法权益、建立健全社会保障制度、尊重和保护人权等重要内容写入宪法，并确立了"三个代表"重要思想在国家政治和社会生活中的指导地位。几年间，全国人大还制定了《中华人民共和国监督法》《中华人民共和国行政许可法》《中华人民共和国物权法》《中华人民共和国反垄断法》《中华人民共和国公务员法》以及《中华人民共和国反分裂国家法》等一批重要法律。地方立法工作也取得显著成绩，一系列与国家法律相配套、体现地方特色和时代要求、操作性强的地方法规相继出台。到 2007 年中共十七大前夕，中国现行有效的法律已达 220 多部，国务院现行有效的行政法规有 600 余件。由七个法律部门、三个层次法律规范构成的中国特色社会主义法律体系已经基本形成，国家经济、政治、文化、社会生活的各个方面基本做到有法可依，为依法治国、建设社会主义法治国家、实现国家长治久安提供了有力的法制保障。

再次，党的执政方式不断改革和完善。依法执政，就是坚持依法治国、建设社会主义法治国家，领导立法，带头守法，保证执法，不断推进国家经济、政治、文化、社会生活的法制化、规范化，以法治的理念、法治的体制、法治的程序保证党领导人民有效治理国家。2004年9月，中共十六届四中全会作出的《中共中央关于加强党的执政能力建设的决定》明确指出："依法执政是新的历史条件下党执政的一个基本方式。"这标志着党的执政方式，开始从主要依政策执政向主要依法律执政转变，向依法治国、建设社会主义法治国家转变。

（三）高度重视司法体制改革

新世纪以来，中共中央、国务院高度重视推进司法体制改革，在2004年年底发布了《关于司法体制和工作机制改革的初步意见》，明确了司法体制改革的指导思想、工作原则和目标任务，为司法体制改革指明了方向。经过几年的实践，政法机关执法理念进一步端正，司法体制和工作机制进一步理顺，监督制约机制进一步完善，政法队伍整体素质进一步提高，执法环境和执法保障进一步改善，公正、高效、权威的社会主义司法制度正在逐步完善。具体表现在以下几个主要方面：

其一，加强了对司法权的制约和监督。通过进一步完善审判公开、检务公开、警务公开、狱（所）务公开等司法公开制度，人民群众的参与权、知情权、诉讼权有了更好的保障。法律监督机制逐步健全，司法机关接受监督的自觉性进一步提高。人民监督员试点工作平稳推进，人民陪审员制度进一步完善。

其二，改革和完善诉讼制度。死刑案件核准权从 2007 年 1 月 1 日起统一收归最高人民法院行使，体现了惩罚犯罪与保障人权相结合的原则。建立和完善了羁押工作制度，集中清理纠正了超期羁押问题，切实保障公民和法人的合法权益。

其三，司法救助和法律援助力度加大。中央政法机关发布了刑事、民事诉讼法律援助工作规定，进一步扩大了法律援助和司法救助的范围。全国法院在降低诉讼费用的同时，进一步加大司法救助力度。人民群众打官司难、打官司贵的问题得到较好的解决。与此同时，各地通过改革和完善执行体制，开展清理执行积案专项活动，下大力气解决执行难问题。

第五章　推动社会主义核心价值体系建设

进入新世纪以来，中共中央、国务院在全社会大力弘扬爱国主义、集体主义、社会主义思想，倡导社会主义基本道德规范，扶正祛邪，扬善惩恶，促进良好社会风气的形成和发展。教育广大干部群众特别是广大青少年树立社会主义荣辱观，在全社会形成热爱祖国、服务人民、崇尚科学、辛勤劳动、团结互助、诚实守信、遵纪守法、艰苦奋斗的良好风尚，社会主义核心价值体系建设取得新进展，为和谐社会建设提供了强有力的精神支撑和社会氛围。

一、倡导树立正确的社会主义荣辱观

中华民族素有优良的思想道德和传统价值观念。在长期的奋斗过程中，中国共产党人善于把自己的最高理想同全社会的共同理想统一起来，把党的思想理论建设同对广大人民群众的思想教育统一起来，从而形成社会主义核心价值体系，整合起广大人民群众的力量，不断推动革命、建设和改革事业的发展。

（一）扎实推进公民道德建设，培育良好社会风尚

2001 年 9 月，中共中央印发《公民道德建设实施纲要》，成

为指导未来时期中国公民道德建设的纲领性文件。中共十六大以后，遵循《公民道德建设实施纲要》的要求和部署，社会各界共同努力，人民群众积极参与，公民道德建设在实践中扎实推进，社会主义荣辱观深入人心，社会道德风尚发生可喜变化。

2003 年 9 月，中央文明委发出《关于进一步加强公民道德建设的意见》，紧紧围绕全面建设小康社会的奋斗目标，对加强公民道德建设工作作出新部署。该意见决定在《公民道德建设实施纲要》印发两周年之际，即从 2003 年开始，将《公民道德建设实施纲要》印发的 9 月 20 日定为"公民道德宣传日"。从 2004 年起，在"公民道德宣传日"来临之际，中宣部、中央文明办会同有关部门连续举办中国公民道德论坛和公民道德建设系列网谈，进行公民道德建设知识竞赛，持续探讨进一步加强改进公民道德建设的措施和办法，动员社会各界关心、支持和参与公民道德建设。2005 年 10 月，中央文明委召开了首届全国精神文明建设工作表彰大会，授予一批全国文明城市（区）、全国文明村镇、全国文明单位、全国精神文明建设先进工作者、全国创建工作先进城市（区）、全国创建先进单位荣誉称号。2006 年 2 月，中央文明委、北京奥组委又在全国组织开展了"迎奥运、讲文明、树新风"活动。

正当全社会公民道德建设不断深入之际，2006 年 3 月 4 日，胡锦涛在参加全国政协十届四次会议民盟、民进界委员联组讨论时，非常鲜明地提出：要引导广大干部群众特别是青少年树立以"八荣八耻"为主要内容的社会主义荣辱观，即"以热爱祖国为荣，以危害祖国为耻；以服务人民为荣，以背离人民为耻；以崇尚科学为荣，以愚昧无知为耻；以辛勤劳动为荣，以好逸恶劳为耻；以团结互助为荣，以损人利己为耻；以诚实守信为荣，以见利忘义为耻；以遵纪守法为荣，以违法乱纪为耻；以艰苦奋斗为荣，以骄奢淫逸为耻"。这一论述概括精辟，内涵深邃，具有很强的民族性、时代性、实践性和针对性，体现了中华民族传统美德与时代精神的有机结合，反映了社会主义基本道德规范和社会风尚的本质要求，明确了社会主义价值观的鲜明导向，对推动形成良好社会风气，构建社会主义和谐社会具有重要意义。只有知荣辱，才能明是非、辨美丑。一旦荣辱不分，势必混淆是非、善恶、美丑的界限，不仅道德伦理大厦根基动摇，就连整个社会风气也会受到严重影响。所以，社会主义荣辱观的论述引起强烈社会反响，公民道德建设形成新的热潮。

在大力倡导社会主义荣辱观的基础上，从 2006 年年初到2008 年北京奥运会举办，"迎奥运、讲文明、树新风"活动按照部署动员、全面展开、形成高潮、巩固成果四个阶段在全国进行，历时 3 年，获得良好效果。奥运志愿服务感动中国、感动世界；文明礼仪知识普及活动参与面广、影响力大；公益广告传播文明、引领风尚、形成声势。这一活动大大提升了环境文明、秩序文明、行为文明，人们的道德情操、文明境界得到升华，文明礼仪、志愿服务蔚然成风，展示了当代中国人讲文明、重礼仪、团结友善的精神风貌。

2006 年，中央文明办、建设部、国家旅游局分别表彰了首批全国文明风景旅游区和全国创建文明风景旅游区工作先进单位，深化拓展了创建文明风景旅游区的活动。同年，中央文明办、国家旅游局联合开展实施提升中国公民旅游文明素质行动计划，集中纠正中国公民旅游中的不文明行为，着力提升中国公民的文明素质和全社会的文明程度。

2007 年 9 月，新中国成立以来首次评选表彰道德模范活动在北京举行，李明素等 53 名同志荣获"全国道德模范"称号，孙茂芳等 254 名同志荣获"全国道德模范提名奖"。这些道德模范为当代中国社会树起新的道德标杆，展示了中国公民道德建设的丰硕成果。

2009 年 1 月，中央文明委召开第二届全国精神文明建设工作表彰大会，授予一批全国文明城市（区）、全国文明村镇、全国文明单位、全国精神文明建设先进工作者、全国创建工作先进城市（区）、全国创建先进单位荣誉称号。同年，中央文明办、建设部、国家旅游局分别表彰第二批全国文明风景旅游区和全国创建文明风景旅游区工作先进单位，深化拓展了创建文明风景旅游区的活动。

2009 年 9 月，在全国各族人民喜迎新中国成立 60 周年之际，根据中共中央的部署，又在全国开展了"双百"人物评选活动。广大干部群众以饱满的政治热情评选出了"100 位为新中国成立作出突出贡献的英雄模范人物和 100 位新中国成立以来感动中国人物"。胡锦涛和其他中央政治局常委等中央领导同志，亲切会见了"双百"人物代表和部分"双百"人物亲属，充分体现了党和国家对英雄模范人物的巨大关怀。在中国革命、建设和改革的各个历史时期，涌现出了无数感天动地、可歌可泣的英雄模范，他们用鲜血和生命，用智慧和汗水，为民族独立和人民解放、国家富强和人民幸福谱写了名垂青史、彪炳千秋的壮丽篇章。他们是民族的脊梁，是时代的先锋，是祖国的骄傲，党和人民将永远铭记，人民共和国将永远铭记，历史将永远铭记。这次评选出的"双百"人物，就是他们中的杰出代表。

开展"双百"人物评选是新中国成立 60 周年庆祝活动的重要内容，是一次广大干部群众生动的爱国主义自我教育活动。这在人民共和国历史上还是第一次，具有十分重要的意义。活动开展以来，各地区各部门高度重视、精心组织，广大群众积极响应、热情参与，新闻媒体全力配合、深入报道，迅速兴起了群众性爱国主义教育活动的热潮，在全社会唱响了共产党好、社会主义好、改革开放好、伟大祖国好、各族人民好的时代主旋律。实践证明，"双百"人物评选活动本身就是一次生动的群众性爱国主义自我教育，一次广泛的革命历史革命传统教育，一次深入的社会主义核心价值体系教育，极大地激发了人民群众中蕴藏的爱国热情，极大地坚定了全国各族人民在中国共产党领导下走中国特色社会主义道路、实现中华民族伟大复兴的信心。

（二）大力弘扬民族精神、时代精神，唱响主旋律

自 2003 年以来，中国先后经历了 2003 年春夏之交的"非典"疫病灾害、2008 年年初南方部分地区严重低温雨雪冰冻灾害，以及 2008 年 5 月的四川汶川特大地震灾害。中共中央、国务院领导全党和全国人民成功取得了抗击灾害的胜利，充分展现和弘扬了伟大的民族精神。2008 年，北京奥运会和残奥会的成功举行，向世界展示了中国改革开放和社会主义现代化建设的巨大成就，展示了中国人民昂扬向上的精神风貌。同年 9 月，北京奥运会、残奥会总结表彰大会对北京奥运精神做了全面概括。这些精神是以爱国主义为核心的民族精神和以改革创新为核心的时代精神的生动体现，不仅为成功举办北京奥运会、残奥会提供了重要思想保证，也为全面建设小康社会、加快推进社会主义现代化、实现中华民族伟大复兴提供了强大的精神动力。

2003 年 10 月、2005 年 10 月、2008 年 9 月，神舟五号、神舟六号、神舟七号载人航天飞行获得圆满成功，充分展示了改革开放以来中国显著提高的经济实力、科技实力和综合国力，激发了中华民族的自豪感和凝聚力。广大航天工作者大力发扬以爱国主义为核心的民族精神和以改革创新为核心的时代精神，培育形成了特别能吃苦、特别能战斗、特别能攻关、特别能奉献的载人航天精神，为全党全军全国各族人民沿着中国特色社会主义道路奋勇前进增添了精神力量。

2003 年以来，围绕隆重纪念毛泽东诞辰 110 周年、邓小平诞辰 100 周年、陈云诞辰 100 周年、中国人民抗日战争暨世界反法

西斯战争胜利 60 周年、红军长征胜利 70 周年、香港回归 10 周年、澳门回归 10 周年、中国人民解放军建军 80 周年、改革开放 30 周年、国庆 60 周年等重大节庆日和纪念日，中共中央和相关部门广泛开展主题宣传和教育活动，深入进行革命历史和革命传统的学习，进行爱国主义教育、理想信念教育和改革开放教育，唱响了继续解放思想、坚持改革开放、推动科学发展、促进社会和谐的时代主旋律。

（三）净化社会文化环境，加强未成年人思想道德建设

2004 年 2 月、8 月，中共中央、国务院先后颁发《关于进一步加强和改进未成年人思想道德建设的若干意见》和《关于进一步加强和改进大学生思想政治教育的意见》。同年 5 月和 2005 年 1 月，全国加强和改进未成年人思想道德建设工作会议、全国加强和改进大学生思想政治教育工作会议先后在北京召开。胡锦涛在两次会议上分别发表重要讲话，深刻阐明了新形势下加强和改进未成年人思想道德建设以及大学生思想政治教育工作的重要性和紧迫性，明确提出了相应的指导思想、重要原则和主要任务。两个意见、两次会议、两篇重要讲话，表明中共中央和国务院对新形势下未成年人思想道德建设和大学生思想政治教育高度重视，有力推动了未成年人思想道德建设和大学生思想政治教育工作的开展。

同时，全党、全社会净化社会文化环境，促进未成年人健康成长。特别是中共中央、国务院《关于进一步加强和改进未成年人思想道德建设的若干意见》下发以后，各地各部门认真贯彻中央决策部署，大力实施文化环保工程，组织开展专项行动，强力净化社会文化环境，取得明显成效。但情况依然不容乐观，仍然存在一些群众反映强烈的突出问题。为此，2009 年 1 月，中共中央办公厅、国务院办公厅颁发《关于进一步净化社会文化环境，

促进未成年人健康成长的若干意见》。同年 2 月，中央文明办在北京专门召开了全国净化社会文化环境工作会议。随后，全国各地、各相关部门全面开展整治互联网低俗之风、网吧专项治理、净化荧屏声频和校园周边环境治理等各项工作，进一步净化了社会文化环境。

这是中国社会主义精神文明建设以及加强和改进未成年人思想道德建设的基础工程，是实现亿万家庭最大希望和切身利益的民心工程，是确保中国特色社会主义事业后继有人的希望工程。对于促进未成年人健康成长，中国特色社会主义事业的顺利发展具有长远意义。

二、建设社会主义核心价值体系

改革开放以来，中国社会发生了深刻变化，正处于从传统社会向现代社会转型的重要时期。价值观作为一种观念形态，是社会存在的反映。由于社会的经济成分、组织形式、就业方式、分配方式等发生了巨大变化，社会阶层进一步分化和细化，利益要求多样化，使价值观的多元化发展成为一个不可避免的趋势。

（一）"建设社会主义核心价值体系"命题的提出

进入 21 世纪以来，中国进入改革攻坚期和各种矛盾凸显期，各种利益关系之间的冲突进一步加剧，住房、医疗、教育、劳动保障等社会问题日益突出，对人们的思想观念产生深刻影响，意识形态领域出现了各种社会思潮竞相呈现，理性和非理性因素交织，政治、经济、文化因素多维糅杂的复杂局面。种种情况表明，巩固马克思主义在意识形态领域的指导地位，整合多元思想观念和价值观念，在很多关键问题上形成社会共识，在社会整体的范围内形成共同理想，以推动中国特色社会主义事业沿着正确方向顺利前进，面临着非常艰巨的任务。

同时，随着全球化进程加剧，中国与世界各国交往日益密切，各种西方社会思潮、文化观念、价值观念大量涌入。其中既有积极的成分，也有消极的成分。拜金主义、享乐主义、极端个人主义等思想在国内有所滋长，对中国传统的主流价值观念造成很大冲击。同时，西方敌对势力也利用全球化的机会对中国进行意识形态和价值观念的输出、渗透，妄图分裂、搞乱中国。这就要求我们必须在思想文化领域树起一面旗帜，对全体人民尤其是青少年进行系统的马克思主义理论教育、社会主义教育、民族精神和时代精神以及道德观念的教育，以明辨是非，增强民族自豪感，自觉维护中国意识形态安全。

从世界社会主义运动的教训看，执政党在思想文化领域的一个重要教训，就是任何时候都不能丧失对社会主义意识形态的主导权和话语权。无论苏联还是东欧社会主义国家，社会主义走向失败的一个重要原因就在于广大群众丧失了对马克思主义的信仰，主流意识形态在西方意识形态攻击下溃散。正确的态度应该是，一方面必须坚持马克思主义指导，另一方面必须在思想文化领域不断创新。

从科技发展趋势看，互联网等大众传媒的发展使各种观念和利益诉求的传播更加快速，渠道更加多样。社会主义意识形态建设面临更加复杂的局面，传统的思想政治工作、思想道德建设的方式方法已经不适合当今的社会现实，必须创新。这一创新以承认人的主体性为前提，以承认价值观的多样化为前提，在此基础上探索新的途径。

上述情况表明，中国共产党和中国人民必须重视自己的意识形态和价值观念建设。而社会主义核心价值体系建设，就是要用不断发展创新的马克思主义来引导人们思想观念的变化，提高意识形态工作水平，使中国特色社会主义理论更加深入人心，更加具有吸引力和凝聚力。为此，2006 年 10 月，中共十六届六中全会在审议通过的《中共中央关于构建社会主义和谐社会若干重大问题的决定》中，首次明确提出"建设社会主义核心价值体系"这个重大命题和战略任务，以进一步形成全社会共同的理想信念和道德规范，打牢全党全国各族人民团结奋斗的思想道德基础，并从四个方面概括了其基本内容。

（二）大力建设社会主义核心价值体系

2006 年 12 月，《求是》杂志发表题为《论社会主义核心价值体系》一文，对如何"建设社会主义核心价值体系"进行了全面系统的阐述，指出："社会主义核心价值体系四个方面的基本内容，相互联系、相互贯通、有机统一，共同构成一个完整的价值体系。"其中，马克思主义指导思想是灵魂，中国特色社会主义共同理想是主题，以爱国主义为核心的民族精神和以改革创新为核心的时代精神是精髓，社会主义荣辱观是基础。①

2007 年 6 月 25 日，胡锦涛在中央党校省部级干部进修班讲话时再次强调，要大力建设社会主义核心价值体系，巩固全党全国各族人民团结奋斗的共同思想基础。同年 10 月，中共十七大报告对社会主义核心价值体系建设做了全面阐释，指出"社会主义核心价值体系是社会主义意识形态的本质体现"，要"建设社会主义核心价值体系，增强社会主义意识形态的吸引力和凝聚力"。"要巩固马克思主义指导地位，坚持不懈地用马克思主义中国化最新成果武装全党、教育人民，用中国特色社会主义共同理想凝聚力量，用以爱国主义为核心的民族精神和以改革创新为核心的时代精神鼓舞斗志，用社会主义荣辱观引领风尚，巩固全党

---

① 秋石：《论社会主义核心价值体系》，《求是》2006 年第 24 期。

全国各族人民团结奋斗的共同思想基础。"这就进一步明确了建设社会主义核心价值体系的目的和重要任务。

社会主义核心价值体系这一命题的提出，是党在继承过去思想道德建设和意识形态建设经验的基础上提出来的。它与传统思想道德建设和意识形态建设的基本内容和目标大体一致，可以说，社会主义核心价值体系建设事实上贯穿于党领导的革命、建设和改革事业的始终，服务于党在不同时期的中心任务，并在这一过程中不断获得丰富的内涵。

（三）不断推进中国特色社会主义理论体系创新

中共十六大以来，为全面推进中国特色社会主义事业的发展，中共中央召开了六次全委会，作出了一系列重大战略决策，以胡锦涛同志为总书记的党中央提出了科学发展观、构建社会主义和谐社会、加强党的执政能力建设和先进性建设、建设创新型国家、建设社会主义新农村、树立社会主义荣辱观、走和平发展道路等一系列重大战略思想。中共十七大提出了中国特色社会主义理论体系的科学命题，把邓小平理论、"三个代表"重要思想以及科学发展观等重大战略思想概括为这一体系的基本内容，科学发展观被确定为中国经济社会发展的重要指导方针，发展中国特色社会主义必须坚持和贯彻的重大战略思想。不断创新的中国特色社会主义理论体系，使社会主义核心价值体系的思想和理论内涵更加丰富和鲜活，增强了社会主义核心价值体系在多元价值生态环境中的吸引力和引导力，为社会主义核心价值体系建设在整个思想文化领域以至全社会的开展开辟了道路。

2004 年 1 月，中共中央发出《关于进一步繁荣发展哲学社会科学的意见》和《关于实施马克思主义理论研究和建设工程的意见》，明确提出和布置实施马克思主义理论研究和建设工程。同年 4 月，中央实施马克思主义理论研究和建设工程工作会议在北京召开，胡锦涛会见出席会议的全体代表并发表讲话。此后，中共中央、国务院和有关部门又不断推出一系列举措，推动马克思主义理论研究和建设工程的实施，并取得丰硕成果。

中共十六大把"三个代表"重要思想确立为中国共产党必须长期坚持的指导思想，并提出兴起学习贯彻"三个代表"重要思想新高潮的战略任务。十六大之后，全党全国开展了学习宣传十六大精神，全面学习贯彻"三个代表"重要思想的活动。2005年年初开始，中共中央又用一年半的时间在全党开展了以实践"三个代表"重要思想为主要内容的保持共产党员先进性教育活动。根据十七大的部署，从2008年9月开始，中共中央在全党分批开展深入学习实践科学发展观活动，深入宣传阐释科学发展观的重大意义、科学内涵、精神实质和根本要求，掀起了学习实践科学发展观的热潮。在不断推进理论创新的同时，积极开展一系列宣传和学习活动，使党的理论创新成果及时向新闻宣传、思想教育，以及实际工作领域转化，引起全党全国人民的广泛共识和国际社会的广泛关注，巩固和加强了全党全国人民共同奋斗的思想基础，在国际社会赢得了良好形象，有力地推动了全面建设小康社会的步伐。

应当看到，在中国社会主义精神文明和社会主义核心价值体系建设取得一系列成绩的同时，也面临诸多挑战。其中最重要的挑战来自于关系人民群众切身利益的一系列民生问题的日益突出。从长远来说，社会主义核心价值体系的最终确立，有赖于生产力的不断发展和惠及全民的全面小康社会目标的实现。为此，对社会主义核心价值体系建设的长期性，必须有清醒的认识。此外，社会主义核心价值体系建设面临多元化社会思潮的冲击和挑战，必须通过不断的理论创新，对各种社会思潮予以有力回应。最后，社会意识的形成除了受社会存在状况的制约外，还有其自身的发展规律，必须充分研究全球化时代思想观念形成和传播的规律，探索和建立开放的价值观共识机制，建立更加有效的传播机制等。

三、开创社会主义文化建设新局面

新世纪新阶段，随着经济转轨和社会转型，中国文化赖以存在和发展的经济基础、体制环境、社会条件发生了深刻变化，给文化建设和发展带来了一系列重大影响。中共十六大要求全党同志深刻认识文化建设的战略意义，推动社会主义文化的发展繁荣，并提出抓紧制定文化体制改革总体方案的任务。在十六大的部署下，文化体制改革逐步深化，文化大发展大繁荣的局面初步形成。

（一）深入推动文化体制改革，进一步解放文化生产力

2003 年 6 月 27 日至 28 日，全国文化体制改革试点工作会议研究部署了文化体制改革试点工作。会议确立了文化体制改革的基本原则，一是确保党对文化工作的领导，确保马克思主义在意识形态领域的指导地位，确保社会主义先进文化的前进方向；二是既要符合社会主义精神文明建设的特点和规律，又要适应社会主义市场经济发展的要求；三是坚持两手抓，一手抓公益性文化事业，一手抓经营性文化产业，前者由政府主导，后者由市场主导。

2005 年 12 月 23 日，中共中央、国务院发出《关于深化文化体制改革的若干意见》，明确了深化文化体制改革的指导思想、方针原则、基本目标和主要任务。该意见提出文化体制改革的目标任务是：以发展为主题，以改革为动力，以体制机制创新为重点，形成科学有效的宏观文化管理体制，富有效率的

文化生产和服务的微观运行机制，以公有制为主体、多种所有制共同发展的文化产业格局和统一、开放、竞争、有序的现代文化市场体系；要形成完善的文化创新体系，形成以民族文化为主体、吸收外来有益文化，推动中华文化走向世界的文化开放格局。2006 年 3 月 28 日至 30 日，全国文化体制改革工作会议对文化体制改革试点工作进行了总结，对推进文化体制改革作出具体部署。

由此，中国文化体制改革进入一个新的阶段，许多方面获得了重大突破。公益性文化事业单位改革进一步深化，公共服务能力和水平显著提高。经营性文化事业单位转企改制取得突破性进展，民营演艺业有了较快发展，组建了一大批大型的文化集团。各综合试点地区按照"政企分开""政事分开""管办分离"的原则，进一步转变政府职能。试点地区文化市场的综合执法改革进展顺利，统一组建工作基本完成，取得了初步的成果。

（二）构筑公共文化服务体系，维护群众基本文化权益

新世纪以来，中国公共文化服务网络逐渐向农村延伸，县、乡两级公共文化服务网络进一步形成，基本实现了县县有文化馆、图书馆的目标。实施了全国文化信息资源共享工程、送书下乡和流动舞台车工程等一些有重大影响的文化项目，进一步改善了广大人民群众特别是经济欠发达地区群众的精神文化生活，人民群众基本文化权益得到切实维护。国家财政安排"农村文化建设专项资金"，支持中西部地区开展有地域特色、适合当地风俗的农村文化活动。公共文化机构充分挖掘优秀民族民间文化资源，开展各种活动活跃农民群众的文化生活。农民自办文化活动蓬勃兴起，已成为新时期农村文化生活的重要形式和国办文化的重要补充。

（三）培养壮大市场主体，形成文化产业新格局

新世纪以来，中国非公有资本准入领域进一步放宽。2005 年 2 月，国务院《关于鼓励支持和引导个体私营经济等非公有制经济发展的若干意见》提出："支持、引导和规范非公有资本投资教育、科研、卫生、文化、体育等社会性的非营利和营利性领域。"同年 8 月，国务院又下发《关于非公有资本进入文化产业的若干决定》。在相关政策的支持下，非公有资本投资文化领域发展迅速，公有制为主体、多种所有制共同发展的文化产业新格局逐步形成。

文化产业得到迅猛发展，正在成为新的国民经济支柱产业。文化产业集聚效应明显增强，规模化、集约化、专业化水平不断提高。涌现出中国对外文化集团等大中型国有或国有控股文化企业，以及上海盛大网络发展有限公司等一大批民营龙头文化企业。文化产业逐渐成为提供就业机会的国民经济重要行业、产业结构优化的主导行业和经济增长的支柱产业。

（四）促进文化市场健康发展，以先进的科技手段管理市场

推进网吧技术监控平台建设、文化内容管理服务系统建设，形成了文化市场信息报送和快速反应机制。坚持集中治理与长效机制建设相结合，开展电子游戏清理整顿工作、网吧专项整治行动和文化市场集中执法季等治理工作。以改革的精神促进管理，推行连锁化、规模化经营，加强了社会监管和行业自律，文化市场秩序明显好转。制定文化产品进口规划和进口审查标准，建立引进境外文化产品的审批备案信息网络，对文化产品进口实行特许经营制度，加强了对文化进口产品的宏观调控和分类管理，初步形成了以优秀民族文化为主体，同时引进优秀外来文化的文化市场格局。

四、以改革创新精神加强执政党建设

进入新世纪新阶段，在机遇和挑战并存的国内外条件下，中国共产党要带领全国各族人民全面建设小康社会，实现继续推进现代化建设、完成祖国统一、维护世界和平与促进共同发展这三大历史任务，必须以改革创新精神加强执政党建设，全面推进党的建设新的伟大工程。这是关系中国社会主义事业兴衰成败、关系中华民族前途命运、关系党的生死存亡和国家长治久安的重大战略课题。

（一）加强党的执政能力建设

适应新形势的发展要求，中共十六大立足于党自身所处的历史方位和时代赋予的历史使命，着眼于中国特色社会主义事业的前进方向，从党和国家长治久安的战略高度，向全党明确提出了不断提高五个方面的执政能力建设的基本要求：第一，不断提高科学判断形势的能力；第二，不断提高驾驭市场经济的能力；第三，不断提高应对复杂局面的能力；第四，不断提高依法执政的能力；第五，不断提高总揽全局的能力。

为了更好地指导党的执政能力建设，从 2003 年 12 月开始，在中央政治局常委会领导下，开始起草关于加强党的执政能力建设的文件。2004 年 9 月 7 日，中共中央政治局在讨论十六届三中全会以来中央政治局的工作时，专门研究了加强党的执政能力建设等问题。此后不久召开的中共十六届四中全会，正式通过了《中共中央关于加强党的执政能力建设的决定》。这在中国共产党执政史上，还是第一次通过这样的决定。该决定总结了 55 年来党执政的主要经验，明确概括了党的执政能力的基本内涵，提出了加强党的执政能力建设的指导思想、总体目标和主要任务。

所谓党的执政能力就是：党提出和运用正确的理论、路线、方针、政策和策略，领导制定和实施宪法和法律，采取科学的领导制度和领导方式，动员和组织人民依法管理国家和社会事务、经济和文化事业，有效治党治国治军，建设社会主义现代化国家的本领。

加强党的执政能力建设的指导思想就是：必须坚持以马克思列宁主义、毛泽东思想、邓小平理论和"三个代表"重要思想为指导，全面落实科学发展观，全面贯彻党的基本路线、基本纲领、基本经验，以保持党同人民群众的血肉联系为核心，以建设高素质干部队伍为关键，以改革和完善党的领导体制和工作机制为重点，以加强党的基层组织和党员队伍建设为基础，努力体现时代性、把握规律性、富于创造性。

加强党的执政能力建设的总体目标是：通过全党共同努力，使党始终成为立党为公、执政为民的执政党，成为科学执政、民主执政、依法执政的执政党，成为求真务实、开拓创新、勤政高效、清正廉洁的执政党，归根到底，成为始终做到"三个代表"、永远保持先进性、经得住各种风浪考验的马克思主义执政党，带领全国各族人民实现国家富强、民族振兴、社会和谐、人民幸福。

加强党的执政能力建设的主要任务是：按照推动社会主义物质文明、政治文明、精神文明协调发展的要求，不断提高驾驭社会主义市场经济的能力、发展社会主义民主政治的能力、建设社会主义先进文化的能力、构建社会主义和谐社会的能力、应对国际局势和处理国际事务的能力。"决定"所提出的这五个方面的能力建设，涉及经济、政治、文化、社会、外交以及国家主权、安全和领土完整，关系改革发展稳定、内政外交国防、治党治国治军各个方面，是对党的总体执政能力提出的明确要求。在实践中努力提高这五个方面的能力，是对党的重大考验。

此后，全党紧紧围绕上述任务，立足现实、着眼长远，抓住重点、整体推进，不断研究新情况、解决新问题、创建新机制、增长新本领，全面加强和改进党的建设，使党的执政方略更加完善、执政体制更加健全、执政方式更加科学、执政基础更加巩固。

（二）开展保持共产党员先进性教育活动

为切实加强党的执政能力建设，确保党始终走在时代前列，更好地肩负起历史使命，2004 年 11 月 7 日，中共中央下发《关于在全党开展以实践"三个代表"重要思想为主要内容的保持共产党员先进性教育活动的意见》，就先进性教育活动做出具体部署：

从目标要求上，总的来说，就是要提高党员素质，加强基层组织，服务人民群众，促进各项工作；从总体进程上，这次保持共产党员先进性教育活动分三批进行，每批半年左右时间。第一批是县及县以上党政机关和部分企事业单位，时间从 2005 年 1 月开始到 2005 年 6 月基本结束。第二批是城市基层和乡镇机关，时间从 2005 年 7 月开始到 2005 年 12 月基本结束。第三批是农村和部分党政机关，时间从 2006 年 1 月开始到 2006 年 6 月基本结束。在方法步骤上，集中教育分三个阶段进行，即学习动员、分析评议和整改提高三个阶段。

在"意见"下发之后，2005 年 1 月 5 日至 6 日，中共中央又召开保持共产党员先进性教育活动工作会议，具体部署了先进性教育工作。按照中央的总体安排，中共中央政治局常委参加第一批先进性教育活动。1 月 14 日，在新时期保持共产党员先进性教育专题报告会上，胡锦涛就加强党的先进性建设、开展先进性教育活动的重要性和必要性，新时期共产党员保持先进性的基本要求等问题发表了重要讲话，要求全体共产党员积极投身先进性教育活动，领导干部尤其要发挥表率作用，切实把先进性教育活动抓好。

在中央先进性教育工作会议之后，从 2005 年 1 月开始，保持共产党员先进性教育活动分三批陆续展开，到 2006 年 6 月，全国的共产党员先进性教育活动基本结束。在历时一年半的时间里，全党共有 350 多万个基层党组织、近 7000 万名党员参加了先进性建设教育活动。从实践看，整个教育活动健康有序、工作扎实、进展顺利，并在党的先进性建设和执政能力建设方面取得了比较明显的成效，得到了广大党员干部群众和社会各界的好评。

保持党的先进性，除了加强建设之外，其中一个不可忽视的方面就是克服党内的腐败现象。对此，中国共产党一直高度重视。中共十六大以后，以胡锦涛同志为总书记的党中央十分注重反腐败制度的建设和创新，力图从源头上预防和解决腐败问题。为此，十六届三中全会首次提出，要建立健全与社会主义市场经济体制相适应的教育、制度、监督并重的惩治和预防腐败体系。继此之后，十六届四中全会又提出了新形势下党风廉政建设和反腐败斗争的十六字方针，即"标本兼治、综合治理，惩防并举、注重预防"，并要求抓紧建立教育、制度、监督并重的惩治和预防腐败体系。2004 年 12 月，中共中央政治局会议审议并通过了《建立健全教育、制度、监督并重的惩治和预防腐败体系实施纲要》，明确了惩治和预防腐败体系的指导思想、主要目标和工作原则。建立健全惩治和预防腐败体系的主要目标是：到 2010 年建成惩治和预防腐败体系基本框架；再经过一段时间的努力，建立起思想道德教育的长效机制、反腐倡廉的制度体系、权力运行的监控机制，建成完善的惩治和预防腐败体系。工作原则是：（1）坚持与完善社会主义市场经济体制、发展社会主义民主政治、建设社会主义先进文化、构建社会主义和谐社会相适应。（2）坚持教育、制度、监督并重。（3）坚持科学性、系统性、可行性相统一。（4）坚持继承与创新相结合。2005年1月，中共中央将《建立健全教育、制度、监督并重的惩治和预防腐败体系实施纲要》印发全国，要求各级党委和政府切实把反腐倡廉的各项工作落到实处。

在推动反腐倡廉制度体系建设的过程中，党和国家还先后出台了一系列法规和规定，以不断充实和完善反腐倡廉制度体系的内容。2003年12月，中央颁布实施《中国共产党党内监督条例（试行）》，和《中国共产党纪律处分条例》。2004年2月，中央纪委印发《关于领导干部利用职权违反规定干预和插手建设工程招投标、经营性土地使用权出让、房地产开发与经营等市场经济活动，为个人和亲友牟取私利的处理办法》。同年9月，中央颁布实施《中国共产党党员权利保障条例》。中央办公厅也先后印发了《党政领导干部选拔任用工作监督检查办法（试行）》《公开选拔党政领导干部工作暂行规定》等法规。2005年7月，中央纪委常委会讨论通过了《关于纪委协助党委组织协调反腐败工作的规定（试行）》。2007年4月，国务院公布《行政机关公务员处分条例》。此外，十六大以来，中央纪委还会同有关部门先后制定了《关于中共中央纪委、中共中央组织部巡视工作的暂行规定》《关于中共中央纪委派驻纪检组履行监督职责的意见》等一系列配套规定。这些法规和规定的出台，初步形成了以党章为核心、以监督条例为主干、以配套规定和其他监督规范为重要补充的党内监督法规制度体系。

（三）进一步加强和改进新形势下党的建设

2009年9月15日至18日，中共十七届四中全会在北京举行。出席这次全会的有，中央委员194人，候补中央委员163人。中央纪律检查委员会委员和有关方面负责同志列席了会议。党的十七大代表中部分基层党务工作者、基层党员和从事党建工作研究的专家学者也列席了会议。全会听取和讨论了胡锦涛受中央政治局委托作的工作报告，审议通过了《中共中央关于加强和改进新形势下党的建设若干重大问题的决定》。

全会研究了加强和改进新形势下党的建设若干重大问题，认为在新中国成立 60 周年之际，进一步研究和部署以改革创新精神推进党的建设新的伟大工程，对于全面贯彻党的十七大精神，深入贯彻落实科学发展观，有效应对国际金融危机冲击、保持经济平稳较快发展，夺取全面建设小康社会新胜利、开创中国特色社会主义事业新局面，具有重大而深远的意义。

全会认为，世情、国情、党情的深刻变化对党的建设提出了新的要求，党面临的执政考验、改革开放考验、市场经济考验、外部环境考验是长期的、复杂的、严峻的，落实党要管党、从严治党的任务比过去任何时候都更为繁重和紧迫。全党必须居安思危，增强忧患意识，常怀忧党之心，恪尽兴党之责，勇于变革、勇于创新，永不僵化、永不停滞，继续推进党的建设新的伟大工程，确保党在世界形势深刻变化的历史进程中始终走在时代前列，在应对国内外各种风险和考验的历史进程中始终成为全国人民的主心骨，在发展中国特色社会主义的历史进程中始终成为坚强的领导核心。

全会对加强和改进党的建设作出了部署，强调要建设马克思主义学习型政党、提高全党思想政治水平；坚持和健全民主集中制、积极发展党内民主；深化干部人事制度改革、建设善于推动科学发展和促进社会和谐的高素质干部队伍；做好抓基层打基础工作、夯实党执政的组织基础；弘扬党的优良作风、保持党同人民群众的血肉联系；加快推进惩治和预防腐败体系建设、深入开展反腐败斗争。

全会要求，全党要始终谦虚谨慎、艰苦奋斗，以思想教育、完善制度、集中整顿、严肃纪律为抓手，下大气力解决突出问题，以优良党风促政风带民风，形成凝聚党心民心的强大力量。要加强廉洁从政教育和领导干部廉洁自律，加大查办违纪违法案件工作力度，健全权力运行制约和监督机制，推进反腐倡廉制度创新。

这次全会的一个突出亮点，是系统总结了党在执政 60 年的实践中，探索形成的作为马克思主义执政党加强自身建设的 6 条基本经验。这就是：坚持把思想理论建设放在首位，提高全党马克思主义水平；坚持把推进党的建设伟大工程同推进党领导的伟大事业紧密结合起来，保证党始终成为社会主义事业的坚强领导核心；坚持以执政能力建设和先进性建设为主线，保证党始终走在时代前列；坚持立党为公、执政为民，保持党同人民群众的血肉联系；坚持改革创新，增强党的生机活力；坚持党要管党、从严治党，提高管党治党水平。这些基本经验，将作为中国共产党加强和改进新形势下自身建设的重要指导原则长期坚持，并在实践中不断丰富发展。

鲜明地提出建设马克思主义学习型政党这一重大课题，是这次全会的一个重大成果。世界在变化，形势在发展，中国特色社会主义实践在深入，不断学习、善于学习，努力掌握和运用一切科学的新思想、新知识、新经验，是党始终走在时代前列引领中国发展进步的决定性因素。全会对如何建设马克思主义学习型政党作出了部署，强调要推进马克思主义中国化、时代化、大众化，用中国特色社会主义理论体系武装全党，开展社会主义核心价值体系学习教育，建设学习型组织。

为了不断完善党内民主，全会对党内民主建设的重点进行了设计和安排，即"坚持以党内民主带动人民民主，以党的坚强团结保证全国各族人民的大团结。"① 还提出要坚持和完善党的领

---

① 《中共中央关于加强和改进新形势下党的建设若干重大问题的决定》，《人民日报》2009 年 9 月 28 日。

导制度，保障党员主体地位和民主权利，完善党代表大会制度和党内选举制度，完善党内民主决策机制，维护党的集中统一。

全会特别指出，培养造就高素质干部队伍的关键，就在于坚持民主、公开、竞争、择优，提高选人用人公信度，形成充满活力的选人用人机制，促进优秀人才脱颖而出。要"拓宽视野选拔干部，广辟途径培养干部，满腔热情爱护干部，严格要求管理干部"；"坚持德才兼备、以德为先用人标准"；"培养造就大批年轻干部，健全干部管理机制"等。全会公报中的一系列表述振奋人心，让人们对干部人事制度改革的进一步深化充满期待。

进一步巩固和加强基层党组织，使之更具生机活力，是全会讨论研究的一个重点。党的基层组织担负着联系群众、宣传群众、组织群众、团结群众，把党的路线方针政策落实到基层的重要责任，是党的全部工作和战斗力的基础。截至2009年9月，全国基层党委17.9万个，总支部22.9万个，支部331万个。全会对如何进一步构建基层党建新格局提出了具体要求，明确了工作重点。

执政党的党风，关系党的形象，关系党和人民事业的成败。全会进一步提出了四个"大兴"，即要大兴密切联系群众之风，大兴求真务实之风，大兴艰苦奋斗之风，大兴批评和自我批评之风，以坚强党性保证党的作风建设。四个"大兴"和党一贯倡导和弘扬的"理论联系实际、密切联系群众、批评和自我批评"的"三大作风"是一脉相承的，能够确保党以优良党风促政风带民风。

第六章　加快以改善民生 为重点的社会建设

进入新世纪以来，中国特色社会主义建设"四位一体"总体布局中的社会建设愈显重要。为此，中共十七大报告首次单列篇章阐述"民生问题"，强调必须在经济发展的基础上，更加注重社会建设，着力保障和改善民生，推进社会体制改革，扩大公共服务，完善社会管理，促进社会公平正义，努力使全体人民学有所教、劳有所得、病有所医、老有所养、住有所居，推动建设和谐社会。这表明中国的社会发展已经进入到一个新阶段，民生正成为党和政府工作的重点。这是中国发展进步的一个标志，显示出党对现代化的认识更加深刻。

一、抗"非典"加强公共卫生体系建设

在 2003 年一个春天的早晨醒来时，中国人突然发现自己正被一种名叫"非典型肺炎"（以下简称"非典""SARS"）的病毒包围着。那时，空气中到处弥漫着一股消毒水的味道，医院的病房像一座纸糊的房子，被不断涌入的"非典"患者撑破了。面临突然袭来的夺命怪病，作为世界上优秀民族之一的中华民族没有在这场灾难面前退缩，从政府领导到平民百姓，从白衣天使到科研人员，从一般工人到解放军战士，都纷纷加入了抗击"非

典"的行列，在中国大地上进行了一场同舟共济抗"非典"的斗争。

（一）全力抗击"非典"疫情

2003年春节前后，广州患"非典"的人数越来越多，不少医院因开始不大了解"非典"的传染性而遭到重创。随后，全国不少省区特别是北京等地也不断出现患者，疫情进而大面积暴发。4月30日，北京患"非典"的人数已多达2705人。在突然来袭的"非典"面前，中共中央破天荒地同时免去了在这次行动中采取措施不够得力的两位政府领导（一位是国家卫生部部长、一位是北京市市长）的职务，同时整合全国医疗资源，果断采取一系列制度化措施，全力抗击"非典"。中央的果断举措，促使抗击"非典"工作有条不紊地进行。

4月6日，卫生部公布"非典"病例或疑似病例的推荐治疗方案和出院诊断参考标准（试行）。14日，传染性非典型肺炎被列入《中华人民共和国传染病防治法》进行管理；15日，卫生部印发《传染性非典型肺炎临床诊断标准（试行）》，同日卫生部办公厅发出通知，要求各级医疗机构在接诊疑似"非典"患者时不得以任何理由推诿。17日，中共中央政治局常委会召开会议，对全国抗"非典"工作提出总体要求和切断"非典"传播途径的科学策略，即沉着应对、措施果断，依靠科学、有效防治，加强合作、完善机制；早发现、早报告、早隔离、早治疗。同时，设立总额20亿元的非典型肺炎防治基金、成立全国防治非典型肺炎指挥部、专项部署农村"非典"防治工作等。18日，中共中央办公厅、国务院办公厅发出通知，要求进一步做好"非典"的防治工作，并明确了五项基本任务：进一步明确各级领导的责任；建立防疫工作统一领导的机制；千方百计尽快控制疫情的扩散和蔓延；严格疫情报告制度；统筹安排做好各项工作。23

日，温家宝主持召开国务院常务会议，决定成立国务院防治非典型肺炎指挥部，统一指挥、协调全国非典型肺炎防治工作。29日，卫生部要求严惩防治"非典"不力的医疗机构责任人，各级卫生行政部门必须对本辖区医疗机构"非典"防治工作进行监督检查。同日，财政部和卫生部下发《关于农民和城镇困难群众非典型肺炎患者救治有关问题的紧急通知》，明确规定对这部分人员中的"非典"患者实行免费医疗救治，所发生的救治费用由政府负担。5月1日，卫生部、财政部、劳动和社会保障部、民政部就"非典"救治费用问题发出紧急通知，要求医疗机构救治"非典"患者简化手续，并规定检查费用和救治过程中发生的各项费用，采取记账方式，事后按有关规定解决。5月13日，卫生部根据《中华人民共和国传染病防治法》，针对非典型肺炎防治亟须解决的问题，制定了《传染性非典型肺炎防治管理办法》，于当日发布施行。

在"非典"疫情面前，党和国家领导人带头行动之多，政府制定政策的效率之高，是很多年未曾见到的。他们深入抗击"非典"第一线，指挥"抗非"工作。胡锦涛指出："夺取防治非典型肺炎斗争的最终胜利，关键是要发挥科学技术的重要作用，制定和实施科学的防治策略。"[①] 2003年4月20日，当一种快速诊断"非典"的试剂问世第二天，胡锦涛就来到军事医学科学院微生物流行病研究所和中国科学院北京基因组研究所，对科研人员表示感谢。广大医护人员在救治患者的过程中，观察病情、收集资料、总结经验，逐步掌握了"非典"症状和病理的基本规律，摸索出有效的救治方法。世界卫生组织称赞，中国的经验和方法

① 《胡锦涛在中共中央政治局第四次集体学习时强调　弘扬中华民族精神　运用科学技术力量　坚决打赢防治非典型肺炎攻坚战》，新华社，2003年4月30日。

对其他国家具有重要参考价值。温家宝也先后到各地，深入医院、学校、工地，检查、部署防治工作。

在这场没有硝烟的抗击"非典"战斗中，白衣天使冲在了危险第一线。他们镇定、无畏、果敢，用爱心、智慧甚至生命，拯救患者于危难之中，展现出了无私奉献的英雄风采。如广东省防治非典型肺炎医疗救护专家指导组组长、中国工程院院士、广州呼吸病研究所所长钟南山，就是一位很典型的医护界代表。他领导的课题组提出了一套行之有效的救治方法，大大提高了广东地区"非典"危重病人的成功抢救率，降低了死亡率，且明显缩短了病人的治疗时间。实践中，他勇敢地否定了卫生部所属国家疾病预防控制中心关于"典型衣原体是非典型肺炎病因"的观点，为广东卫生行政部门及时制定救治方案提供了决策论据。世界卫生组织派出的专家组认为：以钟南山为首的广东专家摸索出来的治疗经验，对全世界抗击非典型肺炎有指导意义。在"抗非"期间，66 岁的钟南山和同事们一道冲在救治"非典"病人的最前线，曾一次连续 38 小时救治患者，成为广东人乃至中国人的骄傲。

（二）切断"非典"传染源

在"非典"疫情面前，中共中央、国务院最关心、最担心的是传染源的切断问题。传染源如果不能彻底切断，就不可能一劳永逸地战胜这个疫情。因此，堵截"非典"传染源、切断"非典"传染链的工作，对扑灭疫情起着至关重要的作用。4 月 8 日，"非典"被确定为传染病，隔离工作受到了《中华人民共和国传染病防治法》的保护。同时，随着群防群控措施和媒体宣传的到位，越来越多的人感受到了隔离的好处，开始主动配合隔离工作。令人欣慰的是，北京市 2500 名流行病学调查队员（以下简称"流调员"），用他们的实际行动和相关部门一起，封堵住传染源、切断了传染链，化解了党和政府的"心腹之患"。

从 5 月 25 日开始，北京的"非典"疫情得到控制，患病人数逐日下降。有关专家在总结时说，北京市 2500 名"流调员"通过他们的工作有效地阻止了疫情的蔓延，疾病控制中心流调队对堵截传染源、切断传染链的工作获得了成功。在"抗非"战场上，有许许多多的幕后英雄，为胜利做出默默无闻的贡献，其中不仅有为切断感染源而做出努力的流行病学调查队员，还有在焚烧"非典"垃圾战线上艰苦奋斗的环卫工人。当数公斤的橡胶防化服穿在身上的时候，唯一能识别他们身份的是粘在胸前的一块块布条，那上面写着不为人们所熟悉的名字；当密不透风的防化服一穿数个小时的时候，唯一能帮他们解决"问题"的，是那一袋袋的成人纸尿裤。他们的牺牲、忍耐和奉献，让人们深切地感受到他们平凡中的伟大。

建设昌平小汤山医院是北京市抗击"非典"的重大举措。由于"非典"的传染性强，综合性医院无法做到各类病人，特别是"非典"病人与其他病人之间的封闭与隔离。为了保证"非典"病人和社会的整体安全，北京市委、市政府决定建设一个高标准的应急医院，专门收治"非典"病人。为快速建成这所医院，北京市 20 多个政府部门加入到建设指挥部。为了边建设边为接收病人创造条件，又成立了 8 个和部队对口的工作组，调集了北京市 6 个最重要的建设公司参与这场建设。4 月 24 日至 30 日，全体施工人员和现场施工人员、质量监督人员吃住在现场，奋战 7 天 7 夜，胜利完成了医院的基础工程和结构工程。落成的小汤山医院占地面积 122 亩，其中建设用地 60 亩，总建筑面积 2.5 万平方米，可容纳 1000 张病床，成为一所专门收治"非典"病人的世界上最大的传染病医院。医院装备了较先进的医疗设备，安装了 1000 门电话、1000 部无线通信设备（小灵通），保证每个病房与外界的联系畅通；建立了数据通信系统和计算机网络，安装了医疗信息处理软件，建立了电视系统，保证每个病房都能看到电视。为了让病人尽快康复，北京旅游集团抽调了各大饭店近 100 名厨师为医院提供后勤保障。解放军总后勤部抽调了 1200 名医护人员做医护工作。抗"非典"期间，北京小汤山医院共收治 680 名"非典"患者，672 名痊愈出院，8 人死亡，治愈率超过 98.8%，1383 名医护人员无一感染。这是一个人间奇迹。

为渡过难关，中国科学院、北京大学、清华大学等单位的科研人员用百倍努力争取时间，找到病原，为抗击"非典"奠定了科学基石。面对非典型肺炎这样一种突发疾病，中科院科技人员十分清楚自己肩负的重要使命。4 月 18 日，院领导及相关人员紧急召开非典型肺炎项目讨论会，当天迅速启动 800 万元应急项目经费并下拨。随之，中科院倾全院之力，部署各相关研究所启动"非典"病毒研究，北京基因组所、北京微生物所、上海生命科学研究院、上海药物所、上海有机所、上海技物所、武汉病毒所、武汉地理所、武汉动物研究所等单位纷纷加入团队。他们从基因测序、免疫试剂、RNA 开发、疫苗研发和药物筛选等多方面展开攻关。科研人员夜以继日地奋战在实验室中，24 小时连轴转，只用了 1 个多月便找出了"非典"病毒。北京基因组所仅用 36 个小时便解开了这种病毒的基因图谱，全基因组测序后的短短 4 天，又研制出酶联免疫快速诊断试剂盒。上海技物所科技人员奋战八昼夜，研制成"非接触性红外测温仪"，只要将仪器放在人的额前，2 秒内就能测出体温。经过连日拼搏，上海生命科学研究院药物所、中国科学院生化与细胞所通过与有关单位联合攻关，在"非典"病毒基因克隆、蛋白质表达与结构分析及药物设计等方面取得重要进展，完成了"非典"病毒的 3 个关键蛋白的表达。这是继"非典"病毒分离成功、病毒全基因组测序完成后又一具有重要意义的进展。从武汉病毒所进行病毒分离培养，北京微生物所等进行疫苗研制，上海生命科学研究院药物所进行药物筛选，到武汉动物所、地理所的疾病流行分析和预测，中科院围绕"非典"问题快速形成了多学科多角度的科学研究，体现出中科院学科门类齐全的优势。此外，北大、清华等高校的科研机构也为防治"非典"做出了重要贡献。

2003年6月24日，是很多中国人难以忘记的日子。中国在这一天迎来了抗"非典"的胜利。在这场斗争中，中央领导同志多次深入防治"非典"第一线，把保护人民的身体健康和生命安全放在第一位，要求各级政府把防治"非典"作为工作的重中之重，在全国形成了强有力的领导和指挥系统。广大医务工作者不顾个人安危抢救患者，救死扶伤，一些同志为了抢救患者，牺牲了自己宝贵的生命。广大人民群众和社会各界响应号召，万众一心，众志成城，团结互助，群防群控，构筑起坚不可摧的抗击"非典"的钢铁长城。

二、牵动民生的医药卫生体制改革

在中国，看病难不仅是个别现象，而且带有普遍性。"救护车一响，一头猪白养"；"做个阑尾炎，白耕一年田"。一句句民谣折射出人们对看病难、看病贵的种种无奈。当然，看病难、看病贵，涉及十几个部门，相当复杂，但建设和谐社会，如果连老百姓看病都成了难题，和谐就无从谈起。"非典"疫情又突出地暴露出中国经济社会发展"一条腿硬，一条腿软"的问题，彰显出科学发展的必要性。这进一步促使中共中央、国务院在全国启动医疗卫生体制改革，加大社会医疗保障的措施力度。

（一）看病难、看病贵的成因

究竟是什么原因导致看病难、看病贵呢？

　　根据卫生部的统计，导致中国现行卫生系统"病况"的"病因"有如下六个：第一，医疗卫生事业发展不均衡。全国医疗资源80%在城市，20%在农村；医疗卫生领域的高新技术、先进设备和优秀人才基本集中在大城市大医院。第二，财政投入严重不足，并且呈逐年下降趋势。20世纪八九十年代，卫生支出曾一度占到政府总支出的6%，而到2002年下降到4%。在3万多亿元的财政预算中，仅有1200多亿元用在医疗领域，这个比率不仅远远低于发达国家，而且也低于大多数发展中国家。第三，医疗保险发展缓慢。以2005年为例，中国医疗保险覆盖的城镇职工数为1.3亿，加上5000万享受公费医疗的公务员和事业单位职工，只有不到两亿的城镇居民有医疗保障。农村参加新型合作医疗的人口不到8亿农民的四分之一，保障能力非常有限，每个人只有30~50元钱。第四，药品和医疗器械生产流通秩序混乱。经过整顿，尽管全国药品生产企业、药品批发企业和药品零售企业减少，但这些企业的成本都需要通过"经营、收费、加价"来维持，药品价格不可能不节节攀高。第五，公立医院运行机制不合理，存在逐利倾向。一方面是政府每年的拨款仅占医院总收入的7%~8%，其余90%以上都是靠医院自己组织医疗服务得来；另一方面，政府对医院的收支又不管，任凭医院自由收费和分配。第六，政府对医疗市场的监管不力。2003年，卫生部曾进行第三次全国卫生医疗调查，结果显示：中国城乡居民应就诊而未就诊的比例由1993年的36.4%上升到48.9%；患者应住院而没有住院的比例高达29.6%；在住院患者中，主动提出提前出院的比例为43.3%，其中六成以上是因为支付不起相关费用而提前出院；农民应住院而没有住院的比例更是从1998年的63.7%上升到75.4%；因病致贫、因病返贫的农民占全部贫困农民的比例上升到33.4%。

　　2005年12月，一名王姓农民工因为没钱治病死在北京的一家医院。这一案例在北京乃至全国引发很大负面影响，令人痛心。为防止这种现象再次发生，在 2006 年 1 月召开的全国卫生工作会议上，卫生部部长陈竺说，绝不能见死不救。会议要求，各地要继续探索缓解群众看病难、看病贵的具体措施和办法，包括公立医院要建平价病房，少开特需医疗服务；对于危重病人和需要救助的病人，要坚持先救治后结算的原则，绝不允许见死不救等。

（二）药监系统"大案"呼唤医疗体制改革

作为首任国家药品监督管理局局长、国家食品药品监督管理局局长的郑筱萸，肩上本应挑着 13 亿中国人的用药安全。然而，在这名共和国的原最高药监领导眼中，不是重如泰山的责任，而是多了"寻租"的本钱。近十年时间，他以权谋私，直接或通过其妻、子多次收受贿赂，款物合计 649 万余元。面对责任，他玩忽职守，擅自同意降低药品审批标准，滥发药品文号。2007 年 5 月 29 日，北京市第一中级人民法院一审判决以受贿罪、玩忽职守罪判处郑筱萸死刑，剥夺政治权利终身，没收个人全部财产。7 月 10 日，郑筱萸在北京被执行死刑。

事实上，中国药监界的腐败之风，早已引起相关部门的高度重视。郑筱萸离职前后，一场反腐风暴在中国药监系统迅疾掀起。

2005 年 7 月，郑筱萸退休仅半月余，曾担任其秘书的国家药监局医疗器械司司长郝和平及其妻子就因涉嫌受贿被刑事拘留；同年 11 月，中国药学会咨询服务部主任刘玉辉被捕；2006 年 1 月，同样曾担任郑筱萸秘书的国家药监局药品注册司司长曹文庄，和该司化学药品处处长卢爱英、国家药典委员会常务副秘书长王国荣被立案调查；2006 年 11 月，中国药学会副秘书长刘永久被捕；2006 年 12 月，因涉嫌受贿，郑筱萸及其妻儿被正式立案调查。药监局腐败窝案对国家和人民利益的损害无法计量。

正是因为药监系统的腐败现象，致使医药行业出现很多假药和劣质药品，使很多病人失去了健康的机会，甚至不少患者丧失了最为宝贵的生命。医药行业的腐败大案，百姓强烈反映的看病难、看病贵、见死不救问题不时见诸报端……这都促使人们开始反思整个医疗体制。看来，不改革旧的医疗体制，上述事情还会一而再地发生。纪检部门在药监行业掀起的反腐风暴，不仅让人们看到了国家痛击腐败的决心，也使人们看清了医疗体制存在的弊端。

（三）医改启动在 2008

大事不断的 2008 年注定是个值得纪念的年份。就在这一年，中国医疗体制改革迈出关键一步，成为医改元年。

2006 年 6 月 20 日，国务院常务会议决定成立以发改委和卫生部牵头、16 个部门参加的深化医药卫生体制改革部际协调工作小组，研究提出深化医药卫生体制改革的总体思路和政策措施。经过一年多努力，形成了《关于深化医药卫生体制改革的意见（征求意见稿）》。2007 年 10 月，党的十七大报告提出到 2020 年人人享有基本医疗卫生服务的目标，要求努力使全体人民"病有所医"。这就要求医疗改革必须提上日程。

进入 2008 年，各种关于医疗体制改革的消息不时见诸报端。3 月 23 日，卫生部部长陈竺在中国发展高层论坛上表示：深化医药卫生体制改革的基本目标，就是要建立覆盖全民的基本卫生保健制度，实现人人享有基本医疗卫生服务。当时，中国卫生事业发展总体上严重滞后于经济和其他社会事业发展的状况还没有根本改变，医药卫生工作面临新的严峻挑战，深化医药卫生体制改革势在必行。要从制度建设入手和着力，探索解决影响医药卫生事业发展的体制、机制问题，努力发展与中国经济社会发展水平相适应的国家、社会和个人能够负担得起的安全、有效、方便、价廉的公共卫生和基本医疗服务，并保障全体居民可以和能够公平享有，这是深化医药卫生体制改革的根本出发点和最终落脚点。深化医药卫生体制改革的主要任务，就是要健全和完善公共卫生服务体系、医疗服务体系、医疗保障体系和药品供应体系。到 2008 年年底，要实现新型农村合作医疗基本覆盖到所有农村，并逐步提高筹资水平和报销比例；到 2010 年，在全国初步建立基本医疗卫生制度框架，努力缓解城乡地区不同收入群众之间基本医疗卫生服务差距扩大的趋势，同时实现城镇职工基本医疗保险覆盖所有城镇从业人员，城镇居民基本医疗保险全面推开；到 2020 年，形成覆盖城乡居民的基本医疗卫生制度，包括普遍建立比较完善的覆盖城乡的公共卫生和医疗服务体系，比较健全的覆盖城乡居民的医疗保障制度体系，比较规范的药品供应保障体系和比较科学的医疗卫生机构管理体制和运行机制。

2008 年 4 月 15 日，国务院召开深化医药卫生体制改革工作座谈会，强调深化医药卫生体制改革既是一项长期任务，也是一项紧迫工作。必须充分认识这项改革的重要性、艰巨性、复杂性，认真总结以往改革经验，加快推进和深化。座谈会上，医务工作者和专家学者、药品生产和流通企业负责人、参加新农合的农民、农村医疗救助对象、农民工、企业工会主席、国企职工、外企职工、县级新农合管理办公室负责人、居委会负责人、中学校长等 22 名群众代表先后作了发言。大家畅所欲言，直抒己见，一致认为：经过广泛深入的调查研究、集思广益、反复修改，《关于深化医药卫生体制改革的意见（征求意见稿）》目标明确，思路清晰，系统全面，重点突出，充分考虑了基本国情，比较准确地把握了医药卫生事业的主要矛盾，符合医药卫生事业发展规律。大家就政府投入、医疗保障体系建设、医疗行业监督、医学科研、公立医院管理体制改革、康复医学建设、中医药发展、加强社区医院和乡村卫生院等基层医疗机构建设、改进药品招标制、医疗救助等方面提出了许多意见和建议，并就"意见"稿提出了具体修改意见。

经过进一步广泛征求意见和修改，2009 年 4 月 6 日和 7 日，中共中央、国务院《关于深化医药卫生体制改革的意见》和《医药卫生体制改革近期重点实施方案（2009—2011 年）》相继公布，标志着新一轮医改正式起航。这次医改，包括 5 个方面：一是新型农村合作医疗，当时参加的已经超过 8 亿人。二是在城镇职工和居民中广泛地实行医疗保险，当时参加的已经超过 4 亿人。三是加强基层医疗卫生机构建设，城市社区、农村乡镇以及村卫生医疗单位的基础设施建设。四是实行基本药物制度，全国有 400 多种，其目的就是改变以药养医的状况，解决群众看病贵的问题。五是推进公立医院改革试点。未来 3 年，中国将为此投入 8500 亿元，以进一步加快建设覆盖城乡居民的医疗保障体系，完善公共卫生服务体系。随后，国家出台一系列重要举措，切实解决人民群众看病难、看病贵的问题，推动医改工作不断深化。

这些都表明，中国医疗体制改革已经起步，政府决心建立一个病有所医的新的医疗体系的目标也已经十分明确。

三、推进新型农村合作医疗健康发展

从 21 世纪开始，党和国家在总结新中国农村卫生工作的成绩和问题的基础上，对农村卫生工作的重要性有了更加明晰的认识，并积极推动实施了新型农村合作医疗的试点与普及，为农村医疗保障制度建设带来了新的生机。新型农村合作医疗制度是由政府组织、引导、支持，农民自愿参加，个人、集体和政府多方筹资，以大病统筹为主的农民医疗互助共济制度。传统农村合作医疗制度发端于 20 世纪 50 年代，在 60—70 年代达到鼎盛。这一制度是农业互助合作化运动的产物，是农民自己创造的互助共济的医疗保障制度，在很大程度上解决了中国农村当时缺医少药的问题，受到广大农民群众欢迎，为不发达国家提高医疗卫生水平提供了样本，被称为"发展中国家解决卫生经费的唯一典范"。由于联产承包责任制实施等种种原因，传统农村合作医疗制度在 20 世纪 70 年代末 80 年代初解体。2002 年 10 月，国务院颁布《关于进一步加强农村卫生工作的决定》，提出了建立新型农村合作制度的任务。此后 4 年多时间，国务院连续 4 次召开全国新型农村合作医疗（试点）工作会议，积极推进新型农村合作制度健康发展。

（一）制定出台新型农村合作医疗制度

2001 年 5 月，国务院转发由国务院体改办等五部委起草的《关于农村卫生改革与发展的指导意见》，初步确定了农村卫生事业的发展方向和政策原则。同时，《中国农村初级卫生保健发展纲要（2001—2010 年）》由卫生部等 7 部委联合下发。这表明，农村卫生工作被放在了全国卫生工作的首位，成为发展国民经济所要解决的重要问题之一。

2002 年新年刚过，中共中央、国务院开始制定关于农村卫生工作的决定，并决定在年内召开全国农村卫生工作会议。10 月 29 日，经过 10 个月起草和研讨，30 多次易稿，中共中央、国务院发布《关于进一步加强农村卫生工作的决定》，明确了此后一个时期中国农村卫生工作的指导思想、基本目标、主要任务和进一步加强农村卫生工作的若干重大政策措施。该决定提出了"到 2010 年，新型农村合作医疗制度要基本覆盖农村居民"① 的目

---

① 《中国卫生年鉴（2003）》，人民卫生出版社 2004 年版，第 8 页。

标，要求各级政府积极组织引导农民建立以大病统筹为主的新型农村合作医疗制度，重点解决农民因患传染病、地方病等大病而出现的因病致贫、返贫问题。这是国家首次正式提出"新型农村合作医疗"的概念和目标。同一天，中华人民共和国成立以来第一次由国务院主持的全国农村卫生工作会议召开。会议对建立新型农村合作医疗制度、深化农村卫生机构改革、落实农村卫生补助政策、加强农村卫生人才培养和队伍建设、开展城市卫生支援农村卫生工作和加强乡村医生管理等问题进行了深入研究，目的是精心谋划、下定决心、统一思想，为顺利实施新型农村合作医疗制度奠定基础。同年 12 月 28 日，九届人大审议通过了《中华人民共和国农业法（修订草稿）》，其中强调建立农民医疗保障制度，国家鼓励支持农民巩固和发展农村合作医疗和其他形式医疗保险，提高农民健康水平。这些工作都为新型农村合作医疗制度的最终出台做了必要准备。

2003 年 1 月 16 日，国务院办公厅转发了卫生部、财政部、农业部联合制定的《关于建立新型农村合作医疗制度的意见》，对新型农村合作医疗制度的目标和原则、组织管理、筹资标准、资金管理、医疗服务管理和组织实施做了具体而明确的规定和指导。其基本内容是：

第一，目标和原则。农民以家庭为单位自愿参加，个人先行缴费；乡（镇）、村集体给予资金扶持；中央和地方各级财政每年安排专项资金予以支持。坚持以收定支、收支平衡的原则，保证农民享受最基本的医疗服务。

第二，组织管理。一般以县（市）为筹资单位。省、地级政府成立由卫生、财政、农业、民政、审计、扶贫等部门组成的农村合作医疗协调小组。各级卫生行政部门内部应设立专门的农村合作医疗管理机构，原则上不增加编制。县级政府成立由有关部门和参加合作医疗的农民代表组成的农村合作医疗管理委员会，负责有关组织、协调、管理和指导工作。委员会下设经办机构，负责具体业务，人员由县级政府调剂解决。乡（镇）可设立派出机构（人员）或委托有关机构管理。经办机构人员和工作经费列入同级财政预算，不得从农村合作医疗基金中提取。

第三，筹资标准。个人缴费、集体扶持和政府资助相结合。农民个人每年缴费标准不低于10元，经济条件好的地区可相应提高缴费标准。有条件的乡村集体经济组织应对本地新型农村合作医疗制度给予适当扶持，出资标准由县级政府确定。鼓励社会团体和个人提供资助。地方财政每年对参加新型农村合作医疗的农民资助不低于人均10元，经济较发达的东部地区可适当增加投入。从2003年起，中央财政每年通过专项转移支付，对中西部地区除市区之外的参加新型农村合作医疗的农民按人均10元安排补助资金。

第四，资金管理。按照以收定支、收支平衡和公开、公平、公正的原则进行管理，专款专用，专户储存，不得挤占挪用。基金由农村合作医疗管理委员会及其经办机构管理，在国有商业银行设立基金专用账户，建立健全基金管理规章制度，合理筹集，及时审核。农民个人缴费和乡村集体经济组织的扶持资金，原则上按年收缴，存入基金专用账户；地方财政支持资金，由地方各级财政部门按实际参加人数划拨到基金专用账户；中央财政补助的专项资金，由财政部根据各地实际参加人数和资金到位等情况核定，向省级财政划拨。农村合作医疗经办机构要定期向农村合作医疗管理委员会汇报基金具体收支、使用情况，并定期向社会公布，保证参加合作医疗的农民的参与、知情和监督权力。农村合作医疗管理委员会要定期向监督委员会和同级人民代表大会汇报工作，主动接受监督。审计部门要定期做好审计工作。合作医疗基金主要补助参加农民的大额医疗费用或住院医疗费用。有条件的地方可实行大额医疗费用补助与小额医疗费用补助结合的办法。对参加的农民，年内没有动用基金的，要安排进行一次常规性体检。各省、自治区、直辖市要制定农村合作医疗报销基本药物目录。各县（市）要结合当地实际，科学合理地确定基金支付范围、支付标准和额度，确定常规性体检的具体检查项目和方式，防止基金超支或过多结余。

（二）先行试点，逐步推开

新型农村合作医疗制度采取先行试点、逐步推开的工作方法，"通过实践，通过探索，摸清完善这项制度的路子，为全面推进这一惠及亿万农民的制度打好基础"①。根据《关于建立新型农村合作医疗制度的意见》提出的工作进度安排，从 2003 年 6 月起，全国 30 个省、自治区、直辖市首批确定了 304 个试点县，覆盖农村人口 9300 余万人。

为了扎实、稳妥地做好试点工作，国务院办公厅连续转发了卫生部等部门起草的《关于做好新型农村合作医疗试点工作的通知》和《关于进一步做好新型农村合作医疗试点工作的指导意见》，要求各地按照文件精神积极推进试点的落实、扶持、检查等工作。此后，国务院和卫生部等有关部门就新型农村合作医疗的组织管理、机构改革、资金筹集管理以及国家部分特困地区政策等出台了多部文件，为新型农村合作医疗的试点工作提供理论指导和政策护航。2003 年 12 月，国务院召开了全国新型农村合作医疗试点工作会议。会前，胡锦涛、温家宝分别就新型农村合作医疗做出批示。胡锦涛指出："这是一件为民、便民、利民的大好事。望加强领导，完善试点，因地制宜，循序渐进，改善服务，造福农民。"② 温家宝在批示中强调了新型农村合作医疗的

---

① 《健康报》社论，2004 年 10 月 25 日。

② 《中国卫生年鉴（2004）》，人民卫生出版社 2005 年版，第 83 页。

重要意义，并对如何做好试点工作提出了明确要求。

国家建设新型农村合作医疗的决心和力度，广大农民对医疗保障制度的急切渴望，凝聚成一股巨大的推动力，促使各级地方政府和具体工作部门对此项工作高度重视。各地相继出台了本地试行新型农村合作医疗的相关文件，并大力宣传，逐级把关。但由于地方领导急于求成，对政策理解不透、工作粗放等原因，个别地区试点工作出现了一些问题，如盲目定指标、赶进度、虚报工作成绩；用贷款、包干、摊派、垫付等代替农民个人意愿和选择、虚报参加人数和筹资金额，套取上级财政的补助资金等。鉴于此，2004 年 5 月，卫生部、财政部下发紧急通知，要求各地对新型农村合作医疗试点有关工作进行检查，进一步核实实际参加新型农村合作医疗的农民人数、个人自觉缴纳情况，各级政府资金到位情况，新型农村合作医疗试点基金收入、支付、结存情况，试点中农民的受益情况等。① 正是中央对试点工作抓得紧，抓得实，及时发现问题，及时解决，加上地方政府的积极配合，新型农村合作医疗试点工作才逐步展开、扩大和完善。2004 年全国试点县、市增加到 333 个，2005 年做到每个地（市）至少有一个试点县，全国试点县达到 641 个，覆盖人数达 2.25 亿人，实际参加新型农村合作医疗的农民 1.63 亿万人，参合率达到 72.6%，全国共补偿参加合作医疗的农民 1.19 亿人次，补偿资金支出 50.38 亿元。② 截至 2006 年 9 月底，全国已有 1433 个县（市、区）开展了新型农村合作医疗，占全国县（市、区）总数的 50.1%，有 4.06 亿农民参加了新型农村合作医疗，占全国农业

---

① 参见《卫生部财政部发出通知　检查新型农村合作医疗试点》，《人民日报》2004 年 5 月 26 日。

② 参见卫生部：《全国新型农村合作医疗试点工作取得明显成效》2005 年 12 月 30 日。

人口的 45.8%，参合率达 80.5%。2006 年 1—9 月，全国有 1.4
亿农民从新型农村合作医疗中受益，共得到医疗费用补偿 95.8
亿元。

2007 年 9 月 5 日上午，国务院新闻办公室举行新闻发布会，
卫生部部长陈竺介绍了中国新型农村合作医疗制度运行的有关情
况。他说：从 2007 年开始，"新农合制度建设由试点阶段转入全
面推进阶段，2007 年新农合覆盖的县（市、区）要达到全国县
（市、区）总数的 80%，2008 年基本覆盖全国所有县（市、区）。
据统计，截至 2007 年 6 月 30 日，全国开展新农合的县（市、
区）达到 2429 个，占全国总县（市、区）的 84.87%，参加合作
医疗人口 7.2 亿，占全国农业人口的 82.83%。全国新农合制度
运行良好、成效显著"①。全国合作医疗基金 2007 年已筹集到位
241.47 亿元，其中，中央财政补助资金到位 14.70 亿元（中央财
政上半年实际下拨 93.97 亿元），地方财政补助资金到位 130.80
亿元，农民个人缴费 91.95 亿元（含相关部门为救助对象参合缴
费 2.93 亿元），其他渠道 4.02 亿元。在全国范围内，新农合的
参合率从 2004 年的 75.2% 稳步增长到 2007 年的 85.87%。到
2007 年年底，全国 2448 个县（市、区）已基本建立了新型农村
合作医疗制度，覆盖 7.3 亿农民，参合率达 85.9%。② 2008 年，
参加新型农村合作医疗的人达到 8.15 亿，参合率达到 91.5%。
新型农村合作医疗制度的实施初战告捷。

应该说，新型农村合作医疗源出于合作医疗的实践与经验，
其产生的初衷、推广普及的路径、政策保障的目标，以及农村居

---

① 《陈竺：新农合 2008 年基本覆盖全国　已有 82.83% 的农业人口
加入》，新华网，2007 年 9 月 5 日。

② 参见高强：《在 2007 年全国卫生工作会议上的讲话》2007 年 1 月
30 日。

民接受的心理都与合作医疗直接相关。但在间隔近 20 年之后，新型农村合作医疗制度所面对的中国社会已经发生了翻天覆地的变化，国家经济水平、医疗技术能力、农民思想意识以及农民主要病症模式都今非昔比，因此，新型农村合作医疗增加了政府投入的责任，在筹资、报销和管理及其保险水平等方面都与传统合作医疗有着根本的不同。

在积极推进新型农村合作医疗制度健康发展的同时，延续 2600 年的农业税在 2006 年也被取消。农业税是对农业收入征收的一种税，由地方负责征收管理，所得收入归地方政府。长期以来，由于农业税以征收粮食为主，所以习惯上又被称为"公粮"。新中国成立 50 多年来，中国财政收入结构发生重大变化，农业税所占比例已大幅下降。1950 年，农业税占当时财政收入的 39%，可以说是重要财政支柱。1979 年，这一比例降至 5.5%。从 2004 年开始，中央决定免征除烟叶税外的农业特产税，同时进行免征农业税改革试点工作。这一年，农业税占各项税收的比例进一步降至 1%。2005 年 12 月 29 日下午，十届全国人大常委会第十九次会议经表决决定，一届全国人大常委会第九十六次会议于 1958 年 6 月 3 日通过的《农业税条例》自 2006 年 1 月 1 日起废止。这意味着 9 亿中国农民从 2006 年开始，将依法彻底告别延续了 2600 年的"皇粮国税"——农业税。这是具有划时代意义的一件大事，是惠及亿万农民的一大德政，具有重大的现实意义和深远的历史意义。

从国际上看，当一个国家经济发展到一定程度，无一例外地要对农业实行零税制，并给予相当财政补贴。在经济全球化的宏观背景下，中国取消农业税，采取"少取、多予、放活"的政策，无疑顺应了时代要求。这也是中国农村面貌即将迎来新一轮巨变的标志性事件。从国内来看，这一政策有利于提高农业的竞争力。农业税废止的意义，不只在于农民负担的绝对数量下降了

多少，还在于它破除了农民长期承受的不平等待遇。中国原有的
农业税及其附加占农业产值的 8% 以上，提高了农产品的生产成
本，使得中国农产品在国际市场上的价格竞争力大打折扣。而一
些发达国家和地区，为了提高本国和本地区农业的国际竞争力，
降低农产品的生产成本，不仅不征收农业税，反而给农民大量补
贴。它还有利于加快公共财政覆盖农村的步伐，逐步实现基层政
府运转、农村义务教育等供给转向由政府投入为主。推进工业反
哺农业、城市支持农村，有利于统筹城乡发展，加快"三农"问
题的解决。最后，它可以大大增强农民和整个社会的购买能力，
对刺激消费和扩大内需将发挥重要的促进作用。

　　2005 年 12 月 23 日，国务院常务会议决定，发出《关于深化
农村义务教育经费保障机制改革的通知》，要求按照明确各级责
任、中央地方共担、加大财政投入、提高保障水平、分步组织实
施的基本原则，将农村义务教育全面纳入公共财政保障范围，建
立中央和地方分项目、按比例分担的农村义务教育经费保障机
制。主要内容有：一是从 2006 年开始，全部免除西部地区农村
义务教育阶段学生学杂费，2007 年扩大到中部和东部地区；对贫
困家庭学生免费提供教科书并补助寄宿生生活费。免学杂费资金
由中央和地方按比例分担，对贫困家庭学生免费提供教科书的资
金，中西部地区由中央全额承担，补助寄宿生生活费资金由地方
承担。二是提高农村义务教育阶段中小学公用经费保障水平。三
是建立农村义务教育阶段中小学校舍维修改造长效机制，校舍维
修改造所需资金，中西部地区由中央和地方共同承担，东部地区
主要由地方承担，中央适当给予奖励性支持。四是巩固和完善农
村中小学教师工资保障机制。这标志着中国农民的后代真正享受
义务教育的时代到来了。

　　2005 年 11 月 10 日，教育部首次发布《中国全民教育国家报
告》，勾勒出了中国免费义务教育的时间表：到 2007 年，全国农

村义务教育阶段家庭经济困难的学生都能享受到"两免一补"，就是免杂费、免书本费，补助寄宿费，保证不让一个孩子因为家庭困难而失学。到 2010 年，全国农村地区全部实行免费义务教育。届时，全国将高质量地全面普及九年义务教育，人口覆盖率达到 98% 以上；扫除 15~24 岁文盲，基本杜绝新文盲产生，全国青壮年文盲率降到 2% 以下，成人文盲率降到 5% 以下，根本消除义务教育阶段入学的性别差异。到 2015 年，全国将普遍实行免费义务教育。

这一惠及百姓举措的实施，意味着从 2006 年到 2010 年，中央财政和地方财政将分别累计新增农村义务教育经费 1258 亿元和 924 亿元，合计约 2182 亿元。这也意味着全国农村中小学每年可取消学杂费达 150 亿元，分摊到每名中小学生身上，分别为 180 元和 140 元。据测算，全国农村中小学生学杂费负担每年小学生人均达 140 元，初中生人均达 180 元。如果加上一些地方的搭车收费，农民教育负担更加沉重。有关部门调查显示，农村中小学乱收费金额已占涉农乱收费的一半。随着农村税费改革的深入推进和公共财政体制的不断完善，财政预算内投入持续增长，成为农村义务教育经费来源的主渠道。2004 年，全国财政预算内农村义务教育拨款达到 1326 亿元，比农村税费改革前的 1999 年增加 793 亿元，年均递增 20%。

"两免一补"政策已惠及中西部地区农村义务教育阶段贫困家庭学生 3400 万名。减轻农民教育负担，首先要免除农民子女的学杂费。全部免除农村义务教育阶段学生学杂费，是国家做出的继全面取消农业税之后进一步减轻农民负担的举措。至此，全国已经全部实现了农村中小学生免费教育。

四、坚决处置关系千万家的食品安全事故

"民以食为天"，中华美食世界驰名。但随着生活水平的提高，"病从口入"的现象越来越多，特别是连续出现的毒奶粉、红心鸭蛋、福寿螺、多宝鱼等重大食品安全事故令人不安，人们对货架上的食品越来越不放心。食品安全系万家，妥善处理民生问题是中国走向强大必须迈过的门槛。

（一）彻查"劣质婴儿奶粉"源头

按标准，0—6个月的婴儿奶粉蛋白质含量应为12%～18%，但安徽阜阳农村的一些劣质奶粉，蛋白质含量最低的只有0.37%。饮用后，不少新生儿成为营养严重不良的"大头娃娃"，头大、嘴小、浮肿、低烧。鲜花般娇嫩的幼小生命，刚来到世间几个月就枯萎、凋谢，罪魁祸首竟是本应为他们提供"充足养料"的奶粉。

"大头娃娃"事件，首先被安徽阜阳的农民揭露出来。2003年7月，中央电视台接到安徽阜阳一农民观众李洪亮寄来的投诉信，反映他4个月大的女儿因连续食用一种叫"全圣"牌的婴儿奶粉，全身浮肿，身体发育畸形，需住院治疗。医生怀疑奶粉有问题，希望央视关注此事。记者雷阳接到信后，马上通过电话与其取得联系，建议他把孩子食用的奶粉拿到当地有关检验机构鉴定。李洪亮当天就把孩子吃剩的奶粉送到阜阳市疾病控制中心，自费作了检验，雷阳的同事也从亳州赶到阜阳市人民医院，拍到了十几个孩子住院治疗及举报人李洪亮女儿的情况，还了解到住院治疗的孩子大多没有母乳喂养，一直食用一些便宜的奶粉，此现象在当地农村非常普遍。掌握了第一手资料后，央视领导建议

雷阳尽快找到劣质奶粉生产厂家，雷阳当天就和同事、摄像记者刘勋赶往阜阳。2003 年 12 月 25 日，央视 7 频道首播《流入农村的劣质奶粉调查》。节目播出后反响很大，观众也纷纷打来电话询问有关情况，反映其他地方也有类似劣质奶粉。此前一直没得到任何赔偿的受害婴儿家长李洪亮，在当地政府的协调下，拿到了 7000 元的赔偿。就此，央视记者雷阳首先撬开了毒奶粉的冰山一角。

2004 年 4 月 19 日上午，温家宝做出指示：第一，国务院责成食品药品监管局会同有关部门和地方政府组成调查组，对阜阳等地劣质婴儿奶粉事件进行全面调查，彻底查清劣质奶粉的生产源头、销售渠道和销售范围，并对受害儿童采取妥善医治措施。第二，在查清事实的基础上，严肃追究有关人员责任，对触犯刑律人员要依法严厉惩处，并公开曝光。第三，要从查处劣质婴儿奶粉事件入手，继续把食品药品的专项整治作为当年治理整顿市场经济秩序的重点，保证人民群众食品安全和身体健康。当天下午，由国家质检总局、国家工商总局、卫生部组成的专项调查组，从北京奔赴阜阳，拉开查"毒"大幕。由此，一场追查毒奶粉的行动在全国展开。

据调查，阜阳销售的奶粉涉及 141 个厂家、149 个品牌、205 个品种，其中不合格品种 45 个，占 22%。不合格产品中，标注黑龙江生产的 17 种，内蒙古生产的 7 种，浙江生产的 5 种，上海生产的 4 种，北京、山东、河北、湖北、江西等地生产的 10 种。其间，安徽、山东、河北、辽宁、广东等地相继出现"大头娃娃"。4 月 24 日，国务院调查组在安徽省阜阳市就劣质奶粉事件展开了全面深入的调查工作，6 个小组分头行动，捣毁制假窝点，追查劣质奶粉，调查受害范围，布置婴儿普查，调查工作取得初步进展。5 月 17 日，国务院劣质奶粉事件调查组公布了安徽阜阳劣质奶粉事件调查结果。据查，这一事件共涉及 10 个省、区、市的 40 家企业，31 人被正式逮捕。

（二）重点调查"苏丹红"的来源及产品流向

2005 年 2 月 23 日，国家质检总局和国家工商总局在监督检查中发现，广东亨氏美味源（广州）食品有限公司生产的美味源牌金唛桂林辣椒酱、辣椒油等被查出含有"苏丹红一号"。实验证明，"苏丹红一号"具有致癌性，在一些商家销售的鸡翅和受人欢迎的鸭蛋里曾被发现。为此，国家卫生部发出紧急通知，要求各地餐饮单位立即停止使用亨氏公司生产的辣椒制品，责成广东省卫生厅立即组织对亨氏公司进行调查，重点调查苏丹红的来源、添加范围以及产品的流向，对调查发现的线索及时向卫生部通报。

"苏丹红一号"型色素是一种人造化学制剂，常用于工业产品比如溶解剂、机油、蜡和鞋油等的染色。1995 年，该色素就被确认为致癌物，欧盟和其他一些国家已开始禁止其用于食品，后来全球多数国家都禁止将其用于食品生产。2005 年 2 月 23 日，中国质检总局开始通知全国彻查。

受"苏丹红一号"影响较大的，当属肯德基和红心鸭蛋销售企业。2005 年 3 月 17 日，肯德基产品发现"苏丹红一号"成分的消息在消费者中引起较大反响，肯德基生意直线下降。就此，中国百胜集团公共事务部明确承认，在肯德基新奥尔良烤翅和新奥尔良烤鸡腿堡调料中的确发现了该色素成分，但并不是所有这两款食品的调料中都发现有，而仅仅是原料供应商"基快富食品有限公司"提供的两批红辣椒粉被检出含有苏丹红成分。于是，全国所有肯德基餐厅停止售卖新奥尔良烤翅和新奥尔良烤鸡腿堡两种产品，并且"基快富公司"也紧急回收了含有这种原料的产品。

肯德基在经过对原料严加排查后，生意再次红火起来，但红心鸭蛋事件却让河北的农民怎么也高兴不起来。2006 年 11 月 12 日，中央电视台《每周质量周报》播报了北京市个别市场和经销企业售卖来自河北石家庄等地用添加苏丹红的饲料喂鸭所生产的"红心鸭蛋"，并在该批鸭蛋中检测出苏丹红。一时间，红心鸭蛋事件在京城内引起轩然大波，商家纷纷将红心鸭蛋撤下货架。对此，国家质检总局、卫生部分别发出通知，要求各地质量技术监督部门对本辖区内的蛋制品生产加工企业立即开展专项检查，凡是发现苏丹红的，要立即责令企业停止生产、停止销售、查封成品，并责令企业召回含有苏丹红的产品。同时要求各地质检部门加强对生产苏丹红化工企业的监管，掌握其产品流向，责成企业一律不得将苏丹红销售给食品生产加工企业；凡是发现苏丹红流向食品企业的，要坚决查明其用途。卫生部办公厅要求各地卫生行政部门立即开展对当地流通市场蛋类产品的监督监测，发现类似违法行为，及时组织查处。加强对餐饮单位的监督检查，严禁使用来自上述地区的"红心鸭蛋"，对发现的违法行为及时采取卫生行政控制并依法查处。

对红心鸭蛋事件的调查，在 11 月 27 日公布了初步结果。农业部公布的数据是，全国共有 8 个蛋禽养殖户被检出产品含有苏丹红。已销毁蛋鸭 10400 只、鸭蛋 2025 公斤。虽然事情告一段落，但负面影响对盛产正宗"白洋淀红心蛋"而闻名的河北省安新县的蛋禽养殖户和加工企业来说，无疑是灭顶之灾。事后，当地政府大力开展"打假、维权、护品牌"的危机公关，加快白洋淀咸鸭蛋等土特产品的地域品牌注册步伐，维护了白洋淀农副产品的品牌形象。

（三）进一步加强食品安全监管

2006 年 6 月 24 日，北京市友谊医院热带病门诊的专家接诊了一位病人，症状是头痛、发热，皮肤感觉异常，有刺痛、烧灼感。在询问中大夫得知，和这名患者一起吃饭的两个同事，也有相似的症状，而且他们曾经在一起吃了福寿螺肉。福寿螺与头痛又有何关系呢？

福寿螺原产于南美亚马孙河流域，早就有人指出它对生态会造成危害。但是，因为福寿螺可以食用，养殖成本低，上世纪末中国广东、福建、广西等地开始大量引进养殖福寿螺，这是福寿螺第一次越过中国布设的危险生物进口防线。后来，因为人为疏忽，福寿螺又开始了大规模野外繁殖。从 1998 年开始，福寿螺在广东省 37 个县造成了巨大危害，2006 年又在广西对 250 万亩农作物造成严重危害。这是福寿螺第二次越过危险防线，造成大面积生物危害。接着，福寿螺又接连顺利越过食品检疫、食品烹调、食品安全抽检等一道道防线，直到几十位北京人躺在医院里痛苦难忍，才发现这个本来繁衍在遥远巴西的小东西竟然对人类的健康构成严重威胁。

北京市疾病预防控制中心专家指出，只有将福寿螺的中心温度加热到 90 摄氏度，并持续 5 分钟以上，才可以杀死寄生在福寿螺中的广州管圆线虫幼虫。而这种虫子就是导致人们病痛的罪魁祸首。8 月 8 日，《北京晚报》以《生吃福寿螺易发广州管圆线虫病》为题，对有关饭店出售"凉拌螺肉"导致多名顾客感染寄生虫的事件进行了报道。8 月中旬，北京市卫生局接到关于福寿螺的举报，迅速做出反应，由市卫生局负责人 8 月 16 日在北京市卫生局的演播室，向全市市民通报福寿螺事件的最新进展。8 月 17 日，北京市卫生局发布广州管圆线虫病疫情；8 月 19 日，北京市政府食品安全办公室有关负责人表示，将进一步加强对市场、商场、超市、餐馆水产品的安全监管，严格落实水产品市场准入制度；8 月 22 日，食品办召开紧急电话会议，对任何形式制作的福寿螺发出了停售令。这一系列措施立竿见影，北京市民迅速远离所有可能的传染源。从 8 月 21 日开始，北京市卫生局把广州管圆线虫病作为日报的寄生虫病每天向社会公布，同时向公众宣传相关的知识。

"福寿螺"事件余音未了、"红心鸭蛋"余波未平之际，"多宝鱼"事件又横空出世。2006年11月18日，上海市食品药品监督管理局发布严重消费预警：在近期药监人员对市售多宝鱼（学名大菱鲆）的专项抽检中发现，来自超市、批发市场和部分餐饮单位的30件多宝鱼样品中，药物残留全部超标，检出了硝基呋喃类代谢物，部分样品还分别检出恩诺沙星、环丙沙星、氯霉素、孔雀石绿、红霉素等禁用渔药残留，部分样品土霉素超标。有关专家指出，硝基呋喃类药物、氯霉素、环丙沙星等在国际国内均为禁用渔药，如长期大量摄食硝基呋喃类化合物，存在致癌可能，长期食用含抗菌类药物残留的动物食品也将导致病菌对抗生素的耐药性而影响临床疗效。

30件样品全部检出违禁物质，问题不能说不严重。波及全国的"红心鸭蛋"危机尚未结束，使用多种国际违禁药物导致多宝鱼含有致癌物质的新一起全局性食品安全危机，再次成为媒体关注、百姓担心的热门话题。国家有关部门反应快捷。事发当天，国家食监总局即派调查组前往山东沿海各地，调查多宝鱼及其他海水养殖水产品的药物使用情况。与此同时，农业部也同步发出紧急通知，并派出多路督察组，指令各地农业机构对硝基呋喃等禁用兽药的违规使用情况进行全面排查。这是短期内国内所发生的又一场食品安全信用危机。尽管各项应急措施都属"亡羊补牢"性质，但能直面问题而不再是首先考虑"产业保护"，是个可贵的进步。

为了稳定民众情绪，当时北京、上海等大城市采取了禁售令，但这不是长远之计。解决食品安全问题，必须努力形成一套系统的事前管理和防范机制，从推行养殖业标准化、强化技术服务到检验检测体系建设以及严格市场准入制度、落实行政执法责任制等方面，把工作做在平时、做在前面，变被动的"事后救火"为主动的事前防范。因此，政府只有在规范管理上下工夫，才能把好食品安全的每一道关口，真正让老百姓吃得安全、吃得放心。

2007年，国家决心下大力气对全国食品行业进行整顿，着重加强食品安全。2月，召开了全国加强食品药品整治和监管工作电视电话会议，8月又召开全国产品质量和食品安全专项整治工作电视电话会议。会议对专项整治工作进行了详细部署，全国开展了一场轰轰烈烈的食品安全整治活动。

（四）严肃处理"三鹿牌婴幼儿配方奶粉"事件

在食品安全整治活动进行中，影响恶劣的"三鹿问题奶粉"事件又发生了。

2008年6月28日，位于兰州市的解放军第一医院收治了首例患"肾结石"症的婴幼儿，据家长反映，孩子从出生起就一直食用河北石家庄三鹿集团所生产的三鹿婴幼儿奶粉。7月中旬，甘肃省卫生厅接到医院婴儿泌尿结石病例报告后，随即展开调查，并报告卫生部。随后短短两个多月，该医院收治的患婴人数就迅速扩大到14名。除甘肃省外，陕西、宁夏、湖南、湖北、山东、安徽、江西、江苏等地都有类似案例发生。

9月13日，中共中央、国务院对严肃处理三鹿牌婴幼儿奶粉事件作出部署，立即启动国家重大食品安全事故I级响应，并成立应急处置领导小组。当天，卫生部党组书记高强在"三鹿牌婴幼儿配方奶粉"重大安全事故情况发布会上指出："三鹿牌婴幼儿配方奶粉"事故是一起重大的食品安全事故。三鹿牌部分批次奶粉中含有的三聚氰胺，是不法分子为增加原料奶或奶粉的蛋白含量而人为加入的。9月14日，卫生部部长陈竺带领有关司局领导及专家飞抵兰州，针对有关三鹿奶粉事件应急处置工作展开专题调研。9 月 15 日，甘肃省政府新闻办召开新闻发布会称，甘谷、临洮两名婴幼儿死亡，确认与三鹿奶粉有关。省卫生厅发布公告，紧急呼吁立即停止给婴幼儿食用河北石家庄生产的三鹿牌婴幼儿奶粉，并提醒已食用过该奶粉的婴幼儿及时就诊。同日下午，三鹿集团股份有限公司副总裁在河北省政府召开的新闻发布会上，宣读了致社会各界人士和广大消费者的一封公开信，向因食用三鹿婴幼儿配方奶粉导致的患儿及家属道歉。据卫生部通报，截至 2008 年 12 月底，全国累计报告因食用三鹿牌奶粉和其他个别问题奶粉导致泌尿系统出现异常的患儿共 29.6 万人。①

这次事件造成了很恶劣的社会影响，在国际上对中国的外贸出口和形象也形成一定的不良影响，中共中央、国务院高度重视，果断采取问责措施，先后免去了河北省委、石家庄市委、国家质检总局等相关负责领导的职务。同时，司法部门及时介入，先后抓捕了相关责任人，并在全国进行有毒奶粉的销毁工作（据统计，从 9 月 14 日到 16 日，河北全省损失生鲜奶 5936 吨，平均 3000 元一吨的牛奶，除少量以 200 元一吨贱卖外，绝大多数都被奶农忍痛无奈地倒掉），开始对购买三鹿产品的消费者进行退货登记工作。

经过一段时间的调查取证，2008 年 12 月 31 日，石家庄三鹿集团股份有限公司原董事长田文华在法庭上受审。② 公诉机关指控她犯生产、销售伪劣产品罪，使三鹿集团生产的含有三聚氰胺的婴幼儿奶粉等奶制品流入全国市场后，对广大消费者特别是婴幼儿的身体健康、生命安全造成了严重损害。同时，导致国家投入巨额资金用于患病婴幼儿的检查和医疗救治，众多奶制品企业和奶农的正常生产、经营受到重大影响，经济损失巨大。2009 年

---

① 参见《北京晨报》2009 年 11 月 25 日。

② 参见新华网 2009 年 2 月 1 日。

1月22日，石家庄市中级人民法院做出一审判决，田文华被判处无期徒刑，剥夺政治权利终身，并处罚金人民币2468.74万元。①

2009年1月21日，石家庄市中级人民法院作出刑事判决，认定被告人张玉军、张彦章犯以危险方法危害公共安全罪，判处死刑和无期徒刑，剥夺政治权利终身；认定被告人耿金平犯生产、销售有毒食品罪，判处死刑，剥夺政治权利终身，并处没收个人全部财产。宣判后，张玉军、张彦章、耿金平提出上诉。河北省高院经依法开庭审理，于同年3月26日作出二审裁定，驳回张玉军、张彦章、耿金平上诉，维持原判，并依法报请最高人民法院核准。②

最高人民法院复核认为，被告人耿金平的行为已构成生产、销售有毒食品罪。原三鹿集团以耿金平交售的原奶为原料生产的含有三聚氰胺的婴幼儿奶粉等奶制品流入市场后，给婴幼儿的身体健康及生命安全造成严重损害。耿金平在共同犯罪中系主犯，犯罪情节、后果均特别严重，亦无法定、酌定从轻的情节。第一审判决、第二审裁定认定的事实清楚，证据确凿、充分，定罪准确，量刑适当。最高人民法院裁定核准河北省高级人民法院维持第一审以生产、销售有毒食品罪判处被告人耿金平死刑，剥夺政治权利终身，并处没收个人财产的刑事裁定。

以3月26日的二审公开审理为标志，"三鹿问题奶粉"系列刑事案件的审判工作已近尾声。根据最高人民法院执行死刑的命令，2009年11月24日，石家庄市中级人民法院对"三鹿"刑事犯罪案两名案犯张玉军、耿金平执行死刑。③

"三鹿问题奶粉"事件虽基本解决，有关责任人也受到了应

① 参见法制网2009年3月27日。
② 参见新华网2009年3月26日。
③ 参见《北京晨报》2009年11月25日。

有的处罚和惩治，但事件造成的恶劣影响不是短时间内能消除的。为了重振国民的消费信心，在中国乳制品工业协会和中国连锁经营协会的倡导下，2008 年 9 月 23 日，内蒙古蒙牛乳业（集团）股份有限公司、内蒙古伊利实业集团股份有限公司、光明乳业有限责任公司、圣元营养食品有限公司、施恩（广州）婴幼儿营养品有限公司、北京三元食品股份有限公司等全国 109 家奶制品生产企业和北京超市发连锁股份公司、北京美廉美连锁商业有限公司、华联超市股份有限公司、家乐福（中国）管理咨询服务有限公司、天津华润万家生活超市有限公司、苏果超市有限公司等全国 207 家流通企业，共 316 家奶制品产销企业在京联合发布"中国奶制品产销企业质量诚信宣言"，向社会郑重承诺将严格遵守法律法规，自觉执行国家标准和行业标准，营造一个干干净净的奶制品市场。但真正的长效质检，还是要靠健全的体制机制和诚信管理系统等。

五、实现青藏铁路全线通车运营

2006 年 7 月 1 日，这是一个注定要被写入历史的日子。这一天，西藏不通旅客列车的历史被改写，青藏铁路庆典号"青 1"和"藏 2"分别从格尔木和拉萨出发，第一次驶上了青藏铁路。2 日零时 13 分，从拉萨开往兰州的青藏铁路"藏 2"次旅客列车安全抵达格尔木。这标志着世界海拔最高、线路里程最长的高原铁路——青藏铁路全线通车运营。共和国铁路建设史上又增添了一页光辉的篇章。

（一）"要把铁路修到拉萨"

修建青藏铁路是西藏人民的热切期盼，也是中共中央、国务院的多年心愿。20 世纪 50 年代，毛泽东就曾表示，"要把铁路修到拉萨"。1958 年，在毛泽东、周恩来和邓小平的关怀下，青藏铁路一期工程（西宁—格尔木段）动工修建。因 1959—1961 年的三年严重困难，从 1961 年 3 月开始，青藏铁路全线停建。1973 年 12 月，毛泽东在会见尼泊尔国王比兰德拉时说，要修建青藏铁路。周恩来说，全国只有西藏没有铁路，要从根本上改变西藏面貌，改善人民生活，就必须修铁路。1974 年，国家决定青藏铁路再次上马一期工程，1979 年铺轨到格尔木，一期工程完成。但此后，直到 2001 年，连续 20 多年没有再续建，西藏一直是全国唯一不通铁路的省级行政区。

1983 年夏，西藏自治区党委第一书记阴法唐到北戴河向正在那里休假的邓小平汇报工作，邓小平对西藏修建铁路特别关心，主动问起进藏铁路的有关情况。于是，两人还讨论了进藏铁路的走向、经费、盐湖、冻土等问题。这些细节至今让阴法唐记忆犹新，他当时说："现在物价都涨了，费用要高一些。但是，西藏群众迫切希望青藏铁路能够早日上马。"邓小平沉思一会儿说："看来还是修青藏铁路好啊！"

1984 年 2 月，中央召开第二次西藏工作座谈会，阴法唐在会上再次提出青藏铁路上马的问题，指出只有把铁路修通，才能从根本上改变西藏交通运输的落后状况，请国家能够尽早安排。但因冻土问题没有解决，青藏铁路的修建再次被搁置。十年过去了，1994 年 7 月，中央召开第三次西藏工作座谈会，江泽民郑重提出：要抓紧做好进藏铁路建设的前期准备工作。自 1994 年至 2000 年，铁道部 6 次组织大面积选线、多方案比较论证会，还组织了专题研讨会 10 多次。通过这些会议，充分听取了各方面的意见和建议，使方案论证工作不断深入，最后统一了认识，把格尔木—拉萨段列为最佳方案，后把这一意见上报国家计委。

2000 年 10 月，中共十五届五中全会召开，研究关于"十五”计划的建议。铁道部部长傅志寰为了听取西藏领导同志关于青藏铁路建设的意见，特意向会务组提出调换自己所在的分组，从原来的西北组转到西南组。10月10日分组讨论期间，江泽民来到西南组，会场气氛异常热烈，大家争先恐后发言。西藏自治区党委书记郭金龙、副书记热地，在发言中列数党的三代中央领导核心对西藏的重视和关心。不久，经过铁道部部长傅志寰审定的一份文字简练、论证充分、观点明确，修建青藏铁路的专题报告，以铁道部的名义送到了江泽民手中。汇报大意是，综合比较多种方案，修建青藏铁路（格尔木—拉萨段）有如下优势：一是建筑里程较短、工程量小、投资少、工期短、建设代价最小；二是地形平坦，线路走向与青藏公路大体平行，铁路即使受损也容易恢复，便于保证畅通；三是解决冻土等技术问题已经有了可行的措施，如设置保温层、以桥代路等。另外，在施工、运营方面，可以采用机械化施工、减少劳动定员及其他相应措施，克服高原缺氧对职工作业带来的困难。

汇报材料报上后，2000年11月10日，江泽民在铁道部关于修建进藏铁路的报告上做了长篇批示，指出：修建进藏铁路十分必要，对于促进西藏与内地经济文化交流也非常有利。从长远观点看，拿出钱来修这条铁路是完全值得的。无论从经济发展、政治稳定，还是从促进民族团结考虑，中国都应该下决心尽快开工修建进藏铁路。正是这篇重要批示，启动了青藏铁路格尔木—拉萨段的建设。

2001年1月2日，国务院总理办公会议讨论了青藏铁路建设问题，朱镕基总结说："经过20多年的改革开放，我国综合国力显著增强，已具有修建青藏铁路的经济实力。通过多年不间断的科学研究和工程试验，对高原冻土地区筑路技术问题也提出了比较可行的解决方案。在几个建设方案综合比较中，青藏铁路方案比较有利，投资少，工期短，地形较为平坦。修建青藏铁路，时机已经成熟，条件基本具备，可以批准立项。"① 随后，国务院成立了青藏铁路建设领导小组，国务院副总理曾培炎任组长，傅志寰为副组长。此后，青藏铁路建设前期工作全面展开，大批勘测设计人员挑灯夜战，为早日开工紧张准备。6 月初，傅志寰带领有关人员到青藏铁路现场调研，乘汽车从格尔木驶向拉萨，那时全线勘测正在紧张进行。当地作业条件十分严酷，勘测设计人员甘愿吃苦奉献，精神令人十分感动。到了拉萨，傅志寰与自治区领导一起到现场查勘，确定拉萨站和拉萨河大桥的位置以及相应的线路走向，代表铁道部与西藏自治区签订了有关建设协议，完成了青藏铁路建设前期工作的关键一步。通过这次考察，青藏铁路已经具备开工条件。回京后，他向中央作了汇报，中央最后确定了开工日期。

6 月 29 日，青藏铁路举行了盛大的开工仪式。副总理吴邦国在拉萨为青藏铁路奠基，从此青藏铁路建设正式拉开序幕。5 年后的 2006 年 7 月，青藏铁路胜利实现全线贯通，胡锦涛到现场发表了重要讲话。"天堑变通途"，新中国第一代领导人的愿望得到了实现。

（二）高原人民的幸福路

"清晨我站在青青的牧场，看到神鹰披着那霞光，像一片祥云飞过蓝天，为藏家儿女带来吉祥……那是一条神奇的天路，把人间的温暖送到边疆，从此山不再高，路不再漫长，各族儿女欢聚一堂……"著名歌手韩红的一曲《天路》，唱出了藏族同胞对青藏线的深厚感情。

青藏铁路的建成，结束了占全国 1/8 国土面积的西藏自治区不通铁路的历史。此后，西藏急需的机电设备、钢材、水泥、化肥和

---

① 参见《国务院公报》，2001 年第 10 期。

生活日用品，通过青藏铁路源源不断地进入西藏。随着铁路开进西藏，人流、物流、信息流将加快流动，越来越多的藏族同胞从自然形态的游牧生活中摆脱出来。同时，低成本、大运能、全天候不间断运输的铁路，为西藏带来现代生活方式。从这种意义上说，绵延千余公里的青藏铁路是高原人民的幸福路、团结路。

青藏铁路给西藏农牧民带来更多的就业机会。它的通车，无疑使西藏经济发展迈上了一个新的台阶。随着铁路的通车，各行各业的繁荣扩大了劳动力需求，给当地农牧民带来更多的就业机会和增收渠道，从而惠泽百姓，造福一方。随着经济社会的发展，特别是青藏铁路开通，西藏会涌现出更多的服务行业，进一步拓宽当地群众就业门路、提供更多的就业岗位。

青藏铁路带给西藏最直接、最明显的好处，应该是对旅游业的推动。雪域高原壮丽的自然风光和神秘的人文景观，向来吸引着中外游客。2004年，进藏游客首次突破百万人次大关。2006年超过180万人次，旅游总收入19.3亿元。青藏铁路开通运营后，每天进藏游客达到五六千人，其中，通过铁路进藏旅游的人数在4000人左右。青藏高原旅游的巨大发展前景也吸引了周边省区，西藏、四川和云南将目光瞄准了"大香格里拉"旅游资源开发，宣布未来10年内，3省区将联合投资500亿元，打造"大香格里拉"生态旅游区，将中国西南角打造成世界精品旅游景区之一。青藏铁路沿线旅游区已被列为"十一五"期间优先规划和建设的重点旅游区。

总之，青藏铁路是西藏经济起飞、社会进步以及和其他省市实现对接的坚强"翅膀"，插上翅膀的西藏人民必然会过上更加富足的幸福生活。

（三）全国铁路第六次大提速

2007年4月18日，时速达200公里的"和谐号"动车组

D460 次列车，于凌晨 5 时 38 分从铁路上海站首发，高速驶往苏州，拉开了全国铁路第六次大面积提速的序幕。经过一个半小时，列车于上午 7 时 11 分左右顺利折返至上海，标志着"4·18"提速的最大亮点——时速 200 公里的动车组正式运营取得成功。

"动车"就是把动力装置分散安装在每节车厢上，使其既具有牵引动力又可以载客，这样的客车车辆便叫做动车；而"动车组"就是几节自带动力的车辆加几节不带动力的车辆编成一组，就是动车组。这种动车组采用国际通用和先进的标准设计制造，由中外合作生产，CRH（China Railway High—speed）意为"中国高速铁路"。动车组流线型车头和圆滑鼓形断面车体、高速无摇枕转向架等，使它具有优良的高速运行品质；轻量化设计的铝合金或不锈钢车体，大大降低了车体的重量，节能效果显著。

除了更舒适的乘坐环境外，动车组最吸引人的还是其超高的时速，可以为旅客节省不少时间。动车组列车时速飙升为 200～250 公里，让乘坐者拥有"贴地飞行"的感觉。而线路时间的大大缩短，更使其在一定程度上具备了与飞机一争高下的比较优势。经过六次大提速后，以北京、上海和广州为中心的三个"提速圈"初步形成：半径在 500 公里左右的城市间实现了"朝发午至"，1200～1500 公里间实现了"夕发朝至"，2000～2500 公里间则可"一日到达"。对于不少枢纽城市的市民来说，坐火车"朝发夕至"终于梦想成真了。

第六次大提速后，全国铁路旅客列车平均旅行速度达到时速70.18 公里，比 2004 年第五次大提速提高了 4.48 公里。从速度等级方面看，中国旅客列车分为含一站直达的"特快列车""快速列车"和由普通快车和慢车组成的"普通列车"，可以满足不同层次、不同地区旅客的需求。

2009 年 12 月 26 日，三列国产"和谐号"高速列车从武汉、长沙、广州同时出发，全球里程最长、时速最高的武广高速铁路（武广高铁）正式通车，标志着中国跨入高铁时代。平均时速高达 350 公里的"和谐号"，把原本 10 小时的车程提速至 3 小时内，而日本新干线、法国 TGV 的最高时速已达 300 公里。这充分展示了中国高铁技术的最新成就，也充分证明中国铁路建设尤其是高铁技术已处于世界领先水平。随着武广高铁的正式通车，粤湘鄂经济走廊和生活圈正式形成，对促进区域经济、加速城镇化具有重要意义。铁道部计划在 2012 年之前建成 1.8 万公里的高速铁路，使中国大多数省会城市之间的旅程缩短到 8 小时以内。① 截至 2009 年年底，中国铁路营业里程已达到 8.6 万公里，仅次于美国，超过了俄罗斯，跃居世界第 2 位。到"十一五"末，中国铁路营业总里程将超过 9 万公里。②

当然，在看到 21 世纪以来中国铁路建设和运输的硬件及效益方面取得新成就的同时，也要清醒地看到在软件方面特别是管理方面所存在的问题，如列车运行安全等。2008 年 4 月 28 日凌晨 4 时 48 分，北京至青岛的 T195 次客车下行至胶济线周村至王村区间时，尾部第 9 至第 17 节车厢脱轨，与上行的烟台至徐州的 5034 次客车相撞，致使该客车机车和 5 节车厢脱轨，造成重大人员伤亡，死 72 人，伤 416 人。

事故发生后，中共中央、国务院高度重视，胡锦涛、温家宝立即作出重要指示，要求全力抢救伤员，妥善处理善后，查明事故原因，尽快恢复铁路正常运输秩序。受中共中央、国务院委托，中央政治局委员、国务院副总理张德江 28 日上午紧急赶赴事故现场，指导救援和善后工作，并到医院看望慰问伤员，对遇难者表示哀悼，向伤亡者亲属转达中共中央、国务院的亲切关

---

① 参见《参考消息》2009 年 12 月 29 日。
② 参见《北京晨报》2010 年 1 月 8 日。

怀。张德江要求铁道部、山东省和各有关方面按照中央要求，全力以赴做好抢救伤员、清理现场、抢修设施等工作，力争在最短时间内恢复正常铁路运输。

百年胶济铁路发生的这场悲剧，是近年来发生的一次重特大交通安全事故。由国家安全生产监督管理总局、公安部、监察部、铁道部等部门组成的事故调查组经全面调查，证明这是一起肇事火车超速引起的责任事故。

胶济线周村至王村区间是一个拐弯处，其限速为每小时 80 公里，但北京至青岛的 T195 次列车下行通过时达到每小时 131 公里。为此，铁道部在"4·28"铁路重特大交通安全事故现场指挥调度会上宣布，济南铁路局局长陈功、党委书记柴铁民已被免职审查，听候处理。由铁道部副总工程师耿志修、铁道部总工会副主席徐长安分别担任济南铁路局局长和党委书记。2009 年，事故中的 6 名直接责任人被追刑责，受到了法律的判罚。

除"4·28"铁路重特大交通安全事故外，2008 年全国共发生特大事故十多起，共有 549 人受到刑事责任追究和党纪政纪处分，其中县处级以上干部 129 人。2009 年的安全生产事故也一直不断，年初以来发生的五起特大事故，四起为煤矿事故，特别是山西发生的致 277 人死亡的溃坝事故和河南平顶山发生的致 44 人死 35 人失踪的矿难事故等，都令国人痛心而无奈。2009 年全国安全生产事故责任追究共处理 29880 人，其中给予党纪政纪处分 7145 人，移送司法机关追究刑事责任 2102 人。央视配楼火灾事故的调查报告，也已提交国务院待批复。① 尽管国家加大了问责处罚力度，也取得了一定的成效，但随后不断发生的大大小小的安全生产事故，仍说明这是一个必须引起高度重视又需要下真工夫系统解决的重大民生问题。

---

① 参见《北京晨报》2010 年 1 月 20 日。

六、全面防控甲型 H1N1 流感

2009 年春，一种新的流感疫情（甲型 H1N1 流感）在世界上几个国家，进而在各地蔓延扩散，严重威胁人类的生命健康，构成"具有国际影响的公共卫生紧急事态"（到 2009 年 11 月，全球共有 206 个国家确认发现该病例，已造成至少 10582 人死亡），引起各国政府的高度重视。据世界卫生组织专家估计，本次流感疫情大概要持续一到两年，届时世界上将会有 1/3 的人口感染甲型 H1N1 流感，疫情流行将会遍及世界每个角落。这种病原是一个新的病原，人群绝大部分易感，传播力比较强。和季节性流感病例不同，传统的季节性流感往往只侵袭上呼吸道系统，而甲型 H1N1 流感病毒侵袭下呼吸道，更容易引发肺炎；季节性流感往往侵犯的是老年人和儿童，而甲型流感从重症病例，包括死亡病例分析来看，5~19 岁的人和青壮年是高发人群。中国是一个发展中的人口大国，对任何传染性流感疫情都不能掉以轻心，有丝毫忽视。为此，中共中央、国务院格外重视，积极应对，迅速出台一系列措施，精心布控，全面部署防控甲型 H1N1 流感，取得了明显成效。

（一）高度重视疫情防控工作，建立联防联控工作机制

2009 年 4 月甲型 H1N1 流感疫情发生后，中共中央、国务院高度重视，果断决策，统一部署，采取了一系列有序有效的全面防控措施。首先，各地区、各有关部门认真贯彻落实中央决策部署，密切配合，积极应对，联防联控（即各单位在当地政府甲型 H1N1 流感联防联控机制的领导下，同卫生部门和疾控部门共同开展甲型 H1N1 流感防控工作），做了大量艰苦细致的工作。其

次，通过各方面共同努力，甲型 HINI 流感在中国的传播速度、流行范围得到了有效遏制，取得了较好的综合防治效果，有效减轻了疫情对人民群众健康的危害，保障了经济社会生活的正常秩序，为经济平稳较快发展创造了良好的环境。同时，为做好应对可能发生的第二波疫情赢得了时间，争取了空间。中国的防控工作得到了人民群众的支持和肯定，也得到了国际社会的高度赞誉。

但进入下半年以来，全球甲型 H1N1 流感的流行势头不减反增。截至 9 月 3 日，据世界卫生组织报告，188 个国家和地区发生了疫情，共报告 25 万病例，累计死亡病例 2800 多例，实际上发病人数要远远超过报告的病例数。而北半球进入秋季后，疫情呈快速上升趋势。从中国内地来看，下半年甲型 H1N1 流感病例数呈增长趋势，每天的新增病例达 100 例以上，10 月以来增长速度更快。造成这个现象的原因主要是秋冬季来临，空气干燥，室内活动增多，季节性流感也都是从秋季以后开始出现上升。再就是学校开学，大量的易感人群聚集到一起，再加上甲型 H1N1 流感的病毒传播率比季节性流感要强，有的专家预计要强 4 倍。

进入 2009 年下半年，为加强新学期学校甲型 H1N1 流感防控和食品卫生安全管理工作，预防和控制学校甲型 H1N1 流感疫情、食物中毒与肠道传染病流行事件的发生和蔓延，保障学校师生员工的身体健康，教育部于 9 月 1 日发出通知，要求进一步落实甲型 H1N1 流感防控措施，切实做好学校秋季开学公共卫生事件防控工作。通知指出，各地要结合当地实际，对新学期学校甲型 H1N1 流感防控和食品卫生安全管理工作进行部署和安排，督促学校落实各项卫生防病措施。要按照《学校甲型 H1N1 流感防控工作方案（试行）》和《教育部办公厅卫生部办公厅关于做好学校秋季开学甲型 H1N1 流感防控工作的意见》要求，认真落实入学报到及开学后的各项甲型 H1N1 流感防控措施。

（二）进一步巩固防控成果，将行之有效的措施规范化、程序化

尽管采取了一系列防控措施，但各地甲型 H1N1 流感疫情呈现快速发展态势。中共中央、国务院高度重视，温家宝于 2009 年 9 月 7 日主持召开国务院第 80 次常务会议，专题研究部署疫情防控工作。为贯彻落实国务院常务会议精神，9 月 10 日，国务院召开全国电视电话会议，要求各地进一步做好甲型 H1N1 流感防控工作，国务院办公厅还下发了《关于进一步做好甲型 H1N1 流感疫情防控工作的通知》。会后，卫生部立即召开全国卫生系统电视电话会议，传达国务院会议精神，布置下一步甲型 H1N1 流感防控工作。为落实国务院会议要求，有效应对甲型 H1N1 流感流行，科学、规范、有效地开展医疗救治工作，卫生部办公厅于 10 月 12 日印发了《甲型 H1N1 流感诊疗方案（2009 年第三版）》。这是由卫生部甲型 H1N1 流感临床专家组牵头，并委托中华医学会组织相关专家，结合中国甲型 H1N1 流感实际诊疗经验，借鉴世界卫生组织和其他国家、地区甲型 H1N1 流感相关资料，在对《甲型 H1N1 流感诊疗方案（2009 年试行版第二版）》进行修订、完善的基础上研究制定的，供医疗机构在甲型 H1N1 流感临床诊疗工作中使用。①

随后，卫生部按照国务院常务会议的部署和全国电视电话会议的要求，会同联防联控工作机制相关部门进一步加强了甲型 H1N1 流感的防控工作。这主要体现在以下十个方面，也是当时提出的十项主要任务：

一是全社会高度重视，有效防控。要求清醒认识当前疫情防控形势的严峻性，克服麻痹思想，切实加强领导，完善工作机

---

① 参见卫生部办公厅：《卫发明电》2009 年 10 月 13 日。

制，强化督导检查，狠抓措施落实。

二是切实做好国庆前后疫情防控工作。中华人民共和国60周年大庆，是2009年的一项重大政治活动和群众联欢活动，国庆之前有很多彩排，又正值十一长假，人员流动密集，容易出现疫情扩散。为此，联防联控机制一直要求各地强化对这一人群的疫情防控工作，有关部门还制定了国庆期间疫情防控工作预案或方案，按照属地管理原则，做好对国庆大型活动医疗卫生保障和疫情防控工作的部署。从9月2日以后，国家药监局陆续批准卫生系统可以使用甲型H1N1流感疫苗，卫生部门和其他部门一道对参加国庆庆祝活动的成员的疫苗接种工作进行了安排。

三是认真做好学校等重点场所疫情防控工作，加强对学校、政府机关、大型企事业单位等国家机构和社会基本服务提供部门及单位疫情防控工作的指导和支持。

四是完善和加强医疗救治工作，实行分级分类医疗救治，重点加强重症病例救治工作；充分发挥中医药防治工作中的作用，做好应对秋冬季疫情的医疗救治准备工作和医院感染控制工作。

五是加快疫苗和药物生产收储，制定疫苗供应计划，在确保质量安全前提下，组织动员有资质、有能力的企业扩大疫苗产能，加快疫苗的生产。9月2日和4日，国家食品药品监督管理局批准了北京科兴和河南华兰两个公司的甲型H1N1流感疫苗的生产注册申请。同时，进一步加强抗病毒药物达菲和扎那米韦的储备，加强预防和治疗所用中药的储备。

六是积极稳妥开展疫苗接种工作，在确保安全的前提下，按照知情同意、自愿接种、免费接种的原则（即一定要把情况告诉群众，要自愿，还要同意；免费接种，即由地方财政来支付，对一些经济落后的地区，中央财政原则上实行转移支付来予以支持），积极稳妥有序地开展应急接种。同时，建立了完善疫苗不良反应监测体系、疫苗不良反应事件处理机制和接种工作紧急停止机制，明确疫苗接种的叫停标准。

七是加强疫情监测，根据疫情的变化，完善监测方案，健全监测网络，扩大监测范围，做到早发现、早报告。

八是加强防治科技研究，积极组织开展防治关键技术的科研攻关，加强甲型 H1N1 流感的基础、临床和防控等方面的科技研究，加大科技储备力度。

九是加强公众自我防护。为此，各地各单位加强了群众性防控工作，以提高自我防护意识和能力，大力开展爱国卫生运动，倡导健康文明的生活方式，动员群众参与社会性防控工作。

十是做好新闻宣传工作，公开、透明、科学、客观地向公众介绍疫情发展情况，及时准确发布政府采取的防控措施。各级各类学校包括托幼机构，都对学生进行了甲型 H1N1 流感防控知识的宣传教育，让每一个学生都了解相应的防控知识，增强自我保护的意识和能力。①

（三）关注农村、社区，继续有效防控

针对中国农村、社区人口多，传染比例大，防控体系还比较薄弱，而疫情早期主要集中在大城市，下半年呈现逐渐向内地、向农村地区扩散的趋势，卫生部专门下发了《关于印发〈乡镇甲型 H1N1 流感防控工作方案（试行）〉的通知》和《关于印发〈社区甲型 H1N1 流感防控工作方案（试行）〉的通知》，对农村地区和社区基层的疫情报告、防控工作作出部署，明确了各部门及各有关单位的职责和应该采取的措施。具体来说，乡镇、社区的疫情防控工作在没有出现疫情的时候，采取的主要策略是实行专业防控为主。一旦出现暴发，就和群防群治结合起来。在具体

---

① 参见中国网 2009 年 9 月 11 日，卫生部新闻发布会介绍。

治疗问题上，国家中医药管理局也组织专家研究了一些关于使用中药来预防和治疗甲型 H1N1 流感的方案，并提出了农村、社区人群接种疫苗的具体方案，包括接种力量、队伍、场所、安全性监测等。

截至 2009 年 12 月 31 日，甲型 H1N1 流感疫情在中国的防控并未结束，只是得到了一定的控制。据卫生部通报，同期全国 31个省（自治区、直辖市）累计报告甲型 H1N1 流感确诊病例 12万余例，已治愈 11 万例，死亡 648 例。北京、上海等一些大城市学校暴发疫情明显下降，但疫情继续向农村蔓延、社区扩散。重症和死亡病例数显著增加。病毒基因测序未发现明显变异。①为此，国务院、卫生部要求仍要防止出现大面积的扩散，把重症病人的发生努力控制在最小的限度，努力防止或尽量减少死亡病例的出现。同时要加强疫情的研判，根据疫情和防控工作的需要，及时调整措施，包括对易感人群的措施，对传播途径的控制措施等。

针对新一轮甲型 H1N1 流感的疫情发展，中国联防联控工作机制发挥了重要作用。在及时总结前一阶段防控工作的经验，根据疫情发展的特点和趋势，在内防扩散和外堵输入相结合的基础上，国家将防控策略调整为"强化预防措施，严控社区传播，加强重症救治，减少疫情危害"，坚持前一阶段行之有效的各项防控措施，使之规范化、程序化，同时与免疫接种等特异性预防手段相结合，因地因时制宜，切实做好了甲型 H1N1 流感的防控工作。特别是中国应对甲型 H1N1 流感的策略始终强调救治工作，尤其是对重症病例的救治，获得了社会各界的高度关注。

总之，进入新世纪以来，中国社会就业更加充分，覆盖城乡

① 参见《北京晨报》2010 年 1 月 2 日。

居民的社会保障体系基本建立，人人享有基本生活保障；合理有序的收入分配格局基本形成，中等收入者占多数，绝对贫困现象基本消除；人人享有基本医疗卫生服务，社会管理体系更加健全。

第七章　提高自主创新能力
和建设创新型国家

　　创新是一个民族进步的灵魂，是一个国家兴旺发达的不竭动力。胡锦涛在中共十七大报告中指出："提高自主创新能力，建设创新型国家。这是国家发展战略的核心，是提高综合国力的关键。"① 进入新世纪以来，中共中央、国务院从全面建设小康社会、开创中国特色社会主义事业新局面的全局出发，作出了推进自主创新、建设创新型国家的重大决策和奋斗目标。这标志着中国进入创新型国家建设时期，对于推进经济社会和科技发展产生了深远影响。

一、建设创新型国家战略的提出

　　中共十六大在论述走新型工业化道路的时候，提出了"推进国家创新体系建设"的任务。2004 年 8 月，温家宝在听取科技规划专题研究汇报时明确指出，中国已基本具备建设创新型国家的基础和条件。2005 年 3 月，在国家科学技术奖励大会上，温家宝

---

　　① 《中国共产党第十七次全国代表大会文件汇编》，人民出版社 2007 年版，第 21 页。

正式提出把增强自主创新能力作为国家战略，努力将中国建设成为具有国际影响力的创新型国家。同年 6 月，胡锦涛主持召开中共中央政治局会议，强调必须坚持"自主创新、重点跨越、支撑发展、引领未来"的指导方针，把科技进步和创新作为经济社会发展的首要推动力量，把提高自主创新能力作为调整经济结构、转变增长方式、提高国家竞争力的中心环节，把建设创新型国家作为面向未来的重大战略。同年 10 月 11 日，中共十六届五中全会审议通过的《中共中央关于制定国民经济和社会发展第十一个五年规划的建议》指出，自主创新是提升科技水平和经济竞争力的关键，也是调整产业结构、转变增长方式的中心环节。要把增强自主创新能力作为国家战略，致力于建设创新型国家。要大力开发具有自主知识产权的关键技术和核心技术，努力提高原始创新、集成创新和引进消化吸收再创新的能力。这就将"提高自主创新能力"作为全面贯彻落实科学发展观必须坚持的重大原则之一，而载入全会公报。

2006 年 1 月 9 日，新世纪的第一次全国科学技术大会在人民大会堂隆重开幕。会议主要任务是部署实施《国家中长期科学和技术发展规划纲要（2006—2020 年）》，动员全党全社会坚持走中国特色自主创新道路，为建设创新型国家而努力奋斗。开幕式上，胡锦涛强调要"动员全党全社会力量，为建设创新型国家而奋斗"，"用 15 年的时间使我国进入创新型国家行列"。这就明确提出了 2020 年中国进入创新型国家行列的奋斗目标。2007 年 10 月，党的十七大报告则进一步提出："提高自主创新能力，建设创新型国家。"这是国家发展战略的核心，是提高综合国力的关键。大会明确要求坚持走中国特色自主创新道路，把增强自主创新能力贯彻到现代化建设各个方面。到 2020 年，中国的自主创新能力显著增强，科技进步对经济增长的贡献率大幅上升，进入创新型国家行列。

国际经验表明，在人均 GDP 达到 1000～3000 美元的阶段，经济活动最为活跃，传统生产要素对经济增长的贡献率呈递减趋势，而创新的贡献率则明显上升。所以，各国都在这个阶段进行了增长方式的转变。进入新世纪，中国现代化建设也进入这样一个比较特殊的时期。因此，必须转变经济发展方式，使中国的工业化、现代化建立在创新的基础上，才能实现在原来基础上"翻两番"的目标。

（一）建设创新型国家战略提出的深刻背景

创新型国家战略深刻反映了当代社会生产力发展的一般规律。发展是当今国际社会面临的共同主题。任何一个国家要跟上时代的步伐，都必须高度重视、认真研究、切实解决好发展问题。当代社会生产力发展的一个重要特点，就是科学技术进步已成为推动生产力发展的重大杠杆。创新型国家是以科技创新作为发展的主要动力，依靠自主创新实现经济繁荣强盛，其特点就是生产力发展处于较高水平。

随着工业化社会的发展，科技进步在经济增长中的贡献日益增大。在资本构成中，技术份额所占比重不断升高，而自然资源所占比重日益下降。在产业结构中，服务业的比重逐步上升，美欧等发达国家已经达到 50%，甚至 70% 以上。在劳动力构成中，从事服务业的已占到 50% 以上，美国更是高达 70%。人类简单重复性的劳动逐步被计算机所代替。知识在经济、社会各方面的重要性逐步提高，日益转变成起决定性作用的主导因素，从而导致了社会形态的革命性变化。可以预见，从工业化社会到知识社会，必将是人类社会生产力发展里程中最伟大的变革和跨越。这次跨越的驱动力，正是源自于新科技革命。建设创新型国家战略的提出，正是党科学把握当代人类社会生产力发展规律，立足中国国情所作出的科学论断。

　　建设创新型国家是中国生产力实现加速发展的必然选择。中共中央、国务院提出建设创新型国家这一重大战略任务，是建立在科学分析中国基本国情和全面判断中国战略需求基础之上的，也是建立在充分发挥中国社会主义制度的政治优势和已经拥有的经济科技实力基础之上的。中国用了50多年的时间，走过了发达国家用上百年才完成的工业化进程。特别是改革开放的30年时间里，中国更是创造了世界工业化速度的奇迹。而当代科技的迅速发展，为中国生产力加速发展提供了极为难得的历史机遇。

　　首先，中国已经具备了实现生产力加速发展的经济基础。中国建立了几乎覆盖世界所有领域的门类齐全的工业体系，制造业仅位居美、日、德之后，处在世界第四位，成为世界制造业中心之一。甚至有人说中国已经成为"世界工厂"。在经济总量方面，中国许多指标已位居世界前几位，这就为中国的生产力发展积聚了巨大的潜能。其次，中国已经具备了生产力加速发展的基础设施保障。特别是新型基础设施方面，经过多年来的超常规发展，基础雄厚。中国的信息化程度也已达到了较高水平。教育信息基础设施进一步完善，信息化在改善农村教育条件、提高全民素质方面的作用日益显著。再次，中国已经具备了在一些优势领域实现跨越式发展的科技基础和人才保证。2006年全国科学技术大会上许多相关数据显示，中国已经具备建设创新型国家的必要基础和能力。最后，随着中国改革开放的日益扩大，可以更好地利用全球化的机遇。中国通过更为积极的国际交流与合作，在更大范围、更高层次上学习借鉴他国的优秀成果和经验，发挥后发优势，进行必要的技术引进和主动选择，从而使中国的自主创新有可能以较低的成本站在较高的起点上。

　　总之，建设创新型国家战略思想，是马克思主义与当代中国发展实际相结合的重要理论创新成果，标志着党对生产力发展的规律有了更加深刻的认识，是中国社会生产力在现有水平上实现加速发展的必然选择。

（二）建设创新型国家战略提出的重大意义

建设创新型国家战略的提出，是全面建设小康社会的需要。根据中共十五大提出的到 2010 年、建党 100 年和新中国成立 100 年的发展目标，我们要在 21 世纪头 20 年，集中力量，全面建设惠及十几亿人口的更高水平的小康社会，使经济更加发展、民主更加健全、科教更加进步、文化更加繁荣、社会更加和谐、人民生活更加殷实。这就意味着从 1978 年改革开放开始，直到 2020 年，中国要连续 40 多年保持 7%以上的经济增长。经济增长主要取决于劳动力、资本和科技进步。而要实现全面建设小康社会的战略目标靠什么？归根到底还是要靠科技进步和创新的有力支持。

中国已经取得了一批以"两弹一星"、载人航天、杂交水稻、陆相成油理论和应用、高性能计算机、人工合成牛胰岛素、基因组研究等为标志的重大科技成就，拥有了一批在农业、工业领域具有重要作用的自主知识产权，促进了一批高新技术产业群的迅速崛起，造就了一批拥有自主知名品牌的优秀企业，全社会科技水平显著提高。这些科技成就，为推动经济社会发展和改善人民生活提供了有力的支撑，显著增强了中国的综合国力和国际竞争力。但中国科技的总体水平同世界先进水平相比仍有较大差距，同中国经济社会发展的要求还有许多不相适应的地方。

从当前国际社会发展的特点来看，科学技术已经成为社会经济发展的主导力量。尽管各国在文化、历史、发展水平和社会制度等方面都有所不同，但主要国家都把创新作为基本战略。美国专门制订了一项法律来保持它在科学技术上的前沿地位，日本提出"科技立国"和"知识产权立国"。在这种情况下，后发国家可能实现加速发展，也可能被边缘化，拉大与发达国家的差距，因此中国处在一个十字路口。中国要实现全面建设小康社会的目标，如果没有科学技术的进步，没有自主创新能力的增强，不转变经济发展方式，不提高技术贡献率，就难以实现。

建设创新型国家，是解决中国发展面临的突出矛盾和问题的迫切要求。经过 30 年的改革开放和社会主义市场经济的发展，中国虽然已经是一个经济大国，但还不是一个经济强国，一个根本原因就在于创新能力薄弱。2003 年中国人均 GDP 已跃上 1000 美元的台阶，到 2020 年实现全面建设小康社会的奋斗目标时，人均 GDP 将达到 3000 美元。国际经验表明，这一时期是实现工业化的关键时期，资本和土地资源等传统生产要素对经济增长的贡献率会出现递减趋势，而体制创新、发展模式创新和科技创新将日益成为推动经济社会发展的重要动力。同时，在投入既定的条件下，技术变革和创新就是经济增长的关键因素。事实上，改革开放 30 年来，中国虽然创造了经济增长速度持续保持在 10% 左右的奇迹，但却是靠消耗大量的资源和能源来维持的。这种依靠物质资源的高消耗和廉价的劳动力发展起来的粗放的、劳动密集型的产业发展模式，越来越受到能源、资源、环境等的约束。同时，中国又是出口大国，但主要出口低附加值的产品，对外技术依存度高达 54%。中国是吸引外资最多的发展中国家，但 91% 的外资企业从未申请过国内专利，申请国际专利的仅有 13%，不仅没有达到用市场换技术的目的，反而失去了太多的市场、技术和创新的机会。中国资源禀赋较差，维系人们基本生存的耕地资源、淡水资源和支撑经济持续增长的能源和矿产资源都相对短缺。

在这种情况下，中国经济发展必须实现资源驱动、资本驱动向创新驱动的战略性转变，实现从对国外技术的依赖为主向自主创新为主的战略转变，实现经济发展方式从要素增长向创新增长的转变。为此，必须建设创新型国家。

建设创新型国家，是应对全球化挑战，提高中国国际竞争力的必然要求。"加强知识产权保护，巩固跨国经营企业的垄断地位，维护知识产权背后的超额垄断利润，已经成为西方发达国家壮大自身实力、遏制竞争对手的有力武器。在国际市场上，不仅事关国防安全的关键技术难以引进，而且涉及主导产业和装备制造业的尖端技术也难以引进"①。实践证明，在一定条件下一些科学技术可以引进，但自主创新能力却不可能通过引进获得。尤其在涉及经济安全和国防安全领域，真正的核心技术、关键技术是根本买不来的。如果中国不提高自主创新能力，就不能掌握核心技术，就很难在世界竞争格局中把握先机，甚至可能丧失维护国家安全的战略主动权。

在全球化进程当中，中国企业面临着越来越严重的国际竞争压力。当今时代，科技竞争是综合国力竞争的焦点，谁在知识和科技创新方面占据优势，谁就能够在发展上掌握主动。2005 年，中国对外技术依存度高达 50%，美国、日本仅为 5% 左右；中国设备投资有 60% 以上要靠进口。由于缺乏核心技术，中国生产的手机不得不付出价格的 20%、计算机价格的 30%、程控数控机床价格的 40% 的专利费用。更何况涉及国家安全和战略需求的核心技术，花再多的钱也是买不来的。要避免依赖于人、受制于人，就必须把科学技术真正置于优先发展的战略地位，努力建设创新型国家，大力提高自主创新能力。

二、建设创新型国家的总体目标及战略重点

实施创新型国家战略，建设创新型国家，是中共中央、国务

---

① 邓楠：《提高全民科学素质　建设创新型国家》，《求是》2006 年第 2 期。

院在新世纪新阶段提出的重大战略思想。既反映了对世界经济、科技发展趋势和内在规律的准确把握，也反映了对中国基本国情和战略需求的科学分析，是顺应时代要求、符合中国国情的。

（一）建设创新型国家战略的内涵

创新型国家战略是关于中国建设创新型国家的一系列全局性、长远性的战略谋划、战略思想、战略举措和战略部署的总称。"建设创新型国家，核心就是把增强自主创新能力作为发展科学技术的战略基点，走出中国特色自主创新道路，推动科学技术的跨越式发展；就是把增强自主创新能力作为调整产业结构、转变增长方式的中心环节，建设资源节约型、环境友好型社会，推动国民经济又快又好发展；就是把增强自主创新能力作为国家战略，贯穿到现代化建设各个方面，激发全民族创新精神，培养高水平创新人才，形成有利于自主创新的体制机制，大力推进理论创新、制度创新、科技创新，不断巩固和发展中国特色社会主义伟大事业。"①

"创新型"（innovative）是指扬弃旧的、创造新的。具体来说，就是想出新方法、建立新理论或作出新的成绩或创造出新的事物。半个多世纪以来，世界上众多国家都在各自不同的起点上，努力寻求实现工业化和现代化的道路。其中一些国家把科技创新作为基本战略，大幅度提高科技创新能力，形成了日益强大的竞争优势，国际学术界把这一类国家称之为创新型国家。世界上公认的创新型国家有 20 个左右，包括美国、日本、芬兰、韩国等。创新型国家具备如下四大共同特征：一是创新综合指数明

---

① 胡锦涛：《坚持走中国特色自主创新道路　为建设创新型国家而努力奋斗——在全国科学技术大会上的讲话》（2006 年 1 月 9 日），《求是》2006 年第 2 期。

显高于其他国家，科技进步贡献率在 70% 以上；二是研究开发投入占国内生产总值的比重大都在 2% 以上；三是对外技术依存度指标在 30% 以下；四是这些国家获得的三方专利（美国、欧洲和日本授权的专利）数占到世界总量的 97%。

（二）建设创新型国家战略的总体目标

根据 2006 年全国科学技术大会的共识，建设创新型国家战略的总体目标是："到 2020 年，使我国的自主创新能力显著增强，科技促进经济社会发展和保障国家安全的能力显著增强，基础科学和前沿技术研究综合实力显著增强，取得一批在世界具有重大影响的科学技术成果，进入创新型国家行列，为全面建设小康社会提供强有力的支撑。"[①]

有没有创新能力，能不能进行创新，是当今世界范围内经济和科技竞争的决定性因素。历史上的科学发现和技术突破，无一不是创新的结果。中华人民共和国成立以来，中国的科技创新能力得到了极大提高。中国的社会主义市场经济体制初步建立，经济社会持续快速发展；科技人力资源雄厚，建立了比较完整的学科体系，一些重要领域的研发能力已跻身世界先进行列。这些成就，为中国建设创新型国家奠定了坚实的基础。但也要清醒地认识到，中国在实施建设创新型国家这一战略过程中，还将面临诸多挑战：科技投入占 GDP 1.5% 的目标至今没有实现，科技投入增长滞后于科技发展需要。据统计，发达国家财政科技支出中用于企业的比例为 30% 左右，中国则只有 10% 左右。另一方面，20 世纪 90 年代，中国企业科技活动经费

① 参见胡锦涛：《坚持走中国特色自主创新道路　为建设创新型国家而努力奋斗——在全国科学技术大会上的讲话》（2006 年 1 月 9 日），《求是》2006 年第 2 期。

筹集额中来自政府的拨款所占比例一直保持在 7% 左右，2000 年以后这一比例迅速下滑，2003 年降低到 3% 左右。而美国企业研究开发经费来源中，来自政府拨款的经费所占比重仍保持在 8% 左右；与美国、日本等发达国家 5% 左右的对外技术依存度相比，中国对外技术依存度高达 50%；许多自主创新技术和产品由于缺乏政策环境支持，"叫好不叫座"，出现"国外的再贵也要买，国产的再好也不用"的非正常现象；人才总体规模虽然很大，但高层次人才十分短缺；功利化、工具化的科技观仍有一定的市场；企业难以掌握核心技术，重引进、轻开发，甚至重引进、轻消化吸收再创新的问题一直未能得到有效解决等。① 如果这些问题不能引起充分的重视，就可能成为建设创新型国家的"瓶颈"制约因素。

（三）建设创新型国家战略的重点领域

温家宝在 2006 年召开的全国科技大会上，提出要实施科技发展规划纲要，明确了建设创新型国家的五个战略重点："一是把发展能源资源和环境保护技术放在优先位置。我国能源资源人均占有量低，生态环境脆弱，资源浪费和环境污染严重，对经济社会发展的承载能力不足。现在，我国在发展过程中面临两大基本矛盾：一个是社会生产力发展与人民日益增长的物质文化需求之间的矛盾，这个矛盾还将长期存在；另一个是经济社会快速发展和人口增长与资源环境约束的矛盾，这个矛盾随着工业化和城镇化的推进，还会更加突出。那种依靠高投入、高消耗、高污染的老路是不可持续的，绝不能再走下去了。我们必须通过科技进步和创新，转变增长方式，解决资源环境等

---

① 参见《媒体解读：中国为什么提出建设创新型国家目标?》，《解放军报》2006 年 2 月 13 日。

制约经济社会发展的瓶颈问题，建设资源节约型、环境友好型社会。二是把掌握装备制造业和信息产业核心技术的自主知识产权，作为提高我国产业竞争力的突破口。从世界范围看，信息技术正处于加快发展的关键时期，新材料新技术发展十分迅猛，蕴含着巨大的发展机遇。我们要以信息、装备制造和新材料的集成创新为核心，开发一批重大成套装备、高技术装备，尽快改变我国在这方面缺乏核心技术、关键成套装备基本依靠进口的局面，促进信息化与工业化良性互动，全面提升我国制造业的技术创新能力和国际竞争能力。三是把生物技术作为未来高技术产业迎头赶上的重点。当前，生命科学和生物技术不断取得重大突破，正在形成充满活力的生物技术产业群。我国生物技术前沿研究与国际差距较小，并且拥有生物资源丰富、市场潜力巨大的优势。我们要奋力抢占生物技术制高点，加强生物技术在农业、工业、人口与健康等领域的应用，特别是加强粮食与食物安全、重大传染病防控、创新药物等方面的研究开发，提升相关产业创新能力和发展水平，保障人民群众健康。四是加快发展空天和海洋技术。空天和海洋技术是综合国力的重要表现。我们要以载人航天、轨道空间站、天地往返运输系统等先进空天技术开发为重点，加强空间资源开发利用。我国海洋科技与国际差距较大，我们要以发展海洋生物资源可持续利用技术、海底资源勘探和深海技术等为重点，促进海洋经济发展，维护国家利益。五是加强基础科学和前沿技术研究。加强基础研究是提升国家创新能力、积累智力资本的重要途径，是跻身世界科技强国的必要条件。前沿技术是国家科技创新能力的集中体现，是新产业革命和新军事变革的重要技术基础，也是世界各国经济和科技竞争的制高点。我们要在对国家长远发展具有带动作用，同时又具有良好基础和发展优势的领域，对基础科学和前沿技术研究进行前瞻性部署，力争取得突破。"①

三、建设创新型国家的组织实施

胡锦涛在 2006 年 1 月召开的全国科学技术大会上讲话指出："用 15 年的时间使我国进入创新型国家行列，是一项极其繁重而艰巨的任务，也是一项极其广泛而深刻的社会变革。全党同志特别是各级领导干部务必深刻认识完成这项任务的极端重要性和紧迫性，加强领导狠抓落实。"

"第一，加强组织领导，切实把提高自主创新能力作为关系全局的大事抓紧抓好。各级党委和政府要从贯彻落实科学发展观、实施好科教兴国战略和人才强国战略的高度出发，加强和改善对科技工作的领导，切实把科技工作摆上重要议事日程，立足当前，着眼长远，结合实际研究和提出本地区本部门的科技发展规划，制定和实施正确有效的促进科技发展的政策措施，扎扎实实推进科技工作。各级领导干部要带头学科学、用科学，各级党政主要负责同志要高度重视科技工作，并把提高自主创新能力的成效作为落实科学发展观和正确政绩观的重要内容。要实施激励自主创新的各项政策措施，及时研究和解决科技工作和科技发展中的困难和问题，努力创造有利于提高自主创新能力的法制环境、市场环境和各方面条件。要加大对知识产权保护的力度，完善国家知识产权制度，健全知识产权保护的法律体系，加强知识

① 温家宝：《认真实施科技发展规划纲要　开创我国科技发展的新局面——在全国科学技术大会上的讲话（摘要）》（2006 年 1 月 9 日），《求是》2006 年第 3 期。

产权保护的司法和执法工作，依法严厉打击侵犯知识产权的各种行为。要做好人力资源开发的政策制定、协调服务工作，关心和爱护广大科技人员，充分发挥他们的作用，努力改善他们的工作生活条件。

"第二，加强协调配合，加大对自主创新的支持力度。中央各有关部门和各级管理部门要紧密配合，加强对规划纲要落实工作的具体指导，加强统筹协调，强化政策支持，及时研究、解决重大专项和其他重点任务实施过程中遇到的困难和问题。要把对科技事业发展特别是提高自主创新能力的投入作为战略性投资，加大财政科技投入的力度，调整和优化投入结构，增强政府投入调动全社会科技资源配置的能力，形成多元化、多渠道、高效率的科技投入体系，提高科技资源共享利用的效益，为提高自主创新能力提供坚实保障。要根据国内外形势和任务的发展变化，对规划纲要确定的发展目标和重点任务进行必要的动态调整，使其不断适应经济社会发展的实际需要。

"第三，坚持以人为本，让科技发展成果惠及全体人民。这是我国科技事业发展的根本出发点和落脚点。建设创新型国家是惠及广大人民群众的伟大事业，同时也需要广大人民群众积极参与。要坚持科技为经济社会发展服务、为人民群众服务的方向，把科技创新与提高人民生活水平和质量紧密结合起来，与提高人民科学文化素质和健康素质紧密结合起来，使科技创新的成果惠及广大人民群众。充分尊重群众的首创精神，广泛开展群众性技术革新活动，发挥工会、共青团、妇联和科协等人民团体的积极作用，动员广大人民群众投身到自主创新的伟大事业中来。"①

---

① 胡锦涛：《坚持走中国特色自主创新道路　为建设创新型国家而努力奋斗——在全国科学技术大会上的讲话》（2006 年 1 月 9 日），《求是》2006 年第 2 期。

建设创新型国家是一项重大的战略任务，也是一项宏大的复杂系统工程。在建设创新型国家的过程中，中国必须继续以科学发展观为指导，坚持走中国特色自主创新道路，把自主创新作为发展科学技术的战略基点，作为推进结构调整和提高国家竞争力的中心环节，作为增强综合国力、实现全面协调可持续发展的重大战略，大力提高中国的自主创新能力，扎扎实实地把创新型国家建设推向前进。

四、实施人才强国战略与培养创新型人才

面对日趋激烈的国际科技竞争、日渐显现的知识产权垄断和日益严重的能源资源约束，中国已经到了必须更多依靠增强自主创新能力和提高劳动者素质，推动经济社会发展的历史阶段。科技创新，关键在人才。人才竞争正成为国际竞争的一个焦点。无论是发达国家还是发展中大国，都把科技人力资源视为战略资源和提升国家竞争力的核心因素，大力加强科技人力资源能力建设。源源不断地培养造就大批高素质的具有蓬勃创新精神的科技人才，直接关系到中国科技事业的前途，关系到创新型国家战略能否顺利实施，关系到国家和民族的未来。

（一）开展提高全民科学素质活动

党的十七大报告指出，要"进一步营造鼓励创新的环境，努力造就世界一流科学家和科技领军人才，注重培养一线的创新人才，使全社会创新智慧竞相迸发、各方面创新人才大量涌现"[1]。

---

[1] 《中国共产党第十七次全国代表大会文件汇编》，人民出版社2007年版，第22页。

创新型人才是民族的脊梁，深深植根于一个民族优秀的精神文化传统之中，植根于综合素质高、科学素质好的国民群体之中，植根于激励有力、赏罚得法的良好体制机制环境之中。加强科技队伍建设，健全人才激励机制，努力形成一支德才兼备、结构合理、素质优良的科技人才队伍，必须以广大劳动者科学素质的大幅度提高为基础，努力营造创新型人才辈出的社会环境。没有热爱科学、关注科技、具有较高科学素质水平的宏大公众群体，就不会形成创新型人才辈出的大好局面，自主创新也就失去了源泉和动力。例如，中国乒乓球运动水平长期在世界上领先，就是因为中国有深厚的群众基础，能够在继承发扬优秀传统的基础上不断探索，开拓创新。为此，新世纪以来，中国把提高国民科学素质放在事关全局的战略位置来考虑，通过开展科学技术教育、传播和普及活动，努力营造激励创新、鼓励冒尖、尊重个性、宽容失败的良好氛围，培养独立思考、理性判断的精神，不断增强公众的创新意识和创新能力。

国民具备科学素质，首先需要了解基本的科学技术知识，掌握基本的科学方法，树立科学思想，崇尚科学精神，并具有一定的应用科学知识、科学方法处理实际问题、参与公共事务的能力。国民只有具备基本科学素质，才能以求真务实的科学精神、科学态度和科学方法，发现问题、分析问题、解决问题，获得创新性成果，推动社会进步。调查表明，中国国民科学素质还比较低，2003 年具备基本科学素质的人口只占总人口的 1.98%，农村居民则低至 0.7%，与美国 2001 年已经达到的 17% 相去甚远。适龄劳动人口科学素质不高，缺乏自我保护常识，不仅难以适应现代化建设的需要，而且是一些重大安全生产事故发生的重要原因之一。重庆开县的天然气泄漏事故、吉林石化的爆炸事故，都是由于最低级的操作错误造成的。国民科学素质低下，已成为影响生产力水平提高的主要因素，严重制约创新型人才的产生和成长。

提高国民的科学素质是全社会的共同事业，需要社会各界的协调配合。为适应推进社会主义经济建设、政治建设、文化建设、社会建设的需要，中共中央、国务院适时提出，要把提高全民科学文化素质作为全面建设小康社会的奋斗目标之一。根据中央的统一部署，中国科协会同中组部、中宣部、发改委、教育部、科技部等13个部门，制定了《全民科学素质行动计划纲要》，明确提出大力加强公民科学素质建设，促进经济社会和人的全面发展，为提升综合国力、全面建设小康社会和实现现代化建设第三步战略目标打下雄厚的人力资源基础。该纲要以影响全民族科学文化素质水平提升的重点人群和关键环节为着力点，指导全国开展了四大行动：一是实施未成年人科学素质行动，通过提高学校科学教育质量，开展多种形式的科普活动，增强了中小学生对科学技术的兴趣和爱好，培养了创新精神和实践能力；二是实施农民科学素质行动，提高了农民获取科技知识和依靠科技脱贫致富、发展生产和改善生活质量的能力，提高了农村富余劳动力向非农产业和城镇转移就业的能力，建设"生产发展、生活宽裕、乡风文明、村容整洁、管理民主"的社会主义新农村；三是实施城镇劳动人口科学素质行动，提高第二、第三产业从业人员的学习能力、职业技能和技术创新能力，提高进城务工人员的职业技能水平和适应城市生活的能力，为走新型工业化道路和发展现代服务业提供了人力资源支撑；四是实施领导干部和公务员科学素质行动，弘扬科学精神，提倡科学态度，讲究科学方法，增强了科学决策和科学管理的能力。①

---

① 参见邓楠：《提高全民科学素质 建设创新型国家》，《求是》2006年第2期。

（二）着力培养创新型人才

国以才立，政以才治。有些国家能够在世界上持续领先几十年甚至上百年，一个重要原因就在于他们拥有大量创新型人才。对一个政党、一个国家乃至一个民族而言，人才是最宝贵的资源。

中共十一届三中全会后，邓小平提出了"尊重知识、尊重人才"的著名论断。2000年，江泽民作出了"人才资源是第一资源"的科学论述。为把实施人才战略纳入经济和社会发展的总体规划，同年国家"十五"计划首次列专章提出了"实施人才战略，壮大人才队伍"的任务。2002年，中央下发《2002—2005年全国人才队伍建设规划纲要》和《西部地区人才开发十年规划》，对大力实施人才强国战略进行了部署，标志着中国人才工作进入新的发展阶段。同年11月，中共十六大再次明确提出四个尊重，即"尊重劳动、尊重知识、尊重人才、尊重创造"，大力营造鼓励人们干事业、支持人们干成事业的社会氛围，赋予人才观念新的时代内涵。同年年底，中央召开的全国组织工作会议明确提出"党管人才"的原则。这对于保证人才强国战略的实施，巩固党的执政基础，提高党的执政能力，具有重大的现实意义和深远的历史意义。

2003年深冬召开的新中国历史上的第一次全国人才工作会议，第一次提出了人才强国战略。会后下发的《中共中央、国务院关于进一步加强人才工作的决定》，成为新世纪新阶段中国人才工作的行动纲领。胡锦涛在会上提出，要把实施人才强国战略作为党和国家一项重大而紧迫的任务抓紧抓好。该决定在进一步加强人才工作问题上提出了一系列新思想、新观点、新论断、新措施，在很多方面都有重大突破。

该决定首次把人才强国战略上升到国家战略层面，提出实施人才强国战略的基本任务是建设规模宏大、结构合理、素质较高的人才队伍，把中国由人口大国转化为人才资源强国。在人才工作的根本目的上，提出坚持"以人为本"，把人才工作的出发点紧紧定位在"发展"，充分体现了人才工作的战略思维和世界眼光。在人才工作的理念上，提出要树立科学的人才观，把品德、知识、能力和业绩作为衡量人才的主要标准，提出了不拘一格选拔人才的"四个不唯"标准：不唯学历、不唯职称、不唯资历、不唯身份。在人才评价和使用上，提出要努力形成科学的人才评价和使用机制，建立由品德、知识、能力和业绩四要素构成的素质评价指标体系，强调党政人才评价重在群众认可，企业经营管理人才评价重在市场和出资人认可，专业技术人才评价重在社会和业内认可的评价方法。在人才市场建设上，要遵循市场规律，建立和完善人才市场机制，强调要推进政府部门所属人才服务机构的体制改革，实现各类人才和劳动力市场联网贯通。在人才激励机制上，提出以鼓励劳动和创造为根本目的，加大对人才的有效激励和保障。在人才工作重点上，提出了着重培养造就高层次人才队伍，主要包括三类对象：一是忠诚实践"三个代表"重要思想、善于治党治国治军的政治家；二是熟悉国际国内市场、具有国际先进水平的优秀企业家；三是具有世界前沿水平的各领域高级专家。在人才发展结构调整上，提出人才资源开发要与经济社会协调发展，按照"五个统筹"的要求，实行人才结构的战略性调整，优化人才资源配置，促进人才合理分布，发挥人才队伍的整体功能。在人才工作领导力量上，阐述了党管人才原则的深刻内涵，即党管人才主要是管宏观、管政策、管协调、管服务；提出了人才工作新格局：党委统一领导、组织部门牵头抓总、有关部门各司其职、密切配合、社会力量广泛参与等。

2004年，人才强国战略作为专章又被列入"十一五"规划纲要，突出强调了人才工作对经济建设和社会发展的重要作用。

2005 年，国务院制定了国家中长期科学和技术发展规划纲要。2006 年 1 月，全国科学技术大会做出了走中国特色自主创新道路、建设创新型国家的决定。同年 6 月，胡锦涛在两院院士大会上，强调要建设宏大的创新型科技人才队伍，为培养造就创新型科技人才指明了方向。此外，中共中央还成立了人才工作协调小组，协调和整合各部门的工作力量，研究和解决人才工作中的重大问题。

中国人才总量稳步增长，人才素质不断提高，人才结构得到改善，人才市场初步建立，人才环境逐步优化，人才工作取得了显著成就。首先，中国人才队伍总量不断增加，素质不断提高，结构进一步优化，对经济社会发展的引领和支撑作用进一步发挥。各地各部门广泛开展大规模教育培训，加紧培养造就中高级领导干部、优秀企业家和各领域高级专家。其次，在推进人才强国战略进程中，围绕建设创新型国家，相继实施了"百千万人才工程""高层次创造性人才计划"等高层次人才培养工程，努力培养德才兼备、国际一流的科技尖子人才和科技领军人物；围绕建设社会主义新农村，加快农村实用人才开发；紧密配合国家重大发展战略开展人才工作。

但中国人才建设还存在一些问题。中国在岗的高层次人才总数不到 5 万人，能跻身国际前沿、参与国际竞争的战略科学家、首席科学家可谓凤毛麟角，就是一流的专家也十分缺少。除科研人才外，中国高层次经营管理人才同样奇缺。所以，中国人才总量相对较少，而现有的人才结构又不尽合理，在高端人才紧缺的同时，低端人才也很缺乏，呈现中间大、两头小的状况。2006 年以来，中国各地纷纷传来高级技工告急的消息。据劳动和社会保障部的调查，中国共有城镇企业职工 1.4 亿人，其中技术工人约 7000 万人，而高级技工仅占技工总数的 4%。这与发达国家高级技工占 30%~40% 的水平相去甚远。专家指出，虽然高级技工在企业中的身份仍是蓝领工人，但他们往往身怀某项绝技能够解决关键性的技术问题。企业会因为缺乏这些高级蓝领而导致产品质量下降、缺乏竞争力，而国家缺乏此方面人才则会影响整个行业乃至全社会经济的发展。

为了重点培养世界级人才，国家加大了对拔尖人才的奖励，尤其是设立了国家最高科学技术奖，奖励那些在各自领域做出杰出贡献的科学家。站在国家最高科技奖领奖台的，有"愿意提供肩膀作垫脚石"的吴征镒，"杂交水稻之父"袁隆平，被业内同行誉为中国炼油催化应用科学的奠基人、石油化工技术自主创新的先行者和绿色化学的开拓者闵恩泽等一批在中国家喻户晓的世界级人才。

坚持人才资源是第一资源的思想，就要抓好创新型人才的培养。中国把发现、培养、使用、凝聚优秀人才作为科技发展的重要任务，建立健全有利于人才培养和使用的激励机制，促进了创新型人才的脱颖而出。鼓励创新，宽容失败，为优秀人才的成长提供了更加宽松的发展环境；搭建科技创新平台，为各类富有潜质的科技人才提供了施展才华的机会，大胆起用优秀青年人才参与国家重大科技工程和重大项目。中国既重视在原始性创新中发挥人才的作用，又重视在集成创新和引进消化吸收再创新中发挥人才的作用；既重视在科学研究、科技攻关中发挥人才的作用，又重视在科技成果推广和科学普及中发挥人才的作用；既重视学科带头人、专业技术人才的培养，又重视企业家人才、管理人才等各类人才的培养，真正做到事业发展依靠人才，为各类人才施展才华、创新创业提供更加有利的条件。

为在全社会培育创新意识，倡导创新精神，完善创新机制，中国大力提倡敢为人先、敢冒风险的精神，大力倡导敢于创新、勇于竞争和宽容失败的精神，努力营造鼓励科技人员创新、支持科技人员实现创新的有利条件。同时注重从青少年入手培养创新意识和实践能力，积极改革教育体制和改进教学方法，大力推进素质教育，鼓励青少年参加丰富多彩的科普活动和社会实践。大力繁荣发展哲学社会科学，促进哲学社会科学与自然科学相互渗透，为建设创新型国家提供更好的理论指导。中国坚持对外开放的基本国策，扩大多种形式的国际和地区科技交流合作，有效利用全球科技资源。鼓励科研院所、高等院校与海外研究开发机构建立联合实验室或研究开发中心，支持在双边、多边科技合作协议框架下实施国际合作项目，支持中国企业扩大高新技术及其产品的出口和在海外设立研究开发机构或产业化基地，鼓励跨国公司在华设立研究开发机构。积极主动参与国际大科学工程和国际学术组织，支持中国科学家和科研机构参与或牵头组织国际和区域性大科学工程。

在人类从工业经济向知识经济转变中，不但要求有不断学习和更新知识的能力，而且对人的素质提出许多新的要求，主要是六种能力，即主动工作的能力、自主学习的能力、岗位转换的能力、交流沟通的能力、应对挫折困难的能力、创造改革的能力，这些能力越来越成为对劳动者素质的基本要求。为此，中国大力进行建设学习型组织、学习型政府、学习型政党的活动，取得了实效。

进入新世纪以来，国家对科技创新日益重视，投入越来越多，体制改革也在深化，科技人员的自主性越来越大。"十五"期间，中央财政科技投入以每年20%的速度递增。但是，成效却不容乐观。比如，最能体现中国科学水准的自然科学奖一等奖，从1998年至2001年度曾连续四年空缺，2004年与2005年度又出现空缺。这不能不引起科技界以及社会各方面的思考。原因当然是多方面的，但主要还是创新的文化氛围问题。创新，说到底就是对人们司空见惯的东西，或者一般认为是正确的东西被否定或突破。它需要大家打破常规，对自己进行否定，对权威的意见提出质疑。在这个意义上说，任何创新都不是轻而易举的，都需要巨大的勇气和魄力。因此，有没有一个鼓励创新的良好文化氛围，至关重要。为此，中国政府积极构建创新型人才的评价机制，以作为人才培养的导向，同时着力营造有利于创新的良好文化氛围。与此同时，中国在全社会提高知识产权意识，让保护知识产权成为全社会的共同行动。

文化是"软"的，体制是"硬"的。营造良好的创新氛围，根本的一条就是要着力通过制度机制的完善，保证各种创新活动的开展。特别是要加强知识产权制度建设，大力提高知识产权创造、管理、保护、运用的能力。中国逐步完善了知识产权法律法规体系，依法严厉打击和有效遏制侵犯知识产权的违法犯罪行为，为鼓励自主创新和维护权利人合法权益提供了有力的法制保障。中国还建立和完善了向自主创新产品倾斜的政府采购制度，引导群众的消费心理和习惯。

五、航天信息科技与生物技术的新发展

进入新世纪以来，在科学发展观和建设创新型国家战略的指导下，中国的航天信息科技与生物技术取得了令中华民族骄傲的发展成绩，不仅有力推动了中国特色社会主义"四位一体"总体布局的建设，而且在国际上进一步确立了航天信息与生物技术科技大国的地位，引起了广泛关注，获得了高度认可。

（一）航天事业以前所未有的速度发展

2008 年 10 月 25 日至 11 月 5 日，在不到半个月的时间内，中国又连续成功进行了 3 次航天发射。这一切，距神舟七号载人航天飞行任务圆满成功仅仅 1 个多月。中国航天正在以前所未有

的速度加速发展。改革开放为中国航天注入"推进剂"。如果没有 30 年来改革开放积累的综合国力，没有这个大背景下孕育而成的创新精神和科技进步，就没有中国航天的今天。这是举国公认的事实，也是中国所有航天人的心声。

（1）新中国成立后航天事业发展的简要回顾。

中国航天事业的发展始于 20 世纪 50 年代。每当回首历史，老一辈航天人常常挂在嘴边的一句话，就是"勒紧裤腰带"。1960 年，中国第一枚自己设计研制的液体火箭是用类似于古老的辘轳的绞车吊上发射架的；没有燃料加压设备，科研人员就用自行车的打气筒把气压打上去。在极度困难的条件下，中国人民靠着顽强的意志创造了"两弹一星"的辉煌。然而，由于国家经济基础薄弱，工业设计和制造水平落后，很多雄心勃勃的航天计划提出来不久就被搁置，一搁就是几十年。航天是一项高投入的事业，没有持续大规模的经济投入，就不可能得到持续的发展。

改革开放以后，国家经济实力稳步提升，为航天事业的发展提供了强大的物质基础。1986 年，中共中央政治局召开扩大会议，批准了旨在推动高新技术发展的"863 计划"，同时决定拨出 100 亿元专款，其中 40 亿元直接用于发展航天事业。1992 年，在"863 计划"的基础上，中国载人航天工程正式立项，并提出"三步走"战略。改革开放加注给中国航天的，不仅仅是雄厚资金，更多的是无形的资产。创新意识、效率观念、以人为本、可持续发展等伴随着改革开放诞生成长的先进理念，以及现代化的科学管理方法，如同不断注入火箭的推进剂，使中国航天事业获得了更加强大的加速推力。

改革开放以来，中国发射了 110 多颗卫星和 7 艘神舟飞船，航天技术实现自主创新、跨越式发展，取得了举世瞩目的辉煌成就。截至 2008 年 11 月初，中国自主研制的长征系列运载火箭共进行了 112 次发射，其中，改革开放以来发射了 107 次。特别是实施太空行走，成为中国航天大国的重要标志。当神七飞船顺利返回地面时，中国航天的发展速度，令整个世界感到惊讶。

中国先后研制了 14 种型号的长征系列运载火箭，具备了发射各种轨道空间飞行器的能力，在可靠性、安全性、成功率和入轨精度等方面都达到了国际一流水平。

中国的卫星实现了系列化、平台化发展。新一代大型静止轨道卫星公用平台、现代小卫星和月球卫星等关键技术取得突破，初步形成了返回式遥感、通信广播、气象、地球资源、导航、科学探测与技术试验、海洋等 7 个系列。

中国的神舟号飞船载着 6 名航天员三上太空，"嫦娥一号"月球探测工程取得成功，进一步提升了中国的国际地位，增强了中国的经济实力、科技实力和民族凝聚力。

中国大批航天技术转移到工业、农业、服务业等相关领域，促进了相关产业的技术进步和升级换代。据有关部门统计，在中国 21 世纪初的 1000 多种新材料中，近 80% 是在航天需求的牵引下研制的，有近 2000 项航天科技成果已移植到国民经济各部门。

改革开放以来，中国已有 7 种型号的长征火箭用于国际商业发射，为 13 个国家和地区提供了卫星发射和搭载服务，进行了 29 次国际商业发射，发射了 35 颗商业卫星。中国已成为世界上为数不多能够提供完整配套的发射服务，卫星、地面设备等航天产品及服务的供应商，中国的长征火箭已成为享誉世界的高科技品牌。航天科技事业的蓬勃发展，创造了令国人自豪、世界瞩目的辉煌成就，这集中展现了中国特色社会主义事业的伟大成就，生动印证了改革开放是决定当代中国命运的关键抉择。

在中国航天取得令世界瞩目的伟大成就时，也锤炼孕育了富有中国特色的航天精神。航天精神不仅秉承了"两弹一星"精神的实质，也深深地烙上了新时代的印记，折射出时代的光辉。广大航天科技工作者始终以国家利益为最高利益，以人民需要为最高需要。他们把个人理想与祖国命运联系在一起，把个人选择和国家需要紧密地联系在一起，在为祖国赢得荣誉的同时，也实现了自己的人生价值。从创立之初就把独立自主、自力更生作为第一准则的中国航天人，在改革开放的大潮中始终坚守这一理念，他们知道"真正的尖端技术是花多少钱也买不来的"。凭着勇于登攀、敢于超越的进取意识，凭着科学求实、严肃认真的工作作风，中国航天人用一系列自主创新的成果告诉世界：改革开放的中国，绝不仅是一个只能生产服装、玩具和小商品的国家，中国人同样能够摘取高科技皇冠上的明珠。奉献与协作，如今已经深深融入每个航天人的血液。同舟共济、团结协作，是中国载人航天事业取得成功的经验；而淡泊名利、默默奉献，是几十万科技大军能够服从大局、听从指挥的品质保证。

中国航天人用自己的成就证明，只有坚持自主创新，才能牢牢掌握航天科技发展的主动权。改革开放以来，虽然已经取得不小的成就，但中国航天的蓝图才刚刚展开。载人航天工程"三步走"战略才进行到第二步；深空探测还在向我们招手；空间技术应用还有待进一步展开。随着改革开放的不断深化，中国的航天之路一定会越走越宽。

（2）神舟之路：从神舟一号到神舟六号。

从1999年神舟一号无人飞船首访太空到2005年费俊龙、聂海胜乘坐神舟六号携手问天，6年间的6次飞行如同6个台阶、6枚刻度。它们所记录的不仅是中国载人航天工程的不断突破，更是中国航天人的光荣与梦想。每发射一次，就前进一步。在飞向太空的实践中不断完善、优化，正是神舟的轨迹。

1992年，载人航天工程正式立项。仅仅用了7年时间，航天科技人员就攻克了载人航天的三大技术难题——研制出了高安全性、高可靠性的大推力火箭，掌握了载人飞船的安全返回技术，构建了太空飞行的生命保障系统。

1999 年 11 月 20 日，中国成功发射第一艘无人试验飞船神舟一号，实现了天地往返的重大突破。在美、苏发射载人航天器近半个世纪后起航的中国载人航天事业，在几年内走完了发达国家三四十年所走过的路。此后 3 年里，神舟二号至四号 3 艘无人飞船试验飞行连续获得成功。发射、返回、测控、环境控制……一项项关键技术陆续突破，飞船技术状态逐渐接近载人，前三次无人飞行试验中发现的有害气体超标等问题，也在神舟四号飞船上得到了彻底解决。

成功并不意味着成熟。中国航天人认真总结每一次飞行的经验，使下一次飞行有所改进和完善。2003 年 10 月 15 日，在第一艘载人飞船神舟五号完美升空后，中国成为世界上第三个能够独立开展载人航天活动的国家。伴随着杨利伟历史性的太空之旅，"taikonaut"，一个由英文中的"宇航员"和汉语拼音中的"太空"合成的英文单词，成为世界媒体对中国航天员的专用称呼。2005 年 10 月 12 日，神舟六号载人飞船再次升空。从神五的一人一天到神六的两人多天，费俊龙、聂海胜 115 个小时的航程不仅实现了多人多天太空飞行技术的突破，而且完成了中国第一次有人参与的空间科学实验。一次次进步与突破，圆满完成了中国载人航天工程的第一步任务。位于西北大漠的载人航天发射场，见证了神舟的 6 次成功飞行，也见证了每一次成功背后的汗水与泪水。

上天的神舟一号，原本是一艘地面试验用的电性能测试船。把初样产品直接当成正样产品使用，史无前例，风险巨大。在这艘飞船"冒险"发射成功后，神舟二号作为一艘真正的正样飞船，却在发射前夕遭遇火箭"撞伤"。更换部件，修复箭体，火箭最终送飞船入轨的那一刻，科研人员们泪流满面。神舟三号飞船进入发射场的第 4 天，穿舱插座中的一个接点信号不通。决策者们毅然决定：进度服从质量，推迟发射！当飞船船舱内 3000

多个接点全部导通之后，2002 年 3 月 25 日，搭载了人体代谢模拟装置、拟人生理信号设备和形体假人的神舟三号发射升空。9个月后的 12 月 30 日，神舟四号飞船面临前所未有的持续低温，人们不得不用 200 张棉被为火箭保温。神舟五号成功发射和着陆，标志着载人航天工程取得了历史性的突破。不过，就在这艘飞船进入发射场前最后一轮地面试验中，返回舱坐椅缓冲机构被发现无法完全满足缓冲发动机的备份要求。科技人员用了 70 天，攻克了这一按正常速度需要半年才能解决的问题。2005 年 10 月 12 日凌晨，令人揪心的风雪突袭发射场。航天人用他们精妙的计算，为神舟六号找到了一个风停雪歇的窗口。

事非经过不知难。中国航天人的付出所换来的，不仅仅是 6 次世界瞩目的飞行。在载人航天工程的带动下，一大批原材料、制造工艺、元器件生产等基础工业的水平得到了提升，而载人航天工程所采用的技术也逐渐扩展到了通信、食品等行业的应用中，走进了人们的日常生活。在飞行实践中成长起来的一支新的年轻的航天人才队伍，更是为中国航天储备着更远的未来。神舟所创造的这些有形和无形的财富，是中国这个民族不竭的物质和精神宝藏，也是助推神舟七号升空的最强大力量。①

（3）神舟七号载人航天飞行圆满成功。

2008 年 9 月 28 日，中国航天员在顺利完成首次空间出舱任务后安全返回，神舟七号载人航天飞行取得圆满成功。由此标志着中国成为世界上第三个独立掌握出舱活动关键技术的国家，中华民族漫步太空的梦想终成现实。

这次神舟七号飞船自 2008 年 9 月 25 日 21 时 10 分成功发射以来，共飞行 2 天 20 小时 27 分钟，绕地球飞行 45 圈后，于 9 月 28 日 17 时 37 分安全着陆，航天员翟志刚、刘伯明、景海鹏健康

---

① 参见新华网 2008 年 11 月 6 日。

出舱。3 名航天员身体状况良好，飞船舒适性获可靠验证。① 此次飞行，长征 2F 运载火箭将神舟七号飞船准确送入太空预定轨道，航天员飞行乘组出色完成了各项预定的操作项目。其中，航天员翟志刚着"飞天"舱外航天服、刘伯明着"海鹰"舱外航天服，互相配合，于 9 月 27 日成功完成了空间出舱活动。执行神舟七号载人航天飞行出舱活动任务的航天员翟志刚，在舱外取回了科学试验材料并进行了太空行走，挥动起了中国国旗。出舱活动结束后，释放了伴飞卫星，并围绕轨道舱进行伴飞试验。飞船在轨期间，还成功进行了"天链一号"卫星数据中继试验。

在整个飞行过程中，神舟七号飞船、长征 2F 运载火箭、中国制造的"飞天"舱外航天服和从俄罗斯引进的"海鹰"舱外航天服，以及"天链一号"中继卫星和船载终端，性能优良，工作正常，为航天员的多天在轨飞行，特别是出舱活动提供了很好的保障。飞行任务组织指挥科学严密，飞行控制中心和陆海基测控系统精确实施了测量、天地通信和控制，着陆场系统快捷高效地组织了航天员搜救和飞船回收。可以说，神舟七号载人航天飞行成功地实现了"准确入轨、正常运行，出舱活动圆满、安全健康返回"的任务目标。据航天专家介绍，相对于"神五"和"神六"，从火箭的角度来说，这次飞行对于航天员飞行舒适性的改进在飞行中得到了证实。当大家从电视画面上看到发射过程中三名航天员都招过手时，实际上说明了飞行初期过程当中的一个固体和液体耦合振动的情况得到了很大的改进。火箭系统为了解决这个问题，花了 3 年多的努力。特别是这次和出舱活动密切相关的气闸舱的设计，对中国来说也是一个挑战，因为这个气闸舱兼顾了四项功能：第一，它本身是一个储物舱。航天员在飞行过程中，在组装和穿着之前，它是用来储物的。第二，它又是一个

---

① 参见新华网 2008 年 9 月 28 日。

工作舱。航天员在里面组装，还要做很多的试验。第三，它又是一个气闸舱。第四，它又作为一个轨道舱。把这么多的功能组合在一起，而且中国是第一次研制、第一次飞行就获得了成功。

2008 年 11 月 7 日上午，中共中央、国务院、中央军委在人民大会堂隆重举行庆祝神舟七号载人航天飞行圆满成功大会。中共中央总书记、国家主席、中央军委主席胡锦涛发表讲话，并为翟志刚、刘伯明、景海鹏颁发奖章和证书。国务院总理温家宝主持大会，贾庆林、李长春、习近平、贺国强出席，李克强宣读了《中共中央、国务院、中央军委关于授予翟志刚同志"航天英雄"，刘伯明、景海鹏同志"英雄航天员"荣誉称号并颁发"航天功勋奖章"的决定》。庆祝大会上，载人航天工程总指挥、神舟七号载人航天飞行任务总指挥长、中国人民解放军总装备部部长常万全，航天员代表翟志刚，科技工作者代表、飞船系统总指挥尚志先后发言。

神舟七号载人航天飞行的圆满成功，是中国航天发展史上的又一里程碑。作为载人航天工程第二步任务的首次飞行，神舟七号飞行任务的技术难度更大，可靠性要求更高，状态变化更多，对任务的组织实施提出了更高标准。广大航天工作者以勇攀高峰的昂扬斗志、严谨细致的科学作风、沉着冷静的良好心态、顾全大局的协作精神，成功突破飞船气闸舱、舱外航天服、航天测控中继卫星、伴飞小卫星等一系列关键技术，胜利实现"准确入轨、正常运行，出舱活动圆满、安全健康返回"的目标，为下一步自主建设长期有人照料的空间站奠定了基础。这次飞行任务的圆满成功，是中国改革开放 30 年来综合国力不断增强、科技水平不断提高的重要体现。

神舟七号载人航天飞行的圆满成功，充分显示了科学发展观在实践中的巨大威力。在任务的实施过程中，广大航天人自觉坚持以人为本，把确保航天员的安全健康放在首要位置，着力提高安全保障能力；自觉坚持统筹兼顾、全面协调，把各参研参建参试单位之间的协同配合作为任务顺利实施的重要保证，着力确保各大系统、各个环节运转的高效有序；自觉坚持人才强国战略，把人才培养作为任务实施的重要目标，着力增强可持续发展能力。神舟七号任务的实施过程充分说明，提高自主创新能力，建设创新型国家，是国家发展战略的核心和提高综合国力的关键。只有加快科技进步，培养创新人才，才能促进经济社会又好又快发展，实现现代化建设目标；才能在世界高科技领域占有一席之地，赢得国际社会的尊重。

载人航天是造福全人类的伟大事业，也是增强国家实力、提高国际地位、振奋民族精神的宏伟工程。中国载人航天工程实施以来，在短短 16 年的时间内，就实现了从无人到三人、从舱内到舱外的巨大跨越，成果举世瞩目，成就来之不易。这是中共中央、国务院、中央军委科学决策和正确领导的结果，凝结着航天战线无数科技人员、干部职工、部队官兵的心血和智慧，得到了全国人民的大力支持。几代航天人建立的历史功勋，党和人民永远不会忘记。

当然也需要清醒地认识到，中国载人航天技术与国际先进水平相比还有相当差距，离祖国和人民的期盼还有很大的距离。中国载人航天工程后续任务还很艰巨，任重而道远。根据中国载人航天"三步走"的发展战略，在突破出舱活动技术之后，也就是完成"神七"任务之后，中国将要突破载人航天飞船和空间飞行器的交汇、对接技术，然后再研制发射空间实验室，解决有一定规模的短期有人照料的空间应用问题。初步计划在 2011 年左右发射一个空间目标飞行器，即人们所说的简易空间实验室。之后发射无人和载人飞船与之对接，进行交互对接试验。初步规划在 2020 年左右建成载人空间站，解决有较大规模的长期有人照料的空间应用问题。在实现载人航天"三步走"战略目标之后，中国将走向星际空间更遥远的地方。综合分析国际载人航天发展大趋势，结合中国的实际情况，载人登月是世界高科技中极具挑战性的领域，又是一个战略性的高科技领域，中国有必要在这个领域有所作为。专家论证认为，在载人航天工程前期技术机理的情况下，在国家有关航天工程的成果基础上，适时地启动载人登月有关技术的攻关非常必要。只要在科学的道路上不断攀登，中国人一定会在不远的将来实现登上月球的宏伟设想。2009 年，中国又成功发射了第二颗北斗导航卫星等，并宣告了登月的宏伟目标，以及制造国产大飞机的创新战略。

太空探索永无止境，改革发展任重道远。面对无垠的太空，中国人民将同世界各国人民一道为和平利用太空而继续努力，为人类和平与发展的崇高事业不断作出新的贡献。

（二）电子信息产业不断发展

改革开放 30 年来，中国电子信息产业发生了惊天巨变，已成为国民经济的基础产业、先导产业和支柱产业。电子信息产业堪称"改革开放 30 年发展最快的产业"之一。

（1）四次不同内容的战略转型。回顾历史，改革开放后中国电子信息产业在不同时期，面临不同的任务和发展条件，进行了四次不同内容的重大战略转型。

第一次是在 1978 年至 20 世纪 80 年代中期。党的十一届三中全会后，全党全国的工作中心转向经济建设。根据当时的行业实际情况，电子工业从以军为主转向军民结合，面向国民经济需求，通过引进技术和国际合作，发展各类电子信息产品，支撑国家重点工业发展，为今后产业的规模化发展奠定了基础。

第二次是在 20 世纪 80 年代中期至 90 年代初期。1984 年，党的十二届三中全会召开，加快了经济体制的改革步伐。在这种大背景下，电子工业率先下放企业，并适时做出优先发展消费类电子产品的重大决策。在彩电国产化"一条龙"工程带动下，消费类电子产品迅猛发展。同时，计算机信息系统工程的实施，使信息技术开始广泛应用于国民经济各个领域，中国电子工业实现了第一次腾飞。

第三次是在20世纪90年代初期至90年代末。党的十四大提出把电子工业作为国民经济的支柱产业，党的十五大又提出了推进国民经济社会信息化的战略方针。为此，有关部门实施了"金系列工程"（金关、金税、金卡）、909工程等一系列重大工程，电子工业由单一的产品制造业向硬件制造、软件生产、应用和信息服务业诸业并举的现代电子信息产业转变，实现了历史性的跨越。

第四次是在20世纪90年代末至21世纪初期。1998年，信息产业部成立后，坚持实施制造业、运营业、软件业和信息化互动发展的策略，电子信息产业进入了"继续做大、加快做强"的新阶段，产业发展从注重规模、速度，向重质量、效益，鼓励自主创新、提高国际竞争力转变。党的十六大进一步提出了以信息化带动工业化，以工业化促进信息化，走新型工业化道路的方针。这一时期的发展不仅为信息产业与各行各业的融合奠定了基础，而且这种融合也正在逐步得以实现。①

（2）电子信息业的发展。电子信息产业的发展是中国改革开放各行各业发展的一个缩影，但确实又领先于其他行业的发展。20世纪70年代末，北京长话大楼彻夜灯火通明，大老远赶来打长途电话的人排着长队，为了节省电话费不得不"长话短说"；80年代，砖头般大小的"大哥大"成为身份的象征，第一家寻呼台126台开通时，寻呼机入网费高达4000多元；90年代末，手机进入寻常百姓家，并开始迅速普及；如今，微信、QQ、MSN等通信工具改变了人们以往的交流方式。具体来说，电子信息业

---

① 参见中国工控展览网2008年12月4日。

的发展表现在：

第一，生活因电子信息业而改变。进入新世纪以来，从黑白电视到液晶电视，从"摇把子"电话到3G手机，从半导体"匣子"到精美的MP4，从闭目塞听到网络无处不在……电子信息产业实实在在地改变了中国人民的生活。寻呼机的出现，第一次为实现"随时随地"传信息提供了可能，"有事儿呼我"更是代表着一个时代的流行语。20世纪90年代寻呼机4000多元一个，当时绝对算是高消费，服务费每个月50元，但很快寻呼机便昙花一现，再也无处觅芳踪。移动通信开始演绎真正的精彩。随着通信的便利性，以及资费的降低，手机用户倍增。从老板手中的"奢侈品"到普通百姓都可拥有的"必需品"，手机成为中国通信业发展惠及民生的最好见证。

手机的功能也在不断进化：除了打电话、发短信外，还能录音、拍照、摄像、打游戏、上网、炒股、听MP3、看电视节目等。同时，作为电子信息业的重要组成部分，彩电业也因庞大的市场需求，经历了30年的快速发展。从黑白电视向彩色电视的升级换代期，涌现出长虹、熊猫、金星、牡丹、飞跃等一大批国产品牌。

第二，产业规模不断翻番。统计显示，截至2008年9月底，中国电话用户数已达9.77亿户，互联网宽带接入用户达7935万户。固定电话用户、手机用户及网民数量均居世界第一。改革开放以来，中国电子信息业一直保持着2至3倍于国民经济的速度增长，电子信息业成功实现了由点到链，由小到大，由引进来到走出去的跨越发展。

据IDC等国际咨询公司的统计资料，2007年中国境内生产的移动电话手持机占全球的48%，PC机占46%，彩电占42%，显示器占65%，程控交换机占58%，数码相机占57%，均已居全球第一。中国电子信息业产业规模已位居工业行业首位，在全球名列第二，仅次于美国，约占世界总量的30%。2007年，电子信息产业实现销售收入5.6万亿元，相当于1978年的4717.7倍，年均增长32.2%，30年间翻了12番多；工业增加值13083亿元，相当于30年前的472倍，年均增长22.8%；利税总额3127亿元，相当于30年前的1421倍，年均增长27.4%；工业增加值占全国GDP的比重由1978年的0.8%上升到2007年的5.3%。

经过30年的改革开放和发展，中国电子信息产业已初步建成了专业门类基本齐全、产业链相对完善、产业基础比较雄厚、创新能力不断增强、宏观调控日益完善的产业体系，制造业规模居全球第二，软件业快速发展，信息化有序推进，从材料、元器件、专用设备、测试仪器到整机的产业链和价值链日益打造完善，产业的国际竞争力明显提升。

第三，依靠大决策实现大发展。中国电子信息产业是最早实行市场开放、引进外资、引导国内企业走向市场的产业。自1992年起，中国把电子信息产业列为国民经济支柱产业，并通过实施彩电、集成电路、移动通信、数字电视、TD-SCDMA产业化等一批重大专项，推动电子信息产业加快发展。①

新世纪以来，中国以信息化带动工业化，推进着从电子大国向电子强国的战略转型。每一次与时俱进的大决策，都为这个原本与交通、能源并列为三大"瓶颈"的产业发展带来勃勃生机。通过全面参与国际分工与合作，坚持"引进来，走出去"的发展战略，中国培育了一批民族品牌的大公司走向国际舞台，提高了行业的整体素质和综合实力，带来了产业规模的大发展。通过不断开拓国内国外两个市场、利用两种资源，造就了中国电子大国的崛起。

---

① 参见《三十年，电子信息大国崛起》，《光明日报》2008年11月15日。

（三）首个中国人基因组图谱问世

2007 年 10 月 11 日，在第九届高交会开幕之际，中国科学家首次向世界宣布，他们已经在 10 月初成功绘制完成第一个完整中国人基因组图谱（又称"炎黄一号"），这也是第一个亚洲人全基因序列图谱。该项目是中国科学家继承担国际人类基因组计划 1%任务、国际人类单体型图谱 10%任务后，用新一代测序技术独立完成的 100%中国人基因组图谱。这项在基因组科学领域里程碑式的科学成果，对于中国乃至亚洲人的 DNA、隐性疾病基因、流行病预测等领域的研究具有重要作用。

（1）"炎黄一号"绘制过程。

2006 年 11 月 19 日，中科院昆明分院、华大基因、中科院北京基因组研究所、大百汇集团、云南西双版纳州相关负责人及科学家相聚昆明，产生绘制首张黄种人基因图谱的想法，并把开展地选在深圳。该想法得到了深圳市政府和盐田区政府的高度重视和支持。2007 年 6 月，120 余名科学家正式进驻深圳华大基因研究院，开始了被命名为"炎黄一号"的中国人基因组图谱的测序工作。深圳华大基因研究院位于盐田区梧桐山恩上村，2007 年 4 月 4 日成立。该研究院是由华大基因、生物信息系统国家工程中心、中科院北京基因组研究所等单位共同发起组建的一家民营公益性科研机构。6 月进驻的这批科学家，平均年龄不到 35 岁，其中 25%具有博士学位及"海归"背景，50%以上有硕士学位。这些科研人员都是涵盖了生物、数学、物理以及计算机类专业知识的复合型人才。他们经过历时半年的研究，共同完成了"炎黄一号"的绘制，这也是首个由中国人分析完成的基因组图谱。

如果将这个基因组序列写成一本书，高度将与 384 米的深圳地王大厦相同。这就形象地描述了上述这个合作研究团队的工作量。而"炎黄一号"计划能够历时半年就完成绘制，新技术的运用是重要因素。2007 年以来，国际科学界在 DNA 测序技术上取得新的进步，极大地加速了解码生命的进程，降低了成本。相比于多年前国际人类基因组计划耗资 30 亿美元，此次"炎黄一号"计划的研究成本仅用了数十万美元。随着 DNA 测序技术的不断进步，基因测序的成本将有望继续降低。2007 年，国外已经宣布完成个人基因组图谱的有两人，分别是诺贝尔奖获得者、"DNA之父"詹姆斯·沃森和基因组研究先锋 Craig Venter。据华尔街投资家预测，这些重量级人物的基因组图谱的绘制，预示着个人基因组时代的大幕已经拉开。

2008 年 11 月 6 日，国际著名学术刊物《自然》在最新一期的杂志上以封面文章形式，发表了由深圳华大基因研究院完成的首个中国人基因组序列研究成果（定名"炎黄一号"）。这一长达 7 页的长篇论文，描绘了第一个亚洲人的全基因组图谱，测序数据总量达到 1177 亿碱基对，基因组平均测序深度达到 36 倍，有效覆盖率高达 99.97%，变异检测精度达 99.9% 以上。科学家在这一研究中详细比较了中国人与已有数据的白种人基因组在序列和结构上的差异性，新发现了 41.7 万例独有的遗传多态性位点，并对相应的基因功能进行了探讨，较全面地阐述了中国人基因组结构的特征。"炎黄一号"作为中国人参照基因组序列，从基因组学上对中国人与其他族群在疾病易感性和药物反应方面的显著差异作出了解释。

（2）"炎黄一号"绘制的意义。

人类基因组图谱被誉为"人体的第二张解剖图"，通过分析人体 24 条染色体的碱基序列，获得个人基因组，有助于预防遗传疾病，为新药物研制以及新医疗方法提供依据。此前，曾耗资 30 亿美元，由多国科学家共同努力成功绘制了国际人类基因组计划。这项计划因其对预防治疗遗传疾病、破解人类遗传密码具有里程碑式的意义，与曼哈顿原子弹计划、阿波罗登月计划，被并称为 20 世纪的人类自然科学史上三大科学计划。但是，已公布的基因组图谱，都是以白种人为主要研究对象，而已有的基因组研究进展表明，不同人种之间的基因多态性即基因差异客观存在。这些看似微不足道的差异，很可能在保健、疾病诊断乃至治疗等方面产生十分关键的影响。因此，黄种人基因组图谱的绘制就十分必要，同时将产生重大产业影响。而中国在人类基因领域的研究上，一直位于世界前列。此前，中国科学家就曾出色地承担了国际人类基因组计划 1% 的任务和国际人类单体型图谱 10% 的任务。

这次宣告完成的"炎黄一号"中国人基因组序列图谱，以一系列神秘的符号展现在人们面前。这些神秘的符号揭示了某个人的遗传密码，他的祖传命运以及未来可能发生的病变。那么，谁是第一个被绘制出基因组序列图谱的幸运儿呢？专家介绍，首个被绘制基因图的个体的身份将被严格保密。他是一名汉人，身体健康，是从一般黄种人中选取的，没有已知的疾病。基因图谱隐含着每个人与生俱来的秘密，个性、欲望、疾病甚至精神状况，可以说是一个人的生命密码，利用得好就可以造福人类，一旦被他人获知，基因特征可能被非法利用。有着悠久历史、文化传统的中华民族，在长期的进化发展中形成了自身独特的生活方式和习惯，对环境适应和疾病的发生也有着不同于其他族群之处。所以，建立中国人和亚洲人的参照基因组图谱，有着不言而喻的重要性和必要性。其重要作用在于，不久的将来，人类将可能人手一份"基因身份证"，里面记录了只属于你自己的遗传信息。特别是某些遗传病缺陷会被早发现早治疗，祖先的命运因此而不必在你身上重演。

随着研究组宣布"炎黄一号"计划的完成，将启动"炎黄99"计划，进行上百个乃至更多的个体基因组分析，发现黄种人种群的基因组多态性的规律性。已经完成的"炎黄一号"中国人基因组序列图谱只是全部研究工作的第一步，第二步是选取100人做出中国人基因组标准序列图谱。在这个基础上建立中国人的个体化医疗体系。

在完成"炎黄99"计划之后，深圳华大基因还计划用3年时间开展并完成有重要科学和产业意义的基因组研究项目，如熊猫行动、健康项目等。大熊猫研究，主要集中在生态、分类、繁养、疾病诊治等方面，基因组水平上的研究完全是空白状态。2008年北京奥运会举办前，深圳华大基因大熊猫基因组序列图谱的绘制工作完成，并向全世界发布。

第八章　坚持走可持续发展道路

科学发展观的一个重大亮点，就在于要求统筹人与社会、人与自然的和谐发展。而多年来特别是新世纪以来，中国坚持走可持续发展道路，突破了过去长期只突出强调经济增长、经济发展的局限，而是尽力体现统筹人与社会、人与自然和谐发展的基本要求。从这个意义上说，科学发展观拓展了经济规律的内涵，标志着中国对人类经济社会发展规律认识的深化。

一、"可持续发展"观的由来及其内涵

20世纪80年代以来，可持续发展战略逐渐深入人心，成为世界各国制定和实施经济社会发展战略的必然选择。

（一）"可持续发展"观的形成

在人类历史发展的长河中，朴素的可持续发展思想由来已久。人们在传统的农林业生产实践和水资源管理中，都可以找出许多成功的范例。例如，中国的都江堰名扬四海，它的分水、分洪排沙、引水这三大主体工程之间，就有着巧妙的结合，并且这三大主体工程与其120个附属渠堰工程之间，也有着紧密的联结。这一工程，现已被人们公认为是一项充分体现了人与自然相

和谐、体现着可持续发展观的系统设计和系统施工，也充分展示了当可持续发展观念在人们的社会经济生活中应用后，它所发挥出的巨大作用。尽管如此，可是把可持续发展作为一个当代科学术语明确地给予系统阐述，形成完整的理论体系，却是近几十年的事情。

一方面，随着当代科学技术的进步，极大地提高了社会生产力，推动了人类的文明进程；另一方面，在人类社会取得巨大进步的同时，人们也不得不看到，当今世界已经产生了一系列突出的问题，诸如人口的爆炸式增长、资源的过度开发、全球性环境污染和生态环境的被破坏等。这些问题加剧了经济发展与人口、资源与环境保护之间的矛盾，引起了人们的广泛关注，并必须在世界范围内加以协调和解决才行。因而在1987年，世界环境与发展委员会的《我们共同的未来》一书，首次提出了这样一个命题，即今后人类发展的方向是什么？答案就是必须走可持续发展道路。1992年6月，联合国在巴西的里约热内卢举行了由许多国家元首或政府首脑、科学家参加的环境与发展大会。会上，人们探讨的一个焦点，就是怎样实现人类社会永恒的、持续不断的发展。达成的共识是：要做到这一点，就必须首先保护发展的基本条件和自己的唯一家园——地球。参加会议的人们通过了《里约环境与发展宣言》《21世纪议程》等一系列重要文件，空前一致地达成协议，表示为实现人类社会永恒的、持续不断的发展，愿意彻底改变各自现行的生产方式、消费方式和传统的发展观念，努力建立起人与自然相和谐的新的生产方式和消费方式，建立起与之相适应的"可持续发展"的新观念和新战略。这样，确立"可持续发展"的观念与战略，便成为这一会议上人们的共识。在国际上，里约热内卢会议后来被人们称为人类发展史上的一个重要里程碑，公认为是人类走向现代化的一个重要标志。

可见，"可持续发展"的观念和实践，是在总结了当今世界发展与环境相互关系中正反两方面经验教训的基础上提出来的，也是人类对自己今后发展路径的一种选择。人类社会这一观念的形成，是"人类现代发展史上一次划时代的事件"①。

可持续发展的理念提出后，国际社会采取了一系列措施来推动这一理念在当代的实践。如 1997 年在日本京都召开了联合国气候变化大会，在此召开的《联合国气候变化框架公约》缔约方第三次会议上通过了著名的《京都议定书》，该议定书于 2005 年 2 月 16 日正式生效。它规定从 2008 年到 2012 年期间，主要工业化国家的温室气体排放量要在 1990 年的基础上平均减少 5.2%。其中欧盟将 6 种温室气体的排放量削减 8%，美国削减 7%，日本削减 6%。令人遗憾的是，作为当时世界上最大的温室气体排放国美国，却以该议定书给美国经济发展带来过重负担为由，在 2001 年退出了《京都议定书》。发达国家对国际社会在可持续发展方面的努力所持的消极态度，无疑会给当今世界人类的可持续发展道路带来消极影响。

为进一步促进全球的可持续发展事业，2007 年联合国在印度尼西亚巴厘岛召开了气候变化大会，其间举行了《联合国气候变化框架公约》缔约方第十三次会议和《京都议定书》缔约方第三次会议等一系列关于全球气候变化问题的会议。在这次会议上，美国只是在最后时刻才勉强同意《巴厘岛协议》。尽管协议承诺要"大幅减排"，但它并未给美国等国家设定减排的约束性目标。批准《京都议定书》的发达国家同意，在 2020 年之前温室气体减排 25% 至 40%。即使如此，美国白宫在会后还曾表示，对巴厘岛会议达成的气候变化协议有"严重担心"。由此可见国

———————————

①　中国科学院可持续发展研究组编：《2000 中国可持续发展战略报告》，科学出版社 2000 年版，序言部分。

际社会的可持续发展道路会有多么艰难！

应该说，在《巴厘岛协议》中绘就的"巴厘岛路线图"具有里程碑意义。因为它首次将美国纳入旨在减缓全球变暖的未来新协议的谈判进程之中，要求所有发达国家都必须履行可测量、可报告、可核实的温室气体减排责任，这是一个可喜的进步。占全球温室气体排放总量1/4以上的美国，如果不被纳入未来的谈判，控制全球变暖的努力将无法取得理想的效果。

与此形成对照的是，中国政府在助推"巴厘岛路线图"进程中的贡献，得到了国际社会的认可。中国在此次大会上提出的三项建议，包括最晚于2009年年底前通过谈判确定发达国家2012年后的减排指标，切实将《联合国气候变化框架公约》《京都议定书》中向发展中国家提供资金和技术转让的规定落到实处等，得到了与会各方的认可，并最终被采纳到该路线图之中。此外，中国也为减缓全球变暖做出了实质性贡献。中国政府制定并公布了《中国应对气候变化国家方案》，提出到2010年，中国要实现单位国内生产总值能源消耗比2005年降低20%左右，同时还要调整能源结构，尽可能少用化石燃料，多生产一些可再生能源，力争使中国可再生能源的比重提高到10%，到2020年提高到16%。通过这些措施，相应减少中国的二氧化碳排放量。对此，美国《基督教科学箴言报》评价说，这些努力已取得比较理想的温室气体减排效果，并且使中国成为发展中国家的表率。

中共十四届五中全会通过的《中共中央关于制定国民经济和社会发展"九五"计划和2010年远景目标的建议》，是最早在公开的中央文件中提到可持续发展这一要求的。这个文件明确指出：中国2010年国民经济和社会发展的主要奋斗目标之一，是"实现经济和社会可持续发展"。"必须把社会全面发展放在重要战略地位，实现经济与社会相互协调和可持续发展。"① 2002 年，党的十六大报告进而把"可持续发展能力不断增强"②，作为中国今后全面建设小康社会的重要目标之一。十六届三中全会则强调要"统筹人与自然和谐发展"，"实现经济增长与人口资源环境相协调"。③ 到了党的十七大，胡锦涛在《高举中国特色社会主义伟大旗帜，为夺取全面建设小康社会新胜利而奋斗》的主题报告中更是强调，科学发展观的"基本要求是全面协调可持续"，要"努力实现以人为本、全面协调可持续的科学发展，实现各方面事业有机统一、社会成员团结和睦的和谐发展，实现既通过维护世界和平发展自己、又通过自身发展维护世界和平的和平发展。"④ 十七大报告还明确要求："必须坚持全面协调可持续发展。""坚持生产发展、生活富裕、生态良好的文明发展道路，建设资源节约型、环境友好型社会，实现速度和结构质量效益相统一、经济发展与人口资源环境相协调，使人民在良好生态环境中生产生活，实现经济社会永续发展。""要完善有利于节约能源资源和保护生态环境的法律和政策，加快形成可持续发展体制机制。"⑤ 可见，中国要贯彻落实科学发展观、全面建设小康社会，就必须坚持可持续发展战略，并通过经济发展方式的转变，不断

① 《中共十三届四中全会以来历次全国代表大会中央全会重要文献选编》，中央文献出版社 2002 年版，第 341、345 页。

② 《中国共产党第十六次全国代表大会文件汇编》，人民出版社 2002 年版，第 19 页。

③ 《中共中央关于完善社会主义市场经济体制若干问题的决定》，人民出版社 2003 年版，第 12、21 页。

④ 《中国共产党第十七次全国代表大会文件汇编》，人民出版社 2007 年版，第 14、15 页。

⑤ 《中国共产党第十七次全国代表大会文件汇编》，人民出版社 2007 年版，第 15—16、23 页。

增强可持续发展能力，以切实推动中国社会走上生产发展、生活富裕、生态良好的文明发展道路。

（二）"可持续发展"的内涵

那么，什么是可持续发展呢？什么是可持续发展战略呢？

1987 年，世界环境与发展委员会向联合国提交了一份题为《我们共同的未来》的报告。报告是在挪威前首相格·布伦特兰夫人领导下，经过世界各国的专家 900 多天的工作完成的。在这份报告中，系统地阐述了当前人类面临的一系列重大经济、社会和环境问题，提出了可持续发展的问题和概念。报告指出，在过去，他们关心的是经济发展对生态环境所带来的影响；而现在，他们则已经迫切地感受到生态压力对经济发展带来的重大影响；因此，在未来，他们应该致力于走出一条资源环境保护和经济社会发展兼顾的可持续发展之路。报告由此对"可持续发展"这一概念做了一个被认为是最广泛的、体现着可持续发展核心思想的定义："既满足当代人的需要，又不对后代人满足其需要的能力构成危害的发展。"[①]

需要说明的是，由于上述定义从普通人的角度看过于专业化，因而人们对这一概念的内涵，也有着许多通俗化的解释。中国也积极参与到国际社会对可持续发展概念和问题的讨论中，并结合自身情况来理解和运用这一概念。1996 年 3 月 10 日，江泽民在中央计划生育工作座谈会上，就对这一概念下了一个通俗的定义："所谓可持续发展，就是既要考虑当前发展的需要，又要考虑未来发展的需要，不要以牺牲后代人的利益为代价来满足当

---

① 世界环境与发展委员会著，王之佳、柯金良等译：《我们共同的未来》，吉林人民出版社 1997 年版，第 52 页。

代人的利益。"①

　　还需要说明的是，上述概念重点强调的是"代际公正"，但在执行过程中也发现了这种理解上所存在的不足，如有的发达国家把污染性的企业转移到不发达国家中。经过广大发展中国家要求，人们对上述提法又作了重要补充，即认为："可持续发展不仅要追求'代际公正'，即当代人的发展不应损害下代人的利益，而且还要追求'代内公正'，即一部分人的发展不应损害另一部分人的利益。"② 这个修改是十分重要的，它使可持续发展这一概念必须包含两个不可分离的核心内容：一是公平发展，即满足人类的普遍的基本需求，不能以一部分人损害另一部分人的利益为代价来寻求后者的发展；二是可持续性，即这个发展在代际之间必须是具有可持续性的。"代内公正"和"代际公正"是不可分割的，"代内公正"本身就是"代际公正"的前提和基础。可以看出，这样的一种可持续发展方式，目标是既要使人类当前的各种需要得到满足，又要切实保护生态环境，保持发展的可持续能力，避免对后代人的发展构成威胁。它与工业革命以来产生的那种高增长、高消费、高污染的"三高型"非持续性发展方式不同。因此，从根本上说，坚持可持续发展方式，就是要转变传统的经济增长和经济发展方式，统筹人与自然的关系，处理好经济建设、人口增长与资源利用、生态环境保护的关系，推动整个社会走上生产发展、生活富裕、生态良好的文明发展道路。为了实现这种可持续发展方式，就必须着眼于把经济同人口、资源、环境这四个因素有机地结合起来，相互协调、相互促进，并进一步

---

　　① 《江泽民论有中国特色社会主义（专题摘编）》，中央文献出版社 2002 年版，第 279 页。

　　② 《国外社会科学前沿（1998）》，上海社会科学院出版社 1999 年版，第 70 页。

使人类的发展方式建立在生态可持续发展能力、社会公正和人们参与自身发展决策的基础上。

有了对可持续发展概念内涵的准确把握，对可持续发展战略的理解就很容易了。所谓可持续发展战略，是指实现可持续发展的行动计划和纲领，是多个领域实现可持续发展的总称，它要使各方面的发展目标，尤其是社会、经济与生态、环境的目标相协调。从可持续发展战略的角度看，1992年6月，在巴西里约热内卢召开的联合国环境与发展大会上通过的《21世纪议程》，是第一个全球性的可持续发展战略，该议程要求各国根据本国的情况，制定各自的可持续发展战略、计划和对策。1994年7月4日，中国国务院批准了中国的第一个国家级可持续发展战略——《中国21世纪人口、环境与发展白皮书》。

二、坚定不移实施好可持续发展战略

由于中国生产力发展仍很落后、资源利用效率低、经济效益差，经济发展方式相对于发达国家而言，更依赖于大量消耗资源、能源及劳动力。在这种情况下，为贯彻落实好可持续发展战略、坚定不移地走可持续发展道路，中国进行了以下几方面的工作：

（一）处理好经济发展同人口、资源、环境的关系

中国作为发展中国家，庞大的人口基数以及人口再生产惯性所造成的人口持续增长的态势，会在相当长一个时期内难以改变，使得中国耕地、水和矿产等重要资源的人均占有量在可预见的将来，都会处在很低的水平上，这就使得中国在实现现代化过程中，将长期面临着人口、资源、环境与经济发展的巨大压力和

尖锐矛盾。例如，中国从总体上讲地大物博，自然资源总量比较丰富，但由于人口众多，因而人均资源的占有水平除煤炭外，都低于世界平均水平。中国的人均淡水、耕地、森林和草原资源，分别只占世界平均水平的 28%、32%、14% 和 32% 左右，各种矿产资源不到世界平均水平的一半，这些资源随着人口的增加，还会使人均占有量愈来愈少。

在这样的情况下，中国提出，在 21 世纪头 20 年的重要战略机遇期，国内生产总值要达到 4 万亿至 5 万亿美元，人均 GDP 达到 3000 美元，全面建成小康社会。实现这个宏伟目标，既需要全国人民在党的领导下不懈奋斗，又需要资源和环境的有力支撑。但中国人多、地少、水缺，矿产资源人均储量低。在这种情况下，如果不把合理地使用资源、保护生态环境、控制人口增长作为重要发展战略的话，经济发展也就难以为继，追求代内公正、代际公正就是一句空话，就难以为后代创造出良好的生存和发展条件。因此，为把中国现代化事业建立在科学发展和可持续发展的基础上，中共中央、国务院坚决采取严格的土地管理制度，坚决打击土地投机行为；坚决采取退耕还林政策；继续坚持计划生育的基本国策，切实保护资源和环境，决不能吃祖宗饭、断子孙路，走浪费资源和先污染、后治理的路子。

（二）控制人口增长，提高人口素质

中国作为发展中大国，人口问题越来越成为关系国家前途命运的重大问题。庞大的人口数量会给经济社会发展带来许多难以克服的问题。有关研究资料称，1995 年，中国 15~29 岁青年未婚人口比例为 51.54%，15~35 岁青年未婚人口比例为 38.23%；2005 年的相应数据则分别上升为 65.89%、45.71%；人口性别比例已经失调，2007 年中国男性比女性多出 3700 万，其中 0~15 岁的男性比女性多出 1800 万；青年未婚比例越来越高。国务院全

国老龄工作委员会办公室 2007 年 12 月 17 日发表的《中国城乡老年人口状况追踪调查》表明，中国 60 岁以上的老年人口，已从 1.26 亿增长到 1.49 亿，占总人口的比例从 10.2% 提高到了 11.3%；儿女不在老人身边和老年人愿意单独居住的家庭比例显著增加。这些数量剧增且规模巨大的老年群体，最首要最直接的需求就是养老和医疗的基本保障。然而全社会的养老和医疗保障制度还不完善，老年人的基本生活权益亟须作出妥善的制度安排。2007 年，国家人口计生委预计：未来 30 年，全国的城市人口比例将达到 70%，城市人口将从当时的 5.6 亿上升到 10 亿，约有 3 亿农村人口进城，将给未来国家的经济社会发展带来严峻的挑战。

由此可见，人口问题是关系到中国经济社会发展全局的重大问题，也是关系到中国现代化事业能否成功、何时成功的大事。从 20 世纪 70 年代以来，中国由于实行计划生育政策，大约少出生了 2 亿多人口，但由于人口基数大，使得新增人口多，人口素质不高。到 20 世纪末，每年净增人口仍然有 700 多万人，这是中国经济和社会发展所面临的一个很大难题。这种被国际上称为"低增长率、高增长量"的人口现象，使相当多的一部分新增财富为新增人口所抵消。在这种情况下，正确处理人口增长与经济发展的关系，便成为中国贯彻科学发展观、实施可持续发展战略、实现社会主义现代化的基础。

对此，中国采取的措施主要有：一是继续控制人口数量，严格执行计划生育基本国策。做好农村特别是中西部农村的计划生育工作，加强对流动人口计划生育的管理，形成和保持全社会低生育水平。二是不断提高人口素质，在人口发展上提倡优生优育，并把教育事业同人口增长和经济发展协调起来。适应不同年龄层次和不同工作的要求，大力办好各级各类教育，包括普通教育、职业教育和成人再教育，使教育贯穿于人的一生；进一步加强科学文化知识的普及，降低中国人口中文盲与半文盲的比例；通过增强全民体育、发展医疗卫生和社会保健事业，加强社会主义精神文明建设等，造就更多现代化建设需要的各类高素质人才。三是重视人口老龄化问题，努力解决老龄人口社会保障和精神文化生活问题。

（三）统筹规划国土资源开发和整治

国土资源的数量和质量，对各国国民经济有着明显的制约作用，也是一个国家发展生产、繁荣经济的最基本物质条件。到 20 世纪末，中国干旱半干旱地区占国土面积的 52%，高寒缺氧的青藏高原面积达 240 万平方公里，水土流失严重的黄土高原面积达 64 万平方公里，石漠化地区面积达 90 万平方公里。就是这样的国土资源状况，从中国的情况看，许多地区包括西部地区，仅仅从局部利益和眼前利益出发盲目"发展"，对国土资源的浪费和破坏也是十分惊人的。如对矿产资源滥采乱挖，对森林资源乱砍滥伐，滥垦草原和过度放牧，工业和城市建设乱占耕地，工业污水废水缺乏治理等。这些行为，使得本不充裕的中国国土资源更加短缺，成为实现现代化进程中一个不容忽视的制约因素。为此，中国统筹规划国土资源的开发和整治，依法保护和合理开发海洋、矿产、生物等自然资源，特别是保护好事关国计民生的土地、水、森林等重要资源，对非法采矿、乱占耕地、滥伐森林、污染水源等各种破坏和浪费资源的现象，采取有效措施予以坚决禁止。

（四）走资源开发和节约并举之路

中国主要资源的区域分布很不均衡，约 82% 的水资源集中在长江及其以南地区；64% 的耕地集中在北方地区，其中相当一部分又处在水资源短缺的华北地区；70% 的煤炭资源集中在晋陕蒙地区。从国际的角度看，世界各国对战略性资源的争夺异常激烈，中国战略性资源的供需关系也比较紧张，部分资源对外依存度不断提高。以石油为例，中国实际石油生产的最大增长可能仅在 2 亿吨左右，可实际需求不断上升，2010 年，中国石油需求超过 3 亿多吨。

从总体上说，中国正处于工业化中期阶段，多数行业沿用的仍是"高消耗、高产出、高排放"的线型经济模式。在经济高速发展的同时，消耗了大量资源，生态环境和人居环境趋于恶化。这使很多产品的生产，面临着资源和环境的双重约束。以煤为例，中国已探明的煤储量 2000 多亿吨，扣除已开采的，还有 600 多亿吨。而 600 多亿吨里面，有可能开采的只有 60 多亿吨。但从经济发展对煤炭需求的增长情况看，每年需要增加一个兖州煤矿才行，这是根本没有可能实现的。另外，由于中国仍处在经济不发达阶段，生产技术水平比较落后，资源利用程度比较低，对各种资源的浪费和破坏程度也就比较严重。有资料显示，中国单位产出的能耗和资源消耗水平明显高于国外先进水平，火电煤耗高 22.5%，大型钢铁企业吨钢可比能耗高 21%，水泥综合能耗高45%，乙烯综合能耗高 31%。中国农业灌溉平均的水利用系数是国外先进水平的一半左右，工业万元产值用水量是国外先进水平的 10 倍。

再从劳动效率的角度看，中国第二产业劳动生产率只相当于美国的 1/30、日本的 1/18、法国的 1/16、德国的 1/12、韩国的1/7。中国资源产出效率远低于国际先进水平，每吨标准煤的产出效率相当于美国的 28.6%、欧盟的 16.8%、日本的 10.3%。

由此可见，资源问题势必会在中国实现现代化的道路上成为一大"瓶颈"因素，这就要求中国在贯彻落实科学发展观、实施可持续发展战略中，必须充分注意把资源的开发和节约工作同时抓好，并把节约放在首位，提高资源的利用效率。为此，中国下大力气大力抓好经济结构优化升级工作，包括产品结构调整，利用先进设备和工艺，提高产品的科技含量和档次，促进产品升级换代，减少消耗和排放；搞好产业结构调整，大力发展绿色农业，减少农药、化肥用量，积极运用生物工程原理发展现代农业，建立循环的生物链；主要依靠智力和人力资源发展第三产业，减少环境污染；正确应对世界经济结构调整和产业转移，既抓住机遇又趋利避害，以我为主，区别引进，防止发达国家向中国转移资源消耗大、环境污染重的产业。同时，注意调整进出口产品结构，严格限制生产和出口高物耗、高能耗、高污染的初级产品，以逐步形成有利于资源持续利用和环境保护的合理国际分工格局。

（五）加强对环境污染的治理

环境保护工作在中国有着刻不容缓的迫切性。据有关资料，中国现在沿海赤潮年发生次数比 20 世纪 80 年代增加了 3 倍；1/5 的城市空气污染严重；酸雨影响面积占国土面积的 1/3，有加重趋势；一些中小城市和农村地区污染有加重趋势；工业固体废物产生量 15.2 亿吨，是 1995 年的 2 倍多，其中工业危险废物每年产生 1100 多万吨，处置率仅为 32%；城市垃圾年清运量 1.49 亿吨，无害化处理不足 20%；噪声扰民相当严重等。这些问题亟待解决。

环境保护现在已成为中国的一项基本国策。20 世纪 70 年代以来，中国在保护环境方面加强了立法，加大了投入，把保护城乡环境纳入了国民经济和社会发展规划之中。经过多年努力，环境保护工作已取得明显成绩。然而，中国对环境保护的投入与需要相比，保护力度与实效相比，差距还比较大，环境保护能力的提高还远远低于经济的增长速度，环境质量总体上仍处在恶化之中。为改变现有环境发展态势，做好环境保护工作，中国政府主要做了以下工作：（1）紧紧围绕环境保护工作，制定科学研究和技术创新规划，加快发展生态科技，集中解决制约中国可持续发展的关键技术、重大装备、新的工艺流程。（2）大力发展高新技术产业。高新技术产业及其产品物耗低、能耗少、无污染或少污染，而且能生成新物质、新能源，潜力无限，效益巨大，国家加快发展，效果明显。（3）加快传统工业技术改造。面广量大的传统工业是高消耗、高排放、高污染的主体，国家制订规划，分步实施，下决心用新技术、新工艺对传统工业进行改造，促使其升级换代，使其步入了可持续发展的轨道。（4）加大资源再生技术的开发。产品深度开发和资源再生利用技术，是做好环境保护工作的一个关键，国家加大投入，组织攻关，很快有所突破。

三、推广绿色行动走向生态文明

2005 年，国家环保总局制定了一系列走向生态文明的措施，被媒体称为"环境风暴"。全国渐进推广的以绿色家庭、绿色信贷、绿色税收为主要内容的绿色行动，将中国带上了符合子孙后代长远利益的生态文明之路。

（一）经济发展不能以环境污染为代价

改革开放以来，尽管中国经济总量不断发展（2007 年已跃居世界第 4 位，人均国民生产总值超过 2000 美元），迈入中等发展国家行列，但由于粗放型经济发展方式没有从根本上改变，经济结构不合理、重开发轻保护、重建设轻管护、以生态环境为代价换取眼前和局部利益的现象普遍存在，生态恶化的范围扩大、程度加重；边治理边破坏、点上治理面上破坏、治理赶不上破坏等问题突出，生态环境整体功能下降，抵御自然灾害的能力减弱。具体表现在：

森林质量下降，草地退化，土地沙化速度加快，水土流失严重。中国森林覆盖率虽然逐年增加，但同期有林地单位面积蓄积量却在下降，生态功能较好的近熟林、成熟林、过熟林不足30%；90%的草地不同程度退化，每年新增沙化土地由20世纪80年代中期的2100平方公里发展到90年代末的3436平方公里；水土流失面积增大。淮河、辽河、黄河、海河水资源利用率分别为60%、65%、62%、90%，远远超过国际公认的30%至40%的水资源利用警戒线。华北地区因长期超采地下水形成约3万至5万平方公里的漏斗区。江河断流、湖泊萎缩现象加剧。

农业和农村面源污染严重，食品安全问题日益突出。中国化肥平均施用量是发达国家化肥安全施用量上限的2倍，平均利用率仅约40%。在污水灌溉集中的中东部地区，受重金属污染的土地占污灌面积的20%。全国畜禽养殖场污染物产生量是工业固体废弃物的2倍多，农业面源污染已成为污染大头。2000年，16个省会城市蔬菜批发市场的监测表明，农药总检出率为20%至60%，总超标率为20%至45%。

有害外来物种入侵，生物多样性锐减，遗传资源丧失，生物资源破坏形势不容乐观。据不完全统计，到20世纪末，中国外来入侵物种已有200多种，全国大多数自然保护区发现外来物种入侵。联合国《国际濒危物种贸易公约》列入的740种世界濒危物种中，中国占189种。野生水稻、大豆等遗传资源保护不力，70%以上的野生稻被破坏。同时，仅美国从中国引进植物资源就达932种20140份，大豆资源4452份，其中一半以上未经中国政府批准。

生态功能继续衰退，生态安全受到威胁。水资源涵养功能退化，黄河上游水量减少，洪水蓄调功能下降。1998年长江洪灾造成下游直接经济损失达1345亿元，占当年全国水灾损失的52%。

自然生态系统防沙治沙功能减弱，沙尘暴危害严重。

从人均占有量来看，生态问题更加严峻。中国资源短缺，人多地少、水少、油少、富矿少，许多重要资源人均占有量远远低于世界平均水平。中国人均耕地 0.1 公顷，相当于世界水平的 42%；人均淡水资源量为 2257 立方米，为世界人均水平的 27%。全国大部分城市特别是北方城市，面临严重的资源型缺水和污染型缺水情况。中国是少林国家，2000 年森林面积 1.59 亿公顷，约占世界森林面积的 4%，人均森林面积仅为 0.12 公顷，人均蓄积量 8.9 立方米，分别为世界人均水平的 20% 和 12.5%。中国石油资源最终可采储量为 130 亿~150 亿吨，仅占世界总量的 3% 左右，但国内石油需求与日俱增，2010 年石油需求超过 3 亿吨。矿产资源种类不全，有的储量不少，但品位低，开采难度大。大多数矿产资源人均占有量不到世界平均水平的一半。

而在资源短缺的同时，资源破坏和浪费又非常突出。20 世纪末期，中国滥采、滥垦、滥伐屡禁不止，资源的产出率、回收率和综合利用率低，生产、流通和生活消费方面的浪费惊人，一些地区环境污染和生态状况令人触目惊心，部分大中城市污染形势日益严峻。全国大气污染排放总量多年处于高水平，城市空气污染普遍较重，酸雨面积已占全国面积的 1/3；水土流失情况严重，全国水土流失面积已达到 3.6 亿公顷，约占国土面积的 38%，并且仍在继续增加。土地荒漠化、草原沙化面积仍在快速扩散。全国沙漠化土地面积达 1.7 亿公顷，占国土面积的 18.2%，受沙漠化影响的人口达到 4 亿；中国日排污水量 1.3 亿吨左右，七大水系近一半河段严重污染。近岸海域水质恶化，赤潮频繁发生；物种濒危现象十分严重，约有 4600 种高等植物和 400 种野生动物已经处于濒危或临界状态。因此，资源不足和生态恶化必然成为制约可持续发展最大的"硬约束"。

2007 年太湖蓝藻事件是整个长三角生态趋于恶化的征兆。长江的水已不再清澈，被人戏称为中国的第二条黄河。而被称为母亲河的黄河每年断流时间越来越长，给沿河地区人畜饮水带来困难。这些问题如不解决，不仅影响百姓生活，还会阻碍中国复兴进程。一句话，中国的环境问题已到了不得不治理的地步，生态文明建设刻不容缓。

（二）建立环境保护的制度安排

2005 年 1 月 18 日，国家环保总局"叫停"了涉及全国 13 个省市，总投资达 1179.4 亿元人民币的 30 个违法开工项目。在其后不到一周的时间内，22 个项目按规定停建，刮起了震撼全国的"环保风暴"。

据国家环保总局的有关负责同志介绍，违法开工项目在接到环保总局的通知后先后都递交了环境影响评价书，而总局也专门对这些项目的评价书进行了评定，对符合 2003 年 9 月 1 日实施的《中华人民共和国环境影响评价法》的项目，总局在 2005 年春节前就下发了项目环评同意函。国家环保总局副局长潘岳在"叫停" 30 个违法开工项目的新闻发布会上曾斩钉截铁地说："环保绝不是一个橡皮图章。"国家环保总局对那些试图绕过环评程序、蒙混过关的污染违法项目，严格按照有关法律法规予以处罚，决不能留下环境隐患；对经过环境影响评价而证明仅是程序违法的项目，在建设项目落实整改措施后尽快办理环评批复手续；对过去、现在、将来所有审批的项目，通过信息公开等手段进行长期的跟踪监督，如果发现环境违法情况，予以查处；对重大的环境敏感项目，以举行公众听证等形式，进一步加大公众参与力度。其中包括总投资为 69.7 亿元的三峡地下电站项目和投资 446 亿元的金沙江溪洛渡水电站项目。这些项目未经环保部门审批即擅自开工建设，严重违反了《中华人民共和国环境影响评价法》和《建设项目环境保护管理条例》的有关规定。

这一举措经过媒体报道，引起全国反响，媒体惊呼"环保风暴"已经来临。2006年年初，国家环保总局又叫停南京紫金山扩建项目。该项目涉嫌毁林地面积近百亩，砍伐树木近2万棵，且未经过环境影响评价。5月10日，通过国家环保总局的执法督察，南京市已经调整规划并采取了补种景观树木等补救措施。

在"环保风暴"中，最吸引人的是圆明园事件。2005年3月29日，兰州大学教授张正春对圆明园防渗工程提出质疑，认为该工程是对生态景观、历史文化价值和周边环境的破坏。3月31日，因未进行环境影响评价，国家环保总局叫停该项目建设，责令其依法补办环境影响评价审批手续。4月13日，圆明园防渗工程的环境影响公众听证会召开。5月9日，环保总局要求圆明园管理处在收到文件40天内提交环评报告。

针对"环保风暴"的种种议论，国家环保总局负责人说，2004年他们取缔关停了6400多家违法排污企业，关停这么多的企业应该说影响很大了，但为什么还没有关停这30个大项目的影响大呢？就是因为这30家企业规模大，有的一个项目投资就达几百亿元。这次被叫停的30个项目，都属于程序违法，该报批的没报批。这30个大企业的例证也说明，大企业是否带头守法影响重大。国有大企业带头守法，就能带动其他企业。而如果环保部门只打小企业，公众不服，社会不服。只有敢于向包括国有在内的大企业动手，敢打大的违法企业才能显示环保执法的公平、公正，才能更有教育寓意。这也正好符合中共中央、国务院提出的调整结构、避免重复建设的要求。

在2005年和2006年掀起的"环保风暴"中，处在风口浪尖和舆论焦点的国家环保总局很是惹眼。2007年年初，当国人期待着环保总局的又一场"环保风暴"时，总局却在考虑：到了告别"风暴"的时候了，应该为中国环保寻找新的出路。因为每一次"风暴"其实都是跟在突发事件和被动形势后面的"亡羊补牢"；

每一次"风暴"都未能如愿变成常规性制度固定下来。而这一出路，就是在"生态文明"目标之下，建立一系列环境保护的制度安排。

尽管每一次"环保风暴"人们都寄予了很多期待，但人们发现，造成中国严重环境问题的原因很多也很深。如一切以单纯GDP增长为目标的不正确发展观，如没有一套环境责任追究与考核评价的制度，如条块分割不统一的环境监管体制，再如没有一套实现环境经济双赢的政策体系等，而阻力主要来自于利益冲突。以战略环评为例，战略环评所注重的长期利益、全局利益，往往与重审批轻规划的部门利益和短平快出业绩的地方利益相冲突，致使很多地区和部门对这项工作不支持，并以种种理由逃避开展规划环评的责任。

改革开放30多年来，中国经济社会面貌发生了广泛而深刻的变化，与此同时，经济增长也付出了沉重的资源环境代价。2006年中国国内生产总值占世界的5.5%，却消耗了世界54%的水泥、30%的钢铁、15%的能源。水污染、空气污染、酸雨等环境污染现象严重，一些持久性有机污染物、重金属、辐射、电子垃圾等新的环境问题也在不断增多。2006年中国化学需氧量排放总量居世界第一，远远超过环境容量，全国七大水系监测断面中62%受到污染，流经城市的河段90%受到污染。可以说，中国经济高速发展的近30年里，集中遇到了发达国家上百年工业化过程中分阶段出现的种种环境问题。最典型的例子莫过于太湖蓝藻事件。2007年5月，处在富甲之地的太湖暴发大范围蓝藻。太湖流域是长江三角洲的核心区域，GDP占全国的12%，在全国发展大局中占有举足轻重的地位。由于片面追求经济发展，苏南大规模发展化工业和轻工业，环境问题愈来愈突出，化肥、农药使用量的增加，城市居民生活污水和工业污水的排放，使80%的内河水质恶化，号称"鱼米之乡"的苏南成为江苏省典型的水质型缺水地区。正如无锡市一位市民说："腰包鼓了，楼房新了，但水黑了，病多了，心里害怕了。"

2007年，"生态文明"被正式写入党的十七大报告，国家决定要"建设生态文明，基本形成节约能源资源和保护生态环境的产业结构、增长方式、消费模式"①。正如专家所言："如果说农业文明是'黄色文明'，工业文明是'黑色文明'，那生态文明就是'绿色文明'。""中华文明是工业文明的迟到者，绝不能再成为生态文明的迟到者。"人类社会300年的工业文明以征服自然为主要特征，世界工业化的发展使征服自然的文化达到极致，一系列全球性生态危机说明，地球再没能力支持工业文明的继续发展，需要开创一个新的文明形态来延续人类的生存，这就是生态文明。它是人类遵循人、自然、社会和谐发展这一客观规律而取得的物质与精神成果的总和；是以人与自然、人与人、人与社会和谐共生、良性循环、全面发展、持续繁荣为基本宗旨的文化伦理形态。要达到生态文明的目标，首先需要一系列环境保护的制度安排，即"新环境经济政策"。这一政策是指按照市场经济规律的要求，运用价格、税收、财政、信贷、收费、保险等经济手段，调节或影响市场主体的行为，以实现经济建设与环境保护协调发展的政策手段。2007年，环保总局力推的一项主要工作就是建立一套完备而有效的环境政策体系，这将成为影响今后中国经济发展方式的关键性措施。

中国严峻的环境形势，使中国比发达国家更迫切需要出台环境经济政策。况且，发达国家现有的环境经济政策的成功经验已摆在那里，形势不允许中国在"万事俱备"下再去实施那些理想的环境经济政策，只能边算账、边研究、边试点、边总结，联合

---

① 《高举中国特色社会主义伟大旗帜　为夺取全面建设小康社会新胜利而奋斗》，人民出版社2007年版，第20页。

各方力量，全面推动建立有中国特色的环境经济政策体系框架。2003 年"非典"，迫使人们开始认真思考单纯的 GDP 增长与国家综合发展的区别。从国家根本利益来看，环保与经济并非对立，不环保绝对不经济。要改变现状，就得建立新制度，中国这一代人肩负着一种重建中华生态文明的使命，肩负着重建中华生态文化和可持续发展文化的使命。

（三）绿色行动从小做起

国家环保总局推行的以绿色家庭、绿色税收、绿色信贷、绿色贸易等为载体的绿色行动，就是通过建立健全环境政策体系，助推国家走向生态文明的正确之道。

为了保护环境、节约资源，全国开始推广"绿色家庭"创建活动，从节约用水、不使用含磷洗涤剂、垃圾分类、美化绿化家园等具体细节入手，提高了每一个家庭成员的环保意识和社会责任感。这也反映了中国公民的环保意识在增强。中国很多民众包括演艺界明星都积极投入到资源和环境保护中，以实际行动来保护自己的家园。如成龙就认为，艺人是公众人物，艺人的一言一行都对社会产生着广泛的影响，因此必然肩负着一定的社会责任，宣传环境保护，倡导绿色生活，是艺人们不可推卸的社会责任。为此，他启动了"成龙新日环保计划"，将自己拍片用过的一辆电动车拍卖得到的 10 万元作为该计划的首笔启动资金，用于环保公益事业。他的公司与中国环境文化促进会一起举办了一场松花江环境行动——松原慈善晚宴，成龙将晚宴所得的善款全部捐献用于松花江流域水污染治理的工程。

2007 年 7 月，国家环保总局、人民银行、银监会联合发布了《关于落实环保政策法规防范信贷风险的意见》，标志着绿色信贷这一经济手段全面进入到中国污染减排的主战场。政策发布后，得到了大部分地区金融系统和环保部门的回应。其中，江苏、浙江、河南、黑龙江、陕西、山西、青海、深圳、宁波、沈阳、西安等20多个省市的环保部门与所在地的金融监管机构，联合出台了有关绿色信贷的实施方案和具体细则。"绿色信贷"出台后第一批遭遇信贷限制的是部分被国家环保总局流域限批的环境违规企业。一些省份的金融机构积极支持环境执法，对国家环保总局处罚的企业采取了严格的停贷限贷措施。此外，部分地区政府也推动了绿色信贷的实施。中央金融监管部门和部分金融机构的大力支持是绿色信贷政策得以启动推行的重要因素。中国工商银行率先出台了《关于推进"绿色信贷"建设的意见》，提出要建立信贷的"环保一票否决制"。工商银行系统对法人客户进行了"环保信息标识"，初步形成了客户环保风险数据库。作为国家政策性银行，国家开发银行一方面严格控制向"两高"行业贷款；另一方面建立了"节能减排专项贷款"，着重支持水污染治理工程、燃煤电厂二氧化硫治理工程等8个方面，环保贷款发放额年均增长35.6%。与此同时，国家环保总局向中国人民银行征信管理局提供了3万多条企业环境违法信息，供商业银行据此采取停贷或限贷措施。

国家环保总局的绿色行动可谓马不停蹄。继推出绿色税收、绿色证券之后，2008年2月26日又公布了2008年第一批"高污染、高环境风险"产品名录（简称"双高"产品名录），其中共涉及6个行业的141种"双高"产品。该名录是作为绿色贸易政策的基础内容之一。至此，继"绿色信贷""绿色保险""绿色证券"后，环保总局亮出环境经济政策方面的第四把"利剑"——"绿色贸易"。如此频繁的政策出台，足见"中国治污"的思路渐次清晰。"双高"产品设限"双高"产品名录成为今后控制"双高"产品出口的重要依据。同时，环保总局还针对名录中享有出口退税的39种产品，向财政部、税务总局提出取消其出口退税的建议，同时还向商务、海关等部门提出禁止其加工贸易的建议。"双高"目录 141 种产品，主要集中在农药、染料及电池类行业。这些产品，其价格、税收政策往往没有真实反映其环境成本，企业的利润在很大程度上是靠牺牲环境获得的。作为"绿色贸易"政策的基础内容之一，该名录一经公布立刻引起了相关行业的关注。环保总局还将建立"双高"产品名录动态管理数据库，随时补充新的产品和信息，并及时向国内国际公开。

从 2007 年 7 月推出"绿色信贷"政策开始，中国环保工作打出了一套"组合拳"，表明环境经济政策进入环保部门与多个经济主管部门联手设计、配套实施的实质性操作阶段。环境经济体制将是解决中国环保问题的最终方向。但在环保与经济发展还未达到平衡点时，环境经济体制实施将面临重重阻力。从环保总局与各宏观经济部门合作情况看，一年内出台若干项政策，两年内完成主要政策试点，四年内初步形成中国环境经济政策体系，是可以预期的。尽管实施困难重重，但一张美好的绿色经济政策路线图已经清晰。环保总局继续与相关部门联手，加紧研究"绿色贸易""绿色税收"、区域流域环境补偿机制、排污权交易等政策，最终形成完整的中国环境经济政策体系。

四、统筹区域总体发展

推动区域协调发展，是新世纪以来中国从全面建设小康社会、推动科学发展出发作出的总体战略部署。在进入新世纪的 2000 年，党和国家开始实施西部大开发战略。2003 年 10 月，中共中央、国务院下发《关于实施东北地区等老工业基地振兴战略的若干意见》，开始正式实施振兴东北等老工业基地的战略。2004 年 3 月，十届全国人大二次会议的《政府工作报告》，又明确把促进中部地区崛起作为促进区域协调发展的重要方面。2006年4月，《中共中央国务院关于促进中部地区崛起的若干意见》正式出台，促进中部地区崛起也成为统筹区域发展的战略内容。与此同时，党和国家还出台一系列重要举措，鼓励东部地区加快发展。可以说，在全面建设小康社会的进程中，在贯彻落实科学发展观的过程中，中国已形成推进西部大开发、振兴东北等老工业基地、促进中部崛起、鼓励东部地区率先发展的区域发展总体战略。对此，2007年10月党的十七大报告提出，深入贯彻落实科学发展观、促进国民经济又好又快发展的重要方面，是"要继续实施区域发展总体战略，深入推进西部大开发，全面振兴东北地区等老工业基地，大力促进中部地区崛起，积极支持东部地区率先发展"。①

（一）深入推进西部大开发

改革开放以来的很长时期，中国是以东部沿海地带为重点，推进区域经济发展的。在即将进入21世纪之际，根据区域经济发展的实际情况和全面推进现代化建设的要求，中共中央、国务院又明确提出实施西部大开发的战略，并在深入推进西部大开发中形成中国区域发展的总体战略。

（1）形成区域发展总体战略。

1999年9月，党的十五届四中全会通过《中共中央关于国有企业改革和发展若干重大问题的决定》，在论述加快中西部地区国有经济布局的调整时明确提出"国家要实施西部大开发战略"。同年11月，在中央经济工作会议具体部署2000年的工作时，又把实施西部大开发战略作为一个重要的方面，这可以看作实施西

---

① 《中国共产党第十七次全国代表大会文件汇编》，人民出版社2007年版，第24页。

部大开发战略的启动。2000 年 1 月，国务院西部地区开发领导小组召开西部地区开发会议，研究加快西部地区发展的基本思路和战略任务，对实施西部大开发战略的重点工作进行全面部署，标志着西部大开发战略实施的全面展开。此后，西部大开发战略被纳入中国新世纪整个国民经济和社会发展的规划之中，成为新世纪中国全面建设小康社会、实施区域发展总体战略的重要组成部分。

2003 年 3 月 21 日，温家宝在国务院第一次全体会议上提出加大西部开发力度、实现区域优势互补和共同发展，支持老工业基地加快调整、改造和振兴的任务。在此基础上，2004 年 3 月 11 日，国务院下发《关于进一步推进西部大开发的若干意见》，总结西部大开发 4 年来的经验，进一步完善西部大开发的政策措施。该意见提出，加强西部与东部、中部地区之间的经济交流与合作，建立市场化的跨地区企业合作机制，把东部、中部的资金、技术和人才优势与西部地区的资源、市场和劳动力优势结合起来，实现优势互补、互惠互利，共同发展。

2005 年 3 月 5 日，温家宝在十届全国人大第三次会议上指出，"要积极推动区域协调发展"，"实施西部大开发，振兴东北地区等老工业基地，促进中部地区崛起，鼓励东部地区加快发展"。"实行符合各地特点、发挥比较优势、各有侧重又紧密联系的区域发展战略，体现了统筹协调发展的要求，既有利于充分调动各地区的积极性，又有利于东中西互补、优势互补、相互促进、共同发展"。① 同年 10 月，中共十六届五中全会在总结中国社会主义现代化建设经验的基础上，进一步提出了中国区域发展总体战略，强调要继续推进西部大开发，振兴东北地区等老工业基地，促进中部地区崛起，鼓励东部地区率先发展，形成合理的

---

① 人民网 2005 年 3 月 6 日。

区域发展格局。全会从各地区实际出发，按照发挥比较优势、加强薄弱环节、促进协调发展的要求，明确了各区域的发展导向和总体思路，并着重在三个方面提出了落实区域发展战略的途径，即：健全区域协调互动机制、明确不同区域的功能定位、促进城镇化健康发展。随后，国务院制定的"十一五"规划《纲要》对促进区域协调发展做出了新的部署，标志着中国区域协调发展战略基本形成，区域协调发展步入了一个新时期。

（2）深入推进西部大开发的战略重点。

2007年2月15日，中共中央政治局进行题为"国外区域发展情况和促进我国区域协调发展"的集体学习。胡锦涛在学习中要求全党全国必须把促进区域协调发展摆在更加重要的位置，切实把区域发展总体战略贯彻好、落实好。此后，国家坚持统筹兼顾、合理规划、发挥优势、落实政策，明确了区域发展总体战略的各项重点：

一是认真落实西部大开发"十一五"规划，重点是加强基础设施、生态环境建设和发展科技教育，发展特色优势产业。巩固和发展退耕还林、退牧还草成果。继续实施天然林保护、防沙治沙、石漠化治理等重点生态工程。二是积极推进东北地区等老工业基地振兴，重点是加大产业结构调整力度，搞好重要行业、企业的重组改造，推动装备制造业、原材料加工业、高新技术产业和农产品加工业发展，加强商品粮基地建设。加快资源枯竭型城市经济转型试点和采煤沉陷区治理。加快棚户区改造。三是中部地区，重点是继续加强粮食主产区生产能力和农产品加工转化能力建设，加强能源、重要原材料基地、综合交通运输体系建设，支持发展先进制造业和高新技术产业。四是东部地区，重点是推进产业结构优化升级，增强自主创新能力和国家竞争力，在改革开放和科学发展上走在前面。继续发挥经济特区、上海浦东新区作用，推进天津滨海新区等条件较好地区开发开放。五是加大国家对欠发达地区支持力度，鼓励发达地区对欠发达地区对口援助，促进革命老区、民族地区、边疆地区、贫困地区经济社会加快发展，积极扶持人口较少民族的发展。①

区域协调发展总体战略是实现中国经济社会又好又快发展，全面建设小康社会，构建社会主义和谐社会，保证人民共享改革发展成果的重大举措。上述战略重点的明确，对区域协调发展产生了巨大促进作用。

从区域定位看，改革开放以后中国把原来划分沿海与内地的"两分法"，转为划分东中西部三大地带的"三分法"。1986年，"七五"（1986—1990）计划根据经济技术发展水平和地理位置的差异，把全国从东向西划分为三大地带，东部地带包括辽宁、河北、天津、北京、山东、江苏、上海、浙江、福建、广东、广西（海南建省后含海南）11省、自治区、市（暂未包括台湾、香港、澳门），中部地带包括黑龙江、吉林、内蒙古、山西、安徽、江西、湖北、湖南、河南9省、自治区，西部地带包括四川、贵州、云南、西藏、陕西、甘肃、青海、宁夏、新疆（重庆为直辖市后含重庆）9省、自治区。实施西部大开发战略以后，2000年10月国务院下发的《关于实施西部大开发若干政策措施的通知》中，又把划入中部地区的内蒙古和划入东部地区的广西列入实施西部大开发战略的区域范围之中。这样，这里讲的西部大开发战略的西部，就指12个省区市，即：西北五省（区）的陕西省、甘肃省、青海省、宁夏回族自治区、新疆维吾尔自治区；西南五省（区、市）的四川省、云南省、贵州省、西藏自治区、重庆市；广西壮族自治区和内蒙古自治区。

在实施区域发展总体战略中，深入推进西部大开发具有战略

① 《2007年国务院政府工作报告》，中华人民共和国中央人民政府网，2009年3月16日。

意义。第一，从地域和人口来看，西部 12 个省区市的国土面积为 686 万平方公里，占全国的 71% 以上；按全国农业普查《关于土地利用现状调查主要数据成果的公报》提供的资料，西部地区耕地面积 3695.59 万公顷（55433.83 万亩），占全国的比重为 28.4%。按第五次人口普查的数据，西部地区人口为 3.55 亿人，占全国人口总数的 28.07%，其中少数民族则约占全国少数民族的 80% 以上。第二，从地缘来看，西部地区陆地边界线长约 1.8 万公里，与俄罗斯、蒙古、哈萨克斯坦、巴基斯坦、尼泊尔、印度、缅甸、老挝、越南等十几个国家接壤，其战略与国防地位非常重要。第三，从生态环境来看，西部地区是中国长江、黄河的发源地和上游，其水资源的开发利用情况对于保证中下游地区水资源供应和防治洪涝灾害具有举足轻重的影响。西部地区是中国生态环境较为脆弱的地区，西部地区生态环境的改善，对于中国改善整个国家的生态环境状况、实现可持续发展具有不可替代的作用。第四，从社会稳定来看，西部地区不仅是中国集中的少数民族聚居区，也是全国农村贫困人口较为集中的地区，西部地区的发展，对于加强民族团结、保持社会稳定、实现共同富裕的社会主义本质要求，具有重要的意义。第五，从经济发展来看，西部 12 个省区市生产总值仅仅相当于全国的 17% 左右，显然有着相当的增长空间，加快西部地区发展对于推进中国经济持续快速增长、实现现代化建设的第三步战略目标，也是不可或缺的。

（3）深入推进西部大开发的战略措施。

必须清醒地看到，西部地区发展面临严峻的挑战，进一步推进西部大开发还面临许多困难和问题。西部地区与其他地区特别是发达地区的发展差距还在扩大。基础设施依然滞后，尤其是西南地区交通条件亟待改善，西北地区水资源严重缺乏。生态环境建设任务十分繁重，限制开发区域和禁止开发区域占国土面积比重高，生态补偿机制还不健全。自我发展能力特别是技术创新能力不足，产业结构不合理，产业链条不长，影响资源优势转化为经济优势。"三农"问题和城乡就业矛盾尤为突出，扶贫开发工作十分艰巨。基本公共服务水平偏低，人才不足和人才流失现象严重。西部地区幅员辽阔，人口分散，承担着守土戍边的重任，进行社会管理和公共服务的行政成本很高。改革攻坚难度大，国有企业改革滞后，非公有制经济发展缓慢，实际利用外商直接投资比重仅占全国的 3% 左右，发展观念和体制机制还不适应市场经济的要求。实施西部大开发在资金投入、人才开发、法制保障等方面的长效机制还不完善。因此，在深入推进西部大开发中，中国坚持以科学发展观统领经济社会发展全局，按照统筹区域经济协调发展的要求，采取了更有力的措施。

第一，加快培育区域经济增长极，促进重点地带、重点城市开发取得突破性进展。根据把区域发展划分为优化开发、重点开发、限制开发和禁止开发的功能定位要求，从西部地区实际出发，中国深入推进西部大开发，一是重点加强了长江上游成渝经济带和西陇海兰新线上的关中经济带的开发，形成两大高新技术产业基地，带动了西部地区的整体推进；二是以西部地区的各省会城市为核心发展城市经济圈，使其成为周边地区的经济增长极，发挥集聚和辐射作用；三是加强了西部资源富集区的开发，在内蒙古鄂尔多斯、陕北神木、新疆哈密等地建立煤电一体化和煤化工基地，在新疆塔里木、青海格尔木和陕甘宁交界处建设石油、天然气开发及加工基地，在广西、贵州、云南、甘肃的重点矿区建设有色金属综合开发利用基地，在内蒙古包头建设稀土工业开发生产基地，在青海柴达木、新疆罗布泊和云贵建设钾肥和磷肥生产基地，形成了新的区域经济增长点；四是加强西部地区如阿拉山口、霍尔果斯等重要边境口岸的开发，建设口岸经济加工区，加快了西部地区对外开放的步伐。在重点地带、重点城市的开发中，制订区域规划，加大交通、通信、市政等基础设施的建设力度，促进土地、资本、人才等要素的集聚，加快资源整合，发挥中心城市的辐射带动作用，形成了区域性的经济、交通、物流、金融、信息、技术和人才中心，带动周围地区和广大农村发展。

第二，调整和优化产业结构，促进西部地区特色优势产业发展取得突破性进展。综合考虑西部地区资源特点、产业基础、支撑条件、需要与可能，中国在"十一五"期间及更长一段时期内，重点是使西部地区能源及化工、重要矿产开发及加工、特色农牧业及加工、重大装备制造、高技术产业和旅游与文化产业等六类特色优势产业得到较快发展，加快建设一批具有国际国内影响的特色资源加工和优势产业发展基地。中国已加快了西部地区优势特色产业的发展，促进西部地区传统优势产业参与国内外竞争，充分发挥国防科技工业优势，推广应用信息技术，在有条件的地方发展高新技术产业，探索出一条适合西部地区的新型工业化道路；把发展优势产业和调整改造西部老工业基地结合起来，提高了老工业城市的经济实力和竞争能力；因地制宜，以企业为主体、市场为导向、效益为中心、先进适用技术为支撑、保护环境为前提，切实防止盲目投资和低水平重复建设，严格控制被淘汰的生产工艺、设备转移到西部地区；合理调整全国产业分工格局，支持西部地区具备基本条件的地方发展资源深加工项目，由国家投资或需要国家批准的重点项目，只要西部地区有优势资源、有市场，就优先安排在西部地区。

第三，建立长期稳定的西部开发资金渠道，在西部大开发的资金保障方面取得突破性进展。这是持续推进西部大开发的重要保障。中国继续保持用长期建设国债等中央建设性资金支持西部开发的投资力度，采取多种方式筹集西部开发专项资金。中央财政性建设资金、其他专项建设资金继续向西部地区基础设施建设倾斜。创新重大基础设施建设投入机制，采取了多种方式鼓励和引导社会资金和境外资金参与基础设施建设的政策。进一步加大了中央财政对西部地区的转移支付力度，拓宽了西部开发间接和直接融资渠道。鼓励各金融机构采取银团贷款、混合贷款、委托理财、融资租赁、股权信托等多种方式，加大对西部地区的金融支持。加快商业银行对西部地区国债配套贷款项目的评估审贷速度，提高了贷款审核效率。支持国家政策性银行扩大贷款规模，延长贷款期限，支持西部地区基础设施建设、进出口贸易。进一步推进西部地区农村金融体系建设，加大了农村信用社改革力度，继续扩大农户小额贷款和农户联保贷款，支持有生产能力、守信用的贫困农户尽快脱贫致富。加强扶贫贴息贷款管理，增加了对西部地区信贷投入。积极支持西部地区符合条件的企业优先发行企业债券，支持西部地区符合条件的企业发行股票。修改、完善并适时出台了产业投资基金管理暂行办法，优先在西部地区组织试点，支持西部地区以股权投资方式吸引内外资。提高西部地区利用国际组织和外国政府赠款及国外优惠贷款的比例。

第四，加快改革开放步伐，促进东中西协调互动和扩大开放取得突破性进展。西部地区进一步解放思想，转变观念，以深化行政审批制度改革为突破口，切实把政府经济管理职能转变到主要为市场主体服务和创造良好发展环境上来，完善了市场体系，打破了地方保护和地区封锁，优化投资环境，切实保护好各类投资者的合法权益，为进一步推动区域合作、提高对外开放水平创造了良好条件。加强西部与东部、中部地区之间的经济交流与合作，加强东西协调互动，健全区域协调互动机制，建立市场化的跨地区企业协作机制，加大东中部地区对西部大开发的参与和支持力度，积极引导、支持东中部地区的资金、技术、人才参与西部产业的发展，把东部、中部地区的资金、技术和人才优势与西部地区的资源、市场和劳动力优势结合起来，逐步形成了互利共赢的新型区域经济关系，开创了东中西部地区相互促进、优势互

补、共同发展的新局面。同时，更好地利用外资加快发展，建立
以企业为主体的对外招商引资新机制，提高招商引资实效，依托
优势产业、重点工程、重点地带，吸引外来投资；逐步放宽西部
地区保险、旅游、运输等服务领域的外资准入限制条件；采取有
力措施推动西部地区发展对外贸易和经济技术合作，全方位、多
形式地扩大与周边国家和地区的经济合作与技术交流，努力开拓
国际贸易和边境贸易。

第五，提高西部地区基本公共服务水平，在社会主义和谐社
会建设方面取得突破性进展。一是优先发展教育。建立健全了农
村义务教育经费保障机制，确保西部地区"两基"攻坚任务如期
完成并巩固成果；大力发展职业教育特别是中等职业教育，加快
建立城乡职业教育和培训网络，加快推进职业教育基础能力建
设；支持西部地区高等学校办好一批重点专业和学科，加快西部
地区教师队伍建设；实施成人继续教育和再就业培训工程，提高
在职职工、中学毕业生和城镇失业人员的就业能力、工作能力、
职业转换能力和创业能力；健全教育资助制度和助学体系，着力
推进教育公平。二是加强公共卫生体系建设。整合医疗卫生资
源，大力提高农村地区和基层公共卫生资源比重；建立健全县、
乡、村农村三级卫生服务网络，落实经费保障，重点支持乡镇卫
生院以及贫困县、民族自治县、边境县的县医院、县中医（民
族）医院和县级妇幼保健机构建设；加快建立和完善新型农村合
作医疗制度、贫困家庭医疗救助制度，完善疾病预防控制体系和
医疗救治体系；加大城市社区卫生工作力度，加快推进以社区为
基础的新型城市卫生服务体系建设，进一步完善城镇职工基本医
疗保险和医疗救助制度，建立以大病统筹为主的城镇居民医疗保
险。三是增强科技支撑能力。依托重点科研院所、高等院校、国
家工程实验室、国家工程中心和企业技术中心等，加强基础研
究、前沿技术研究和社会公益性技术研究，加快建设重点地区科

技创新体系；依托西部大开发重点工程和重大关键技术需求，有重点地支持建设一批国家重大科技基础设施和产业技术试验设施；建立企业自主创新的基础支撑平台，实行支持自主创新的财税、金融和政府采购政策，引导企业增加研发投入，着力提高自主创新能力。四是积极发展文化体育事业。加强农村和城市社区基层公共文化设施和服务网络建设，加强城乡社区体育设施建设，加快发展文化产业和体育产业。五是提高人民生活保障水平。扩大各项社会保险覆盖范围，完善城镇居民最低生活保障制度和医疗保障制度，认真解决被征地农民和进城务工人员社会保障问题，在有条件的地区推动建立农村居民最低生活保障制度和农村社会养老保险制度，建立劳动保障监察维权体系，完善对困难群体的就业援助制度。

（4）深入推进西部大开发战略的基本实现。

西部大开发战略实施以来，取得了重要进展。2000—2005年，国家在规划指导、重大工程建设、资金投入、政策措施等多方面对西部地区经济建设和社会发展予以重点支持，国家累计新开工西部开发重点工程70项，投资总规模约1万亿元，中央累计投入财政性建设资金5500亿元、财政转移支付7500亿元、长期建设国债资金3100亿元。到2007年，国家在西部地区开工的重点项目已经达到80项以上。国家投入带动了社会投入，促进了西部地区的经济快速发展。2000—2005年，西部地区生产总值年均增长10.6%，地方财政收入年均增长15.7%，自身经济实力有了明显提高。2006年，西部地区生产总值增长13.1%，实现地区生产总值39301亿元，占全国各地总额的17.1%，比重比上年提高了0.2个百分点；西部地区人均地区生产总值10894元，占全国比重比上年提高了1.4个百分点；地方财政收入累计实现3061亿元，占全国比重比上年提高了0.1个百分点。西部地区经济社会发展加快，西部城乡面貌有了很大变化。在取得这些成就的基础上，"十一五"期间乃至更长时期，中共中央、国务院明确了进一步推进西部大开发的战略部署。

一是战略目标的基本实现。就新世纪上半期中国实施现代化建设第三步发展战略而言，西部大开发的战略目标是：经过几代人的艰苦奋斗，到21世纪中叶全国基本实现现代化时，从根本上改变西部地区相对落后的面貌，建成一个经济繁荣、社会进步、生活安定、民族团结、山川秀美、人民富裕的新西部。"十一五"时期是西部大开发极为重要的时期，中国积极推进西部大开发，基本实现了下述目标：促进西部地区经济又好又快发展，人民生活水平持续稳定提高；基础设施和生态环境建设实现新突破；重点地区和重点产业的发展达到新水平；基本公共服务均等化取得新成效；构建社会主义和谐社会迈出扎实步伐。

二是指导方针的明确。总的来讲，在积极推进西部大开发中，西部地区坚持以邓小平理论和"三个代表"重要思想为指导，以科学发展观统领经济社会发展全局，构建社会主义和谐社会，加快改革开放步伐，转变经济增长方式，提高发展质量，通过国家支持、自身努力和区域合作，不断增强自我发展能力，不断提高广大城乡居民物质文化水平，开创了西部大开发的新局面。

三是主要任务的完成。在深入推进西部大开发过程中，完成了下列主要任务：扎实推进社会主义新农村建设，提高了农业综合生产能力，使农村生产生活条件有了改善，并千方百计地增加农民收入，加大了扶贫开发力度；继续加强基础设施建设，完善了综合交通运输网络，加强水利设施建设，加快了信息基础设施建设，改善了重点区域基础设施；大力发展了特色优势产业，如优化发展能源及化学工业，集约发展优势矿产资源开采及加工业，大力发展特色农牧产品加工业，着力振兴装备制造业，积极发展高技术产业，加快发展旅游产业等；引导重点区域加快发展，推进了重点经济区率先发展，鼓励城市圈集聚发展，引导资源富集地区集约发展，推动重点边境口岸城镇跨越发展，扶持了少数民族地区加快发展；坚持抓好生态保护和建设、环境保护和资源节约，巩固发展生态保护和建设成果，加大了环境保护力度，强化了资源节约和综合利用，推进形成主体功能区；着力改善基本公共服务，优先发展教育，加强公共卫生体系建设，增强了科技支撑能力，积极发展文化体育事业，提高了人民生活保障水平；切实加强人才队伍建设，优化了人才开发体制环境，加大了高层次人才开发力度，强化农村和社区人才队伍建设，鼓励支持人才交流和合理流动，加强了各类人才培训；积极扩大对内对外开放，促进东中西区域协调互动，正确引导外商投资方向，构筑参与国际区域经济合作的新平台，用好国际金融组织和外国政府贷款，转变了外贸增长方式。

四是区域重点的推进。中国西部地区幅员辽阔，情况各不相同，实施西部大开发必须逐步展开。从西部地区的实际出发，中国在西部大开发中，提出了依托亚欧大陆桥、长江水道、西南出海通道等交通干线，发挥中心城市作用，以线串点，以点带面，有重点地推进开发的思路。据此，选择现有经济基础条件较好、区位优势明显、人口较为密集、沿交通干线和城市枢纽的一些地区，作为西部大开发的重点区域，促进了西陇海兰新经济带、长江上游经济带、南贵昆经济区等的形成，沿交通干线重点发展了一批中心城市，形成经济增长极，提高城镇化水平，带动周围地区发展。同时，加快了西藏、新疆等少数民族地区经济和社会全面发展，重点支持少数民族地区扶贫开发、牧区建设、民族特需商品生产、边境贸易和经济技术合作、民族教育和民族文化事业发展。在城市建设、土地管理、人口及劳动力流动、重大基础设施建设和重要产业布局等方面，中国加强统筹规划和协调，打破地区封锁和市场分割，优化经济发展空间布局，加快建立了分工合理、协作配套、优势互补的成渝、关中—天水、环北部湾（广西）等重点经济区，成为带动和支撑西部大开发的战略高地；鼓励南贵昆、呼包银兰（州）西（宁）等区域依托交通干线，加快形成有特色的城市带；同时，积极扶持少数民族地区加快发展，加大财政对民族地区一般性转移支付、民族地区转移支付和财政性投资力度，大力改善基础设施条件，着力解决少数民族群众特困问题，努力提高少数民族教育科技水平，积极发展少数民族文化事业，加强少数民族人才队伍建设，推进了"兴边富民"行动计划，加强对口支援，完善和落实支持西藏、新疆和新疆生产建设兵团发展的政策。

五是支持政策和保障机制的完善。实施西部大开发战略，需要国家对西部地区的开发和发展提供政策支持。2000年10月，国务院下发《关于实施西部大开发若干政策措施的通知》，确定了西部大开发四个主要方面的支持政策，即增加资金投入的政策、改善投资环境的政策、扩大对外对内开放的政策、吸引人才和发展科技教育的政策。2001年8月，国务院西部大开发办公室制定了《关于西部大开发若干政策措施的实施意见》，细化了实施西部大开发的政策措施。在《西部大开发"十一五"规划》中，提出要建立保障西部大开发顺利实施的体制机制，包括国家政策扶持机制、金融服务支持机制、企业发展激励机制、资源合理开发机制、政府协调服务机制和规划有效实施机制。

（二）全面振兴东北地区等老工业基地

东北是中国近代工业起步较早的地区之一，经过中华人民共和国成立以后特别是"一五""二五"时期的大规模经济建设，已基本形成了以钢铁、机械、能源、汽车、造船等重工业为主体的工业基地，奠定了中国工业化的基础，被誉为新中国工业的摇篮。东北老工业基地在全国经济发展中起着十分重要的作用，为国家的改革开放和现代化建设作出了历史性贡献。

（1）全面振兴东北等老工业基地的出发点。

改革开放以来，尤其是 20 世纪 90 年代以来，由于体制性和结构性矛盾日趋显现，企业设备老化，竞争力下降，就业矛盾突出，资源型城市主导产业衰退，东北老工业基地的经济发展遇到了前所未有的困难，与沿海发达地区的差距不断扩大。改革开放初期，辽宁省 GDP 是广东的 2 倍，而新世纪初期广东是辽宁的 2 倍；1980 年黑龙江省的 GDP 与东部 6 省市的平均值相当，现在则不足 50%，人均 GDP 仅是上海的 1/4。1978 年，辽宁、黑龙江和吉林的人均 GDP 仅次于三大直辖市，但是到 2001 年，在全国的排位却下降到第 8、第 10 和第 14 位。尽管如此，东北三省在中国国民经济整体中仍然占有比较重要的地位。东北原油产量占全国的 2/5，木材产量占全国的 1/2，汽车产量占全国的 1/4，造船产量占全国的 1/3。就工业而言，2001 年东北三省全部国有和非国有工业企业的资产总计 15924 亿元，占全国的 11.76%，其中固定资产净值 7318 亿元，占全国的 13.2%；创造的工业增加值 3052 亿元，占全国的 10.78%；实现的利润总额 723 亿元，占全国的 15.29%。因此，加快东北老工业基地的振兴，既是东北地区自身改革发展的迫切需要，也是实现国家经济社会协调发展的重要战略举措。

对于全面振兴东北等老工业基地，东北地区自身具有许多基础性有利条件。

一是自然资源相对丰富。全国已探明的主要矿藏储量中，东北地区的石油储量占 45%，原煤储量占 10%，金矿、钼矿、镍矿和铝土矿都居全国前列；东北地区的森林面积 8.67 亿亩，约占全国森林面积总和的一半；东北经济区拥有三江平原、松嫩平原、辽河平原，土壤肥沃，土层深厚，土质较好，且耕地平坦，集中连片，适合机械化耕作，生物资源丰富，具有发展大宗农畜产品加工业的优势。

二是人力资源具有一定优势。东北地区具有大量水平很高的产业工人、技术人才，而劳动力的成本却较低。东北地区的教育事业发展水平和科技力量高于全国平均水平，具有初中以上文化程度的人口占该地区人口总数的48%，比全国平均水平高出近10个百分点。东北地区高等学府、科研院校云集，科研力量雄厚，区内的知识储备、智力密度、科技产业等优势比较明显。东北地区有高等院校142所，占全国高等院校总数的11.6%，每万人在校的高等院校学生比全国平均水平高40%。东北地区共有自然科学研究机构700多个（包括中国科学院的具有国内最高水平的研究所），国有企事业单位的专业技术人员215.18万人，占全国的9.9%。

三是具有较为雄厚的产业技术基础。东北地区重工业体系相对完整，配套能力强。石油开采、石油化工、钢铁和有色金属冶炼、重型机械制造、发电设备制造、造船、机车制造、汽车和飞机制造、机床制造等资本与技术密集型工业在全国都占有重要地位。在沈阳、长春、哈尔滨等分别形成了机床、成套设备、汽车、电机的产业积聚优势。

四是具有发达的交通运输条件。东北区内已形成由水陆空立体交通组成的综合运输体系，其铁路营运里程占全国的18.3%，铁路的密度是全国平均密度的2.17倍，大连港和营口港的货物吞吐量占全国沿海主要港口吞吐能力的8.8%。

五是具有对外开放的较为优越的地理位置。东北地区与蒙古、俄罗斯、朝鲜、韩国、日本等国接壤或邻近，作为中国面向东北亚地区开放的窗口，对邻近五国的出口总额占全国的20%左右。东北老工业基地与周边国家存在着较强的经济互补性，加深与周边国家的联系，将促进中国的低廉劳动力与东北亚重工业技术、资本的融合，提高中国的重工业国际竞争力，改变东北亚地区的产业分工体系。

因此，充分挖掘利用东北地区的优势，抓住中国加速发展的战略机遇期，全面振兴东北等老工业基地，东北地区可望较快地成长为中国装备制造业基地、光电子及高新技术产业基地、生态产业基地、新型国家粮食安全基地以及对东北亚开放合作特区，在中国区域经济整体协调发展中发挥着不可替代的作用。

（2）适时提出全面振兴东北等老工业基地的战略。

2002 年 11 月党的十六大提出，"支持东北地区等老工业基地加快调整和改造，支持以资源开采为主的城市和地区发展接续产业"①。此后，温家宝先后四次赴东北三省就老工业基地调整改造进行调研，并在 2003 年 3 月的《政府工作报告》中，提出支持东北地区等老工业基地加快调整和改造的思路。同年 9 月 10 日，温家宝主持国务院常务会议，讨论并原则同意《中共中央、国务院关于实施东北地区等老工业基地振兴战略的若干意见》，标志着振兴东北正式纳入国家整体发展战略。29 日，中共中央政治局讨论通过《关于实施东北地区等老工业基地振兴战略的若干意见》。2003 年 10 月，党的十六届三中全会通过《中共中央关于完善社会主义市场经济体制若干问题的决定》，进一步明确提出加强对区域发展的协调和指导，一个重要方面是振兴东北地区等老工业基地。同月，中共中央、国务院下发《关于实施东北地区等老工业基地振兴战略的若干意见》，进一步细化了振兴东北的具体措施。12 月，国务院振兴东北地区等老工业基地领导小组成立，温家宝亲自担任组长。此后，振兴东北政策正式启动，这为东北黑土地上的人们带来了新希望。

2004 年 3 月，温家宝主持召开国务院振兴东北地区等老工业

---

① 《全面建设小康社会　开创中国特色社会主义事业新局面》，人民出版社 2002 年版，第 24 页。

基地领导小组第一次全体会议；一年后的 5 月，他又主持召开领导小组第二次全体会议。同年 8 月 11 日，国务院召开东北资源型城市可持续发展座谈会，12 日召开东北地区中央下放地方煤矿棚户区改造试点工作座谈会。10 月 19 日，国务院会议研究东北地区厂办大集体改革试点问题。2006 年 1 月 14 日，温家宝听取中国工程院东北资源环境研究报告，6 月主持召开领导小组第三次全体会议，同年的《国民经济和社会发展第十一个五年规划纲要》中提出"东北振兴"。2007 年 6 月，温家宝再次主持召开领导小组第四次全体会议；同年 8 月，经国务院批复同意，国家发展和改革委员会及国务院振兴东北地区等老工业基地领导小组办公室正式发布《东北地区振兴规划》。规划范围包括辽宁省、吉林省、黑龙江省和内蒙古自治区呼伦贝尔市、兴安盟、通辽市、赤峰市和锡林郭勒盟（蒙东地区），土地面积 145 万平方公里，总人口 1.2 亿。

经过一系列会议的认真研究和周密细致的政策安排，国家振兴东北的计划逐渐落实，东北黑土地重新绽放新的富强之光。

从发挥东北地区的优势出发，针对需要解决的严峻问题，振兴东北等老工业基地，就是进一步解放思想、深化改革、扩大开放，着力推进体制创新和机制创新，形成新的经济增长机制；按照走新型工业化道路的要求，坚持以市场为导向，推进产业结构优化升级，提高企业的整体素质和竞争力；坚持统筹兼顾，实现东北地区等老工业基地经济和社会全面、协调和可持续发展。

从主要目标来看，要经过 10 到 15 年的努力，将东北地区建设成为体制机制较为完善，产业结构比较合理，城乡、区域发展相对协调，资源型城市良性发展，社会和谐，综合经济发展水平较高的重要经济增长区域；形成具有国际竞争力的装备制造业基地，国家新型原材料和能源保障基地，国家重要商品粮和农牧业生产基地，国家重要的技术研发与创新基地，国家生态安全的重要保障区，实现东北地区的全面振兴。

（3）实施东北老工业基地振兴战略的成效。

以出台《中共中央、国务院关于实施东北地区等老工业基地振兴战略的若干意见》为标志，实施东北老工业基地振兴战略以来，东北三省经济持续快速增长，体制改革和对外开放不断深入，发展机制创新步伐加快，整体发展渐渐步入快车道。

一是经济增长速度加快，与全国差距逐步缩小。2005 年，辽、吉、黑地区生产总值增长速度分别为 12.3%、12%、11.6%，比 2003 年分别加快 0.8、1.8 和 1.4 个百分点。2003 年、2004 年和 2005 年，东北三省地区生产总值增长速度分别为 10.8%、12.3% 和 12%，比当年全国各地区加权平均增长速度分别低 1.3、1.1 和 0.88 个百分点，差距逐年缩小。2006 年前三季度辽、吉、黑地区生产总值增长速度分别为 13%、13.7% 和 11.6%，继续保持较快增长。

二是粮食产量连创新高。2005 年，东北三省粮食总产量达 1586 亿斤，在 2004 年大丰收的基础上增产 38 亿斤，创历史新高；2006 年，粮食总产量达 1626 亿斤，比上年增加 40 亿斤。

三是固定资产投资增长显著。2003 年，东北三省固定资产投资增长率比全国平均水平低 6.9 个百分点，而 2004 年、2005 年增长率分别为 33.5% 和 39.3%，比全国平均高 5.9 和 12.1 个百分点，东北三省固定资产投资占全国的比重由 2003 年的 7.6% 提高到 2005 年的 9.2%。2005 年吉林省全社会固定资产投资增长 53.6%，增幅居全国首位，在历史上尚属首次。2006 年东北三省固定资产投资增长 38.2%，高于全国 10 个百分点。从投资结构来看，东北地区固定资产投资主要集中在国家鼓励发展的产业和基础设施建设，较好地贯彻了国家产业政策。

四是居民收入增长较快。2005 年，辽、吉、黑三省城镇居民人均可支配收入分别增长 12.8%、10.8%、10.7%，比同期全国城镇居民人均可支配收入平均增长率（9.6%）高出 3.2、1.2 和 1.1 个百分点；农民人均纯收入分别增长 7.3%、8.8%、7.2%，比同期全国农村居民人均纯收入平均增长率（6.2%）高出 1.1、2.6 和 1 个百分点。2006 年，东北三省城镇居民人均可支配收入和农民人均纯收入继续保持较快增长。

振兴战略实施过程中，东北的体制机制创新取得一定进展。截至 2006 年年底，黑龙江省三年累计完成改制企业 3107 户，占应改制企业的 89.6%。吉林省列入攻坚计划的 816 户国有工业企业改制全面完成，并推进商业、建筑业等行业国有企业改革改制工作。辽宁省 70% 以上的国有大型工业企业实现股份制改造，95% 的国有中小工业企业完成产权制度改革。2005 年，东北地区国有及国有控股工业企业比 2003 年年底减少近 500 户，资产总额却增加了 1500 亿元，国有经济在改制中控制力和影响力进一步提高。

企业联合重组步伐加快。截至 2006 年年底，鞍钢与本钢成功联合重组为鞍本钢铁集团，具备了年产钢 2000 万吨、销售收入 1000 亿元的水平；大连造船和大连新船两大船舶生产企业合并成立了大连船舶重工集团有限公司，造船能力达到全国的 1/5 以上；沈重集团重组了沈阳低压开关厂、机电研究设计院等优良资产，实施技术改造后告别了十几年的亏损。中铝集团出资 5 亿元收购了抚顺铝业有限公司 100% 的股权。中国兵器工业集团重组了辽宁华锦化工集团。中钢集团公司重组了原吉林炭素股份有限公司。中煤能源集团公司接收了哈尔滨气化厂、哈尔滨煤炭工业公司等单位的资产。中国建材集团重组沈阳重型机械集团公司和沈阳矿山机械集团公司框架协议签署。

与此同时，非公有制经济快速发展。2005 年，辽、吉、黑三省非公有制经济完成增加值 3320 亿元、1231 亿元、1948 亿元，同比分别增长 22%、23.3% 和 28.8%。民营企业积极参与国企改革改组改造。山东晨鸣纸业收购了严重困难的吉纸股份，重新启动生产。浙江逸盛公司在大连建设 50 万吨 QTA 项目。这就使东北地区国有经济比重偏高的局面有所改变。2005 年，辽、吉、黑国有及国有控股企业工业增加值，占全省工业增加值的比重分别为 53%、74% 和 69%，比 2002 年分别下降了 11%、4% 和 19%。

实施振兴战略以来，东北地区对外开放步伐明显加快。一是利用外资迅猛增长。2005 年三省实际利用外商直接投资 57 亿美元，在 2004 年高速增长 51.7% 的基础上又增长 89.5%。二是外资银行在东北发展迅速。截至 2006 年 9 月，外资银行在沈阳和大连共设立了 9 家分行、9 家代表处，还有许多外资银行在积极申请。三是成功并购国外拥有先进技术的企业集团。2006 年，黑龙江哈量集团成功并购了在国际工量具行业中技术水平一流的德国凯狮集团；大连机床收购了美国英格索尔公司的生产制造公司和德国兹默曼公司，并与华中数控合资兴建产学一体的数控系统产业化基地；沈阳机床成功并购德国希斯公司。2006 年前三季度，东北三省经济外向度（出口+外资/生产总值）达到 27.6%，比 2002 年提高 6.4 个百分点。

工业结构调整步伐加快。实施东北老工业基地振兴战略以来，一大批重大项目顺利实施，使鞍钢、一重等一批重点老企业的技术水平有了显著提高，自主创新和生产制造能力不断增强。到 2006 年，沈阳、大连两大机床公司产量双双进入世界机床十强。黑龙江齐一、齐二年产重型数控机床能力突破百台，居世界首位。哈电集团大型发电设备年产量突破 2000 万千瓦，创世界发电设备制造史上的新纪录，并开始成套出口，承接了苏丹吉利电站工程和麦洛维大坝输变电项目。哈尔滨空调股份有限公司突破技术瓶颈，实现了大型电站空冷系统的国产化，打破了外国公司对中国市场的垄断。大连冰山集团金州重型机器有限公司承接国家西气东输工程重点项目，保质保量按时完成了新疆塔里木油田分公司六台低温分离器的加工任务。一汽集团推出了新款自主品牌轿车，其自主设计能力明显提升。大连船舶重工手持订单跃升至全球第五位，也是中国造船企业首次进入该项排名全球五强。

更为可喜的是，资源型城市可持续发展迈出坚实步伐。2005年以来，先期启动的阜新资源型城市经济转型试点工作取得初步成效，以农产品加工业作为接续替代产业的态势已基本形成，转型三年来全市实现再就业 13.1 万人，下岗失业人员净减少 11 万人，生产总值增速由"九五"时期的年均 2.1% 上升到近 3 年的 20% 以上。辽宁与内蒙古达成经济合作协议，支持阜新矿业集团开发内蒙古白音华 4 号煤矿，促进阜新市富余矿工和生产能力的有序转移。经国务院振兴东北办等部门协调推动，国务院办公厅下发了关于解决阜新海洲煤矿破产职工群体上访事件及阜新市经济转型等问题的七项政策措施。国务院批准把资源型城市经济转型试点范围扩大到大庆、伊春、辽源和白山，试点工作有序展开。

采煤沉陷区治理和棚户区改造稳步推进。自东北振兴战略实施以来，国家先后投资 65 亿元（总投资 125.3 亿元）用于东北地区 15 个采煤沉陷区项目的治理改造，新建住宅面积 907 万平方米，安置居民 15.24 万户。棚户区改造工程稳步有序开展。截至 2006 年 9 月底，辽宁省完成 848 万平方米棚户区改造任务，近 100 万人喜迁新居。吉林省共拆除棚户区房屋 863 万平方米，城市棚户区改造项目已开工面积 1170 万平方米。黑龙江省棚户区改造规划已经编制完成。东北地区棚户区改造工作深入人心，百姓拍手称赞，并已影响到其他地区。如西部有些省已开始按东北模式开展以棚户区改造为突破口的资源型城市可持续发展工作。

基础设施建设得到加强。东北东部铁路通道开工建设。到2005 年底，哈大客运专线、长春—吉林城际铁路等项目前期工作进展顺利。大连到烟台的火车轮渡投入试运行。沈大高速公路扩建、丹大高速公路、大连港30万吨原油码头和25万吨矿石码头、营口港20万吨矿石码头等项目交付使用。大窑湾集装箱码头二期工程完工，三期工程开工建设。磨盘山水库供水一期工程、石佛寺水库已建成投入使用。大伙房输水一期工程、松花江大顶子山航电枢纽工程进展顺利。两条500千伏的输电线路哈南到合心线和方牡敦包线已经建成。大连红沿河核电一期1、2号机组核岛负挖工程开工。沈阳地铁一号线建设进展顺利。长白山、漠河等支线机场开工建设。哈大齐工业走廊、辽宁沿海五点一线、沈阳铁西新区等一批产业积聚地正在规划和建设之中。

社会保障覆盖面扩大，就业再就业工作稳步推进。到2005年年底，辽宁省已经初步建立了独立于企业和事业单位之外、资金来源多元化、保障制度规范化、管理服务社会化的社会保障体系，同时全省普遍建立起城乡居民最低生活保障制度。继辽宁之后，吉林、黑龙江省2004年开始全面启动完善城镇社会保障体系试点。到2005年年底，两省共完成并轨313万人（吉林130万，黑龙江183万），共支付经济补偿金219亿元，人均8530元，同时偿还职工债务86亿元，基本完成了国有企业下岗职工基本生活保障向失业保险并轨任务。同时以做实基本养老保险个人账户和改革基本养老金计发办法为重点，进一步完善了企业职工基本养老保险制度。截至2005年年底，吉林、黑龙江两省做实基本养老个人账户59.9亿元。吉林从2004年5月起，率先实现基本养老保险省级统筹。

坚持把就业和再就业作为推动振兴老工业基地的重点工作来抓，努力扩大就业，增加居民收入。针对大龄就业困难群体和零就业家庭，加大就业扶持力度。2005年东北三省实现新增就业240万人。2006年辽宁省、吉林省城镇新增就业人数分别达到95万人、42万人；黑龙江省前三季度城镇新增就业人数66.7万人，超过全年计划的 11.2%。三省城镇登记失业率均控制在 5%以内。

2007 年 8 月 2 日，国务院正式批复了国家发改委、国务院振兴东北办组织编制的《东北地区振兴规划》。该规划提出东北振兴的目标是：经过 10 到 15 年的努力，实现东北地区全面振兴，将东北地区建设成为具有国际竞争力的装备制造业基地、国家新型原材料和能源保障基地、国家重要商品粮和农牧业生产基地、国家重要的技术研发与创新基地以及国家生态安全的重要保障区。值得关注的是，这个规划扩大了规划区域范围，内蒙古东部地区由于与东北三省经济联系紧密、基础设施共用，首次被纳入东北地区振兴规划。该规划以"十一五"时期为重点，重大问题展望到 2020 年。在《东北地区振兴规划》的引领下，满怀豪情的东北人将打造出中国新的经济增长极。

（三）大力促进中部地区崛起

按照"七五"计划对中国东部、中部和西部三大地带的划分，中部地区包括黑龙江、吉林、山西、河南、湖北、湖南、安徽、江西和内蒙古 9 省区。实施西部大开发战略以后，内蒙古被划入西部 12 省区。实施振兴东北等老工业基地战略以后，黑龙江和吉林被划出中部。这样，现在所说的中部地区，就包括山西、河南、湖北、湖南、安徽和江西 6 个省份，面积占全国的 1/10，人口占全国的 28%。

（1）科学分析中部地区的战略地位。

从地理区位看，中部地区位于中国东西交会、南北接应的中心腹地，承东启西，贯通南北，是中国重要的交通枢纽和承东启西的桥梁。中部地区几乎集中了中国全部东西运输通道和运输枢纽，以太原和郑州为中枢，通过京原、石太、太焦、陇海铁路干线，连接华北和西北广大地区，组织大量的煤炭、矿产等原燃料东运和各种机械、轻工产品西运；南部充分利用长江水系，以武汉为枢纽，一头连接以上海为中心的长江三角洲经济发达地区，一头承接西南部经济发达的成渝地区；京广、京九、焦柳等三条铁路干线横贯南北，使得中部地区成为中国客货运输的主要集散地和中转换装中心之一，在我国区域经济发展中起着承东启西和沟通南北的桥梁作用。我国绝大部分货物集散地和货物中转换装中心，都分布在中部地区，一大批大城市，如武汉、郑州、长沙、南昌都处于全国交通和战略要冲，对全国经济发展具有极强的牵制和辐射作用。中部的区位优势，对于人流、物流、资金流、技术流、信息流在全国范围的顺畅流动和资源的有效配置，对于全国区域经济格局的塑造和实现地区经济协调发展，有着不可替代的重要作用。

中部地区位于东部沿海地区和西部山地高原之间，由于地质因素的作用和自然地理的特征，自然资源优势十分明显，按可能实现的价值计算，中部地区的矿产资源占全国的 40% 左右。在这些资源中，尤以煤炭、铝、铁矿、稀土、钨、珍珠岩、天然碱最为突出。在考虑了资源开发、利用、运输等基本条件和成本因素后，可以说，中部地区的自然资源极为丰富。中部地区占有广阔的平原、河谷，土地资源的数量和质量具有较大开发利用潜力，是中国粮食、经济作物及农业产业化发展最主要的地区。中部地区的资源组合状况及其综合优势，对于支撑新世纪中国经济的持续增长具有重要作用。

中部地区位于中国经济技术梯度的第二梯度，发展基础较为雄厚，一直是中国重要的基础原材料生产区和农业战略重点地带。中部地区具有较为强大的基础产业，加工业也得到培育和较快的发展，总体上已经处于工业化中期阶段。一些地区特别是老工业基地已具备了发展装备工业的一定基础，可以通过加强技术改造，提高工业的整体素质，从而加快工业化进程和地区经济发展步伐。同时，也已经形成了若干各具特色的高新技术产业聚集区，一些城市的电子信息、生物制药、新材料等行业已跨入全国先进行列，特别是拥有一大批在国内同行业中具有优势地位和突出特色的明星企业。中部地区拥有的主要工业基地，包括山西、河南的煤炭、有色金属、机械工业基地，湖北、湖南的冶金、机械、化工和电力工业基地，安徽的煤炭、冶金、化工基地等，工业基础好，配套能力强，在全国占有重要地位。中部地区是中国重要的农业生产基地，丰富的生物资源、适宜的气候条件和充沛的降水量，为发展农业提供了十分有利的条件，区内分布着江汉平原、洞庭湖平原、鄱阳湖平原、黄淮海平原等全国重要的农业生产区，主要农副产品的商品率大多高于全国平均水平。湖北、湖南、江西、安徽为中国著名的鱼米之乡及商品粮、棉的重要基地，许多重要农产品如粮食、棉花、油料、黄红麻等，在全国占有举足轻重的地位。同时，中部地区也是中国内陆水域最广的地区，拥有淡水湖鄱阳湖、洞庭湖和巢湖等，是著名的水产基地。显然，中部地区加快发展具有良好的自身条件。

（2）确定大力促进中部地区崛起的方针。

2003 年 10 月，党的十六届三中全会通过的《中共中央关于完善社会主义市场经济体制若干问题的决定》，提出要加强对区域发展的协调和指导，其重要方面就是有效发挥中部地区综合优势，支持中西部地区加快改革开放。2004 年 3 月，温家宝在十届人大二次会议的《政府工作报告》中，首次提出了促进中部地区崛起的方针。该报告明确提出，统筹区域经济协调发展的重要方面，是加快中部地区发展、促进中部地区崛起，国家支持中部地区发挥区位优势和经济优势，加快改革开放和发展步伐，加强现代农业和重要商品粮基地建设，加强基础设施建设，发展有竞争力的制造业和高新技术产业，提高工业化和城镇化水平。同年，他在中央经济工作会议上再次明确要求，抓紧研究制定支持中部崛起的政策措施，并指出自主创新、"三农"问题、人才培养是制约中部崛起的三大要素。2005 年 8 月 11 日至 14 日，温家宝先后到安徽、湖南的企业、农村、学校、社区调研，与当地干部群众座谈，共商促进中部崛起大计。同年 10 月，党的十六届五中全会通过《中共中央关于制定国民经济和社会发展第十一个五年规划的建议》，进一步明确提出：促进区域协调发展、形成合理的区域发展格局，其重要内容是促进中部地区崛起；中部地区要抓好粮食主产区建设，发展有比较优势的能源和制造业，加强基础设施建设，加快建立现代市场体系，在发挥承东启西和产业发展优势中崛起。2006 年 3 月 27 日，胡锦涛主持中央政治局会议，专门研究促进中部地区崛起工作。会议指出，促进中部地区崛起，是中共中央、国务院继作出鼓励东部地区率先发展、实施西部大开发、振兴东北地区等老工业基地战略后，从中国现代化建设全局出发作出的又一重大决策，是落实促进区域协调发展总体战略的重大任务。同年 4 月，《中共中央国务院关于促进中部地区崛起的若干意见》正式出台。自此，中部崛起进入实施阶段，全国形成西部开发、振兴东北、中部崛起、东部率先发展的区域发展新格局。

为贯彻落实促进中部崛起的战略决策，国家促进中部地区崛起工作办公室（简称"中部办"）于 2007 年 4 月被批准成立，这是自 2000 年设立西部办、2004 年设立东北办后，成立的又一个区域协调和规划机构。2008 年 1 月，国务院正式同意建立由国家发改委牵头的促进中部地区崛起工作部际联席会议制度。联席会议由国家发展改革委、教育部、科技部、财政部、国土资源部、建设部、铁道部、交通部、水利部、农业部、商务部、人民银行、国资委、海关总署、税务总局、环保总局、民航总局、林业局等 18 个部门和单位组成，主要职能是贯彻落实中共中央、国务院关于促进中部地区崛起的重大部署；研究促进中部地区崛起的有关重大问题，向国务院提出建议；协调促进中部地区崛起的重大政策，推动部门间沟通与交流；完成国务院交办的其他事项。

2006年5月，为贯彻落实《中共中央国务院关于促进中部地区崛起的若干意见》提出的一系列政策措施，国务院办公厅发出《国务院办公厅关于落实中共中央国务院关于促进中部地区崛起若干意见有关政策措施的通知》，明确了在贯彻落实促进中部崛起政策措施中国家有关部门的职责分工等事项。2007年1月，国务院办公厅下发《关于中部六省比照实施振兴东北地区等老工业基地和西部大开发有关政策范围的通知》，确定中部地区26个地级以上城市比照实施振兴东北地区等老工业基地有关政策，243个县（市、区）比照实施西部大开发有关政策。2007年12月，经国务院批准，中部地区的长株潭城市群成为"全国资源节约型和环境友好型社会（简称'两型社会'）建设综合配套改革试验区"。中部地区各省陆续制定了各自的战略目标和发展举措，形成了争先恐后争崛起的良好局面。

（3）中部地区崛起战略取得积极进展。

自促进中部地区崛起战略提出和实施以来，在国家高度重视和中部六省的共同努力下，促进中部地区崛起战略取得积极进展，中部地区经济社会发展呈现出前所未有的好势头。中部地区按照《中共中央国务院关于促进中部地区崛起的若干意见》和2006年3月中央政治局会议的部署，从实际出发，各出奇招，推动了本省发展，中部大地焕发出加快发展的勃勃生机。

第一，中部地区呈现出快速发展态势，经济发展速度均实现了两位数增长。地区生产总值平均增幅超过12%，财政收入平均增幅超过20%。特别是2006年，中部六省经济总量在全国的比重下降的局面得以扭转。据统计，2006年中部六省的经济总量达到了42961.6亿元，占全国比重上升到20.5%，这是进入新世纪后中部地区经济总量占全国比重的第一次"止跌回升"，折射出中部崛起战略正在取得成效。同时，中部地区经济增长的质量和效益也有显著提升。能源、原材料、食品加工、制造业等优势产业的支撑地位进一步巩固，以中原城市群、武汉城市圈、长株潭城市群为代表的城市群异军突起，生态建设和环境保护也得到加强。随着经济全球化和区域经济一体化步伐的加快，产业梯度转移和沿海资本西进的加快，中部地区已经先得地利，加上巨大的市场、丰富的劳动力资源、较好的产业基础和能源原材料供应条件，后发优势日益突出。

第二，牵住工业化的"牛鼻子"，实现跨越式发展。2006年3月28日，第50万辆国产自主品牌奇瑞轿车驶下总装生产线。成立不到10年的奇瑞公司如此快速地达到这种规模，创造了中国汽车工业史上的奇迹。如果说，安徽小岗村18个鲜红的指印已成为"敢为人先"的历史符号，那么今天的"奇瑞"则将自主创新品牌的汽车驶向国际市场。仅2006年前三季度，奇瑞汽车产销分别增长20.39%和43.34%。在安徽，以企业为主体，加强自主创新能力建设，提升产业技术水平，促进产业结构不断优化升级，已成为发挥后发优势、实现跨越式发展的根本途径。

投资结构的优化和产业结构的调整，使河南工业呈现勃勃生机。2006年1月至9月，全省规模以上工业企业实现利润超过700亿元，同比增长了77%，全年突破1000亿元。2006年全省销售收入超百亿元的企业达12家，超200亿元的企业达5家。工业化的速度和效益继续在中部地区"领跑"。正是依据这些指标，有关专家认为，河南已经完成从一个农业大省到新兴工业大省的转变。

江西凭借毗邻中国经济最发达的长江、珠江三角洲和闽东南三角区的区位优势，"以工业化为核心、以大开放为主战略"，找准了快速前行的通途，在实践中因凸显了江西的比较优势而取得令人瞩目的成就。工业对全省生产总值贡献率由2000年的21%

提高到 2005 年的 45% 以上，2005 年开放型经济对全省生产总值增长的贡献率达 44.7%。

第三，巩固优势产业，增强崛起支撑能力。中部地区的优势，首先是农业上的优势。没有中部地区粮食生产的稳定，就没有全国的粮食安全。河南用发展工业的理念、思路和方法发展农业，实现传统农业向现代农业的转变，已建成全国最大的粮食加工基地和畜禽加工基地。"湖广熟，天下足"，湖南稻谷总产量居全国第一。湖南大力推进农业产业化，初步形成优质稻米、柑橘等十大优势产业带；以隆平高科等为代表的一大批农业产业化龙头企业茁壮成长。"十一五"时期，随着全省 1200 万亩超级稻和向全国推广 6000 万亩超级稻产业工程的实施，湖南不仅对中部崛起，而且对全国乃至世界的粮食增产都做出了重要贡献。

中部地区的另一优势产业是煤炭能源。三晋大地煤炭资源极为丰富，"晋煤暖天下，晋电亮华北"。晋煤产业的兴衰牵动着全国经济发展的"神经"。山西围绕"建设全国新型能源基地和新型工业基地"战略思路，深化改革，调整经济结构。2006 年 2 月 28 日，山西省以政府令形式出台《山西省煤炭资源整合和有偿使用办法》，经过实践显现出积极成效。全省矿山企业从机制上更加珍惜并合理利用资源，规范了煤炭资源开发秩序，提升了煤炭业的产业素质，优化了矿山布局，提高了矿山的安全生产水平等。山西还把煤炭、焦炭、冶金、电力等四大传统优势产业写入了全省"十一五"时期八大支柱产业之列。

第四，打造交通枢纽，推进城市群建设。交通是城市发展的动脉，它直接影响到城市群的整体功能。"九省通衢"使湖北交通枢纽战略位置十分突出，正如专家所说，"湖北通，则中部通；中部通，则全国通"。截至 2006 年年底，湖北"铁水公空"四大运输体系的现代交通网络正在构架中。1647 公里的高速公路，连通省内主要城市，并向周边省市延伸；武汉 7 条高速出口直指周围卫星城，加快了以武汉为核心，与周边的黄石、孝感、黄冈、鄂州、咸宁、仙桃、潜江、天门等8个城市的"武汉城市圈"发展。未来，以武汉为中心的14个新建和改扩建铁路项目将完成900亿元投资，拥有百年铁路史的武汉将成为中国铁路四大枢纽之一、六大客运中心之一。届时，坐火车从武汉到北京或上海只需4小时，到广州只要3.5小时，到重庆或西安只需6小时左右。在航运、航空领域，建设者的"大手笔"令人惊叹。武汉港将成为江海国际航运中心在长江上的最大"喂给港"。总投资27亿多元的天河机场新航站楼建成后，面积将是现在的4倍多。

湖南省加快以长株潭（长沙、株洲、湘潭）为中心，以一个半小时通勤为半径，包括岳阳、常德、益阳、娄底、衡阳在内的"3+5"城市群建设。稳步推进城市群的发展，有力促进了区域经济的一体化进程。国家颁布的建设长株潭功能区的重大举措，进一步推动了中部的崛起。

（四）积极支持东部地区率先发展

按照"七五"计划对中国东部、中部和西部三大地带的划分，东部地区包括北京、天津、河北、辽宁、上海、江苏、浙江、福建、山东、广东和广西11个省市区，海南建省以后就是12个省市区。实施西部大开发战略以后，广西被划入西部12个省区市；实施振兴东北等老工业基地战略以后，辽宁包括其中。这样，东部地区，就包括北京、天津、河北、上海、江苏、浙江、福建、山东、广东和海南10省市。

（1）东部地区的区域定位和战略优势。

东部地区地理位置优越，自然条件好，处于中国大陆的东部。它东邻太平洋，有漫长的海岸线和众多优良港口，对外联系方便，有利于同世界上许多国家进行经济技术交流。该地区气候温和，光照充足，雨热同季，有利于工农业生产。改革开放以来，东部地区凭借自身较好的经济基础、有利的区位和国家的政策支持，现代化建设取得了举世瞩目的成就，成为发展最快和经济最具活力的地区。东部地区的区域经济发展水平较高，社会经济基础较为完善，工业化达到比较高的水平。工业总产值在区域经济总量中所占比重很大，加工工业在区域产业结构中占有较大的比重，区域产业结构具有较强的加工增值能力和显著的比较优势。产品结构与市场需求结构耦合程度高，替代弹性大，第三产业也相当发达。资金积累能力强，交通运输、邮电通讯等基础设施齐备，形成了以大城市为中心的相对完善的城市体系和以大交通枢纽为中心的比较发达的铁路、公路和航空等综合运输网络。科技、文化、教育事业比较发达，劳动力和人才素质较高，农业集约化水平也达到一定程度，外向型经济处于领先水平，具备了较强的区域经济实力。

进入新世纪以后，鼓励东部地区率先发展是实施区域发展总体战略、统筹区域经济协调发展的极其重要的方面，东部地区率先发展继续保持良好态势，继续处于支撑国民经济增长的战略重心地位，地区生产总值占全国经济总量的比重达到60%左右。以长三角、珠三角和京津冀为核心的三大都市圈已成为带动全国经济发展的重要核心区和增长极，成为拉动中国经济持续快速发展的引擎，也成为世界上最具发展潜力的制造业基地之一。

长江三角洲是中国最大的河口三角洲，北起通扬运河，南抵杭州湾，西至镇江，东到海边，包括上海市、江苏省南部、浙江省北部地区。这一地区在历史上就是中国的农业、手工业和商业较为发达的地区，近代以后上海成为中国最重要的经济中心之一。改革开放以后，以东部沿海和长江沿岸地区为率先发展的重点，长江三角洲地区的经济获得迅速发展。按照"十一五"时期国务院《长江三角洲地区区域规划工作方案》，长江三角洲地区主要包括：上海市，江苏8市（南京、苏州、无锡、常州、扬州、镇江、南通、泰州），浙江 6 市（杭州、宁波、湖州、嘉兴、绍兴、舟山），共 15 个城市。规划国土面积 11.01 万平方公里，2003 年年末人口 7856 万，分别占全国的 1.5% 和 6.1%。经过改革开放以来的发展，特别是新世纪以来的新发展，长江三角洲经济区已经成为中国最具经济活力、人口稠密、经济最发达的经济区域之一。

首先，长江三角洲已经成为中国经济总量规模最大的经济板块。国内生产总值在全国的比重已突破 20%，提供的中央财政收入在 25% 左右，进出口总额在 30% 左右；苏州、杭州、无锡、宁波等市的国内生产总值均已超过 1000 亿元，上海市的国内生产总值已连续 16 年保持两位数增长，在 2007 年已超过 12000 亿元。其次，长江三角洲已经成为经济实力极为雄厚的经济中心。它集中了近半数的全国经济百强县，聚集了近百个年工业产值超过 100 亿元的产业园区和数千家大型企业，世界 500 强企业有 400 多家进驻，合同利用外资超过 1500 亿美元，180 多家国际金融机构在上海设立办事机构，已成为中国最大的轻纺、机电基地和重要的钢铁、石化基地，生物工程、航天、光电子技术、信息、新材料等高新技术产业也迅速发展，初步形成了世界区域性金融、航运、贸易和制造业中心。再次，长江三角洲已经形成中国规模最大、实力最强、密度最高的完整城市群。宁杭公路、铁路和大运河沿线的 9 个城市基本连接成片，已成为继纽约、多伦多与芝加哥、东京、巴黎与阿姆斯特丹、伦敦与曼彻斯特等城市为核心的五大城市群之后的世界第六大城市群，汇集了产业、金融、贸易、教育、科技、文化等雄厚的实力，对于带动长江流域经济的发展，连接国内外市场，吸引海外投资，推动产业与技术转移，参与国际竞争与区域重组具有重要作用。2006 年，上海的城镇化率达到 88.7%，成为全国 661 个城市中城镇化水平最高的城市。

珠江三角洲位于广东省的中南部，是西江、北江、东江下游的冲积平原，范围包括西、北江思贤沼以下的西北江三角洲和东江石龙以下的东江三角洲。这一地区在历史上就是中国近代民族工业的发祥地和对外贸易的重要地区之一，改革开放以后成为沿海经济开放区之一。根据《珠江三角洲经济区现代化建设规划纲要（1996—2010）》，珠江三角洲经济区的范围包括广州、深圳、珠海、佛山、江门、中山、东莞7市和惠州市的惠城区、惠阳市、惠东县、博罗县以及肇庆市的端州区、鼎湖区、高要市、四会市。经过改革开放以来的发展，特别是新世纪以来的新发展，珠江三角洲经济区已经成为广东省乃至中国最具有经济活力、人口稠密、经济最发达的经济区域之一。

首先，珠江三角洲已经成为中国经济总量规模较大、高新产业发展聚集的经济板块。珠江三角洲的国内生产总值，占广东省比重的80%左右，占全国比重的10%左右。珠江三角洲高新技术产业带是科技部批准的全国三个产业带之一，产业带内创新资源相对密集，集中了一批国家级和省级高新技术产业开发区、国家软件产业基地、国家级高新技术产品出口基地和一大批高等院校、省级以上科研机构、省级以上重点实验室、国家级与省级的大学科技园。全省85%左右科技资源以及75%的省级以上工程技术研究开发中心集中在这一地区。沿珠江两岸，聚集了大量知名的高新技术企业，初步形成了以电子信息、新材料、生物医药和光机电一体化等四大高新技术领域为主的高新技术产业集群，已成为全国乃至世界电子信息产业相对集中的一个重要区域。

其次，珠江三角洲已经成为开放型经济尤为突出的经济区域。珠江三角洲有深圳、珠海经济特区，还有一批保税区、出口加工区、经济技术开发区和高新技术产业开发区。已与世界上200个国家和地区建立了贸易往来关系，前来投资的国家和地区达70多个，进出口贸易总额占广东省90%以上，占全国的1/3

左右；实际吸引外商直接投资占广东省的85%以上，占全国的1/4左右，高新技术产品出口占全国的40%以上。珠江三角洲经济区的加工贸易业务相互配套，加工层次多，加工程度深，加工链条长，产品技术含量和附加值不断提高，向高、精、尖产业产品的深加工发展，初步形成以电子信息产品、光机电一体化等高新技术产业群为主的加工贸易产业。

再次，珠江三角洲已经形成具有较大规模和经济实力的完整城市群。以广州为中心，包括深圳、珠海、东莞、佛山、江门、惠州、中山、肇庆等城市在内的城市群，是中国大城市群之一，有较强的集聚和辐射功能，在全国具有较强活力和竞争力。广州市和深圳市是珠江三角洲、广东省乃至全国发展中的中心城市，经济总量、外贸进出口总额在全国大中城市位居前列。到2007年，广东省全省的经济总量已由2002年的13500亿元增加到突破3万亿元，五年年均增长14.5%，占全国国内生产总值的比重由1/9提高到1/8，继超过亚洲"四小龙"中的香港、新加坡后，又超过台湾，人均GDP超过4000美元。

京津冀都市经济圈主要包括北京、天津以及河北的石家庄、唐山、保定、秦皇岛、廊坊、沧州、承德、张家口等城市。京津冀作为继长三角和珠三角之后中国经济增长的第三大引擎，是中国北方现代化程度较高的城市群和工业密集区。在京津冀都市圈中，北京的经济实力雄厚，排在全国前列。产业结构经过多年调整不断优化，丰富的智力资源和独特的政治资源也为经济发展提供了保证，处于核心城市地位；天津作为另一核心，具有良好的经济基础，人才、科技竞争力也较强；河北则是京津大后方，京津冀都市圈84.5%的国土面积、65.9%的人口集中在河北，水资源的76%、煤炭储量的91%、石油储量的77%、铁矿石储量的93%分布在河北，河北已经形成了较完整的产业体系，在京津冀都市圈占有重要位置。尤其需要指出的是，天津滨海新区的开发开放与唐山曹妃甸工业区的建设，已经成为京津冀发展的新增长极。

天津滨海新区于1994年设立，2006年5月，《国务院关于推进天津滨海新区开发开放有关问题的意见》下发。新区包括塘沽区、汉沽区、大港区三个行政区和天津经济技术开发区、天津港保税区、天津港区以及东丽区、津南区的部分区域，规划面积2270平方公里。经过十多年的发展，天津滨海新区的综合实力不断增强，服务功能进一步完善，已经具备了进一步加快发展的条件和基础，是继深圳经济特区、浦东新区之后，又一带动区域发展的新的经济增长极。天津滨海新区位于环渤海地区的中心位置，内陆腹地广阔，区位优势明显，产业基础雄厚，增长潜力巨大，是中国参与经济全球化和区域经济一体化的重要窗口。推进天津滨海新区开发开放，就是要提升京津冀及环渤海地区的国际竞争力，提高京津冀和环渤海地区的对外开放水平，使这一地区更好地融入国际经济，释放潜能，带动整个国民经济持续健康协调快速平稳发展。

与滨海新区毗邻的河北省曹妃甸工业区，地处河北省唐山市西南渤海湾畔，拥有渤海湾最优良的水道，被看作"钻石级"港址。作为临港重化工业基地和国家循环经济发展示范区，自2003年开始大规模开发建设以来，其建设进程不断加快。在港口建设方面，曹妃甸要建设中国北方最大的综合性、国际性港口；在产业发展方面，曹妃甸要逐步建立以现代港口物流、钢铁、石化和装备制造四大产业为主导，电力、海水淡化、环保等关联产业循环配套，信息、金融、商贸、旅游等现代服务业协调发展的循环经济型产业体系。随着港口建设的推进，曹妃甸新区已进入以产业聚集带动开发建设的新阶段，首钢京唐钢铁厂、德龙海洋工程基地等一批大项目相继开工。到2010年，曹妃甸每年新增工业增加值2000亿元，将成为拉动河北和环渤海地区的重要增长极。

此外,在东部地区率先发展中,山东已经开始推进黄河三角洲高效生态经济区建设,使之成为山东与滨海新区产业对接与合作交流的前沿阵地;同时,打造山东半岛城市群、构建济南省会城市圈和建设鲁南经济带的进程也在加快。处于长三角与珠三角之间的福建,作为两大三角洲经济发展区间的相对腹地,海峡西岸经济区的建设于 2004 年正式起步,并被写入国家"十一五"规划纲要。

(2)确定积极支持东部地区率先发展的战略措施。

实施区域发展总体战略,统筹区域经济协调发展,在深入推进西部大开发、振兴东北等老工业基地和促进中部地区崛起的同时,还要继续支持东部地区率先发展,保持东部地区的经济增长优势,带动整个国民经济又好又快发展。为此,从 2007 年开始,中共中央、国务院确定了支持、鼓励东部地区继续率先发展的重点措施:

第一,以产业结构升级和外向型经济带动区域经济整体增长。一是把产业结构升级作为区域结构调整的核心内容,加快传统产业的改造步伐。二是强化空间联系,提高大城市的经济依托作用和城市服务功能与水平。三是进一步提高外向型经济水平。四是培育新的经济增长点。

此外,东部地区在完善社会主义市场经济体制方面还继续发挥改革先行者和排头兵的作用。它们从根本上转变区域政府的职能,改进政府对社会特别是对经济活动的调节和管理,形成了适应社会主义市场经济要求的区域政府管理与调节模式;进一步推进国有经济和国有企业改革,并探索乡镇企业和集体企业改革的新路子,促进非公有制经济的发展再上新台阶,全面构筑起社会主义市场经济的微观基础;发展和完善市场体系,以市场机制为资源配置的主导力量,发挥市场机制在资源配置中的基础性作用；加快推进多层次社会保障体系的建设，促进了城乡社会保障制度的完善。

第二，促进经济特区、浦东新区和滨海新区增创新优势。改革开放伊始，根据邓小平建立经济特区的倡议，中共中央、国务院经过认真的考察和权衡，决定兴办深圳、珠海、汕头、厦门四个经济特区，1988 年又兴办海南经济特区，1990 年开始开发开放上海的浦东新区，进入新世纪又开发开放天津滨海新区。经济特区和新区在全国的改革和建设中发挥了十分重要的作用，在由计划经济向社会主义市场经济转变的历史进程中发挥了重要的试验场作用，在实行对外开放的历史进程中发挥了重要的窗口和基地作用，在中国各地区共同发展的历史进程中发挥了重要的示范、辐射和带动作用，在完成祖国统一大业的历史进程中对香港、澳门的顺利回归并保持繁荣稳定发挥了重要的促进作用。随着全国改革开放的深入、社会主义市场经济体制的建立和现代化建设的发展，以及世界经济形势的变化和日趋激烈的国际竞争，再加上原有的优惠政策优势的明显弱化，经济特区和新区的发展在新世纪面临着严峻的挑战。因此，经济特区和新区为在国内竞争中继续领先，在国际竞争中发展壮大，提出和实施了新的要求、新的目标，根据新战略增创新优势。一是加快体制创新，增创经济体制新优势。二是推进科技创新，增创经济增长方式新优势。三是加强区域合作，增创辐射和带动作用新优势。

第三，进一步发挥长江三角洲、珠江三角洲、环渤海地区、海峡西岸经济区等重点区域的带动和辐射作用。长江三角洲、珠江三角洲、环渤海地区是中国最为发达的集中连片的地域，在东部地区乃至全国的经济发展中都占有举足轻重的地位。

为进一步发挥这些地区在全国经济增长中的带动和辐射作用，长江三角洲进一步壮大整体经济实力，带动了整个长江流域地区经济的新飞跃，并在体制创新、产业升级、扩大开放等方面，发挥其对全国的示范、辐射、带动作用。珠江三角洲按照国际经济和市场的需求，率先实现产业结构的转变，尽快实现企业生产经营规模化、产品多样化、市场国际化，逐步向现代工业迈进，并在带动广东全省和中南地区经济发展、启动大西南经济起飞中发挥了重要作用。环渤海经济区是中国北方环绕渤海沿岸的跨行政区的经济区域，在东部地区进一步发展中，环渤海地区努力建设成为有强辐射和带动功能的、具有首都经济特色和作为北方经济重心的综合经济区，并在地区经济合作、产业分工等方面，为全国提供了新经验。如 2005 年 2 月 18 日，国家发改委正式批复：资产近 500 亿元的钢铁"巨无霸"——首钢将搬迁到曹妃甸。曹妃甸港口和工业区建设是河北省的"一号工程"，也是国家"十一五"重点项目，投资规模为 1500 亿元，建设子项目包括 1500 万吨精品钢材基地、25 万吨级进口矿石码头、35 万吨级的原油码头、1200 万吨的炼油厂和 100 万吨的乙烯工程以及 480 万千瓦的大型火电厂。到 2010 年，曹妃甸每年新增工业增加值 2000 亿元，不仅等于再造一个新唐山，而且将成为拉动河北和环渤海地区的重要增长极！海峡西岸经济区毗邻台湾地区，外向型经济发达，利用海外资金技术优势显著，在开展对外经济技术合作方面具有特殊的有利条件。为加强基础设施建设，合理调整产业结构，他们进一步搞好各类开发园区，扩大对内、对外开放程度，努力建设成为发达的外向型经济区和海峡两岸合作的窗口与基地。

第四，积极支持中西部地区发展，为自身发展拓展更大的空间。本着互惠互利、优势互补、联合发展的原则，通过产业转移、技术转让和联合、联营及合作形式发展生产，东部地区与中西部地区加强了经济与技术合作。特别是积极参与西部大开发，发挥资金、技术、人才、信息、管理等方面的优势，按照市场经济的客观规律，支持企业到西部投资，实现资源优势互补，并继续加强对西部欠发达地区的对口扶持，做好扶贫帮困工作。通过加强地区经济联系和东西合作，既发挥支持和带动中西部地区经济发展的作用，同时也为东部地区自身的发展拓展了更大的空间。

第九章　农村改革发展与
深化行政体制改革

进入新世纪特别是党的十六大以来，中共中央、国务院高度重视"三农"工作，将其提到了前所未有的高度。2002 年 12 月，中央政治局召开会议，强调要把农业、农村、农民问题作为全党工作的重中之重，放在更加突出的位置。与此同时，中共中央、国务院不断推进行政管理体制改革，加强政府自身建设，取得了明显成效。

一、加强"三农"工作的新举措

从 2004 年至 2008 年，中共中央、国务院连续 5 年颁发有关"三农"工作的"一号文件"，进一步深化农村改革，推动社会主义新农村建设。众所周知，20 多年前的五个"一号文件"推动了"文革"结束后中国农业的大发展大繁荣。那么，进入 21 世纪的五个"一号文件"是什么？它究竟还能否发挥那么大的威力？这自然引起人们的怀疑和关注。而最终的实践证明，它们确实再次发挥了应有的作用。

（一）增加农民收入的若干政策

2004 年的中央"一号文件"是《中共中央、国务院关于促进农民增加收入若干政策的意见》。以中央文件的形式专门发一份关于农民增加收入的文件，这是中华人民共和国成立以来的第一次，主要基于中国农民收入增长形势比较严峻的考虑。因为从1997 年到 2003 年的 7 年时间里，全国农民人均纯收入的增幅连续 7 年没有超过 5%，最高年份仅增长 4.8%，最低只增长 2.1%，年均增长 4%，只相当于同期城镇居民收入年均增长幅度的一半。这期间，农民收入与城镇居民的收入差距继续扩大。1997 年农民的人均纯收入为 2090 元，城镇居民的人均可支配收入为 5160 元，两者的收入差距为 1：2.47；2003 年农民的人均纯收入为 2622 元，城镇居民为 8500 元，差距已扩大为 1：3.24。城乡差距的拉大不仅不利于解决城乡矛盾，更不利于协调城乡发展。这个"一号文件"就是要力图化解农民收入增长困难的现实矛盾，使得占中国人口大多数的农民收入能有一个比较快的增长。为保证增收，就要少取。与 2003 年相比，2004 年全国减轻农业税负担 220 亿元，取消除烟叶外的农业特产税减轻负担约 60 亿元，两项合计全年农民税负减轻 280 亿元左右。2004 年，全国 29 个省（自治区、直辖市）实施对种粮农民直接补贴政策，共安排补贴资金116 亿元；国家进一步扩大了良种补贴的规模和范围，补贴范围扩大到大豆、小麦、玉米和水稻四大主要粮食作物，补贴规模扩大到 28.5 亿元；2004 年全国地方各级财政共投入购置农机具补贴资金 4.1 亿元，带动农民投入 20 亿元，共补贴购置各类农机具 10 万多台套。可以说，2004 年的中央"一号文件"让九亿农民欢欣鼓舞。

（二）进一步提高农业综合生产能力

2005 年的中央"一号文件"是《中共中央、国务院关于进一步加强农村工作提高农业综合生产能力若干政策的意见》。这又是一个新年"大礼包"，因为其中提出了中央政府实施工业反哺农业、城市带动乡村的全新的经济发展思路。文件指出，当前和今后一个时期，要把加强农业基础设施建设，加快农业科技进步，提高农业综合生产能力，作为一项重大而紧迫的战略任务。政府下决心调整国民收入分配结构，在稳定现有各项农业投入的基础上，把新增财政支出和固定资产投资切实向农业、农村、农民倾斜，逐步建立稳定的农业投入增长机制。这就意味着中国政府从此将结束把农业作为政府收入来源、由农业向工业提供资本积累的旧的发展道路，而将农业和农村领域作为政府支持的对象，实现工业反哺农业，城市带动乡村。为了实现这个目标，文件在总结国内外农业成长经验的基础上，提出了许多有利于政策落实的规范性意见，对各有关部门提出了具体要求，体现了动员全国力量支援农业的决心和魄力。这在中国农业政策史上是空前的，上述政策的落实极大地激励了全国亿万农民的生产积极性，推动着中国农业真正跃上新的台阶。

（三）改变农村基础设施和公共服务落后局面

2006 年的中央"一号文件"是《中共中央、国务院关于推进社会主义新农村建设的若干意见》。文件认为，新农村建设的关键在于要把改变农村基础设施和公共服务落后状况的工作摆在突出位置，通过持续不断的投入，改变农村基础设施和公共服务远远落后于城市的局面。农村基础设施主要包括道路的硬化、饮水安全、清洁能源和环境卫生。而巩固农村义务教育，大力发展职业教育是提高农村公共服务水平的重点。

新农村建设进入政府的考虑大致是在 2004 年 11 月。当时中央刚刚提出"以工促农，以城带乡"的思路，经济学界对此意见并不统一。反对者认为，中国有这么大的农村，城市反哺农村是件不可能的任务。同年 12 月，国务院参事室带着这个问题，专程考察了近邻韩国、日本的农业发展状况。在考察过程中，考察团发现韩国的新村建设非常成功。更为关键的是，他们发现，当年韩国启动新村建设时的经济实力还不如如今的中国。这为"平息"争论提供了依据。考察团回来之后，国务院领导写了提倡韩国新村建设的报告，引起了高度重视，被转发到几十个部门。2005 年 5 月，由中央政策研究室副主任郑新立亲自带队，中央财经领导小组、财政部、建设部、央行等几家单位参与，共 8 个人一起去韩国考察"新村"建设。这 8 人小组回来之后，形成了两个报告上报给中央：一个是关于韩国"新村运动"的感悟；另一个是关于社会主义新农村的建议。他们提出，目前的中国更有条件、更有能力搞好农村建设发展。这两个报告，成为中共中央"十一五"规划建议中制定"建设社会主义新农村"内容的重要参考依据。之后，2005 年 6 月，温家宝在全国税费改革工作会议上用到了"社会主义新农村建设"。在专家们的印象中，这是中央领导第一次在公开场合提出这个概念。同年 10 月，在备受关注的中共中央"十一五"规划建议公布同时，"一号文件"起草小组的人员也开始了紧锣密鼓的起草工作。经过多次修改和讨论，《中共中央国务院关于推进社会主义新农村建设的若干意见》于 2005 年 12 月 31 日正式下发。

这样，从 2004 年"一号文件"关于如何提高农民收入，着重解决农民问题；到 2005 年"一号文件"关于如何提高农业综合生产能力，着重解决农业问题；再到 2006 年的"一号文件"提出全面解决农村问题的办法，至此，中共中央、国务院已经提出了关于解决"三农"问题的系统方针、政策和措施。

（四）积极发展现代农业

2007 年的中央"一号文件"是《中共中央、国务院关于积极发展现代农业扎实推进社会主义新农村建设的若干意见》。究竟是为什么 2007 年提出要发展现代农业呢？一是为确保建设社会主义新农村的方向能够沿着健康的轨道向前推进。2006 年党提出建设社会主义新农村后，得到了广大农民的热烈反响。总体来看，一年多来比较健康，但在一定程度上也存在着一些地方的干部对中央提出的新农村建设理解上有偏差，所以没有把主要的精力放在生产力的解放和发展上，有一些地方过多地关注村庄的建设、房子的建设等。所以，强调新农村建设，要把发展现代农业放在首位，实际上就是表明了国家政策导向，明确地提出要把经济发展、把现代农业的建设、把农民收入的提高放在新农村建设的首位。这样有利于把社会主义新农村的建设扎实、健康地向前推进。二是以科学发展观指导农业的必然要求。从中国农业、农村的发展情况看，有利的因素不少，但不利的方面也很多。特别是在农业自然资源不断减少、生态环境在有些方面还没有扭转恶化的趋势的情况下，农业要想进一步发展，在越来越少的自然资源上当然难度会越来越大。从这个角度去看，人口在增加，消费需求也在不断提高，而耕地面积在逐步减少，淡水资源也非常紧缺。因此，促进农业发展必须要求农业转变增长方式，也就是要通过经营理念、经营手段等方面的现代化，改变这种传统的主要依靠外延扩张、增加资源投入来发展农业的道路。三是从中国的发展阶段来看，已经到了需要或者可能推进现代农业建设的阶段。2005 年年底，国家明确提出中国已经到了一个可以实行以工促农、以城带乡的发展阶段，就是说建设现代农业，除了农民自己的艰苦奋斗之外，国家、社会还可以给农业更多的支持，以促进农业现代化建设进一步向前发展。只有加强农业这个薄弱环节，才能使国民经济的三次产业形成一个协调的关系，保证国民经济健康、持续地向前推进。

（五）进一步促进农业发展农民增收

2008 年的中央"一号文件"是《中共中央、国务院关于切实加强农业基础建设进一步促进农业发展农民增收的若干意见》。这是因为尽管当前农业形势发展很好，但还面临很多深层问题，最突出的是农业基础不够牢固。要保证农业持续、稳定发展，满足市场需求，同时又能促进农民收入不断增加，就必须进一步改善农业基础建设，在有限的耕地面积上不断提高单位面积产出，提高效益。此外，在当前经济快速增长，社会结构在加快转型，利益格局在发生深刻变化的大背景下，农业农村发展还面临一系列新情况新问题，包括自然环境的制约日益严峻，农产品供求表现出一种总量趋紧、结构上升的态势，受国际市场的影响也日益加大，农业基础性建设投入不多，农村社会管理和公共服务不能适应农民当前的需求等情况。正是围绕这些问题，中央经过深入调查研究，广泛听取各方面的意见，把加强农业基础建设作为2008 年农业农村工作的主题。这个"一号文件"内容相当丰富，既强调了生产和发展，点出了生产、发展的核心问题在于加强农业基础建设，又加强了农村各方面的基础工作，保证了农村经济社会能够顺利地发展。

总之，从 2004 年至今，伴随着社会主义新农村建设进程，中共中央、国务院已连续发布了十几个"一号文件"，在给农民不断带来利好消息的同时，基本形成了全面建设小康社会新时期的新的农业和农村政策体系。

二、全面部署推进农村改革发展

为深入贯彻落实科学发展观，专题研究新形势下推进农村改革发展问题，充分体现中共中央、国务院一贯高度重视农业、农村、农民工作的战略思想，2008 年 10 月 9—12 日，中共十七届三中全会在北京举行。

胡锦涛总书记作了重要讲话。这次全会是在国际形势继续发生深刻变化、中国改革发展进入关键阶段召开的一次重要会议。全会听取和讨论了胡锦涛受中央政治局委托作的工作报告，审议通过了《中共中央关于推进农村改革发展若干重大问题的决定》（本节简称《决定》）。回良玉就《决定（讨论稿）》向全会作了说明。

（一）新形势下推进农村改革发展的指导思想

全会充分肯定了中共十七届一中全会以来中央政治局的工作，高度评价了以胡锦涛同志为总书记的党中央团结带领全党、全国各族人民，在全面推进社会主义经济建设、政治建设、文化建设、社会建设以及生态文明建设，全面推进党的建设新的伟大工程中取得的显著成就。

这次全会专题研究了新形势下推进农村改革发展问题，充分体现了中国共产党一贯高度重视农业、农村、农民工作的战略思想。全会通过的《决定》，深刻总结了 30 年中国农村改革发展的伟大实践和基本经验，深入分析了当前农村改革发展的矛盾和问题，明确提出了新形势下推进农村改革发展的指导思想、目标任务、重大原则，从加强农村制度建设、积极发展现代农业、加快发展农村公共事业 3 个方面全面部署了新形势下推进农村改革发展的主要任务。《决定》适应农村改革发展的新形势，顺应各族人民特别是亿万农民过上美好生活的新期待，在认识上有新突破，在理论上有新发展，在政策上有新举措，具有很强的战略性、指导性、针对性，是今后一个时期推动农村改革发展的行动纲领。

《决定》指出，农村改革发展30年取得了巨大成就，有许多好的经验值得总结；农业农村工作面临新形势、新任务，有许多重大难题需要破解；农村改革发展关系全面建设小康社会、加快推进社会主义现代化全局，有许多重大课题需要研究。从新的历史起点出发，农村改革仍然是中国改革的关键环节，农业、农村发展仍然是中国发展的战略基础。抓住这个重点，就能掌握整个改革开放的主动权，带动中国经济社会新一轮发展。推进农村改革发展，是加快农村经济社会全面进步的迫切要求。在工业化、信息化、城镇化、市场化、国际化深入发展的背景下，中国农业、农村发展面临诸多挑战，农业基础仍然薄弱，最需要加强；农村发展仍然滞后，最需要扶持；农民增收仍然困难，最需要加快。推进农村改革发展，必须牢牢把握中国社会主义初级阶段的基本国情和当前发展的阶段性特征，大力推进农村体制机制创新，为促进农村经济又好又快发展提供有力保障。

《决定》突出强调："我国农村正在发生新的变革。""我国总体上已进入以工促农、以城带乡的发展阶段，进入着力改造传统农业、走中国特色农业现代化道路的关键时刻，进入加速破除城乡二元结构、形成城乡经济社会发展一体化新格局的重要时期。"[1]《决定》必将统一全党认识，凝聚全社会力量，兴起推进农村改革发展的新热潮，开辟中国特色农业现代化的广阔道路，

---

[1] 《中共中央关于推进农村改革发展若干重大问题的决定》，《人民日报》2008年10月20日。

开创社会主义新农村建设的崭新局面。而农业、农村、农民问题
事关党和国家事业发展全局。完善党领导农业工作的体制机制，
加强农村基层组织建设、基层干部队伍建设、党员队伍建设，加
强农村党风廉政建设，切实加强和改善党的领导，为推进农村改
革发展提供坚强政治保证。

（二）新形势下推进农村改革发展的目标任务

全会从党的十七大提出的实现全面建设小康社会奋斗目标的
新要求出发，对进一步深化农村改革作出全面部署，提出了深化
农村改革的目标任务。全会提出："到二〇二〇年，农村改革发
展基本目标任务是：农村经济体制更加健全，城乡经济社会发展
一体化体制机制基本建立；现代农业建设取得显著进展，农业综
合生产能力明显提高，国家粮食安全和主要农产品供给得到有效
保障；农民人均纯收入比二〇〇八年翻一番，消费水平大幅提
升，绝对贫困现象基本消除；农村基层组织建设进一步加强，村
民自治制度更加完善，农民民主权利得到切实保障；城乡基本公
共服务均等化明显推进，农村文化进一步繁荣，农民基本文化权
益得到更好落实，农村人人享有接受良好教育的机会，农村基本
生活保障、基本医疗卫生制度更加健全，农村社会管理体系进一
步完善；资源节约型、环境友好型农业生产体系基本形成，农村
人居和生态环境明显改善，可持续发展能力不断增强。"要实现
到 2020 年农村改革发展的基本目标和任务，必须遵循以下重大
原则：

必须巩固和加强农业基础地位，始终把解决好十几亿人口吃
饭问题作为治国安邦的头等大事。必须切实保障农民权益，始终
把实现好、维护好、发展好广大农民根本利益作为农村一切工作
的出发点和落脚点。必须不断解放和发展农村社会生产力，始终
把改革创新作为农村发展的根本动力。必须统筹城乡经济社会发

展，始终把着力构建新型工农、城乡关系作为加快推进现代化的重大战略。必须坚持党管农村工作，始终把加强和改善党对农村工作的领导作为推进农村改革发展的政治保证。

全会提出，实现农村发展战略目标，推进中国特色农业现代化，必须按照统筹城乡发展要求，抓紧在农村体制改革关键环节上取得突破，进一步放开搞活农村经济，优化农村发展外部环境，强化农村发展制度保障。要稳定和完善农村基本经营制度，健全严格规范的农村土地管理制度，完善农业支持保护制度，建立现代农村金融制度，建立促进城乡经济社会发展一体化制度，健全农村民主管理制度。

（三）加快转变农业发展方式

全会提出："发展现代农业，必须按照高产、优质、高效、生态、安全的要求，加快转变农业发展方式，推进农业科技进步和创新，加强农业物质技术装备，健全农业产业体系，提高土地产出率、资源利用率、劳动生产率，增强农业抗风险能力、国际竞争能力、可持续发展能力。要明确目标、制定规划、加大投入，集中力量办好关系全局、影响长远的大事。"要确保国家粮食安全，推进农业结构战略性调整，加快农业科技创新，加强农业基础设施建设，建立新型农业社会化服务体系，促进农业可持续发展，扩大农业对外开放。

全会提出，加强农业标准化和农产品质量安全工作，严格全程监控，切实落实质量安全监管责任，杜绝不合格产品进入市场。

全会提出，建设社会主义新农村，形成城乡经济社会发展一体化新格局，必须扩大公共财政覆盖农村范围，发展农村公共事业，使广大农民学有所教、劳有所得、病有所医、老有所养、住有所居。要繁荣发展农村文化，大力办好农村教育事业，促进农村医疗卫生事业发展，健全农村社会保障体系，加强农村基础设施和环境建设，推进农村扶贫开发，加强农村防灾减灾能力建设，强化农村社会管理。

全会强调："推进农村改革发展，关键在党。要把党的执政能力建设和先进性建设作为主线，以改革创新精神全面推进农村党的建设，认真开展深入学习实践科学发展观活动，增强各级党组织的创造力、凝聚力、战斗力，不断提高党领导农村工作水平。"

全会要求全党同志特别是各级领导干部，要认真学习领会《决定》，切实把对农业、农村、农民的关注、关心、关爱落实到贯彻《决定》的行动上，锐意改革，加快发展，实现农村改革发展的新突破。

十七届三中全会专门就农村改革发展问题进行讨论并通过决议，反映了中共中央对农业问题的高度重视，必将推动农村改革的深入发展，并载入中国改革开放的史册。

三、"大部制"深化行政管理体制改革

从总体上看，中国的行政管理体制基本适应经济社会发展的要求，有力保障了改革开放和社会主义现代化建设事业的发展。但面对新形势新任务对行政管理体制的新要求，现行行政管理体制仍然存在一些不相适应的方面。这些问题直接影响到各级政府全面正确履行职能，在一定程度上制约着经济社会的发展。所以说，深化行政管理体制改革势在必行。

（一）"大部制"改革的序曲

改革开放 30 年，中国的行政体制改革从未停止过。从 1982

年至今，已经有 5 次大的机构改革调整，先中央，后省级，再到县市，基本上是上一轮的调整刚结束，下一轮的改革又开始。也正是在此前行政体制改革逐步推进的基础上，"大部制"闪亮登场。

1982 年改革，最讲效益地精简。1976 年 10 月，中国从十年内乱中走出，各条战线的拨乱反正和国民经济的恢复、调整任务繁重，国务院为了恢复国家行政机关正常工作和加强对各方面工作的领导，在 1977 年至 1981 年五年中，先后恢复和增设了 48 个工作部门，到 1981 年年底共设有 100 个工作部门，达到新中国成立以来的最高峰。1982 年这次改革主要是精简机构，是必需的也是收效最大的。改革后，部委减至 43 个，直属机构减为 15 个，办公机构减为 3 个，国务院共设置 61 个部门，人员编制从原来的 5.1 万人减为 3 万人。不仅大大减少了领导班子的人数，开始建立正常的干部离退休制度，而且一批年轻人走上领导岗位。从精简机构和人员的角度评判，以后的几次机构调整都没有更大作为，收效也递减。但是这次之后不久，机构又开始增多了。1986 年，国务院部门又增至 72 个。

1988 年改革，首次提出转变政府职能。1988 年，中国经济改革的重心转移到城市，行政体制不适应经济体制改革的问题暴露出来。因此，此次改革要求提高效率，克服官僚主义，解决和企业的关系，而核心是转变政府职能。所以，转变政府职能是机构改革的关键这一历史命题首次被提出。经过这次机构改革后的国务院，部委由 48 个减为 41 个，直属机构由 22 个减为 19 个，非常设机构由 75 个减为 44 个，减少人员 9700 多人。然而这次改革在 1989 年春夏之后暂停下来。1991 年年末，国务院的工作部门达 86 个，全国各级党政机关人员达 920 万人，当年全国行政管理开支达 370 多亿元，加上事业费共支出 1400 多亿元，占国家财政支出的 37%。

1993 年的行政体制改革，从某种程度上说是 1988 年改革的延续。这次改革以建立适应社会主义市场经济发展的行政管理体制为目标，把行政管理的职能转向统筹规划、掌握政策、信息引导、组织协调、提供服务和检查监督，并提出改革重点仍是转变政府职能，还第一次把政企分开作为转变职能的中心内容。改革实施后，国务院组成部门、直属机构从原有的 86 个减少到 59 个，人员减少 20%。国务院不再设置部委归口管理的国家局，国务院直属事业单位调整为 8 个。

1998 年改革力度最大。前几次改革并没有得到全面肯定。从 1982 年到 1997 年，15 年间国家党政机关干部人数增加了两倍半，机构改革陷入了精简—膨胀—再精简—再膨胀的怪圈。1998 年的机构调整，被认为是 2008 年之前涉及面最广、改革力度最大的一次政府机构改革，要求将政府职能转到宏观调控、社会管理、公共服务方面来，同时第一次提出完善公务员制度。这次改革，撤销了几乎所有的工业专业经济部门，共 10 个：电力工业部、煤炭工业部、冶金工业部、机械工业部、电子工业部、化学工业部、地质矿产部、林业部、中国轻工业总会、中国纺织总会。改革后除国务院办公厅外，国务院组成部门由原有的 40 个减少到 29 个，此后政企不分的组织基础很大程度上得以消除。

2003 年是改革转折点。2003 年 9 月，国家行政学院开办了省部长班，主题直指行政体制改革。9 月 15 日，温家宝在开学典礼上说，行政学院选择了一个很重要的题目，就是政府管理创新，这个题目实际上是讲行政管理体制改革的问题。这个问题之所以重要，是因为它处于一个关键的位置。如果政府管理体制不改革，就相当于"一马挡道，万马不可前行"。温家宝在两个小时的讲话里用一半时间集中阐述了转变政府职能。他还特别强调要把政府定位在服务型政府上。只有这个目标明确了之后，改革才能实现。因此，有媒体将这一年称为中国行政改革转折年，理由是此前的政府机构改革目的都是完善管理型政府，此后改革的目的是建立和完善服务型政府。这一年，除国务院办公厅外，国务院机构减至 28 个。

（二）"大部制"改革的目标和要求

2008 年 2 月 25 日至 27 日，中共十七届二中全会在北京举行。全会审议并通过了在广泛征求意见的基础上提出的《关于深化行政管理体制改革的意见》和《国务院机构改革方案》，同意把《国务院机构改革方案》提请十一届全国人大一次会议审议。

（1）改革的目标要求是三个"根本转变"。这次行政管理体制改革的总目标，归纳起来就是三个"根本转变"，体现在全会通过的《关于深化行政管理体制改革的意见》中。它明确提出："到 2020 年建立起比较完善的中国特色社会主义行政管理体制。通过改革，实现政府职能向创造良好发展环境、提供优质公共服务、维护社会公平正义的根本转变，实现政府组织机构及人员编制向科学化、规范化、法制化的根本转变，实现行政运行机制和政府管理方式向规范有序、公开透明、便民高效的根本转变，建设人民满意的政府。"

（2）改革的核心是加快政府职能转变。该意见特别强调，合理界定政府部门职能，明确部门责任，确保权责一致。理顺部门职责分工，坚持一件事情原则上由一个部门负责，确需多个部门管理的事项，要明确牵头部门，分清主次责任。健全部门间协调配合机制。切实加快推进政企分开、政资分开、政事分开、政府与市场中介组织分开，把不该由政府管理的事项转移出去，把该由政府管理的事项切实管好，从制度上更好地发挥市场在资源配置中的基础性作用，更好地发挥公民和社会组织在社会公共事务管理中的作用，更加有效地提供公共产品。

（3）探索大部门体制和完善行政运行机制。意见明确指出，推进政府机构改革，主要是按照精简统一效能的原则和决策权、执行权、监督权既相互制约又相互协调的要求，紧紧围绕职能转变和理顺职责关系，进一步优化政府组织结构，规范机构设置，探索实行职能有机统一的大部门体制，完善行政运行机制。

（4）加强依法行政和制度建设。该意见明确指出："必须严格依法行政，坚持用制度管权、管事、管人，健全监督机制，强化责任追究，切实做到有权必有责、用权受监督、违法要追究。"该意见还强调，要进一步加快建设法治政府；推行政府绩效管理和行政问责制度；健全对行政权力的监督制度；加强公务员队伍建设。

（三）"大部制"改革方案的实施

这次 2008 年启动的"大部制"改革，很多人称之为第 6 次行政体制改革，做了 5 年的准备。2005 年 12 月，中共中央政治局围绕深化行政体制改革进行了集体学习。胡锦涛强调，必须从全面建设小康社会、加快推进社会主义现代化的全局出发，从实现好、维护好、发展好最广大人民的根本利益出发，深刻认识推进行政管理体制改革的重大意义，加强研究，通盘规划，突出重点，精心部署，坚定不移地把行政管理体制改革继续推向前进。这时候就很明确要进行大规模改革。2006 年 2 月，国务院召开了深化行政管理体制改革联席会议。作为改革联席会议 10 个成员之一的国家行政学院，于同年 9 月第二次承办国务院的省部长班，主题依然是行政体制改革。开班第一天，温家宝先是听了几个省市主要领导汇报，然后讲话。他明确指出，推进政府自身建设和管理创新是改革的主要任务，改革的目标是建设法制型、服务型、责任型、效能型政府。2007 年 10 月，党的十七大报告又明确指出，要"加大机构整合力度，探索实行职能有机统一的大部门体制，健全部门间协调配合机制。精简和规范各类议事协调机构及其办事机构，减少行政层次，降低行政成本，着力解决机构重叠、职责交叉、政出多门问题。"① 可见，2008 年的改革并非突然启动，而是有长期准备。

根据党的十七大和十七届二中全会精神，《国务院机构改革方案》明确这次"大部制"改革的主要任务是，围绕转变政府职能和理顺部门职责关系，探索实行职能有机统一的大部门体制，合理配置宏观调控部门职能，加强能源环境管理机构，整合完善工业和信息化、交通运输行业管理体制，以改善民生为重点加强与整合社会管理和公共服务部门。

所谓"大部制"，就是在政府的部门设置过程中，将那些职能相近、业务范围趋同的事项相对集中，由一个部门统一管理，最大限度地避免政府职能交叉、政出多门、多头管理，从而提高行政效率，降低行政成本。大部门制是发达国家普遍采用的行政管理模式，其内阁部大多在 15 至 22 个之间，专司决策权，在执行上甚至引入了市场机制。党的十七大之后，很多人都在猜测中国将来要设多少部，大能源部、大交通部、大文化部等不一而足。诸多专家学者也都纷纷撰文出谋划策，谈及推行"大部制"的优点，也提醒政府要扎实推进。有的甚至说，推行"大部制"实际上就是要革政府自己的命。实际上"大部制"能更好地体现以人为本，根治"九龙治水"的弊端，有利于提高政府效率，其关键是转变政府职能，从经济型政府转向依法服务型政府。但推行"大部制"是一个长远过程，不可能一蹴而就，还有很多问题需要研究。如职能和机构整合问题、决策与执行分开问题等。十七大报告提出，要"建立健全决策权、执行权、监督权既相互制

① 《高举中国特色社会主义伟大旗帜　为夺取全面建设小康社会新胜利而奋斗》，人民出版社 2007 年版，第 32 页。

约又相互协调的权力结构和运行机制"①。实行大部门体制，有的部门职能更宽，权力更大，可能出现新的部门利益，监督控制更加困难。因此，实行大部门体制，更有必要在建立决策与执行相对分离的权力结构上有所创新。在这方面，国外已有多年实践，有些成熟经验可供中国参考借鉴。如从 20 世纪 90 年代起，英国开始推行政策制定与执行相分离的政府模式，内阁部门主要负责政策制定，设有各种决策咨询委员会，同时将部门内设机构成建制地转为执行机构，负责政策执行，并授予执行机构负责人充分的人事权、管理权和财政资源支配权，执行机构达 100 多个，大部分公务员在执行机构工作。澳大利亚、新西兰、新加坡等国也有类似做法。从中国的情况来看，以大部门制改革为契机，进行决策与执行相对分开的改革试点是可行的，如将执行性、服务性、监管性的职责及相关机构，分离出来作为大部门的执行机构，将所属事业单位改为独立法人单位，使部门本身主要负责政策制定，执行机构和法人单位专门负责政策执行，形成决策与执行相互制约和协调的权力结构和运行机制。

2008 年 3 月，第十一届全国人大第一次会议对"大部制"改革提出，国务院将新组建工业和信息化部、交通运输部、人力资源和社会保障部、环境保护部、住房和城乡建设部。改革后，除国务院办公厅外，国务院组成部门设置 27 个。这次国务院改革涉及调整变动的机构共 15 个，正部级机构减少 4 个。② 具体内容包括：

合理配置宏观调控部门职能。《国务院机构改革方案》指出："国家发展和改革委员会要进一步转变职能，减少微观管理事务

---

① 《高举中国特色社会主义伟大旗帜　为夺取全面建设小康社会新胜利而奋斗》，人民出版社 2007 年版，第 33 页。

② 《国务院机构改革方案》，中国人大网 2008 年 3 月 27 日。

和具体审批事项，集中精力抓好宏观调控。财政部要改革完善预算和税政管理，健全中央和地方财力与事权相匹配的体制，完善公共财政体系。中国人民银行要进一步健全货币政策体系，加强与金融监管部门的统筹协调，维护国家金融安全。国家发展和改革委员会、财政部、中国人民银行等部门要建立健全协调机制，形成更加完善的宏观调控体系。"

加强能源管理机构。该方案指出："设立高层次议事协调机构国家能源委员会。组建国家能源局，由国家发展和改革委员会管理。将国家发展和改革委员会的能源行业管理有关职责及机构，与国家能源领导小组办公室的职责、国防科学技术工业委员会的核电管理职责进行整合，划入该局。国家能源委员会办公室的工作由国家能源局承担。不再保留国家能源领导小组及其办事机构。"

组建工业和信息化部。该方案指出"将国家发展和改革委员会的工业行业管理有关职责，国防科学技术工业委员会核电管理以外的职责，信息产业部和国务院信息化工作办公室的职责，整合划入工业和信息化部。组建国家国防科技工业局，由工业和信息化部管理。国家烟草专卖局改由工业和信息化部管理。不再保留国防科学技术工业委员会、信息产业部、国务院信息化工作办公室。"

组建交通运输部。该方案指出："将交通部、中国民用航空总局的职责，建设部的指导城市客运职责，整合划入交通运输部。组建国家民用航空局，由交通运输部管理。国家邮政局改由交通运输部管理。保留铁道部，继续推进改革。不再保留交通部、中国民用航空总局。"

组建人力资源和社会保障部。该方案指出："将人事部、劳动和社会保障部的职责整合划入人力资源和社会保障部。组建国家公务员局，由人力资源和社会保障部管理。不再保留人事部、劳动和社会保障部。"

组建环境保护部，不再保留国家环境保护总局。

组建住房和城乡建设部，不再保留建设部。

国家食品药品监督管理局改由卫生部管理。明确卫生部承担食品安全综合协调、组织查处食品安全重大事故的责任。

这次"大部制"改革突出了三个重点：一是加强和改善宏观调控，促进科学发展；二是着眼于保障和改善民生，加强社会管理和公共服务；三是按照探索职能有机统一的大部门体制要求，对一些职能相近的部门进行整合，实行综合设置，理顺部门职责关系。

（四）"大部制"改革后的五大变化

根据《关于深化行政管理体制改革的意见》和《国务院机构改革方案》的基本精神，这次行政管理体制改革，作为国家改革的重要组成部分，从促进经济社会又好又快发展的需要出发，着力解决一些长期存在的突出矛盾和问题，既迈出了重要的改革步伐，又保持了国务院机构相对稳定和改革的连续性，并为今后的改革奠定了坚实基础，展现了五个方面的新变化。

一是政府的管理理念发生变化，行政基点走向科学。通过改革，进一步由计划经济的管理理念转变为社会主义市场经济的管理理念。理念的变化具体体现在：改变了国有经济是社会主义的唯一形式和社会主义本质属性的观念，政府从单纯服务于国有经济转向服务于一切有利于生产力发展的所有经济成分；改变了发展就是经济发展的观念，政府从致力于抓 GDP 增长转向抓经济质量、经济效益的提升和经济社会的全面协调发展。这种变化推动了体制和政策上的一系列调整和改革。

二是管理范围发生变化，政府职能渐趋合理。通过政企分开、国有资产管理体制改革和国有经济布局调整等，使政府从全面管理转变到主要从事经济调节、市场监督、社会管理和公共服务；从直接从事和干预经济活动转变到有效实施宏观调控、营造市场环境上来；从单纯追求经济的高速增长转变到促进经济速度、质量、结构与效益的多方面结合，推动经济社会协调发展、人与自然和谐相处上来。

三是行政方式发生变化，管理手段不断完善。通过推进行政审批制度改革，中央和省级政府的审批事项大幅度削减，采取核准和登记备案方式等新的审批方式，规范和简化了审批程序，提供"一条龙"审批服务、网上审批等。

四是行政基础发生变化，政府行为日益规范。改革开放以来，中国先后进行了六次力度不同的政府机构改革，强化了从事经济调节监管、社会管理服务的机构，减少了部门间的职责交叉，精减了政府工作人员数量，推动了政府职能的转变和效率的提高。

五是干部素质发生变化，行政能力有效提升。中国机构的办事效率低下，行政成本很高。常见的现象是，一个项目涉及多个部门，一个部门又涉及好几个环节，部门和环节大多又不是一次性的，这就出现了一个部门跑多次、盖多个章，最后一个项目盖几十个甚至上百个公章的独特现象。行政成本高也是人所共知的。据中国经济体制改革基金会公布的研究成果显示，1999—2005 年，中国行政成本对经济增长作用达到负的 1.73%。小小的 1.73%，其实蕴含的就是一个大的天文数字！而通过改革，机构精简，大部门的实现，推动了干部作风转变，降低了行政成本，提高了行政效能。"局长当科长用，科长当科员用，女人当男人用。"这虽是当时一些干部的戏言，却也是事实。同时，建立了严格的行政人员或公务员选录机制，凡进入国家行政机关的工作人员都必须经过考试。建立科学的领导干部选拔任用机制，推行公开选拔、竞争上岗等制度。2005 年颁布的《中华人民共和国公务员法》，成为中国公务员队伍建设和管理走向法制化的重要标志。

第十章　建立健全惩治和预防腐败体系

进入新世纪以来，面对改革开放进入关键阶段的实际，中共中央、国务院在充分总结过去经验的基础上，进一步理清和完善反腐倡廉的思路，着重围绕建立健全惩治和预防腐败体系，做出了一系列重大决策和部署，频频推出新的反腐举措，依法治腐的步伐明显加快，民主监督的力度明显加大，一批隐藏很深的腐败分子被严厉惩处，反腐倡廉建设取得明显成效。

一、建立和完善巡视制度查处大案要案

十六大以来，中共中央、国务院提出了关于反腐倡廉的一系列重要观点，丰富和发展反腐倡廉理论，并通过巡视加大反腐力度，查处了一批大案要案。

（一）反腐倡廉不断推进

2003 年 2 月，胡锦涛在中央纪委第二次全体会议上指出：党风廉政建设和反腐败工作，是党和国家的重要工作，也是党的建设新的伟大工程的重要组成部分。继续坚定不移地做好党风廉政建设和反腐败工作，是全面贯彻"三个代表"重要思想、实现全面建设小康社会宏伟目标的重要保证，是建设社会主义政治文明

的重要任务，是加强党的执政能力建设的重要内容。① 同年 10月，胡锦涛在中共十六届三中全会上指出，加强党风廉政建设、反对和防治腐败，是建立和完善社会主义市场经济体制的重要保证，必须贯穿于改革开放和现代化建设的全过程。2004 年 9 月，在中共十六届四中全会上，胡锦涛再次强调指出，党越是长期执政，反腐倡廉的任务越艰巨，越要坚定不移地反对腐败，越是要提高拒腐防变的能力。② 各级党委要把党风廉政建设和反腐败斗争作为提高党的执政能力、巩固党的执政地位的一项重大政治任务抓紧抓实。他还多次强调，一定要从中国特色社会主义事业的兴衰成败、党的生死存亡和国家长治久安的战略高度，进一步认识做好反腐倡廉工作的极端重要性，把反腐倡廉建设放在更加突出的位置。2007 年 10 月，中共十七大进一步强调指出："中国共产党的性质和宗旨，决定了党同各种消极腐败现象是水火不相容的。坚决惩治和有效预防腐败，关系人心向背和党的生死存亡，是党必须始终抓好的重大政治任务。全党同志一定要充分认识反腐败斗争的长期性、复杂性、艰巨性，把反腐倡廉建设放在更加突出的位置，旗帜鲜明地反对腐败。"③

关于反腐倡廉的指导方针和基本思路，中共中央、国务院确立了标本兼治、综合治理、惩防并举、注重预防的方针，使惩治腐败和预防腐败的关系更加明确。同时提出坚决惩治腐败是党执政能力的重要体现，有效预防腐败更是党执政能力的重要标志，在坚决惩治腐败的同时要更加注重治本、更加注重预防、更加注

① 参见《人民日报》2003 年 2 月 20 日。

② 《中共中央关于建立健全教育、制度、监督并重的惩治和预防腐败体系实施纲要》，《人民日报》2005 年 1 月 17 日。

③ 《高举中国特色社会主义伟大旗帜 为夺取全面建设小康社会新胜利而奋斗》，人民出版社 2007 年版，第 55 页。

重制度建设；要抓紧完善惩治和预防腐败体系，把反腐倡廉工作融入经济建设、政治建设、文化建设、社会建设和党的建设之中，拓展从源头上防治腐败工作的领域。党的十七大第一次把反腐倡廉建设同党的思想建设、组织建设、作风建设和制度建设并列，使之成为党的建设的重要组成部分，表明执政党对反腐倡廉建设认识的日益深入。

关于反腐倡廉的重点和根本途径，中共中央、国务院提出要把推动贯彻落实科学发展观作为党风廉政建设的重要内容，积极履行监督检查职责，维护党的纪律；把解决损害群众利益的突出问题作为党风廉政建设的工作重点，严肃查处损害群众利益的突出问题；必须以改革统揽预防腐败的各项工作，从源头上预防和解决腐败问题；坚持深化改革和创新体制，加强廉政文化建设，形成拒腐防变教育长效机制、反腐倡廉制度体系、权力运行监控机制；健全纪检监察派驻机构统一管理，完善巡视制度；党内民主是党的生命，是保持党的生机和活力的关键，也是搞好党风廉政建设和反腐败工作的根本途径。在 2008 年 1 月召开的十七届中央纪委第二次全体会议上，胡锦涛强调，要以改革精神推进制度建设，以创新思路寻求治本办法，更加科学有效地防治腐败。要把反腐倡廉建设纳入经济社会发展和党的建设的全局之中，把改革的推动力、教育的说服力、制度的约束力、监督的制衡力、惩治的威慑力结合起来，增强反腐倡廉建设的整体性、协调性、系统性、时效性。要不断认识和把握规律，以建设性的思路、建设性的举措、建设性的方法，推进反腐倡廉建设，在坚决惩治腐败的同时更加注重治本，更加注重预防，更加注重制度建设，不断形成有利于反腐倡廉的思想观念、文化氛围、体制条件、法制保证。这既提出了反腐倡廉建设的方法，又明确了反腐倡廉需要加强的方向。

中共中央、国务院面临新阶段的新形势和新任务提出的上述重要思想，使反腐倡廉的重点更加突出，方向更加明确，反腐倡廉建设更加全面，有效地推动了反腐倡廉建设向纵深发展。

（二）建立和完善巡视制度

巡视制度之所以成为大家比较关心的话题，是因为巡视制度已经成为反腐倡廉建设的一个有效制度设计，震惊全国的陈良宇案、李宝金案等大案要案就是在巡视过程中被发现蛛丝马迹的。

1996 年 1 月，中央纪委第六次全会做出"中央纪律检查委员会根据工作需要，选派部级干部到地方和部门巡视"的部署，这是巡视制度的源头。这年 4 月至 1998 年 8 月，中央纪委先后派出 7 批巡视组，对 18 个省（区）和部委进行了巡视。2000 年，中共中央决定由中央纪委和中央组织部联合成立巡视办公室，派出巡视组，对省级党政领导班子特别是主要负责人的工作情况进行监督检查。2001 年 5 月至 2003 年 3 月，中央纪委、中央组织部巡视组对 8 个省（区）进行了巡视。2002 年 11 月，中共十六大做出"改革和完善党的纪律检查体制，建立和完善巡视制度"[1]的重大决策。2003 年 12 月，中共中央颁发《中国共产党党内监督条例（试行）》，以党内法规的形式对巡视工作做出了明确规定。

2003 年，中央纪委、中央组织部正式组建专门的巡视工作机构，加强巡视组工作，包括地方巡视组、金融巡视组、企业巡视组和国家机关巡视组等。为加强组织领导，中央纪委、中央组织部建立了巡视工作联席会议制度，负责研究、部署、组织、协调巡视工作；下设中央纪委、中央组织部巡视工作办公室，作为联席会议的日常办事机构，负责巡视工作的综合协调、政策研究、

---

[1] 《全面建设小康社会　开创中国特色社会主义事业新局面》，人民出版社 2002 年版，第 37 页。

制度建设、人员管理、后勤保障以及与各省区市巡视工作机构的联系指导。中央纪委、中央组织部巡视组和巡视办配备专门编制，人员主要从中央纪委和中央组织部两个单位中选配，他们的任务是：了解省、自治区、直辖市和中央、国家机关部委领导班子及其成员执行政治纪律的情况；了解省、自治区、直辖市和中央、国家机关部委领导班子及其成员的廉政情况；将巡视情况直接报告中央纪委，重要情况由中央纪委报告党中央。巡视干部的职权主要有：列席省、自治区、直辖市党委常委或部（委）党组的会议及其他有关会议；直接找省、自治区、直辖市和中央、国家机关部委领导班子成员谈话；根据工作需要，召开有关人员参加的座谈会或找有关人员谈话；查阅会议记录和有关材料。巡视干部直接对中央纪委常委会负责，中央纪委办公厅负责巡视干部的组织、联系、协调和情况综合工作。2003 年至 2004 年，各省（区、市）和新疆生产建设兵团党委也先后组建党委巡视组和巡视工作办公室，作为省级巡视工作机构，负责对所辖市（地、州、盟）、省直部门、县（市、区、旗）、国有企业和高校进行巡视。

中央巡视组一般由 9 人组成，其中一名组长、一名副组长。组长由退出领导岗位，但是还没有办离退休手续的正部级领导同志，有部分是副部级领导同志担任，他们都有党的工作经验，在党内有影响力；副组长是一般副部级的巡视专员，都由中央纪委和中组部派遣。组长不一定是中央纪委和中组部的（组长有中央纪委的，但是有很多是各省市刚退出领导岗位的一把手，还有一些省市纪委书记刚退出领导岗位也参与了这个工作，还有各个部委刚退出领导岗位的一些同志）。成员除了工作背景、工作能力之外，廉洁守法是更重要的考核标准，应具备的基本条件是：一定的政策理论水平；很强的党性，坚持原则，公道正派，对党负责，忠心耿耿。巡视组的同志一年在外面 8 个月，从 2003 年到现在每年如此。巡视工作实际上把关口提前了，加大了事前和事中监督，尽量避免事后监督这个弊端。

在巡视时的工作方法和手段，主要有调查研究、谈话、查资料和明察暗访等。在这些工作方式中，个别谈话是巡视工作最重要、最基本的工作方式，了解到重要的、真实的情况主要靠个别谈话。巡视已成为纪检监察机关查办腐败案件的重要线索来源，推动查处了一批大案要案。如已查结的陈良宇、侯伍杰、徐国健、李宝金、杜世成、何闽旭等高级领导干部严重违纪违法案件，以及 2009 年查处的贵州省政协原主席黄瑶、辽宁省人大常委会原副主任宋勇涉嫌严重违纪案件等，就是巡视组在巡视中发现的。作为行之有效的具体措施，巡视制度在短短 6 年间从立题到全面推行，取得的巨大成绩有目共睹。

二、制定颁布中国共产党党内监督条例

2004 年 1 月，历经 13 年的砥砺，备受关注的《中国共产党党内监督条例（试行）》（本节简称《条例》）颁布实施，这是党的历史上一部十分重要的党内法规，也是共和国历史上的一件大事。

（一）权力的监督进入规范化、制度化阶段

这个包含 47 条的《条例》，对保证党内的正常工作程序作了一系列明确规定，标志着党和国家的反腐败斗争已经从依靠领导人的政治意愿转移到依靠制度规范的新阶段。如对集体领导和分工负责进行了明确规定，意在保障和发扬党内民主，防止个人专断；对述职述廉进行了详细规定，意在充分保障和发挥各级党的委员会成员对同级党委领导成员尤其是主要负责人的监督作用；

对民主生活会进行了明确规定，意在发挥党员对党的各级领导干部的监督作用；对信访处理进行了明确规定，意在保障和发挥党员、群众对党的领导机关和干部尤其是领导干部的违纪违法问题进行举报控告的权利和作用。《条例》还对谈话和诫勉、舆论监督、罢免或撤换和监督保障进行了明确规定。《条例》解决了中国共产党开展党内监督的基础问题。

党内民主是党的生命，也是党内监督的基础。民主生活会是党长期坚持、被实践证明行之有效的一项党内民主制度，但有的地方和部门生活会质量不高。对此，《条例》专列"民主生活会"一节，明确要求：民主生活会情况和整改措施及时在一定范围通报；党员有权了解本人所提意见和建议的处理结果；上级党组织认为下级领导班子民主生活会不符合规定要求，可以责令重新召开，等等。为确保决策的民主化、科学化，《条例》明确规定，凡属方针政策性的大事，凡属全局性的问题，凡属重要干部的推荐、任免和奖惩，都按照集体领导、民主集中、个别酝酿、会议决定的原则，由党的委员会集体讨论做出决定。这一民主程序的规定意味着，对于应当经集体讨论决定的事项而未经集体讨论，也未征求其他成员意见，由个人或少数人决定的，除遇紧急情况外，应当区别情况追究主要责任人的责任。

（二）把制度建设放在特别重要的位置

在构建党内监督体系时，把制度建设放在特别重要的位置，是《条例》一个突出的特点。《条例》第三章用10节的篇幅，分别对集体领导和分工负责、重要情况通报和报告、述职述廉、民主生活会、信访处理、巡视、谈话和诫勉、舆论监督、询问和质询、罢免或撤换要求及处理等10种监督制度做出了具体规定。这些制度中，巡视、述职述廉等是对现有办法和经验做了系统化的归纳后，进而上升到党内法规的层次；询问和质询、罢免或撤换要求及其处理等则是借鉴了党外一些有效的监督形式，进行了大胆的创新。《条例》的一个突出特点，是凸显了制度的力量，并紧紧抓住了这一关键环节。

《条例》的特点还在于解决了如何监督中央政治局等重大问题。中央委员会如何监督中央政治局？党的各级代表大会代表如何在闭会期间发挥监督作用？如何在党委会中借鉴询问和质询等监督形式营造良好的民主氛围？长期以来，党内监督在不断向纵深发展的同时，也面临诸多亟待解决的重大问题。在2003年10月举行的中共十六届三中全会上，胡锦涛受中央政治局委托，向中央委员会报告工作，在党内外、海内外引起强烈反响。《条例》将这一做法制度化，明确规定"中央政治局向中央委员会全体会议报告工作"。同时还明确了对中央政治局委员、常委的意见如何反映的问题。这一创举，体现了中央委员会对中央政治局的监督，体现了中央政治局在党内监督方面对全党应该起到示范和表率作用的精神。

在处理监督者与被监督者之间的关系时，《条例》既重视保护监督者的合法权益，又重视保护被监督者的合法权益，较好地体现了权利与义务相平衡的思想。坚持监督制约与保护支持相结合，也是《条例》的一大亮点。

（三）明确监督职责和重点监督对象

《条例》的另一个亮点是明确了监督职责，对党的委员会及委员，党的纪律检查委员会及委员以及党员、党代表开展党内监督的职责，都做出了明确的规定。

强调加强党内监督，绝不意味着排斥或拒绝党外监督。《条例》在党内法规这个层面上，专门就"舆论监督"问题做出规定，这在党的历史上还是第一次。众所周知，新闻舆论监督不仅能帮助领导机关掌握问题，督促问题的解决，还能起到警示作用，防范问题的发生。而《条例》对党的各级组织和党员领导干部正确对待并接受舆论监督，提出了明确要求：一是要重视和支持舆论监督；二是要自觉和主动地听取来自新闻媒体的意见；三是要根据舆论监督的要求，推动和改进各项工作。《条例》同时还就如何保证新闻舆论监督的健康开展做出了相应规定。

《条例》首次以法规的形式确立党内监督的重点对象，是党的各级领导机关和领导干部，特别是各级领导班子主要负责人。强调对"一把手"的监督，并将其列为监督的重点，是《条例》的一个重要特点。以受贿罪、巨额财产来源不明罪被判处死缓的原沈阳市市长慕绥新，自称是"党内个体户"，任人唯亲，重大决策不经集体讨论自作主张。《条例》目的就在于禁止出现这样不受制约的"一把手"，强调主要领导干部要自觉接受监督，并规定了一系列的制约措施，其中外部措施有巡视制度、谈话和诫勉制度等，内部措施有民主生活会、述职述廉制度、集体领导制度等，这些都是对"一把手"的制约。

在历时 13 年制定的《中国共产党党内监督条例（试行）》正式出台两天后，就传出安徽省原副省长王怀忠因受贿、巨额财产来源不明，二审被维持死刑判决的消息。王怀忠是中共执政以来，第三个被判处死刑的省部级腐败高官。曾担任安徽省阜阳市委书记的王怀忠，是涉及市县"一把手"人数众多、涉案金额巨大的"阜阳腐败群案"的代表人物。这一案件，揭示了党内监督中存在的许多深层次问题：官商勾结导致权钱交易；长官意志扭曲干部选拔机制；群众反映有问题的人照样升官，反映越多官升得越快；等等。其中最关键的教训是，"一把手"一旦失控，将给当地经济和社会发展造成严重灾难。监督制度缺位是"一把手"走向犯罪的重要原因。《条例》针对"一把手"做出明确规定，有助于解决"一把手"监督缺位的问题。

中共十六大以来，中共中央、国务院采取一系列措施加强了对领导机关和领导干部的监督制约。中央纪委、监察部积极贯彻落实党内十大监督制度。2003 年至 2007 年 6 月，全国乡（科）级以上领导干部在规定范围内述职述廉 522.5 万人次，任前廉政谈话 146.2 万人次，诫勉谈话 27.6 万人次，纪委负责人同下级党政主要负责人谈话 133.3 万人次。党员领导干部报告个人有关事项 149.8 万人次，询问和质询 3.8 万人次。2004 年 5 月，中共中央决定，中央纪委、监察部全面实行对派驻机构的统一管理，将派驻机构由中央纪委、监察部和驻在部门双重领导改为由中央纪委、监察部直接领导，增强了派驻机构的独立性。截至 2008 年 3 月，中央纪委、中央组织部完成了对全国 31 个省区市和新疆生产建设兵团的巡视，并对 16 个省区市和新疆建设兵团开展了第二轮巡视。巡视工作的开展，在加强对领导班子和领导干部特别是主要领导干部监督，推动被巡视地区和单位党的建设及各项工作方面发挥了重要作用。在加快推进农业农村发展的同时，中共中央、国务院高度重视农村党风廉政建设，2006 年 10 月下发《关于加强农村党风廉政建设的意见》，第一次对农村党风廉政建设做出全面部署。

三、着力健全惩防腐败体系的《实施纲要》

腐败是社会毒瘤，无法根治。那怎么才能尽量减少腐败现象呢？中国给出了建立健全教育、制度、监督并重的惩治和预防腐败体系的思路。这就是十六大以来，中共中央、国务院科学总结反腐倡廉的经验，从加强党的执政能力建设的战略高度，提出的建立健全惩治和预防腐败体系的重要战略思想。

（一）《实施纲要》的颁布及主要内容

2004 年召开的中共十六届三中全会，第一次提出"建立健全与社会主义市场经济体制相适应的教育、制度、监督并重的惩治和预防腐败体系"的命题。2005 年 1 月 3 日，中共中央颁布了《建立健全教育、制度、监督并重的惩治和预防腐败体系实施纲要》（本节简称《实施纲要》）。《实施纲要》明确提出了建立健全惩治和预防腐败体系的指导思想、主要目标和工作原则，表明中国对腐败的治理开始从重治理转向重预防，从重在惩处转向重在教育，并加强了制度建设。《实施纲要》提出："到 2010 年，建成惩治和预防腐败体系基本框架。再经过一段时间的努力，建立起思想道德教育的长效机制、反腐倡廉的制度体系、权力运行的监督机制，建成完善的惩治和预防腐败体系。"[①]

教育、制度、监督是构建惩治与预防腐败体系的三个层面，如何做到三者并重，处理好"惩"与"防"的关系，是探索建立健全惩治和预防腐败体系的关键。《实施纲要》体现了注重治本、加大预防腐败工作力度的精神。如教育方面，就明确提出：要以领导干部为重点进行反腐倡廉教育；要面向全党全社会进行反腐倡廉教育，大力加强廉政文化建设；要完善反腐倡廉宣传教育工作格局，把反腐倡廉教育纳入党的宣传教育总体部署，形成反腐倡廉教育的强大合力。

制度方面，《实施纲要》从反腐倡廉基本制度和从源头上防治腐败的制度两个方面提出了许多反腐倡廉的具体制度。关于建立健全反腐倡廉基本制度，提出"四个完善"：一是完善对权力制约和监督的制度；二是完善反腐倡廉相关法律和规范国家工作

---

① 参见《建立健全教育、制度、监督并重的惩治和预防腐败体系实施纲要》，中国方正出版社 2005 年版。

人员从政行为的制度；三是完善对违纪违法行为的惩处制度；四是完善反腐败领导体制、工作机制。关于推进从源头上防治腐败的制度改革和创新，提出"六项改革""三个公开""四个规范"。"六项改革"是：深化干部人事制度改革、行政审批制度改革、财政体制改革、金融体制改革、投资体制改革、推进司法体制改革。"三个公开"，即健全政务公开、厂务公开、村务公开等制度。"四个规范"即：规范工程建设招标投标制度、规范土地使用权出让制度、规范产权交易制度、规范政府采购制度。同时，强调提高制度建设的质量和水平，实现制度建设的与时俱进。

监督方面，从监督对象、重点环节和重点部位及监督主体提出了许多重要措施：一是加强对领导机关、领导干部特别是各级领导班子主要负责人的监督；二是加强对干部选拔任用工作、财政资金运行、国有资产和金融等环节和部门权力行使的监督；三是充分发挥党内监督、人大监督、政府专门机关监督、司法监督、民主监督和社会监督等监督主体的积极作用，提高监督的整体效能。

《实施纲要》把教育、制度、监督结合起来，建立起一套防惩结合的反腐体系，表明反腐败工作进入一个新时期。作为十六大以来党的反腐倡廉建设的重要纲领性文献，《实施纲要》的颁布也受到高度重视。《实施纲要》颁布后，中央纪委召开会议部署贯彻落实，各级党委、政府和纪检监察机关按照中央的要求，纷纷认真贯彻。十六届中央纪委第五次全会强调，各级党委、政府要认真学习贯彻《实施纲要》，用发展的思路和改革的办法，不断提高有效预防腐败的能力和水平。同年，中央办公厅相继转发《中央纪委、中央组织部、中央宣传部关于学习宣传贯彻〈建立健全教育、制度、监督并重的惩治和预防腐败体系实施纲要〉的意见》《中央纪委关于贯彻落实〈建立健全教育、制度、监督并重的惩治和预防腐败体系实施纲要〉的分工方案》《中央纪委关于落实〈建立健全教育、制度、监督并重的惩治和预防腐败体系实施纲要〉2007 年底前工作要点》等一系列文件，对贯彻落实《实施纲要》的工作进行任务分解和整体部署。纲要中确定的231 项任务，分解到中央和国家机关 65 个部委，明确了落实工作的牵头单位和协办单位。

《实施纲要》颁布后，31 个省（区、市）、新疆生产建设兵团和中直、中央国家机关 96 个部门制定了贯彻落实《实施纲要》的具体意见。中共十七大修改的党章，又第一次把反腐倡廉建设单独列为党的建设的重要组成部分。2008 年 4 月 28 日，中央政治局召开会议，审议并通过了《建立健全惩治和预防腐败体系2008—2012 年工作规划》，这也是今后反腐倡廉工作的指导性文件。同年 5 月，全国贯彻落实《建立健全惩治和预防腐败体系2008—2012 年工作规划》电视电话会议在北京召开，就工作规划进行了研究部署。同年 8 月，十一届全国人大常委会第四次会议开始审议《中华人民共和国刑法修正案（七）草案》，该草案对于贪污受贿罪的适用范围和量刑标准的两处修改，加大了对犯罪分子的制裁力度。修改后的适用范围由原来的国家工作人员扩大到离职、在职国家工作人员的近亲属、其他和该工作人员关系密切的人，并将巨额财产来源不明的最高刑期由原来的 5 年提高到最高 10 年。这表明，党和政府将运用法律武器以更大的力度打击职务犯罪。中共十七届三中全会召开后，中央纪委、监察部印发了《关于深入学习贯彻党的十七届三中全会精神，进一步加强农村党风廉政建设若干问题的意见》，指出各级纪检监察机关要加强对中央强农惠农政策落实情况的监督检查，保证国家关于农村改革发展方针的贯彻落实。为妥善应对金融危机，中共中央、国务院及时调整宏观经济政策，出台一系列重大政策措施。中央纪委、监察部会同有关部门及时跟进，全程参与，严格检查，成立中央扩大内需促进经济增长政策落实检查工作领导小组，组建检查组，对 31 个省区市和新疆生产建设兵团开展监督检查工作，加强对投资项目和资金的监督管理，确保四万亿资金使用安全、有效。2009 年 9 月召开的中共十七届四中全会，进一步提出"要加快推进惩治和预防腐败体系建设，深入开展反腐败斗争"① 的要求，指出必须充分认识反腐败斗争的长期性、复杂性、艰巨性，把反腐倡廉建设放在更加突出的位置，严格执行党风廉政建设责任制，在坚决惩治腐败的同时加大教育、监督、改革、制度创新力度，更有效地预防腐败，不断取得反腐败斗争新成效。

提出建立健全惩治和预防腐败体系，是中共中央、国务院在新形势下对反腐倡廉工作做出的重大战略决策，在中国政治建设全局和党的建设伟大工程中占有重要地位。它体现了执政党对执政规律和反腐倡廉规律认识的进一步深化，是反腐倡廉工作向纵深发展的必然要求，是从源头上防治腐败的根本举措。新世纪新阶段，国际形势发生了新的深刻变化，中国改革开放处在关键时期，执政党所处的执政环境发生了重大变化，反腐败工作体制、机制和工作方式还存在与新形势新任务不相适应的问题，腐败现象滋生蔓延的土壤和条件依然存在，腐败现象在一些领域易发多发，反腐败斗争的形势仍然比较严峻。为此，中共十七届四中全会对健全权力运行制约和监督机制进行了新的部署，指出要"以加强领导干部特别是主要领导干部监督为重点，建立健全决策权、执行权、监督权既相互制约又相互协调的权力结构和运行机制，推进权力运行程序化和公开透明"。凡涉及群众切身利益的重大决策都要向社会公开，接受群众监督。严格执行和不断完善

---

① 《中共中央关于加强和改进新形势下党的建设若干重大问题的决定》，《人民日报》2009 年 9 月 28 日。

领导干部述职述廉、诫勉谈话、函询、质询、罢免或撤换等制度，地方党委常委会要把廉政勤政、选人用人等方面工作作为向全委会报告的重要内容。推行党政领导干部问责制、廉政承诺制、行政执法责任制。加强和改进巡视工作，健全巡视工作领导机制，选好配强巡视干部，完善巡视程序和方式，提高巡视成效。完善纪检监察机关派驻机构统一管理，健全对驻在部门领导班子及其成员监督的制度。完善党政主要领导干部和国有企业领导人员经济责任审计，加强对财政资金和重大投资项目审计。坚持党内监督与党外监督、专门机关监督与群众监督相结合，发挥好舆论监督作用，增强监督合力。

（二）反腐败要与国际合作

注重预防是当今世界各国反腐败的新动向。各国反腐败实践表明，腐败具有长期性、复杂性等特点，甚至有些腐败分子会潜伏到其他国家躲避法律制裁。因此，国际合作很有必要。

2003 年 12 月 10 日，中国由监察部、外交部委派代表签署了《联合国反腐败公约》。按照《公约》规定，加入该公约的国家须履行设立国家预防腐败机构这一要求。在该公约拟订谈判中，中国代表团认真研究了设立预防腐败机构的问题，并同意在该公约中写入该内容。2005 年 10 月 27 日，十届全国人大常委会第十八次会议通过关于批准《联合国反腐败公约》的决定。2006 年 1 月，中央纪委、监察部成立专门工作小组承办设立国家预防腐败局具体方案的制订工作，工作小组在与有关单位反复协商的基础上，提出了初步方案。这个方案先后经监察部部长办公会议、中央纪委书记办公会议和中央编办审议同意。同年 2 月 12 日，中国正式成为《联合国反腐败公约》的缔约国。2007 年 3 月，中央编办将《关于设立国家预防腐败局的请示》呈报中央审批。同年 5 月 31 日，中央正式批准设立国家预防腐败局，并将该机构列入国务院直属机构序列。

2007 年 9 月 13 日，中国国家预防腐败局正式挂牌，马驭出任国家预防腐败局首任局长。国家预防腐败局从拟议到最终成立，历时 4 年多。它的成立，是中国在反腐败工作上的制度创新，标志着中国反腐败格局的一次大调整。随着中国惩治和预防腐败工作力度的加大，反腐败工作取得了显著的成效。同时，中国的反腐败工作正在向着"注重预防"的方向转变。2007 年 6 月 25 日，胡锦涛在中央党校省部级干部进修班发表重要讲话（简称"6·25"讲话）强调，在坚决惩治腐败的同时，更加注重治本，更加注重预防，更加注重制度建设。国家预防腐败局的成立符合这一精神，将"预防腐败"的工作提到了重要位置。截至 2008 年 8 月，中央纪委、监察部已经与 78 个国家和地区的反腐败机构建立了友好合作关系，与一些国家监察机构签署了交流合作协议。通过开展多边交流，达到了宣传中国反腐倡廉取得巨大成就、加深相互理解、加强合作交流的目的。

四、依法专项治理权钱交易的商业贿赂

（一）开展治理商业贿赂行动

商业贿赂是指经营者在商业交往中，用行贿的办法来取得交易机会和经济利益的行为。它和一般贿赂的不同之处，是行贿的一方必须是经营者，而一般的贿赂不是如此，比如买官是一般贿赂不是商业贿赂。经济发展到一定程度，在社会转型、经济转轨、体制变换过程中，任何国家都会经历一段商业贿赂的高发期，该过程与它的经济发展、体制改革有关。发达国家也有类似现象。以日本为例，20 世纪 70 年代日本首相竹下登被迫辞职，

80 年代田中首相被迫辞职，都是因为商业贿赂的问题。日本有相关规定，如果是请交易者吃饭，那也是商业贿赂。

处于转轨过程中的中国，商业贿赂慢慢滋长，已达到严重的地步，不仅非常普遍、非常严重，而且非常隐蔽。

为此，2005 年 8 月 16 日，中央纪委召开治理商业贿赂座谈会，决定成立中央治理商业贿赂工作领导小组，专门开展治理商业贿赂行动。这次行动以治理工程建设、土地出让、医药购销等领域的商业贿赂为重点，着重查办政府机关公务员利用审批权、执法权、监管权搞官商勾结、权钱交易的商业贿赂案件，从而掀起一场"反商业贿赂风暴"。中央治理商业贿赂工作领导小组办公室印发了《关于深入推进治理商业贿赂专项工作的意见》《关于治理商业贿赂专项工作中收缴的不当所得的处理意见》《关于对不正当交易行为自查自纠工作进行检查评估的通知》等一系列文件，对治理商业贿赂工作进行了部署。2006 年 2 月 24 日，国务院召开"第四次廉政工作会议"，要求各地各部门要把开展治理商业贿赂专项工作，作为当年反腐倡廉的重点。在这次"风暴"中，很多人被逮捕入狱，治理商业贿赂也成为反腐倡廉斗争的一大亮点。

据统计，从 2005 年 8 月到 2006 年 6 月，全国共查处商业贿赂案件 13376 件，涉案金额 37.66 亿元。其中，涉及国家公务员的案件 3128 件，占案件总数的 23.4%；涉案金额 9.68 亿元，占总金额的 25.7%；涉及厅（局）级干部 71 人、县（处）级干部 543 人。2007 年 9 月，中央治理商业贿赂领导小组通报了 20 件商业贿赂违法犯罪典型案件，并开始进行查处。到 2008 年 6 月，全国共查结商业贿赂案件 48580 件，其中涉及国家公务员的案件为 8903 件，有 9060 人受到查处。2009 年，全国共查处商业贿赂案件 13858 件，涉案金额 32.9 亿元，其中涉及国家公务员的案件

2906 件，涉及国家公务员 3202 人。① 对腐败分子持续高压打压的态势，有利于反腐倡廉建设顺利进行。

（二）加强对行政体制机制的完善

在治理商业贿赂的同时，中共中央、国务院加强了对行政体制机制的完善，以从制度层面解决问题。中共十六届三中全会强调，运用制度惩治和预防腐败，是做好反腐倡廉工作的根本途径。中共十七大还提出要"更加注重制度建设"的要求。根据中央部署，中央纪委、监察部配合有关部门推进干部人事制度、财政管理体制、司法体制、投资体制、金融体制改革，积极实施和完善工程建设项目招标投标、经营性土地使用权招标拍卖挂牌出让、产权交易、政府采购等制度，有力推动了惩治和预防腐败体系建设。干部人事制度改革在整体推进中不断深化，符合科学发展观要求的领导班子和领导干部综合考核评价制度逐步建立，对干部选拔任用工作的监督进一步增强。司法体制和工作机制改革正在平稳有序地向前推进，人民群众反映强烈的"打官司难""执行难"等问题逐步得到解决。行政审批制度改革深入推进，通过全面清理和严格审核，国务院分三批共取消和调整了 1806 项审批项目，占 68 个具有行政审批部门和单位审批项目的 50.1%。财政税收体制改革更加深入，中央国库集中支付改革扩大到全部中央部门，实施改革的基层预算单位扩大到 3643 个。投资体制改革稳步推进，企业投资管理体制改革继续深入，29 个省级政府制定了企业投资核准管理办法，27 个省级政府实施了备案管理办法。金融体制改革方面，金融风险预警体系、金融机构内控机制以及社会信用体系逐步健全。

在制度建设方面，中共十七届四中全会做出新的部署，强调

①　参见《北京晨报》2010 年 1 月 8 日。

要坚持用制度管权、管事、管人，深化重要领域和关键环节改革，最大限度减少体制障碍和制度漏洞，完善防治腐败体制机制，提高反腐倡廉制度化、法制化水平。

（三）严厉纠正损害群众利益的不正之风

在反腐倡廉建设中，国家还采取开通行风热线、举报电话、网络举报等一系列措施，严厉纠正部分地区、部门存在的损害群众利益的不正之风。全国 31 个省市区，绝大部分地级市开办了行风热线。2003 年至 2007 年 6 月底，各级纪检监察机关共受理信访举报 644.8 万件。为方便群众举报，2008 年 6 月，全国纪检监察机关统一举报电话 12388 正式开通，同时 23 个省区市开通了网上举报。在中央领导下，纠风工作坚持标本兼治、纠建并举的方针，以切实维护群众利益为出发点和落脚点，开展了治理教育乱收费、纠正医药购销和医疗服务中的不正之风、减轻农民负担、集中整治土地征用、房屋拆迁、企业改制、农民工工资支付、安全生产、环境保护、食品药品安全、社会保障基金管理等治理行动，严厉惩治损害群众利益的相关责任人和相关单位，逐步形成了一条"纠正、建设、监督、改革"相互结合、相互促进的纠风工作新路子。群众反映强烈的安徽疫苗案件、吉林松花江特大污染事故、河北石家庄三鹿奶粉事件等损害群众利益的典型案件，都受到了及时严厉查处，有效维护了群众利益。2009 年，在对耕地保护和节约用地政策以及资源节约和环境保护政策措施落实情况的检查中，查处土地违规违法案件 1001 件、环保违规违法案件 10000 余件；中央纪委、监察部和四川、甘肃、陕西等省纪检监察机关共接到抗震救灾资金物资监管方面的群众投诉举报 8794 件，核查 3822 件，处分 259 人；在党政机关和事业单位"小金库"专项治理上，全国因设立"小金库"和使用"小金库"款项给予党纪政纪处分 298 人。①

五、审计严查违法违规及其制度化建设

中国的审计部门恢复于上世纪 80 年代，按照宪法规定，审计署归国务院总理领导，对政府负责的同时也对人大负责。因为审计部门在揭露问题、处理问题和纠正问题方面颇有成效，世界各国对中国的审计体制给予了高度关注。

（一）"审计风暴"的简要回顾

自 2003 年起，每年度国家审计署向全国人大常委会提供的审计报告都按照《中华人民共和国审计法》的要求全面公开，报告指名道姓地批评国家有关部委的行为，被外界形象地称为"审计风暴"。

用风暴来形容审计署的审计工作给人们带来的强烈感受实不为过。实际上，从 1998 年到 2003 年期间，审计署就已经有很多大动作，掀起了几次风暴，但都没有十六大以来这几年影响这么大，百姓的期望值这么高。2003 年 6 月 25 日，国家审计署审计长李金华代表国务院向全国人大常委会提交了 2002 年度中央财政执行和其他财政收支情况的审计报告。报告中，一大批国家部委被公开曝光，被点名批评的有财政部、原国家计委、教育部、民政部、水利部、交通部等，其中财政部被点名达 9 次之多。报告在用词上也很少以前的含糊和温和，而代之以疏于管理和监督不利等严厉的字眼。报告还披露了几十个机场的建设，效益不高，大部分亏损，包括乡、县财政负债沉重等问题，引起社会广

---

① 参见《北京晨报》2010 年 1 月 8 日。

泛关注。由于报告在审计署官方网站上当天全文公开，引起社会强烈反响，舆论称之为一场"审计风暴"，从此审计开始进入公众视野。同年，审计署查出财政部违反预算法问题、社保基金问题、国资流失问题，用审计实践掀起了 2003 年"审计风暴"。

2004 年 5 月，审计长李金华向十届全国人大常委会第十次会议作了《关于 2003 年度中央预算执行和其他财政收支的审计工作报告》，"审计清单"再爆惊人黑洞，一股强劲的风暴再次开始。报告说，审计署对 55 个中央部门和单位 2003 年度预算执行情况的审计发现：7 个部门采取虚报人员、编造虚假项目等方式，套取财政资金 9673 万元。而中央单位的基本建设和事业发展专项资金闲置问题比较普遍，抽查 23 个部门管理的 43 个基本建设和事业发展专项资金项目时发现，截至 2003 年年底，财政部累计拨款 31.14 亿元，项目实施单位实际仅使用 12.61 亿元，闲置资金达 18.53 亿元，占项目预算拨款的 64.74%。审计署对国务院 24 个部门 2003 年度决算（草案）审签发现，部门决算编报不真实、不规范的问题仍然存在，主要是少报收入和结余、虚列支出、漏汇少汇部分资金等，涉及金额 40.54 亿元。审计调查 17 个省、区、市 35 个地市的税收征管质量，重点抽查了 788 户企业，发现少征税款问题比较突出。这些企业 2002 年少缴税款 133 亿元，2003 年 1 月至 9 月少缴税款 118 亿元。

2005 年的"审计风暴"，瞄准了六大领域。在重大投资项目审计方面，初步选择高等级公路；在政府预算执行审计方面，转向以支出审计为主；在金融机构审计方面，瞄准银监会、农行；在专项资金审计方面，继续关注群众切身利益；在经济责任审计方面，扩大到地厅级领导干部。一年内，有关方面已向主管部门、纪检监察部门和司法机关移送各类案件线索 114 起，已有 121 人受到党纪政纪处分，76 人被依法逮捕、起诉或者判刑。

2006 年的"审计风暴"有鲜明特点：一是各部门认真进行

自查自纠。据统计，53 个部门共自查相关问题 500 多个，涉及金额 270 多亿元。二是从 2006 年审计情况来看，部门本级的违法违规问题大幅度下降，违法违规问题只占审计发现问题的 4%，加上损失浪费的问题只占问题总额的 5% 左右。三是中央部门 2006 年度预算执行审计加强了对二、三级单位的审计调查，引起了各部门的高度重视，也引起了国务院的高度重视。四是边审边改，效果比较明显。在审计过程当中，做到及时与有关部门沟通情况，交流信息，通过采取书面或口头的方式告诉有关部门请他们自行纠正、及时整改。在审计期间有关部门整改的问题金额达 170 多亿元，不少部门不仅很快纠正问题，还制定和完善了相关规章制度，从制度上巩固审计整改的成果，防止年年审、年年犯。2006 年度审计项目涵盖了诸多领域，包括：三峡库区移民和地质灾害防治资金审计，收费公路专项审计调查，三峡枢纽工程审计，已完工世行、亚行项目效益和还贷情况专项审计调查等项目。2006 年度中央预算执行和其他财政收支审计发现，环保总局、烟草局、民航总局 3 个部门多报多领财政资金 8489.2 万元；南水北调办等 33 个部门挤占挪用财政和其他专项资金等 8.59 亿元；供销总社等 15 部门截留、少报和转移资金等 3.94 亿元；民航总局等四部门存在超标建设办公楼等问题。据不完全统计，2006 年中国建立内部审计机构 6 万多个，内部审计人员 20 多万人，全年共完成审计项目 129 万个，查出损失浪费 109 亿元，增加效益 382 亿元。

2007 年和 2008 年"审计风暴"依然继续，只不过重点和方式有所转变。

（二）"审计风暴"揭露的惊世大案

连续不停的"审计风暴"，揪出了一批贪官污吏，牵扯出件件惊天大案，其中广为人知的有国家电力公司原领导班子部分成员、农行违规使用资金等。

在审计风暴中，爆出国家电力公司原领导班子违法违规金额高达 211 亿元的丑闻，其所涉金额之高、面积之大位列"审计风暴"所公布的所有违法违纪案件之首。2003 年，审计署在对国家电力公司原领导班子进行任期经济责任审计时发现三方面问题：第一，在决策失误造成重大损失方面，审计署抽查该公司投资、借款、担保、大额采购和重大股权变动项目 6818 个，有损失或潜在损失项目 631 个，金额 78.4 亿元，其中因个别领导违反决策程序或擅自决策造成损失或潜在损失 32.8 亿元，占 42%。这些损失主要是以前年度下属公司造成的。如 1994 年至 1996 年，北京供电公司总经理赵某在公司不具备独立法人资格的情况下，擅自为北京威克瑞公司提供担保，本息合计 11.2 亿元。由于北京威克瑞公司濒临破产，经法院判决，北京供电公司承担部分赔偿责任，造成损失 4.57 亿元。第二，国家电力公司损益不实比较严重。该公司 2002 年决算报表反映当年利润总额为 215 亿元，经审计确认应为 247 亿元。1998 年至 2004 年，累计少计利润 78 亿元。损益不实的原因，主要是少计收入、收益和多列成本。第三，该公司国有资产流失 45 亿元，其中因违规处置资产、通过关联交易让利，造成国有资产向三产企业流失 29.7 亿元；因违规对外投资、借款、担保以及其他违规违纪问题，造成损失 15.3 亿元。除上述三方面问题外，此次审计还查出国家电力公司涉嫌个人经济犯罪案件线索 12 起，涉案金额 10 亿元。

上述问题，在 2004 年 5 月 24 日李金华向十届全国人大常委会第十次会议作的 2003 年度审计工作报告中被披露。庞大的国电公司部门繁杂，机构臃肿，对外人来说如同暗箱一样神秘，此次审计署所公开的违法违规事实揭开了冰山一角。据审计署披露，国家电力公司几年前召开的人事干部会议，短短 3 天时间竟然挥霍 304 万元，人均耗费 2.4 万元。事后又用假账试图掩盖令人震惊的奢侈事实。国电湖北公司所属有一家三星级酒店梨园大酒店，但有关方面认为档次不够，最终决定在武汉一家五星级酒店召开会议。代表的住宿一人一间，标准是部门负责人住420元/天的高级单人间，单位负责人住750元/天的豪华单人间，分公司总经理住1500元/天的豪华套间。会议名副其实地开成了食宿标准高、接待规格高和礼品档次高的"三高"会议。此外，承办方华中公司还动用了在武汉的各种物质资源和社会关系资源提高会议规格。经常是高档车队随着警车呼啸而过，会议还特地从北京邀请到一家全国知名的歌舞团举行了两场专场演出，承办方为此支付的"会议费"达82万元。国电公司原总经理高严的住宿堪称"国宾待遇"。一方面，为了他中午休息，会议专门为他在香格里拉大饭店安排了一套8000元/天的总统套房；另一方面，还在东湖宾馆花费6万元安排了一套特大套房，套房里的设施弃之不用，按高严的个人喜好和身材特征，专门定做了实木家具、床上用品甚至抽水马桶，另有两名保安、两名干警负责他的安全事务。

自从2002年被拆分后，国家电力公司总经理高严已携款外逃，另有一些高层人员被拘捕，但国电公司的重大经济问题却并没有曲终人散，长期的决策失误、僵化而富于官僚气息的管理体制给电力系统带来重重恶果。2004年6月份的电荒，乃至拉闸限电，就是其中之一。在国家审计署花费了大量时间、人力以及物力的情况下，这座浮在水面上深不可测的冰山一角终于被挖开了。2003年审计署组织16个省、18个特派办和有关社会审计人员2000多人，对国家电力公司原领导班子进行了任期经济责任审计。通过审计，基本摸清了电力企业家底，发现和揭露了经营管理中存在的一些突出问题，主要是：损益不实，潜亏数额较大；管理不严，国有资产流失较为严重；主业与三产产权不清，存在收益向三产企业流失等问题。同时，审计还发现了一批重大案件，截至 2004 年 2 月，仅通过《审计要情》上报国务院的案件已有 13 件，涉案金额 10 亿多元。2003 年通过审计查出 5 起大案，其中难度很大、最曲折的是审计华中电力集团公司总经理林孔兴一案。这起大案最终牵出 12 起案件，35 人受到司法机关处理，其中有副部级、正厅级干部。2003 年 5 月，审计署相关人员开始进驻华中电力集团公司审计，查明林孔兴任华中电力管理局局长、华中电力集团公司总经理期间，以权谋私，其女儿、女婿等在承包电力工程、向电力单位供货中暗箱操作，弄虚作假，非法牟利 8300 万元。

2003 年 8 月至 2004 年 5 月，审计署武汉特派办对长江重要堤防隐蔽工程质量和国债资金使用管理情况进行了全面审计。审计表明：长江水利委员会长江重要堤防隐蔽工程建设管理局作为项目法人单位，虽然采取了各种管理措施，但由于部分施工企业与个别现场建设、监理等部门相互串通，弄虚作假，骗取国债建设资金，导致部分堤段水下抛石数量不足，水上块石护岸工程偷工减料，造成质量隐患；部分单位和个人内外勾结，编造财务假账，侵吞国债建设资金。工程石料结算用白条或假发票，石料供应商涉嫌偷漏增值税近亿元。长江堤防关系到上亿人的安危。因此，有关长江堤防的审计成为国人关注的"审计风暴"的一个重要组成部分。抽查 11 个重点险段发现，水上块石护坡工程不合格的标段达 50% 以上。在这一工程建设管理中，有关责任人以权谋私、大肆受贿。此案上报国务院后，有关部门立案查处，已逮捕 21 人。

2004 年的《中国经济周刊》列举了审计署调查十大案例。其中，电力公司的案例摆在第一位。其余的九大案例为：一是体育总局动用中国奥委会专项资金 1.31 亿元，建设职工住宅 1.09 亿元，发放总局机关职务补贴和借给下属单位办企业 2204 万元。二是工行总行及 21 个分行违规发放贷款，仅上海外高桥保税区支行向姚康达一人发放个人住房贷款就达 7141 万元用于炒房。工行还违规办理汇票承兑和贴现 101 亿元。三是广东省佛山民营企业主冯某利用其 13 家关联企业，与银行内部串通，累计从工行南海支行取得贷款 74.21 亿元。四是中国人寿保险公司擅自改变保险费率、超额退保、非法代理保险业务等不正当竞争问题涉及金额 23.74 亿元。同时，将保险资金违规出借、投资和兴建办公楼等涉及 24.82 亿元。五是一些税务部门在完成税收计划的情况下，有税不征、违规缓征，光审计署调查的项目就涉及少征税款 106 亿元和 102 亿元。如唐山市国税局 2002 年 11 月以来，违规批准 13 家钢铁企业延期纳税 10.63 亿元。六是个别税务机关严重渎职，造成国家税款流失。河南许昌地税向无货物运输的企业无限量发售专用发票，一年中共代开、虚开货运发票 1 万多本，金额 19.17 亿元，从中收取手续费 513 万元。七是国家林业局调查规划设计院等 4 个单位编造、变造 7 份"林业治沙项目"贷款合同，套取财政贴息资金 415 万元。八是东方大学城在 2001 年至 2002 年，与河北省廊坊市和北京市通州区 5 个村委会非法签订协议，大量租用农民土地，并将 6007 亩土地用于建设 5 个标准高尔夫球场。九是广东化州教育局自 2002 年以来，挪用学杂费等 2561 万元，用于建办公楼和招待费开支。1999 年以来，还将中小学生订阅图书资料回扣款等 1356 万元，用于私分和吃喝。

在"审计风暴"不断的情况下，2006 年 6 月 26 日，审计署公布了中国农业银行 2004 年度资产负债损益审计结果，再次引起国人关注。审计署于 2005 年对农行总行及其北京、天津、上海等 21 家分支机构 2004 年度资产负债损益的真实、合法和效益情况进行了审计。审计结果表明，农行的资产质量有所好转，财务状况逐步改善，经营风险不断缓解。2004 年，该行不良贷款余额为 6892.97 亿元，不良贷款率为 26.77%，比年初分别下降 23

亿元和 3.8 个百分点；全年实现经营利润 320 亿元、税前利润 84.75 亿元，消化非信贷风险资产历史包袱 191 亿元；通过整合机构，全年减少人员 2.25 万人、撤并网点 5134 个，银行竞争力逐步增强。农业银行在经营管理、风险控制等方面还存在一些违法违规问题和薄弱环节，迫切需要加以纠正和改进。审计发现，农行的违规经营问题主要体现在三个方面：一是违规办理存款业务 142.73 亿元。主要问题是违规使用存款科目、违规开立存款账户，个别单位甚至违规动用客户存款。二是违规发放贷款 276.18 亿元。主要表现在汽车消费贷款、土地储备贷款和扶贫贴息贷款等方面。三是违规办埋票据业务 97.18 亿元。农行一些基层分支机构对票据业务审核把关不严，存在大量违规操作。此次审计共发现各类涉嫌违法犯罪案件线索 51 起，涉案金额 86.84 亿元，涉案责任人 157 名。

通过严格审计发现腐败线索，似乎成为反腐惩腐的新手段。"审计风暴"之所以广受国人关注，与它能够揭发腐败大案要案不无关系，同时也表明审计已经涉及很多国家体制和行政领域的深层次问题。

（三）不能光靠"审计风暴"

风暴总是只盛行一时。当一切尘埃落定，当审计报告中被提及的"盖子"被次第揭开后，如何解决问题、如何建立反腐长效机制，是公众更想了解的。

在短暂的欢呼之后，舆论迅速将目光盯住了"后风暴"时代。关注的焦点，一是审计报告中披露的问题能否或如何解决；二是这一轮"风暴"究竟是系于李金华审计长个人的"孤胆"，还是中央政府有计划、有步骤的制度安排。审计报告披露出的问题有的已经基本解决，有的正在着手解决，但不会一帆风顺。从审计报告披露伊始的避而不谈，到后来的曲意辩解，来自被点名单位的抵触、反弹、搪塞、躲避等各种手段都已经出现。"审计风暴"之后，还得来一场"反贪风暴"，才能真正解决审计报告中所披露出的问题。而在审计制度化、常规化建设方面，已有积极进展。譬如国家审计署正在酝酿审计结果公布制，使审计结果的披露走向制度化、常规化；还将建立专门针对省部级或地厅级干部的经济责任审计制度。同时，派驻各部委的 25 个审计局实施一把手轮换制度，25 位审计局长全部轮职换岗，审计署在地方主责中央财政项目审计工作的 18 个审计特派员办事处也实行异地审计、交叉审计，以增加审计者与被审计者之间的"陌生感"。一张有点，有面，有各种规避、预防制度的审计网络，正在细密的编织过程之中。

同时，各种社会舆论也在探讨如何更好地发挥审计作用、完善审计制度的途径，如有舆论提出应该将审计机关向国务院负责，改为向全国人大负责，以更好地实现对行政权力的全面监督。

制度具有根本性和稳定性。"审计风暴"毕竟不是长远之计，形成有序的行政行为，根本还是要从完善制度建设、建立长效机制入手，才能根治在"审计风暴"中各部门暴露出来的问题。数据显示，过去几年，审计部门共审计 59.2 万个部门，完成了对 16.7 万人的经济责任审计，促进增收节支 1919 亿元。同时，向司法机关移送案件 2847 件，涉及 4370 人。向纪检部门移送案件 5509 件，涉及 7672 人。

总之，党的十六大以来，中共中央、国务院把反腐倡廉建设作为一项重大政治任务，采取一系列有力措施，走出了一条中国特色反腐倡廉的新路子，各级纪检监察机关继续加大查办案件力度，始终保持惩治腐败的高压态势，取得明显成效。2002 年 12 月至 2008 年 12 月，全国纪检监察机关共立案 806440 件，给予党纪处分 652435 人。其中，中央严厉查处的一些大案要案格外引人注目，威慑力强。如安徽省原副省长王怀中，因犯受贿罪于

2003 年 12 月被判处死刑；国家食品药品监督管理局原局长郑筱萸，因犯受贿罪和玩忽职守罪在 2007 年 7 月被判处死刑；中央政治局原委员、上海市委原书记陈良宇，2008 年 4 月因犯受贿罪和滥用职权罪被判处有期徒刑 18 年。此外，还有 20 多位省部级高官因犯贪污、受贿等罪而受到法律的严厉制裁。2009 年 1—11月，全国共审计和调查 9.9 万个单位，查出违规问题金额 2347 亿元，损失浪费问题金额 163 亿元。审计机关向司法、纪检部门移送案件线索和事项近 900 件，涉及 1000 余人。[①] 同时，这年 1—11 月，各级纪检监察机关共接受信访举报 1318362 件（次），初步核实违纪线索 140828 件，立案 115420 件，结案 101893 件，处分 106626 人。通过查办案件，为国家挽回经济损失 44.4 亿元。全年共处分县处级以上干部 3743 人，移送司法机关的县处级以上干部 764 人。陈同海、王益、米凤君、陈少勇、朱志刚、皮黔生、黄松有、陈绍基、王华元、郑少东、许宗衡、李堂堂、黄瑶、宋勇、康日新、张春江等大案要案被严肃查处。虽然这一年受处分的县处级以上干部人数增长 10.8%，受处分的贪污贿赂金额在 100 万元以上的干部人数增长 19.2%，但党员干部队伍的主流是好的，腐败分子只是极少数。2009 年 1—11 月，受党纪处分人数占党员总数的 1.1%，其中因贪污贿赂行为被开除党籍并移送司法机关处理的有 2231 人，占党员总数的 0.029%。国家统计局等民意调查显示，近年群众对反腐败工作成效的满意度平稳上升，国际社会对中国反腐败也给予积极评价。[②]

当然，也不能否认，一些腐败案件触目惊心，显示出腐败分子犯罪情节恶劣、生活腐化、情趣低俗等特点，并且窝案、串案现象突出等现实，反腐倡廉建设任重而道远。

---

① 参见《北京晨报》2009 年 12 月 29 日。
② 参见《北京晨报》2010 年 1 月 8 日。

第十一章 抗击特大自然灾害
和成功举办奥运会

2008 年是中国历史上重要而不平凡的一年。这年上半年，中国先后经历了历史上罕见的南方低温雨雪冰冻自然灾害和突如其来的四川汶川大地震。在这两场巨大的自然灾难面前，全国人民在党和政府的领导下，万众一心，共克时艰，战胜雪灾，抗震救灾，重建家园，谱写了中华民族伟大精神的壮丽篇章。北京奥运会和残奥会的成功举办，向世界展示了中国改革开放 30 年的伟大成果，展示了一个快速发展、欣欣向荣、日益强盛的大国风采，展示了一个富有活力、热情好客、多姿多彩的民族大家庭形象。奥运使世界了解中国，中国通过奥运走向世界。

一、万众一心抵御南方暴风雪

从 2008 年 1 月中旬开始，一场异常猛烈的暴风雪袭面而来，在短时间内迅速肆虐中国南方大部分地区，在春节前夕一连持续 20 多天，造成了严重的冰冻灾害。这场暴风雪冰封了南方电网，中断了京珠高速公路，梗阻了京广铁路，煤电供应吃紧，接近一亿人在挨饿受冻，数百万人被困在回家过年的路上。他们因无法与家人春节团聚而露出无奈的神情。百年一遇的南方暴风雪考验着中国人民的意志。

灾情就是命令。面对这场特大灾情，中共中央、国务院高度重视，迅速部署开展大规模的抗灾救灾。胡锦涛总书记、温家宝总理等中央领导人在最关键时刻，亲临一线指导抢险救灾工作。在中共中央、国务院坚强正确的领导和统一指挥下，受灾地区各级党委、政府带领广大党员、干部和群众奋起抗灾，各有关部门和单位迅速行动，人民解放军、武警部队勇挑重担、顽强拼搏，社会各界同舟共济、相互支援。经过全国上下的共同努力，在较短时间内，取得了抗灾救灾斗争重大胜利。

（一）及时启动应急机制，全面部署抗灾救灾工作

早在大规模雨雪天气出现前，国务院办公厅就根据中国气象局发布的天气预报，于2008年1月10日至21日连续发出4次灾害预警通知，要求有关地区和部门及时落实防范措施，做好应对准备。1月14日，国家发展改革委员会启动跨部门协调机制，部署增产和抢运电煤工作。1月18日，铁路部门按照统一部署提前5天进入春运状态，公安、交通部门相继启动雨雪恶劣天气交通应急管理机制。1月25日，温家宝亲赴河北和北京视察春运工作，并在北京西站召开办公会议，紧急部署春运、电煤抢运和节日物资运输等工作。

1月25日后，贵州和湖南电网出现因雨雪冰冻网架垮塌、大面积停电的严峻局面，京广、沪昆等铁路干线部分区段运输受阻，京珠高速公路出现严重阻塞。1月26日，国务院办公厅召开紧急会议，研究煤电油运和应急抗灾工作。1月27日，国务院召开电视电话会议进行具体部署。1月28日，国务院决定成立煤电油运和抢险抗灾应急指挥中心，统筹协调抗击灾害和煤电油运保障工作。温家宝于1月28日20时30分从北京赶赴湖南，考察抗灾救灾工作后，转乘火车于29日晨到达长沙，会同国家有关部

门负责人和湖南省委、省政府负责人一起研究抗灾救灾工作。1月29日，胡锦涛主持召开中共中央政治局会议，专门研究当前雨雪冰冻灾情，部署做好保障群众生产生活工作。会议指出：各地区各部门都要紧急行动起来，牢固树立全国一盘棋的思想，大力发扬一方有难、八方支援的精神，同心同德，团结协作，充分发挥先锋模范作用，努力把这场灾害造成的损失减少到最低限度，确保人民生命财产安全，确保经济平稳正常运行，确保社会和谐稳定。2月1日，温家宝主持召开国务院常务会议，研究部署抢险抗灾和煤电油运保障工作。

在此期间，国务院办公厅连续下发了做好雨雪天气交通、煤炭、电力和鲜活补品保障等工作的紧急通知。国家减灾委召开会议，部署灾区群众生产生活保障工作。气象局、民政部及时启动重大气象灾害、救灾和电网大面积停电应急预案，铁道部、交通部、公安部、保监会等部门全面启动应急预案，财政部、发改委紧急下达抢险救灾应急资金，灾区各级人民政府迅速进行动员部署，国家电网、中国电信等国有企业认真履行社会责任，人民解放军、武警部队发扬人民子弟兵的优良传统，全力奋战在抢险抗灾第一线。截至2月1日，驻灾区部队已出动兵力25万余人次、民兵预备役人员77.2万余人次、机械车辆3.4万余台次，主要集中在灾情重的地区及铁路、公路和城市主干线，担负除冰疏道、抢修损毁电路、转移安置受灾群众、抢运救灾物资、诊治冻伤和染病人员、保障受困群众生活、维护机场车站和社会秩序、加固维修毁损民房等艰巨任务。全军紧急调运各类物资1.4万吨，还有5300套防滑链、41.9万件棉被和21.9万件棉大衣，陆续运往灾区。空军还派出了伊尔-76飞机5架，担负空运棉被和电网抢修人员任务；另有100余架运输机和直升机待命，随时执行救灾任务。

应急指挥中心在综合分析研究判断灾情的基础上，按照中共中央、国务院的要求，迅速确定工作重点，并成立了"煤电油运保障""抢通道路""抢修电网""救灾和市场保障""灾后重建""新闻宣传"6个指挥部，分别加强对重点领域的指挥协调。

（二）全力打好抗灾救灾攻坚战

根据中共中央、国务院"保交通，保供电，保民生"的总体要求，煤电油运和抢险抗灾应急指挥中心、各有关部门和灾区各级政府在解放军、武警部队和公安民警的大力支持下，以高度的政治责任感，迅速组织开展了"五个攻坚战"：

一是动员各界力量，全力打好抢通道路攻坚战。灾情发生后，中共中央、国务院及时动员号召社会各方面力量特别是人民解放军和武警官兵除雪破冰，及时抢通受阻公路并疏导滞留车辆；调集内燃机车和发电设备疏通京广、沪昆铁路，并采取迂回运输等应急措施；动员广大农民工留在工作地过年，减轻春运运输压力；加强集中统一指挥和信息发布，实施省际交通联运协调和跨区域分流，以避免新的交通拥堵的出现，抢通道路攻坚战取得重大胜利。1月31日，京广、沪昆铁路运输能力基本恢复。2月3日，南方主要机场全部开放。2月4日，京珠高速全线贯通。2月5日，广州地区350万滞留铁路旅客基本疏运完毕。

二是集中各地优势兵力，打好抢修电网攻坚战。国家电网公司、南方电网公司在全国各地调集了大批技术力量赴灾区抢修受损供电设施，人民解放军、武警官兵和社会各方面全力支援，奋战在电网抢修一线的42万名工作人员，齐心协力打好抢修电网攻坚战。2月6日除夕，南方因受灾断电的170余个县城以及87%的乡镇基本恢复用电。3月8日，国家电网公司、南方电网公司系统电网全面恢复运行。3月底，各地已基本完成电网修复重建任务，受损电网基本恢复供电。

三是合理安排生产调运，打好抢运电煤攻坚战。各主要产煤省（区）和重点煤炭生产企业顾全大局，千方百计增加煤炭生产运输，铁路、交通部门全力组织突击抢运电煤。铁路电煤日均装车量达43万车，同比增长53.9%；大秦铁路日均完成100万吨煤炭运输任务，同比增长22%；秦皇岛港等北方四港日装船130万吨，同比增长24%。加强电煤产运需协调，对告急骨干电厂实行煤矿、铁路和电厂的"点对点"衔接。经过各方面共同努力，2月24日，直供电厂存煤达到14天用量，基本恢复并保持在正常水平。

四是落实政策措施，打好保障灾区群众生活攻坚战。按照"保吃饭，保御寒，保有住处，保有病能医"的要求，灾区各级政府和有关部门及时组织向灾区调拨粮食、棉衣被、发电机、成品油等救灾物资，妥善安置受灾群众，及时救助滞留旅客；中央财政先后紧急下拨中央自然灾害生活救助资金18.24亿元，安排救灾综合性财力补助资金10亿元，增拨重灾省份城乡低保对象临时补助金7.1亿元；各级卫生部门先后派出医疗卫生队伍达2.5万支，救治因灾伤病人员，防止疫病流行，确保大灾之后无大疫。

五是加强组织调运和市场监管，打好保障灾区市场供应攻坚战。坚持一手抓抢险抗灾、一手抓灾区市场供应，各有关部门适时投放储备肉及其他生活必需品，组织蔬菜、成品粮、食用油调运；及时组织灾区农民抓紧修复灾害中受损设施，采取抢种速生蔬菜等多种形式扩大生产；加强信息引导，组织灾区和非灾区之间鲜活农产品产销对接活动，引导灾区农产品批发市场联手保障灾后市场供应；实施运输"绿色通道"，免收车辆通行费。同时，加强市场监管，对生活必需品、救灾物资实行临时价格干预措施，有力地保障了灾区重要商品价格的基本稳定。

（三）政府信息引导，把握正确舆论导向

为了增强抢险抗灾信息发布的权威性、及时性、准确性和综合性，带领全国人民夺取抗灾救灾的全面胜利，中宣部、煤电油运和抢险抗灾应急指挥中心、新闻办等单位强化信息发布工作，为抢险抗灾创造了良好的舆论环境。

一是加强抢险抗灾的信息指导。抗灾期间，新闻部门先后发布 22 期公告，引导各地和各有关方面做好疏导滞留旅客、妥善安排各地务工人员就地过年、积极稳定市场价格等方面工作，指导灾区加强公共卫生防疫，做好动植物疫病等次生灾害的防治工作。

二是建立新闻发布制度，营造良好的舆论氛围。多次组织新闻发布会和媒体吹风会，在主要媒体以及重点网站开设《权威发布》等栏目，每天发布抢险抗灾工作进展情况。中央和地方新闻媒体、重点新闻网站大力宣传抗灾救灾中涌现出来的先进典型，为抢险抗灾提供了有力的舆论支持。

三是争取国际社会的理解和支持。为加强抗灾救灾对外宣传，积极引导互联网舆论，有关部门组织境外媒体赴灾区采访，及时向各国驻华使节和国际组织通报情况，国际社会对中国抢险救灾工作普遍予以积极评价。

在中共中央、国务院的精心安排和科学调度下，抗击南方低温雨雪冰冻灾害取得阶段性成果。截至 2008 年 4 月 23 日，中央财政已筹措恢复重建资金 295.37 亿元。根据国务院常务会议决定，在 2008 年中央财政安排"三农"投入 5625 亿元、基建投资公司 39 亿元的基础上，再增加中央财政性资金 252.5 亿元，用于农业和粮食生产，继续向受灾地区倾斜。到 4 月底，各受灾地区补种各类农作物 2931 万亩，完成计划的 75.6%；计划修复的 215 万亩大棚等设施全部完成；修复受损畜禽圈舍和水产养殖设施占

因灾损失总量的 70%；受损农机具、泵房等设施恢复重建进展顺利，能够满足春耕生产需要。受损的城镇供水管网修复重建 2.8 万公里，完成计划的 85%，有 98% 的市县和 90% 以上的乡镇全面恢复正常供水，污水处理设施基本恢复运行。受灾地区均已制订倒损民房恢复重建方案，抓紧组织实施，中央补助资金下拨到位。国务院采取一系列扶持政策，并要求有关部门进一步对灾后重建及林业资源恢复问题进行专题研究，部署各地抢抓春季造林时机，积极开展补植补造。

（四）海外华侨华人纷纷表达爱国之心

中国的雪灾也引起了世界关注，各国政府首脑纷纷对中国发生雪灾表示慰问。海外华侨华人踊跃捐款，希望以自己微薄的力量帮助国内的父老乡亲渡过难关。

美国洛杉矶侨界在 2008 年 2 月 3 日晚举行庆祝中国农历新年暨"救助中国雪灾"捐款义演晚会，晚会共接收捐款 3 万余美元。在世界华裔协会的组织下，华盛顿地区同乡会协会、亚美联合基金会等组织 2 月 4 日在马里兰州召开紧急会议，于 11 日晚通过当地"今日世界电视" 24 小时中文频道现场直播义卖大会，所筹款项全部用于救灾。全美中华青年联合会等多个华裔青年社团不久也发出倡议，呼吁全美华侨华人积极为中国受灾民众提供救助和人道关怀。

2 月 4 日晚，法国华侨华人在中国驻法大使馆举行的新春招待会上举行捐款活动，共募集资金折合人民币 400 多万元。

泰国华侨华人组织 2 月 4 日纷纷派代表前往中国驻泰国大使馆，向中国农业工人捐款并向灾区人民表示慰问。泰国正大集团、泰国中华总商会等组织也向中国灾区人民捐了款。

马来西亚华侨华人组织以各种方式向灾区民众表示慰问，马中友好协会等华侨华人团体向中国驻马大使馆发出慰问电并号召其会员捐款捐物，协助中国人民抗击雪灾。

在菲律宾工作和生活的华侨华人纷纷开展募捐活动，帮助祖国受灾民众渡过难关。菲律宾华商联总会、菲律宾中国商会以及菲华各界联合会等多个华侨华人社团纷纷解囊相助。

广大华侨华人虽然身在异乡，但时刻心系祖国，爱国爱乡的拳拳赤子之心从未改变。海外赤子对祖国的思念与关心，在关键时刻得到了体现。

因一场罕见的暴风雪的侵袭，中国向世界展示了一种独特的风景、独特的魅力、独特的奇迹。或许，这种风景、这种魅力、这种奇迹只能产生于社会主义中国，只能发轫于中国特色社会主义。在抗击雪灾取得胜利的过程中映入我们眼帘的，是一种伟大的抗击雪灾精神——和衷共济、众志成城，顾全大局、和谐友爱，科学决策、求真务实，不畏艰险、敢于胜利。这种源于实践又用于指导实践的宝贵精神财富，成为激励全国人民投身中华民族伟大复兴实践的强大精神动力。

二、众志成城抗击汶川大地震

"没有哪一次巨大的历史灾难，不是以历史的进步为补偿的。"恩格斯的这句名言，在 2008 年中华民族惊天地、泣鬼神的抗震救灾斗争中再一次得到了深刻的印证。

（一）突如其来的四川汶川大地震

时间永远定格在 2008 年 5 月 12 日下午 14 时 28 分，在四川省汶川县，一场 8.0 级大地震突如其来，地动山摇，万劫不复。转眼间，昔日的历史名城汶川沦为废墟。地震波及的有感范围包括四川、宁夏、甘肃、青海、陕西、山西、山东、河南、湖北、湖南、重庆、江苏、北京、上海、贵州、西藏 16 个省、自治区、直辖市。

发生在四川省汶川县的这次特大地震，是新中国成立以来破坏性最强、波及范围最广、救灾难度最大的一次地震灾害。这次地震的特点：一是强度烈度高。震级达里氏 8 级，最大烈度达 11 度，都超过了唐山大地震。二是影响范围广。四川、甘肃、陕西、重庆等省（自治区、直辖市）的 417 个县、4656 个乡（镇）、47789 个村庄受灾，受灾总面积达 44 万平方公里，重灾区面积达 12.5 万平方公里，受灾人口达 4624 万。其中，四川省灾区面积达 28 万平方公里，受灾人口达 2983 万。三是余震频次多。截至 6 月 23 日 12 时，累计发生余震 13685 次，其中有 4~4.9 级 189 次、5~5.9 级 28 次、6 级以上 5 次。余震活动持续时间较长，最大强度为 6.5 级左右，大震发生后仍存在发生 5~6 级余震的可能。四是救灾难度大。重灾区多为交通不便的高山峡谷地区，加上地震造成交通、通信中断，救援人员、物资、车辆和大型救援设备无法及时进入。

这起历史罕见的地震灾害所造成的巨大破坏，举国震惊，举世关注。一是人员伤亡惨重。遇难总人数超过 8 万人。二是房屋大面积倒塌。倒塌房屋 778.91 万间。北川县城、汶川映秀等一些城镇几乎被夷为平地。三是基础设施严重损毁。震中地区周围的 16 条国道、省道干线公路和宝成线等 6 条铁路受损中断，电力、通信、供水等系统大面积瘫痪。四是次生灾害多发。山体崩塌、滑坡、泥石流频发，阻塞江河，形成较大堰塞湖 35 处，2473 座水库一度出现不同程度险情。五是正常生产生活秩序受到严重影响。6443 个规模以上工业企业一度停工停产，其中四川全省达 5610 个。机关、学校医院等严重受损，部分农田和农业设施被毁，因灾损失畜禽达 4462 万头（只）。

（二）全国各界立即投入抗震救灾行动

中共中央、国务院和中央军委高度重视抗震救灾工作。地震发生后，胡锦涛总书记立即作出重要指示，多次主持召开中央政治局常委会议和政治局会议，全面部署抗震救灾工作。中共中央政治局九常委先后赶赴灾区，用实际行动诠释"执政为民"。

5月12日下午，汶川特大地震后4小时，中央政治局常委、国务院总理温家宝抵达四川成都，亲临一线视察灾情，指挥抢险；5月16日上午，在四川抗震救灾的紧急关头，中共中央总书记、国家主席、中央军委主席胡锦涛赶往四川省地震灾区；5月18日，中共中央政治局常委、国务院副总理、国务院抗震救灾总指挥部副总指挥李克强飞抵四川绵阳，奔赴各重灾区察看灾情、指挥救援，并看望、慰问受灾群众；5月19日，中央政治局常委、中央书记处书记、国家副主席习近平专程奔赴陕西地震灾区，强调始终坚持以人为本，妥善安置受灾群众；5月19日，中央政治局常委、中央纪委书记贺国强赶赴重庆，在察看当地灾情的同时，指出川渝一家，血脉相连，希望重庆成为四川抗震救灾的大后方，与四川人民一道夺取抗震救灾的最后胜利；5月26日，中央政治局常委、全国人大常委会委员长吴邦国前往四川地震灾区，看望受灾群众、慰问医护人员、察看救灾物资运转情况；5月29日，中央政治局常委、全国政协主席贾庆林和各民主党派中央、全国工商联主要领导人飞抵四川，看望慰问干部群众；6月1日，中央政治局常委李长春抵达四川绵阳市，看望在一线的新闻工作者，并和灾区的孩子们一起度过了一个不平凡的儿童节。

这场中华人民共和国成立以来破坏性最大、波及范围最广的地震灾害，也是对中国政府和人民的一次严峻考验。但面对灾难，中国政府无疑递交了一份令人满意的答卷。中国执政者以人为本、身体力行，不仅成为灾难中国巨大的向心力和凝聚力，也受到国外舆论的一致好评。而中国的百姓则为自己国家有这样的领导人感到骄傲和自豪。正如网友留言：抗震救灾，感动无数，而最让百姓感动的首推中国政府！

面对灾情，国务院迅速成立抗震救灾总指挥部和四川前方指挥部，全面负责组织指挥抗震救灾工作。四川等地震灾区各级党委、政府紧急启动应急预案，组织广大干部群众奋起抗灾。解放军、武警部队、公安民警、消防官兵和民兵预备役不畏艰险、冲锋在前。各地区、各部门以及社会各界发扬"一方有难，八方支援"的精神，投入大量人力、物力、财力支援灾区。港澳台同胞、海外华侨华人心系祖国、情系灾区，积极捐款捐物，彰显了血浓于水、危难时刻见真情的深厚情怀。按照中央的部署，整个抗震救灾工作果断有力、紧张有序、持续有效地全面展开。

（1）迅速解救被困群众。正如温家宝总理所说：只要有一线希望，就要做百倍努力，绝不放弃。抗震救灾工作一开始就把救人作为首要任务，解放军和武警官兵组成小分队，在通信、道路中断的情况下，冒着余震、泥石流、滚石等危险，翻山越岭，克服艰难险阻，于5月14日中午前到达全部受灾县，15日24时前到达全部重灾乡镇，19日14时28分前到达灾区所有村庄。地震灾害发生以来，共出动解放军、武警部队兵力14万余人，公安民警、消防官兵和特警2.8万余人，民兵预备役人员7.5万余人，国内外地震专业救援队5257人；出动各种飞机7084架次，解救被困人员、运送救灾物资。截至6月23日，共解救转移被困群众146万余人，累计从废墟中抢救被掩埋人员84017人。

（2）精心救治伤病人员。在全力搜救被困人员的同时，尽最大努力挽救伤员生命。国家迅速向灾区调派大批医护人员、救护车、药品和医疗器械，空运医疗队到达偏远乡村，派遣医疗专家

参加和指导救治，组织专列、包机等向 20 个省区市转运了 10015
名重伤病员，争分夺秒，确保伤病群众得到及时救治。截至 6 月
23 日，累计投入医疗卫生人员 9.68 万人，救治伤员 204.01 万余
人次，其中住院治疗 96140 人，已出院 82325 人。

（3）全力安置受灾群众。保障上千万受灾群众的吃、穿、
住、用是一项空前艰巨的任务。国务院决定在 3 个月内，向灾区
困难群众每人每天发放 0.5 公斤口粮和 10 元补助金，为孤儿、
孤老和孤残人员每人每月提供 600 元基本生活费，对因灾死亡人
员的家庭按照每位遇难者 5000 元的标准发放抚恤金。紧急调运
大量救灾物资，受灾群众生活得到了基本安置。截至 6 月 23 日，
已调运救灾帐篷 157.97 万顶、活动板房 42.59 万套、成品粮油
16.63 万吨、被子 486.69 万套、衣物 1410.13 万件、瓶装水 216
万箱。四川等受灾省份通过建造简易住房、组织投亲靠友等多种
方式安置受灾群众。优先安排教学用房，使灾区学生尽快复课。
各灾区累计紧急转移安置受灾群众 1510.62 万人。灾区各级党
委、政府组织干部和专业人员深入灾区，为受灾群众开展心理安
抚和思想疏导工作。加强灾区社会治安工作，严厉打击各种违法
犯罪行为，确保了灾区治安稳定。

（4）抢修损毁基础设施。抢通修复因灾损毁的道路、电力、
通信等基础设施，对抗震救灾的顺利开展至关重要。地震共造成
2473 座水库、822 座水电站、899 处堤坝和 8426 个水厂受损。由
于损毁严重，抢修难度非常大。广大军民不怕疲劳，连续作战，
抓紧施工，灾区损毁基础设施得到了初步恢复。各重灾县和主要
城镇的对外公路通道以最快速度被打通，宝成线等 6 条受损中断
的铁路线恢复运行，灾区大部分变电站正常供电，90% 以上的 10
千伏以上输电线路得到修复，所有受灾区县的对外通信不同程度
恢复。紧急抢修供水设施，架设临时供水管线，基本解决了城乡
受灾群众的临时用水问题。

（5）加强卫生防疫工作。把卫生防疫工作作为抗震救灾的一项重大任务来抓，确保大灾之后无大疫。从全国各地紧急调集大批卫生防疫人员，共组织调拨消毒药品3670多吨，卫生防疫工作覆盖到所有受灾县乡村和受灾群众集中安置点，每个村和安置点都有1至3人开展卫生防疫工作。及时组织开展建筑物废墟等环境消毒工作，加强对饮用水的监测和食品卫生监督检查，精心组织易感人群免疫接种，实行突发公共卫生事件每日报告制度，加强疫情监测并严密防范传染病流行蔓延。妥善处理遇难者遗体，共处理69164具，并对数千万的死亡畜禽进行了无害化处理。震后，地震灾区没发生过传染病暴发和食物中毒等突发公共卫生事件。

（6）降低次生灾害威胁。在加强地震监测预报，全力做好余震防范工作的同时，认真排查危险化学品生产储存设备、输油气管道、工业生产重点设施以及各类建筑物因灾造成的隐患，及时采取了安全防范措施。严密防范因水库、水电站、堰塞湖垮塌溃坝引发的水灾以及降雨和余震引发滑坡、泥石流等灾害造成人员伤亡。这次地震共造成各类地质灾害12536处，其中崩塌3619处、滑坡5899处、泥石流1054处、其他地质灾害1964处，形成了35处较大堰塞湖，尤为严重的是位于北川县的唐家山堰塞湖，坝体土石2000多万方、蓄水2.5亿方，对下游构成严重威胁。救援工程人员坚持"安全、科学、快速"的原则，一面抓转移避险，成功处理唐家山堰塞湖险情，确保了群众生命财产安全，创造了世界上处理大型堰塞湖的奇迹，积累了宝贵经验。

（7）做好灾后重建准备。一是制定了关于地震灾区恢复生产的指导意见，按照统筹安排、确保重点，调整结构、优化布局，主动自救、多方支援，注重安全、维护稳定的原则，提出工业、农业、商贸流通、基础设施、金融服务和旅游业恢复正常运行的主要任务。二是制定出台了《汶川地震灾后恢复重建条例》，确立了灾后恢复重建工作的指导方针和基本原则，规定了一系列制度和措施，使灾后恢复重建纳入依法进行的轨道。三是成立了国家汶川地震专家委员会，负责进行地震和地质构造的现场调查和评估，为制定灾后恢复重建规划提供科学依据。四是专门组建了灾后重建规划组，组织有关方面和专家，就灾后重建的原则、目标、思路和任务等进行研究，提出了灾后重建规划工作方案，进行编制灾后重建总体规划和各专项规划工作。

（8）做好资金物资的保障和监管。截至 2008 年 6 月 23 日，中央财政和地方各级财政投入抗震救灾资金 543.13 亿元，各有关方面调拨了大量救灾物资，国内外捐赠款物合计达 524.78 亿元。为切实做好抗震救灾资金物资监管工作，确保及时拨付、有效使用，最大限度发挥效益，中央专门召开了抗震救灾资金物资监管工作会议，成立了监督检查领导小组，国务院办公厅下发了关于加强捐赠款物管理使用的通知，要求进一步健全规章制度，对资金物资管理使用情况进行全方位监管，严格落实救灾捐赠款物管理使用的有关规定，切实保护好捐赠人和受赠人的权益。组织开展了专项审计，及时发现和纠正资金物资使用过程中出现的问题，依法严肃查处违法违纪行为。

（9）及时公布灾情和抗震救灾工作情况。总指挥部以及四川、甘肃、陕西等受灾省份建立健全了抗震救灾新闻发布机制，及时、准确、客观地向国内外媒体发布灾情和人员搜救、医疗防疫、基础设施抢修、次生灾害防范等进展情况，做到了信息公开透明，为抗震救灾工作营造了良好的舆论氛围。广大新闻工作者克服重重困难，深入灾区一线，全面报道广大军民不屈不挠、团结奋斗的民族精神和英雄事迹，激发凝聚了全国人民和全球华侨华人的情感和力量。国务院发布公告，5 月 19 日至 21 日为全国哀悼日，沉痛悼念四川汶川大地震遇难同胞。全国各族人民化悲痛为力量，增强了战胜自然灾害、夺取抗震救灾胜利的信心和勇气。①

在中共中央、国务院和中央军委的坚强领导、统一指挥下，经过艰苦卓绝的努力，截至 6 月 23 日，被困群众得到了最大限度的解救，伤病员得到了精心救治，受灾群众基本生活得到了初步安排，灾区社会秩序保持了总体稳定，抗震救灾斗争取得了重大阶段性胜利。

（三）全国协力加速灾区恢复重建

地震可以摧毁物质的东西，但摧不垮社会主义制度下具有集体主义思想的中国人民的精神，震不垮中华民族血浓于水的亲情。人的生命是第一位的，在这一思想基础上，从地震消息传来的那一刻起，全国人民就立即行动起来，快速组织人力，积极捐献财物，加快支援灾区。全民族团结友爱，众志成城，打响了一场抗震救灾的人民战争。

据民政部报告，截至 8 月 21 日，全国向灾区调运的救灾帐篷共计 157.97 万顶、被子 486.69 万床、衣物 1410.13 万件、燃油 316.2 万吨、煤炭 675.5 万吨。

据住房城乡建设部报告，截至 8 月 20 日，地震灾区过渡安置房（活动板房）已安装 658400 套、正安装 2600 套、待安装 1900 套，生产地已发运 1000 套、待发运 4900 套。

据财政部报告，截至 8 月 21 日，各级政府共投入抗震救灾资金 669.16 亿元。其中，中央财政投入 597.44 亿元，包括应急抢险救灾资金 274.24 亿元、灾后恢复重建资金 323.2 亿元；地方财政投入 71.72 亿元。

---

① 参见《国务院关于四川汶川特大地震抗震救灾及灾后恢复重建工作情况的报告》（2008 年 6 月 24 日），中国人大网。

据民政部报告，截至 8 月 21 日，全国共接收国内外社会各界捐赠款物 592.76 亿元，实际到账款物 592.34 亿元，已向灾区拨付捐赠款物合计 241.45 亿元。

抗震救灾取得阶段性成果后，灾区重建工作再次摆在人们面前。中共中央、国务院高度重视，多次召开专门会议研究地震灾区重建工作。

2008 年 6 月 24 日，在十一届全国人大常委会三次会议上，国务院副总理、国务院抗震救灾总指挥部副总指挥回良玉受温家宝总理委托，作了《国务院关于四川汶川特大地震抗震救灾及灾后恢复重建工作情况的报告》，提出要抓紧灾后恢复重建。该报告指出：灾后恢复重建是一项紧迫而长期的任务，中国准备用 3 年左右时间在"十一五"期间初步完成重建，在"十二五"期间继续巩固发展。报告还指出：要按照《汶川地震灾后恢复重建条例》的要求，坚持以人为本、科学规划、统筹兼顾、分步实施、自力更生、国家支持、社会帮扶的方针，做好灾后恢复重建各项工作。

中共中央各部委及汶川地震受灾地区，也陆续发布了灾后恢复重建的相关政策。为举全国之力，加快地震灾区恢复重建，并使各地的对口支援机制健全，《汶川地震灾后恢复重建对口支援方案》经国务院同意，于 6 月 18 日印发。7 月 31 日，在陕西汉中召开的陕川甘旅游恢复合作会上，国家旅游局副局长王志发表示：国家旅游局将按照中共中央、国务院关于把旅游业作为灾后重建先导产业的指示要求，积极协助受灾省份做好灾区旅游业的恢复重建。同日，卫生部规划财务司司长赵自林指出：卫生系统恢复重建规划总投资 120 亿元左右，主要用于业务用房的重建、修复加固和设备购置及维修。8 月 14 日，中共中央、国务院公布了《国家汶川地震灾后恢复重建总体规划（公开征求意见稿）》。按照征求意见稿，恢复重建资金总需求经测算最低为 1 万亿元，相当于

2007年四川省全省生产总值。作为灾后重建的总体规划，它将引导灾后重建工作朝着"家家有房住，户户有就业，人人有保障，设施有提高，经济有发展，生态有改善"的目标不断前进。其中，千方百计解决灾区群众的就业难题无疑是重要的一环。

为做好汶川地震灾后重建的金融支持和服务工作，中国人民银行、银监会、证监会、保监会联合发布了《关于汶川地震灾后重建金融支持和服务措施的意见》。该意见的主要内容如下：鼓励金融机构加大对灾区的信贷投放，对灾区实施倾斜和优惠的信贷政策。降低地震灾区个人住房贷款利率下限和首付款比例。根据灾区恢复重建的实际需求，2008年安排增加灾区200亿元再贷款（再贴现）额度，如有需要可再适当增加。支持灾区符合条件的金融机构和企业，通过债券市场募集灾后重建资金。

为支持汶川地震灾区恢复重建工作，《汶川地震灾后恢复重建贷款中央财政贴息管理办法》于2008年9月8日正式印发，中央财政对汶川地震灾区恢复重建贷款实施的贴息政策将持续到2011年12月31日。贴息范围主要包括汶川地震灾区基础设施恢复重建、企业恢复生产和重建以及农业、林业恢复生产和重建贷款等。贴息期限为2008年5月12日至2011年12月31日，在此期间发放的恢复重建贷款，贷款期限不长于3年的，按实际贷款期限贴息；贷款期限长于3年的，按3年贴息。贴息资金由中央财政从灾后恢复重建基金中安排。该办法还规定了办理贴息程序和方式，有关部门和借款人职责、监督管理方式、违规处罚措施等内容。

2008年8月27日，温家宝主持召开国务院常务会议，审议并原则通过了《汶川地震灾后恢复重建总体规划》。根据该规划，中国计划用3年左右的时间，耗资1万亿元，完成四川、甘肃、陕西重灾区恢复重建主要任务，使广大灾区基本生活条件和经济社会发展水平达到或超过灾前水平，努力把灾区建设成为安居乐业、生态文明、安全和谐的新家园。《规划》指出，灾后恢复重建范围为四川、甘肃、陕西 3 省处于极重灾区和重灾区的 51 个县（市、区），总面积为 132596 平方公里，包括 1271 个乡镇、14565 个行政村，2007 年末总人口为 1986.7 万人。该规划还指出，恢复重建资金总需求经测算约为 1 万亿元，中央财政按照恢复重建资金总需求 30% 左右的比例建立中央地震灾区恢复重建基金；通过地方政府投入、对口支援、社会募集、国内银行贷款、资本市场融资、国外优惠紧急贷款、城乡居民自有和自筹资金、企业自有和自筹资金、创新融资等，多渠道筹措恢复重建资金。①

住房和城乡建设部 2008 年 9 月 4 日发布《关于加强汶川地震灾后恢复重建村镇规划编制工作的通知》，指出四川汶川地震灾后恢复重建要坚持以原址重建为主、异地新建为辅，要在全面调研、科学评估、充分论证的基上审慎确定重建方式，防止不顾条件盲目推行集中和简单照搬其他地区的做法。

10 月 13 日，国家发展与改革委员会发出通知，要求继续做好汶川地震灾后重建期间重要商品价格稳定工作，并提出了 7 项具体措施。10 月 14 日上午，国务院抗震救灾总指挥部总指挥温家宝主持召开总指挥部第 26 次会议，总结四川汶川特大地震抗震救灾工作，研究部署灾后重建任务。会议提出了要力争用 3 年左右时间完成恢复重建的主要任务，使灾区基本生活条件和经济发展水平达到或超过灾前水平的重建目标。会议指出：一要加快恢复重建工作；二要确保中央制定的各项政策措施落实到位；三要明确恢复重建的领导工作机制。这成为指导灾后重建工作的总的指导思想。11 月 5 日，国家发改委正式发布包括城乡住房建设、农村建设、生态修复、市场服务体系建设等汶川地震灾后恢复重建的 7 个专项规划。

---

①　参见中国政府网，2008 年 9 月 23 日。

在中共中央的正确领导下，在灾区干部群众的共同努力下，灾区重建工作取得重大进展。截至 11 月 12 日，四川正在重建农村住房为 68.5 万户，占需重建总数的 52.6%；已竣工农村住房为 19.5 万户，占需重建总数的 15.5%；已完成维修加固 194 万户，占需维修加固总数的 87.8%。在建城镇永久性住房 3.9 万套（户），已加固 9.2 万套（户）。积极推进学校、医院等公共服务设施和公路、水利等基础设施恢复重建项目，有 4580 多个重建项目开工建设。其中，灾后恢复重建学校已竣工和在建的 1363 所，占需恢复重建总数的 40.8%；医疗卫生机构已有 340 个在建；广陕高速、国道 317 线等 14 个交通项目建设也已经启动。因灾受损的 4812 个规模以上工业企业，96.4% 已基本恢复生产；94% 以上的流通和服务业网点恢复营业；重振旅游工程已经初见成效。2008 年年底前全面完成重建城乡规划的编制工作，一批市政公用设施先期启动。对 25 个需要异地重建的乡镇开展选址工作。社会普遍关注的北川、汶川、青川 3 个县城和映秀、汉旺两个镇，在北川县城选址批复后，中国城市规划设计研究院及时进驻，开展规划编制。开展岷江及嘉陵江流域林地植被损失评估，力争尽快完成岷江流域、嘉陵江流域生态修复规划工程编制、大熊猫栖息地恢复重建规划和大熊猫走廊带建设规划编制，并组织有效实施。此外，高度关注精神家园重建，积极实施心理康复工程，对 600 余名灾区干部进行了培训和心理干预。有序实施羌族文化抢救工程、地震遗址保护与建设等工作。

截至 2008 年年底，中央财政灾后恢复重建基金已到位 344.9 亿元；国家开发银行及四大国有银行发放抗震救灾及灾后重建贷款 647.3 亿元；对口援建省（自治区、直辖市）和香港特区、澳门特区已与四川省达成 1152 个支援项目协议，计划援建资金约为 270 亿元，已启动援建项目 341 个，已开工 171 个。同时，组织四川省内受灾较轻的 13 个市州，对口支援 13 个重灾乡镇工作也取得积极进展。

历经磨砺，多难兴邦。"任何困难都难不倒英雄的中国人民！"这是胡锦涛总书记站在汶川地震废墟上发出的铿锵有力、饱含深情的宣示，给正在抗震救灾中的全国人民极大的精神鼓舞，也是众志成城抗震救灾精神的真实写照。

这场举世罕见的特大灾难激发了中华民族的昂扬斗志和强大的凝聚力，正是这种伟大力量激励中国实现了紧接而来的中华民族百年奥运梦想和飞天神话！

三、"无与伦比"的北京奥运会

世界给中国一个机遇，中国还世界一个惊喜。2008 年 8 月 8 日，中华儿女翘首期盼一个多世纪的奥运盛会，在国家体育场——鸟巢奏响了"同一个世界，同一个梦想"的精彩华章！

（一）成功申办北京奥运会

由中国举办奥运会，是中国有志之士百年来梦寐以求的愿望。1907 年，南开大学校长张伯苓在中国历史上第一次提出举办奥运会的想法。1908 年，《天津青年》杂志向国人提出了 3 个问题："什么时候可以有一名运动员去参加奥运会？什么时候可以组织一支队伍去参加奥运会？什么时候可以举办一届奥运会？"这 3 个问题既是中国人的梦想，也是国运昌盛的期望。1932 年第 10 届洛杉矶奥运会，短跑运动员刘长春在一望无际的大海上漂泊 21 天后参赛，在 100 米预赛中即被淘汰。由于他是中国唯一参赛的运动员，一家美国报纸发表的评论说："随着一个运动员的失败，整个中国都失败了。"新中国成立后，站起来的中国人民甩掉了"东亚病夫"的帽子。1984 年，新中国体育健儿赴美国洛杉矶参加奥运会，一举夺得 15 枚金牌，实现了中国在奥运会历史上金牌"零的突破"，射击运动员许海峰的名字被国人记住，扬名全世界。

从 1984 年洛杉矶奥运会到 2000 年悉尼奥运会，中国运动员连续参加了 5 届夏季奥运会，共获得 80 枚金牌。短短半个世纪，中国已经跻身于世界体育大国之列。

随着中国的改革开放渐入佳境以及在世界政治和经济领域的影响越来越大，举办奥运会对于中国来说是一个水到渠成的事情，世界不能忽略一个迅速发展的中国。

1991 年 3 月 18 日，北京 2000 年奥申委宣告成立，在北京举行了第一次新闻发布会。此后，北京 2000 年奥申委便开始了艰苦的申办 2000 年奥运会的工作。但是，在 1993 年 9 月 23 日的蒙特卡洛国际奥委会第 101 次会议上，中国以两票之差落选。

在沉默了 5 年后，1998 年 11 月，国务院总理办公会议和中央政治局常委会先后对申奥工作进行了研究，决定由北京申办 2008 年奥运会。1999 年 4 月 7 日，经中国奥委会批准，北京正式向国际奥委会递交申请书。

2000 年 2 月 1 日，北京 2008 年奥申委举行第二次全体委员会议，通过表决，确定了申奥会徽和申奥口号，申奥网站正式开通。申奥口号为"新北京、新奥运"（英文为"New Beijing, Great Olympics"）。

2001 年 7 月 13 日，莫斯科当地时间 18 时 15 分（北京时间 22 时 15 分），国际奥委会主席萨马兰奇在世界贸易中心会场庄重宣布："2008 年奥运会主办城市——北京。"第二次申办奥运会的北京，面对强大对手的挑战，以高水平的申办工作和泱泱大国的实力，赢得了 2008 年奥运会主办权。这是一个令中国人兴奋、激动和扬眉吐气的时刻，这是奥林匹克运动史上一次公平、公正和历史性的抉择！7 年后，奥林匹克圣火在中国点燃！

（二）克服困难迈向北京奥运会

2008 年，是北京奥运会筹备的决胜之年。在这一年中，一系列天灾人祸骤然降临：1 月份，冰雪灾害使南方损失惨重；3 月份，"藏独"分子在拉萨制造"打砸抢烧"暴力事件；4 月份，奥运圣火境外传递多次受到干扰；5 月份，汶川大地震给中国带来巨大的灾难。经历过这些天灾人祸，中国人民的奥运激情不但没有被浇灭，反而被激发起昂扬的斗志和不屈的精神。

（1）积极消除反华风波影响，奥运筹办工作有序进行。

当奥运会临近之时，以拉萨发生打砸抢烧严重暴力犯罪事件为导火索，西方国家的反华势力掀起了一场反华浪潮。一些西方主流媒体对中国进行了大量歪曲事实的报道甚至是公开侮辱。一些原本与中国关系良好的欧洲国家也借机对中国进行强烈攻击。奥运圣火在全世界的传递过程中，遭到了前所未有的抵制和阻挠。圣火在伦敦传递期间，"藏独"分子几度欲抢夺、熄灭火炬；在巴黎，奥运圣火屡次无法以传统的跑步方式继续，不得不上车传递；即将开始的旧金山站则传言将有更为激烈、更为暴力的手段上演……

这一切都预示着国际反华势力正有组织、有预谋地将北京奥运会政治化。中国《南方周末》分析说：北京奥运会是此轮全球反华浪潮兴起的导火索，却不是问题的根源。应该意识到，在全球化不断深化的今天，西方国家对中国仍有如此强的"敌意"，这与中国的强大有关。一个经济实力强大的中国，让西方国家存在深深的担忧。

中国政府和人民面对国际舆论和奥运被政治化的倾向，作出了最好的回应。中国政府始终坚持开放与交流，不卑不亢地明辨是非、化解矛盾，始终以开放包容的大国风范和大国心态正视各种问题。中国政府和人民的理性和镇定自若的态度，使得国际社会越来越多的人站到支持北京奥运会的立场上。

美国《侨报》4月9日发表《暴力抹黑的是人类的耻辱》社论说："今天，圣火将在旧金山正式展开行程，我们企盼，火炬能够在和平的环境中传递，能够见证'和而不同'理念下的全球合作，而不是用暴力秩序来抹黑中国，令奥运蒙羞。"

（2）历经大灾大难，奥运精神升华。

2008年5月12日，四川汶川发生特大地震。这时距离北京奥运会的开幕仅有两个多月的时间，奥运火炬正在国内传递。一方面是巨大的悲伤和紧急的救援工作，一方面是民众期盼已久的节日喜庆，两者在情感的两极猝然遭遇。在迎奥运、传圣火的喜庆气氛中，瞬间几万人死亡和失踪，1000多万人的房屋倒塌，财产损失巨大，举国震惊。但是，生命的价值高于一切。在灾难面前，中国人民选择挺起胸膛，坚强面对。地震发生后，全国各族人民在党和政府的统一指挥下，万众一心、全力以赴地投入抗震救灾斗争。

在这种情况下，面对即将到来的北京奥运会，国内国外曾有人担心中国还有没有能力成功地举办这一盛会。多难兴邦，实干兴邦。事实再一次证明：中华民族不是一个会为灾难而屈服的民族，而是一个敢于并善于渡难关、求生存、图发展的民族。

从汶川地震到北京奥运会，全世界人民看到了中国人民的坚强、勇敢和奋斗，看到了真诚、友好和善良，看到了中国的改革开放和科学发展，看到了经济发展和社会和谐。

灾难与盛典、大悲与大喜考验了中国，也感动了世界。当冰雪阻断归途，当圣火遭遇阻挠，当地震撕裂大地，中国人民梦想依旧，中国人民对奥运精神依然坚守。在中国人民未来漫漫的征程中，既会再逢奥运会这样的盛典，也难免会再遭地震这样的灾难。但是，无论是喜是悲，中国都将从容应对，一步一个脚印向前。

（三）世界目光齐聚北京

2008 年 8 月 8 日，举世瞩目的第 29 届夏季奥林匹克运动会开幕式在国家体育场隆重举行。国家主席胡锦涛出席开幕式并宣布本届奥运会开幕。具有两千多年历史的奥林匹克运动与五千多年传承的灿烂中华文化交相辉映，共同谱写出人类文明气势恢弘的新篇章。

江泽民、吴邦国、温家宝、贾庆林、李长春、习近平、李克强、贺国强等党和国家领导人，国际奥委会主席罗格、终身名誉主席萨马兰奇，以及来自世界各地的领导人和贵宾出席开幕式，同全球观众共同见证这一激动人心的历史时刻。

欢歌劲舞庆盛事，火树银花不夜天。这是 13 亿中国人民永难忘怀的时刻，这是现代奥林匹克运动又一辉煌的瞬间。历经 7 年的精心筹备，中国向世界奉献一个共叙友情、同享和平的盛大庆典。

这届奥运会从 8 月 8 日开始，到 24 日结束，共 17 天。此次奥运会提出了三大理念——"绿色奥运，科技奥运，人文奥运"，共举行了 28 个大项 38 个分项的比赛，产生 302 枚金牌。来自世界各地的 2 万多名运动员、教练员和官员参加了北京奥运会。除大部分比赛在北京举行外，帆船比赛在青岛举行，马术比赛在香港举行，部分足球预赛在天津、上海、沈阳和秦皇岛市举行。

17 天里，北京，这座有着辉煌历史而又充满生机活力的国际城市，让我们经历了激情和欢乐。17 天里，奥林匹克这座人类体魄与精神的大舞台，为我们呈现了精彩的故事和传奇。204 个国家和地区，1 万多名运动员，45 亿名观众，使北京奥运会成为有史以来参赛国家和地区最多的一届奥运会，也是奥运会历史上转播规模最大的一次。体育是天神的欢愉，体育是生命的动力，奥林匹克的旗帜前所未有地将整个世界凝聚在一起。这是北京的光荣，更是奥林匹克的光荣。

"博尔特百米潇洒飞跃，菲尔普斯泳池狂揽八金，刘春红举重力拔山兮……奥运会上不断刷新的纪录，书写着人类超越自我、挑战极限的梦想。这里有力与美的展示，更有精神和意志的壮歌——它来自南非游泳独腿健儿的抗争，来自 50 岁的栾菊杰拔剑而起的勇气，来自印度、蒙古等国激动人心的'零的突破'。'更快、更高、更强'，无数运动员的精彩表现，将体育精神带到一个新的高度。这是北京的光荣，更是奥林匹克的光荣。"[①]

体坛盛会精彩闭幕，奥运圣火永存心中。8 月 24 日晚第 29 届夏季奥林匹克运动会闭幕式在国家体育场举行，来自不同国家和地区的运动员、教练员和官员在团结、欢乐、和谐的气氛中共同庆祝北京奥运会取得圆满成功。

北京奥运会是在奥林匹克运动史上留下辉煌一页的体育盛会，正如国际奥委会主席罗格所说：无与伦比，精彩绝伦。来自 204 个国家和地区的 1 万多名运动员在 17 天里挑战极限、攀越新高，刷新了 38 项世界纪录和 85 项奥运会纪录，多个国家和地区实现了奥运会金牌和奖牌"零的突破"，奏响了"更快、更高、更强"的激情乐章，描绘了团结、友谊、和平的壮丽画卷。作为东道主的中国，为把北京奥运会办成一届有特色、高水平的奥运会作出了巨大努力，完善的比赛场馆设施、出色的组织服务赢得了奥林匹克大家庭和国际社会的广泛好评和赞誉。中国体育代表团取得了 51 枚金牌、100 枚奖牌的优异成绩，第一次名列奥运会金牌榜首，创造了中国体育代表团参加奥运会以来的最好成绩。

---

① 《光荣属于伟大的奥林匹克——热烈祝贺第 29 届夏季奥林匹克运动会闭幕》，《人民日报》2008 年 8 月 25 日。

（四）残奥会给世界又一个惊喜

演绎生命灿烂，讴歌顽强精神。北京 2008 年残奥会开幕式 2008 年 9 月 6 日晚在国家体育场隆重举行，国家主席胡锦涛出席开幕式并宣布北京残奥会开幕。来自 147 个国家和地区的 4000 名残疾人运动员同全场 9 万多名观众共同分享这一期盼已久的盛会。

在 12 天的比赛中，北京残奥会 20 个大项 21 个分项共有比赛单元 212 个，比赛场次 1307 场，将决出 472 个小项的金牌。除了帆船、马术分别在青岛和香港举行之外，其余的项目均在北京举行。中国代表团此次派出了 332 名运动员，参加了全部 20 个大项比赛。继雅典残奥会登奖牌榜首位后，中国代表团在本届残奥会上以获得 89 枚金牌、70 枚银牌、52 枚铜牌的历史最好成绩，巩固了"领跑者"的位置。

以"超载、融合、共享"为主题的北京残奥会规模空前，参赛代表团和运动员人数均为历届之最。这是残疾人运动员最大规模的一次聚会，也是历史上受到关注度最高的一届残奥会。本届残奥会注册媒体人员超过 6000 名，是历史上报道人数最多的一届。同时，这还是历史上第一次由同一个组委会同时筹备和举办奥运会以及残奥会。

本届残奥会开赛以来，每天都让人惊喜不断。参赛选手展现出高超的竞技水平，世界纪录一次次被刷新。仅开赛当天，就有 18 项世界纪录被刷新；次日，"水立方"里有 14 人次打破 11 项世界纪录，"鸟巢"中也有 14 个级别出现了超世界纪录的成绩。据统计，在总共 11 天的赛事中，共有 1700 人次创造了残奥会或残疾人世界纪录（累加）。奥运会上曾让世人惊叹的"水立方"再次成为"水魔方"。在 140 个残奥会游泳比赛项目中，有 100 多项世界纪录被改写。

9月17日，北京2008年残奥会圆满落幕。国际残奥会主席克雷文在闭幕式上发表了讲话。他表示："北京残奥会是有史以来最伟大的一届残奥会。"

申请和承办奥运会，实际上是一场综合国力、经济实力、科技实力、文化魅力的竞争，是一场国家形象和民族地位的竞争。北京申奥成功，是世界对中国的肯定。2008年北京奥运会的成功举办，对中国的经济、文化以及社会生活的各个方面都产生了深刻的影响。本届奥运会坚持"和谐世界、和谐奥运"的理念得到各国人民的广泛认同，进一步激发了全国人民的民族自豪感和民族凝聚力，也必将成为中国经济、文化、社会全面发展的强大推动力。

第一，奥运会具有强大的国际展示功能。北京奥运会的筹备和举办，让世界全方位了解到中国的真实情况，纠正了一些西方媒体对中国的偏见，提高了政府的行政能力和社会整合能力。奥运会的成功举办涉及各政府部门之间、民间团体之间从管理制度、运作制度等多方面的沟通与合作，有利于加强各方面的沟通与和谐意识。

第二，奥运会的成功举办，对中国不仅具有重要的政治意义，也同样具有重要的经济意义。2001年北京申办奥运会时，中国经济正承受着自亚洲金融危机以来最为严峻的外部挑战。中国经济增长增添了奥运会因素后，大大提升了市场人气，拉动了奥运会筹办城市基础设施建设，兴建了一大批具有国际水准的体育场馆……这一切带动了包括房地产、旅游服务、环保、电子信息产业等许多相关产业的发展。2007年是与奥运会有关的城市基础设施和场馆建设投资的最后一年。在这一年里，中国经济增长在连续4年超过10%的基础上达到11.9%。北京申奥成功，平均每年拉动中国GDP增长0.3~0.4个百分点。主办城市北京和6个协办城市利用筹备奥运会之机，大力推动经济增长以及人民生活水平和城市基础设施水平的提升。北京获得奥运会举办权后的

2002—2006 年 5 年间，年均经济增长速度为 12.1%，比奥运会筹办前 5 年的年均增长速度高出 1.8 个百分点。

第三，经济持续增长，直接带动了人民生活水平的提高。2007 年北京人均地区生产总值达到 7300 美元，达到中等收入国家水平的上限，较 2001 年增长了 1 倍。同时，北京及奥运会协办城市的城市基础设施水平都有了快速提升。不仅如此，申奥成功还增强了海内外投资者对中国经济的信心，带动了国内投资和外商投资双升温，使奥运的投资效应被放大，进一步推动了中国经济增长。

第四，奥运会为中国进一步融入世界、让世界进一步了解中国提供了难得的历史机遇。在筹备奥运会的过程中，为满足奥运工程的巨大投资和保证奥运工程的质量水平，中国必须按照国际惯例扩大市场开放度，加强与国外的合作，更大地开放市场和吸引更多外资，这成为中国加速融入经济全球化过程的一个重要媒介。通过举办奥运会，中国在国际上打造出"中国品牌"，提升了国际影响力。有特色、高水平的北京奥运会，进一步展示了中国改革开放的形象、悠久灿烂的文化和巨大的社会进步，让世界人民认识到了中国和平发展是建设和谐世界的重要力量，从而进一步提升了中国在国际舞台上的形象。这种影响对经济发展的促进作用不可低估，因为主办国、主办城市形象的提升会直接促进投资的增长和旅游经济的发展，并进一步推动投资环境的改善，带动一系列的投资和消费活动，从而引发大量商机，带动经济增长。特别是奥运会为打造主办城市品牌、为中国企业走向世界提供了机遇。为了充分挖掘奥运会带来的全球品牌效应，北京充分利用项目招投标、企业咨询、海外推介、国际交流等机会向世界展示北京的新形象、新面貌，塑造城市品牌。通过深入挖掘北京这座历史文化名城的文化底蕴，丰富了城市的人文内涵，提升了城市品牌的内在价值；通过重点打造文化牌、旅游牌、高科技牌、环境牌，使城市布局、场馆建设、生态环境等更具有中国特色，让北京城市品牌更具有人文魅力。

第五，从观念改变来看，奥运会不仅是体育界的盛会，对中国人的生活观念也有了很大影响。许多国人以奥运为己任，自觉以奥运东道主为己任，为奥运增光添彩，奉献自己的力量，为了心中的"同一个世界，同一个梦想"，共同团结奋进，努力营造和谐社会的氛围。北京的申奥成功，既是世界各国人民对改革开放时期中国人民各方面所取得的巨大成就的充分肯定，也体现了稳步发展中的中国在国际事务中的影响力和号召力。奥运精神昭示了这样一条真理：一个国家和民族的强大以及它对世界的影响力，并不仅体现在其战争能力和经济实力上，还更多地体现在这个民族的精神风貌和文明气质上，体现在它是否能向世人展示更多的友爱和包容，体现在世人是否能从这个民族那里感受到更多的亲切与热情。奥运会是全球关注的体育盛会，通过筹备和举办奥运会提升主办国的影响力，在一定意义上应当看作奥运经济的重要内容。北京奥运会从申办到举行的时间里，奥运意识成为13亿中国人社会生活的主旋律。在奥运精神的鼓舞下，在奥运五环旗的指引下，中国各方面的工作做得更快、更好。成功举办的影响是巨大的，主办城市居民的精神状态以及对未来的期望产生的积极影响，会把中国带入一个更加竞争和开放的社会。

总之，北京奥运会是中国改革开放30年历史上值得大写特写的浓墨重彩的一笔，是值得中国人民永远骄傲的华丽篇章，也是中华民族走向辉煌进程中对世界作出的重大贡献。

四、进一步加快地震灾区恢复重建

2009年5月12日下午，当四川汶川特大地震这个举世震惊的危难时刻过去整整一年之际，纪念四川汶川特大地震一周年活动在震中汶川县映秀镇隆重举行。中共中央总书记、国家主席、中央军委主席胡锦涛出席纪念活动并发表重要讲话，向在地震灾害中不幸罹难的同胞们、向为夺取抗震救灾斗争重大胜利而英勇献身的烈士们表达深切思念，号召全党全军全国各族人民大力弘扬伟大抗震救灾精神，奋力夺取抗震救灾斗争全面胜利。中共中央政治局常委、国务院副总理李克强出席纪念活动。中央和国家机关有关部门、有关人民团体负责人，各民主党派中央、全国工商联负责人和无党派人士代表，四川、陕西、甘肃省负责人和对口援建有关地方代表，当地干部群众代表，香港特别行政区、澳门特别行政区政府代表和台湾红十字组织代表，有关国家驻华使节和国际组织代表等，参加纪念活动。映秀镇干部群众和师生代表约1000人在主会场对面映秀小学板房校区参加纪念活动。

（一）周年纪念，加快重建

纪念活动主会场设在映秀镇漩口中学遗址。地震中倾倒的教学楼废墟前，安放着一个硕大的四川汶川特大地震纪念表盘，时间定格在14时28分。纪念表盘西侧，矗立着一面四川汶川特大地震记事墙，墙上铭文记述了这场地震造成的巨大损失和中国人民奋起抗震救灾的英雄壮举，浮雕刻画了救援人员解救被困群众的感人场面。纪念表盘东侧危楼上，悬挂着"万众一心、众志成城，不畏艰险、百折不挠，以人为本、尊重科学"的大幅标语，表达了广大干部群众弘扬伟大抗震救灾精神的坚毅决心。

胡锦涛代表中国政府和中国人民，向对中国抗震救灾和灾后恢复重建给予真诚同情和宝贵支持的有关国家领导人、政府、政党、社会团体和驻华使馆，联合国有关组织和一些国际机构、外资企业以及国际友好人士，再次表示衷心的感谢。胡锦涛指出，面对空前惨烈的灾难，在中共中央、国务院和中央军委坚强领导下，全党全军全国各族人民众志成城、迎难而上，夺取了抗震救灾斗争重大胜利，表现出泰山压顶不弯腰的大无畏气概，谱写了感天动地的英雄凯歌。在中央大力支持、灾区广大干部群众艰苦奋斗、全国人民大力支援下，城乡居民住房重建、学校医院等公共服务设施重建、基础设施恢复重建、产业重建和结构调整、历史文化保护、生态修复等方面均取得显著成绩，灾后恢复重建取得重要阶段性成果，灾区人民正大踏步走向新生活。胡锦涛强调，在抗震救灾和灾后恢复重建中，举国上下同心协力，海内外同胞和衷共济，充分展现了中华民族团结奋斗的民族品格和风雨同舟的强大力量。抗震救灾和灾后恢复重建取得的成绩，必将鼓舞全国各族人民满怀信心地把改革开放和社会主义现代化事业继续推向前进。①

这是胡锦涛总书记灾后第三次来到四川考察。他先后到绵阳、德阳、成都、阿坝等地，实地了解灾后恢复重建情况，看望慰问抗震救灾英模、对口援建人员和灾区基层干部群众。党中央的深切关怀，给灾区广大干部群众巨大的鼓舞和奋进的力量。经历那场磨难的四川地震灾区，焕发出勃勃生机，建设幸福美好新家园的步伐进一步加快。

一年之后，人们看到一个"复活"的北川在发展。羌山之中，在新建一座座房屋，一条条毁坏的道路在整修，拉着各种建材的大卡车来回穿梭。在老北川南大门，新的吉娜羌寨依山就势、垒石而建。在擂鼓镇总投资 6 亿元水泥厂工地上机器声隆隆。走出大山，车行至距离老北川 23 公里处，一片开阔的空地上，一块巨大的"再造一个新北川"牌子暗示了这里是异地重建的北川新县城。在死寂的老县城，一句"放轻你的脚步，放低你的声音，给逝者一片安宁"，让人为之悲情。新县城坐落在安昌

---

① 参见新华网 2009 年 5 月 12 日。

河畔，处于永安镇与安昌镇之间。安昌镇，原来绵阳市安县的老县城，成了新北川的新起点，一个新北川即将诞生。新县城命名为"永昌镇"。这里远离地震断裂带，四周皆为低山丘陵，安昌河自西向东穿城而过。因为建新城的需要，当初的村民住房已经全部夷为平地，这部分拆迁群众也将和原来老北川县城群众一起成为新北川县城的居民。按照规划，新县城人口规模为2015年的5万人，用地规模为2015年的6平方公里，将建成一座具有浓郁羌族文化特色的宜居新城。人口不多，面积不大，但有灵山秀水的依傍，一座人文、秀美、永远昌盛的新北川几年后将建成，愿以此告慰逝去的同胞。①

（二）救灾捐款主要用于民生项目重建

2009年5月11日，民政部新闻发言人就汶川地震抗震救灾捐赠款物管理使用情况，回答了有关媒体记者的提问。发言人指出，早在2008年4月28日，民政部就在全国公布实施了《救灾捐赠管理办法》，对救灾捐赠如何开展，资金如何使用、如何监管等做出明确要求，为善款善用提供了政策保障。"5·12"汶川地震发生后，胡锦涛、温家宝等党和国家领导人多次就这次抗震救灾捐赠款的使用和监管作出重要指示。国务院办公厅先后出台《关于加强汶川地震抗震救灾捐赠款物管理使用的通知》和《关于汶川地震抗震救灾捐赠资金使用指导意见》，规范了抗震救灾捐赠资金的募集和使用。民政部制定了《汶川地震抗震救灾资金物资管理使用信息公开办法》《汶川地震抗震救灾生活类物资分配办法》，民政部与国家发改委、财政部、教育部和卫生部共同制定了《关于汶川地震抗震救灾捐赠资金使用有关问题的意见》，与中纪委、监察部、民政部、财政部、审计署联合印发了《关于

---

① 参见新华网2009年5月12日。

加强对抗震救灾资金物资监管的通知》，与财政部和国家统计局共同制定出台了《汶川地震抗震救灾捐赠款物统计办法》等，民政部还参与了由中央纪委牵头，监察部、财政部、审计署等部门为成员单位的抗震救灾资金物资监督检查领导小组。中央纪委、监察部多次派出专项检查组，国家审计署派出近万名审计人员对抗震救灾捐赠款物进行了审计。

共有 27 支审计队伍在灾后恢复重建现场实施审计，审计署驻成都、西安、兰州、重庆等 4 个特派员办事处负责审计中央投资和中央单位、企业投资的项目，资金约 4000 亿元；北京等 20 个省市的审计厅（局）组织审计各自对口支援的资金和项目，这个层面的资金约有 700 亿元；四川、甘肃、陕西 3 省的审计厅分别对本省财政资金、社会捐赠资金、国际优惠贷款等其他资金进行审计。截至 2009 年 3 月底，审计部门已经对 1500 多个恢复重建项目进行了跟踪审计，审计资金近 500 亿元，并根据审计发现的问题提交了 500 多份项目审计情况报告，8 份专项审计报告和综合审计报告。从各方面反馈的情况看，抗震救灾捐赠款物的管理使用总体情况是好的，"救灾资金和物资基本做到了筹集合法有序、拨付及时到位、分配公开透明、管理严格规范、使用合规有效、存放安全完整，各类救灾资金和物资账目比较清楚。审计中，未发现重大违法违规问题"①。

关于捐款数目和使用情况，发言人介绍：截至 2009 年 4 月 30 日，汶川地震全国共接受国内外捐款 659.96 亿元，捐赠物资折合人民币 107.16 亿元。民政部本级接受的捐款已全部拨付灾区，后续再接受的将及时送到灾区。按照国家灾后重建规划和国务院有关部门与受灾省制定的捐款使用原则，救灾捐款使用首先要尊重捐赠者意愿，同时要做好统筹工作，尽可能发挥善款的社

① 参见人民网 2009 年 5 月 11 日。

会效益。国务院有关部门制定的指导意见，明确这次救灾捐款的重点是解决民生问题，主要用于居民住房、中小学校、县乡两级医疗卫生机构、社会福利、文化等公共服务设施及配套设备等民生项目重建。所以，659 亿元捐款主要用于居民住房等民生项目重建。① 当然，民政部要求按照"谁接收、谁负责"的原则，捐赠者可以通过受赠方进行查询，各受赠单位也应按照要求对资金使用情况进行公示。对于基金会，《基金会管理条例》要求基金会进行年度检查，并提交财务会计报告和注册会计师审计报告，其年度工作报告要在公开的媒体上发布。捐赠人有权向基金会查询捐赠财产的使用、管理情况，并提出意见和建议。对捐赠人的查询，基金会要及时如实答复。

另外，4559.7 万名中共党员缴纳的 97.3 亿元"特殊党费"，也全部用于灾区重建。② 中央组织部按照《国务院办公厅关于抗震救灾捐赠资金使用指导意见》的精神，将收缴的 97.3 亿元"特殊党费"全部划拨到民政部——中央财政汇缴专户。"特殊党费"全部用于支援四川、甘肃、陕西、重庆、云南五个灾区省（直辖市）灾后重建工作。至 2009 年 5 月，97.3 亿元抗震救灾"特殊党费"已下拨灾区 86.91 亿元，占"特殊党费"总额的 89.32%，其余"特殊党费"将按照规定程序对援建项目方案进行审核后下拨。其中，划拨四川省 80.3 亿元，划拨甘肃省 10 亿元，划拨陕西省 5 亿元，划拨重庆市 1 亿元，划拨云南省 1 亿元。聚源中学等一批由"特殊党费"援建的中小学项目施工进展顺利；都江堰市等地由"特殊党费"援建的村级组织活动场所已基本建成；四川省已使用"特殊党费"向谭千秋、向倩、刘全福等 37 位在抗震救灾中因公牺牲，并被中组部和四川省委追授为

① 参见人民网 2009 年 5 月 11 日。
② 参见人民网 2009 年 5 月 10 日。

"优秀共产党员"及被四川省政府等追认为烈士的家属发放了慰问金。

2010年1月6日，国家审计署公布《汶川地震社会捐赠款物审计结果》（当年第1号审计公告），对28个中央部门单位、31个省（自治区、直辖市）和新疆生产建设兵团汶川地震社会捐赠款物的筹集、支出和结存情况进行了全面审计，未发现重大违纪违规行为。截至2009年9月30日，全国共筹集社会捐赠款物797.03亿元，其中包括上述97.3亿元"特殊党费"，尚结存269.34亿元（其中119.26亿元随重建项目进度陆续拨付，150.08亿按恢复重建规划安排使用）。汶川地震发生后，审计署已先后4次向社会公告了汶川地震社会捐赠款物的管理使用情况。①

每一位捐赠者乃至每一位公民都有权要求这些善款被用得明明白白、实实在在、合情合理。民政部、审计署、四川省人民政府及时公布震后巨额捐赠资金收支状况，既是对社会各界持续追问善款去向的一次次详解，也是政府让社会各界继续参与灾区重建的最好动员，同时也表明政府重建灾区、兑现恪尽职守承诺的决心。

（三）灾区重建质量问题"零容忍"

为加快完成恢复重建任务特别是农房、学校、医院等灾区基础设施，灾区恢复重建紧锣密鼓地进行着。

在四川灾区，学校、医院和文化中心等公共设施大都由援建省份建设，各省市在援建之初就提出建设"精品工程""放心工程"，对建筑质量要求非常严格。据援建北川的山东援川办一副主任介绍，山东已在北川投资建设了国内工艺设计最为先进、日

---

① 参见《北京晨报》2010年1月7日。

产 20 万坯的现代化页岩砖厂，以及投资 7.2 亿元、年产 200 万吨的水泥厂，除了可以保证建材质量，还可以应对建材价格偏高的问题。援建都江堰的上海市也精心按照"质量、安全、规范、高效"的原则，构建了严密的监管制度。北京市援建什邡前线分指挥部负责人说："我们加强了对援建项目的监督检查，确保援建项目严格按国家规范施工。同时，坚决杜绝盲目赶进度的做法，要把所有援建项目建成最安全、最牢固、群众最放心的建筑。"

建设质量"零容忍"不仅是一种态度，更关乎人民生命财产安全，是灾区人民恢复正常生活的首要保障。灾区重建不能只图进度而拉掉质量，不能只图省钱而降低标准。房屋建设一定要坚持进度与质量统一，要做到不留隐患、不留遗憾。

"5·12"地震后，四川省有 347.6 万户农房受损，其中126.3 万户需重建，221.3 万户需维修加固；城镇住房有 31.4 万套需重建，141.8 万套需维修加固。灾区各级党委、政府把修复重建城乡居民损毁住房作为灾后重建的首要任务，认真落实补助政策，积极协调住房贷款，切实加强技术指导，强化建材物资保障和质量、价格监管，确保农房重建任务在 2009 年 9 月底基本完成，城镇住房重建任务在 2010 年 5 月前全部完成。截至 2009年 5 月 4 日，全省永久性农房重建已开工 124.8 万户，占重建任务的98.8%，其中在建 24.1 万户，建成 100.8 万户；农房的维修加固已于 2008 年年底基本完成。全省城镇住房已维修加固 71.9万套，占总数的 50.7%；已开工新建城镇永久性住房 13.8 万套，占总数的 43.9%，其中在建 10.5 万套，建成近 3.3 万套。

家，是温暖的港湾。从"废墟旁，插秧忙"到"筑农房，兴农桑"，汶川不断带给我们新的希望与力量。"双手在，希望就在"，什么也不能阻挡我们重建的步伐！2008 年，灾难中挺立着伟大的中国；2009 年，中国继续与爱心同行，重建家园。

第十二章 应对全球金融风暴
和维护民族地区稳定

    2007 年夏，美国发生了次级债按揭贷款危机（简称"次贷危机"），并在 2008 年逐步引起全球恐慌。所谓"次级按揭"，是指美国向信用分数较低、收入证明缺失、负债较重的人提供住房贷款。贷款人可以在没有资金的情况下购房，仅需声明其收入情况，无需提供任何有关偿还能力的证明。由于美国"次级按揭"客户的偿付保障不是建立在客户自身的还款能力基础上，而是建立在房价不断上涨的假设之上，因而在房市火爆的时候，银行可以借此获得高额利息收入而不必担心风险。但是，如果房市低迷，利率上升，客户们的负担将逐步加重。当这种负担达到极限时，大量违约客户出现，不再偿付贷款，就会造成坏账。于是，"次贷危机"就产生了。

一、与国际社会一道积极应对金融风暴

    美国次贷危机的端倪在 2006 年年底就已显现出来，包括次贷违约率上升以及观察家对次贷的负面评论等都已开始涌现。

(一) 美国"次贷危机"引发全球金融风暴

到 2007 年，标准普尔和穆迪调低了次贷资产化证券评级、美国第二大住房金融公司——新世纪金融公司宣布破产保护等，都加剧了市场的恐慌。稍后，以贝尔斯登等为代表的美国一流投资银行宣布旗下的对冲基金在次贷资产化证券方面出现了巨幅亏损以及投资者预期各大投行需要大幅冲销次贷损失等因素，导致了美国市场避险情绪加剧。此外，投资者担心次贷危机将可能蔓延至其他经济领域，损害美国经济的成长性，导致美国三大股票指数也出现了巨幅震荡。

美国次贷危机发生后，负面影响不断扩大，从而使美国整个金融业陷入信贷危机。2008 年 3 月，美国第五大投资银行贝尔斯登因濒临破产而被摩根大通收购。半年之后的 9 月，华尔街接连发生了一系列令人震惊的事件：美国银行与美国第三大投资银行美林公司达成收购协议，美林将被收购；由于陷入严重的财务危机，美国第四大投资银行雷曼兄弟公司宣布将申请破产保护；美国保险巨头美国国际集团为了维持运转，向美国联邦储备委员会寻求 400 亿美元的短期融资支持。

9 月 14 日，美国华尔街股市暴跌。为帮助金融机构应对严重的信贷危机，美国联邦储备委员会于当天宣布，将采取包括扩大紧急贷款种类在内的几项新措施，其中包括扩大金融机构从美联储贷款抵押品范围，接受金融机构以部分有价证券作为抵押品从美联储借入资金；此外，还将部分贷款拍卖活动的次数从每两周一次提高到每周一次。美联储还与其他主要金融机构协调筹建了一个巨额资金库，以救助陷入严重财务危机的金融机构。全球 10 家主要金融机构宣布联合推出一个总额达 700 亿美元的紧急贷款计划，以此来救助一些陷入危机的金融机构。9 月 15 日，美国央行向雷曼兄弟公司破产后陷入紊乱的金融市场注入 700 亿美元，并收购了美林公司。全球主要金融机构联手采取紧急措施应对危机的主要原因，是各方担心美国金融业危机的骨牌效应进一步蔓延，并对全球金融体系产生不利影响。

但形势仍在下滑。这场发端于次贷危机的美国华尔街金融风暴，如"海啸"一般冲击着全世界的神经，其广度和深度前所未有。9月16日，在华尔街连遭雷曼兄弟公司提交破产保护申请以及美林证券公司被美国银行收购两次打击后，全球股指急转直下，道琼斯指数当天重挫逾500点，创"9·11"恐怖袭击以来的单日最大跌幅。在欧洲，伦敦股市100种股票平均价格指数下跌3.9%，巴黎股市CAC40指数下跌3.7%，德国法兰克福股市DAX指数下跌2.7%。全球股市遭遇重创。

事实证明，美国次贷危机非但远未到头，而且已经进入新的发展阶段。为此，各国政府以及银行纷纷采取一系列措施紧急救市，以避免国际金融秩序陷入混乱。为了避免股市的一败涂地和缓和货币市场的紧张气氛，9月16日，美国联邦储备委员会宣布向市场注入500亿美元流动资金以帮助备受困扰的金融市场。同一天，欧洲中央银行向欧元区市场注入700亿欧元（相当于1000亿美元），旨在确保市场资金充足。英格兰银行表示要"认真"关注信贷市场并准备"在必要的情况下"采取适当措施。在德国，财政部和联邦金融监管局表示，它们十分关注"各国和国际金融市场的发展"。

华尔街股市暴跌，带动亚洲股票市场9月16日也大幅下挫。

日本日经225种股票平均价格指数下跌4.8%，跌至11632.99点，这是自3月中旬以来该指数首次跌破12000点。

韩国KOSPI指数下跌6.2%。中国台湾基准指数下跌4.6%。澳大利亚和新西兰股市受影响较小，主要指数分别下跌了2.4%和2.7%。

9月16日，日本银行向市场注入1.5万亿日元（约合140亿美元）的资金，试图平息人们的担忧——即美国投资银行雷曼兄弟公司申请破产保护后日本将爆发金融危机。

为应对这场全球金融危机，中国政府立刻行动，采取一系列重大举措，以保持金融市场和资本市场稳定，保持经济平稳较快增长势头，并与国际社会一道积极应对。

（二）北京亚欧峰会共商解决全球金融危机

面对金融危机，中国国家主席胡锦涛与美国总统布什通电话，表示："我们注意到美国政府为稳定国内金融市场所做出的努力，希望有关措施尽快见到实效，恢复投资者信心，阻止危机进一步向实体经济蔓延。"中国愿与其他国家合作，解决全球金融市场面临的问题。他说："中国政府将继续以对中国人民和世界各国人民负责任的态度，同国际社会密切合作，共同维护世界经济金融稳定。"布什向胡锦涛表示："美国愿意与世界其他地区合作，探讨应对当前金融危机的措施。"此后，中国政府一再重申：在全球金融危机面前，中国有信心保持经济和金融市场的稳定，愿同其他国家合作，为解决危机出一份力。

2008年10月24日，第7届亚欧峰会在北京开幕。来自40多个国家和地区组织的领导人参加，是历届亚欧峰会与会国家元首和政府首脑人数最多的一届。这是在北京奥运会后中国举办的又一重大国际活动。尤其是在金融海啸席卷全球之际，在全球经济衰退阴云笼罩下，美国又刚刚宣布11月中旬将在华盛顿举行全球金融危机峰会，因此亚欧两个大陆的国家如何协调彼此应对金融海啸的策略，十分引人注目。美欧之间此前在协调应对金融危机的策略上已经产生了严重分歧，因此在这个时候欧洲尤其需要与亚洲加强协调，以协调其与美国的分歧。

在危机面前，欧盟谋求在建立新的国际金融体制及全球变暖对策上与中国、印度等亚洲国家加强合作。会上，欧盟委员会主席巴罗佐呼吁亚洲和欧洲合作应对危机，他说："我们需要亚洲参与进来，特别是中国、印度和日本这样的国家。""我衷心希望中国能为解决这场金融危机作出重要贡献。对中国来说，这是体现责任感的好机会。"法国总统萨科齐也指出："拥有23亿人口的中印两国是重要的伙伴。中国是货币、资本与经济大国，而印度30年后将成为世界上人口最多的国家。"因此，举行讨论金融危机应对措施的国际会议，中印两国的参加不可或缺。

此次亚欧首脑会议以"对话合作，互利共赢"为主题，集中讨论国际社会所面临的金融危机等问题。与会者敦促作为全球第一外汇储备大国的中国更积极地参与应对全球金融危机。中国表示愿意和世界其他地区更加密切地合作，努力解决这场经济危机。中国是全世界增长速度最快的大型经济体，持有1.9万亿美元的外汇储备，因此被视作化解这场危机的关键。对此，胡锦涛在亚欧峰会开幕式上说："今年以来，中国积极应对国际经济环境复杂变化和自然界严峻挑战……同时，全球金融危机使中国经济发展面临的不确定不稳定因素增多，中国经济发展面临诸多困难和挑战……中国经济保持良好发展势头本身就是对全球金融市场稳定和世界经济发展的重要贡献。"由于中国金融体系仍未完全开放，而且前一轮宏观调控已将资产市场的部分泡沫释放出来，金融海啸对中国经济的冲击相对较小。中国经济持续平稳增长，一方面可继续向各国输出物美价廉的产品，平抑环球通胀；另一方面，13亿人口的庞大内需市场，将对全球出口业提供巨大支持，对全球经济金融市场的稳定有正面意义。

参加亚欧峰会的领导人在24日晚发表的一份声明中，呼吁世界金融系统进行一次全面检查。25日的会谈则转向了包括可持续发展、能源安全和气候变化在内的其他热点问题，并于当日在北京闭幕。会议发表的主席声明，呼吁国际社会为克服全球金融危机而采取一致行动。鉴于以美国为中心的国际金融体系呈现弊端，此次会议发出了亚洲和欧洲构建新金融秩序的信号。国务院总理温家宝在峰会结束时对记者说，中国将积极参加下月在美国举行的一次至关重要的国际峰会。此次峰会旨在应对全球金融系统崩溃的问题。

面对金融资本市场上的巨额损失以及不断下滑的世界经济，各国领导人一致要求对国际金融体系进行紧急改革，而中国要求制订更严格的规则。

亚欧峰会凸显出中国的重要地位和作用。在全球金融危机不断加剧、政府作用日趋重要的情况下，规模空前的亚欧峰会达成各国政府应体现远见和魄力，坚定、果断、负责、及时地采取有效措施的共识，向全世界传递出各国携手合作、共同应对金融危机的决心，对于金融危机的处理以及未来金融秩序的重整将会产生重要而深远的影响。中国作为此次首脑会议的东道国，及时将国际经济和金融形势列为首要议题，还主动加强与各成员的协调，推动亚欧合作应对危机，显示中国在这场危机下正扮演着越来越重要的角色。

（三）二十国集团峰会凸显中国经济影响力

2008 年 11 月 14 日，二十国集团峰会在美国华盛顿拉开帷幕。二十国集团（G20）是 1999 年 12 月在柏林组建的，是布雷顿森林体系框架内非正式对话的一种机制。其宗旨是推动发达国家和新兴市场国家之间就实质性问题进行讨论和研究，以寻求合作并促进国际金融稳定和经济持续发展。以 GDP 总量计算，二十国集团大约占到了世界的 85%。作为一个国际论坛，其成员除八国集团成员外，还包括"金砖四国"中的中国、巴西、印度，以及阿根廷、墨西哥、韩国、印度尼西亚、澳大利亚、沙特阿拉伯、南非、土耳其，欧盟也是其成员之一。

这次峰会就重建世界金融体系、扩大新兴国家在国际货币基金组织等国际金融机构的发言权等问题，达成了一致。这是因为，要增加对发展中国家的援助规模，就必须确保国际货币基金组织的财源，而这就需要依赖中国等拥有经常项目盈余的新兴国家提供资金。所以，新兴经济体在世界大国金融危机峰会上发挥了新的影响力。

二十国峰会发表宣言，提出努力实现对世界金融体系进行必要的改革。在这次峰会上，中国的地位和影响力显著提高。中国国家主席胡锦涛呼吁提高新兴工业国家的发言权，并给金融峰会准备了一份大礼：在峰会前公布了总额高达4万亿元人民币的经济刺激措施，强调这是对稳定世界经济的重大贡献。先发制人地推出4万亿元人民币的经济刺激方案，不但显示出中国有足够经济力量防止经济硬着陆，还力催各国领袖为各自举步维艰的经济加大刺激动力。

（四）APEC 第 16 次领导人非正式会议发表《利马宣言》

2008 年 11 月 22 日至 23 日，亚太经合组织（APEC）第 16 次领导人非正式会议在秘鲁首都利马举行。来自亚太经合组织 21 个成员的领导人或代表出席了会议。会议发表以该次会议主题——"亚太发展的新承诺"为主旨的《利马宣言》和《利马亚太经合组织领导人关于全球经济的声明》，重点阐述了各成员就世界经济金融形势、多哈回合谈判、粮食安全、能源安全、区域经济一体化、企业社会责任、气候变化、防灾减灾等问题达成的共识。声明指出：这场自 20 世纪 30 年代以来最严重的全球性金融危机将在 18 个月内平息。当前的全球金融危机是 APEC 各成员面临的最严重的经济挑战之一。会议就此专门发表声明，表明各成员应对不断恶化的全球经济形势和支持多哈回合谈判早日取得成果所具有的决心。

该声明表示：各成员将继续采取相应步骤，密切合作，进一步采取全面、协调的行动应对当前危机。声明对二十国集团华盛顿峰会发表的宣言表示欢迎和支持。各成员领导人在声明中承诺：在未来 12 个月内，将避免为投资、货物和服务贸易增设新的壁垒，不实施新的出口限制措施，在各领域不实施包括刺激出口措施在内的违反世界贸易组织规则的举措。他们表示 12 月将致力于在现有进展基础上就谈判模式达成一致。

关于区域经济一体化，《利马宣言》强调：各成员采取的单边改革措施应与双边、区域以及多边自由化相结合，以实现亚太地区自由开放的贸易投资目标。在粮食安全方面，《利马宣言》指出：APEC 应该增加有利于促进农业部门发展的技术合作和能力建设，包括增加粮食生产，改善农业教育，强化自然资源管理，推动开发不以涉及粮食为原则的下一代生物燃料等。

声明还对中国提出在 2010 年主办 APEC 第 5 届人力资源开发部长级会议表示欢迎，并对中国将向亚太森林恢复与可持续管理网络提供更多的资金支持表示赞赏。会议宣布，亚太经合组织第 17 次领导人非正式会议将于 2009 年在新加坡举行。

中国国家主席胡锦涛出席会议并就区域经济一体化、人类安全、气候变化等发表专题发言。

关于区域经济一体化，胡锦涛指出："当前，亚太经合组织成员经贸联系日益紧密，区域经济一体化进程不断发展。我们应该鼓励和支持这一积极趋势。当务之急是争取如期实现茂物目标，并推动世界贸易组织多哈回合谈判早日取得成果。"①

关于人类安全问题，胡锦涛表示：中国今年先后遭受了南方部分地区严重低温雨雪冰冻、四川汶川特大地震等自然灾害。亚太经合组织在防灾救灾方面开展了卓有成效的合作。今后，亚太

① 《亚太经合组织第十六次领导人非正式会议举行第二阶段会议》，《人民日报》2008 年 11 月 25 日。

经合组织应该继续深化减灾防灾合作，积极开展政策对话，加强经验交流和技术援助，重点提高各成员监测、预警、应急和灾后恢复重建等方面能力，切实保护本地区民众生命财产安全。①

关于气候变化问题，胡锦涛表示：气候变化问题是全人类面临的重大挑战。当前，落实'巴厘路线图'的谈判正处于关键阶段。中方希望各方共同努力，真正按'巴厘路线图'的要求，尽快对加强公约实施作出全面有效的安排。中国制定了《应对气候变化国家方案》，成立了国家应对气候变化领导小组，完善了应对气候变化工作机制，明确了应对气候变化的具体目标、基本原则、重点领域、政策措施和落实步骤。中国提出到2010年单位国内生产总值能耗在2005年的基础上降低20%、可再生能源比重提高到10%、森林覆盖率提高到20%等目标。②

总之，全球性金融危机发生后，面对机遇和挑战，中国拥有1.9万亿美元外汇储备，在全球经济体中的分量增加，具有较强的经济影响力，成为稳定世界经济的重要因素。中国以积极的姿态参与国际社会解决金融危机的行动，主张建立全球金融对话机制，致力于建立新的公平合理的国际金融秩序，在促进世界经济复苏过程中扮演了十分重要的角色，展示了一个和平发展的负责任的大国形象。

---

① 《亚太经合组织第十六次领导人非正式会议举行第二阶段会议》，《人民日报》2008年11月25日。

② 参见《亚太经合组织第十六次领导人非正式会议举行第二阶段会议》，《人民日报》2008年11月25日。

二、进一步扩大内需促进经济增长

由美国"次贷危机"引发的华尔街金融风暴再到全球性金融海啸，使全球经济步入寒冬。在经济全球化时代，中国作为一个发展中的大国，也难以独善其身，不可避免地受到一系列冲击。对此，中共中央、国务院及各级政府部门立足国内，出重拳刺激经济增长。

（一）国务院常务会议决定采取十大措施

随着世界性金融危机愈演愈烈，中国经济的减速越来越明显。自 2003 年以来，中国经济曾连续 5 年保持了两位数的高增长，但据国家统计局 2008 年 10 月 20 日公布的数据：当年第三季度 GDP 增速为 9%，经济发展来了个急刹车。其主要原因是金融危机导致世界经济低迷，中国的出口大幅度下降，设备投资和消费也出现了不安定因素，国内经济迎来了转折点。

"变贵了的中国产品谁也不愿意买。" 2008 年的广交会上，一位来自日本的商人这样说。出口曾是中国经济增长的最大推动力，但由于原材料价格的高涨和人民币的升值等因素，加上出口对象国经济环境的恶化，出口形势越来越严峻。中国 2008 年 1—9 月的对美出口增长率下降了 4.6 个百分点。

2008 年 9 月，北京的商品房交易量与上年同期相比减少了 76%，上海和深圳等地房展会的成交量也是锐减。1—9 月的房地产投资增长率为 27%，与上一年同期相比增长了 1.3 个百分点。但是，如果扣除物价上涨因素，实际上是大幅度下降。同出现投资过剩的 2007 年相比，情况发生了巨变。

中国的股市 2007 年秋季达到顶峰后开始下跌，2008 年 10 月已跌至原来的 1/3。继股市之后，房地产市场也开始降价。同时，由于全球经济下滑，企业的投资热情也开始减退。

在推动中国经济增长的两大动力——出口和投资双双出现变化的情况下，中国经济只能依赖国民的消费来维持增长。但是国内消费的前景也不容乐观，中国的汽车销售市场也出现了下滑。

为此，国务院在 2008 年 10—12 月出台一系列刺激经济的对策，包括减少商品住宅交易税、促进对中小企业的贷款、放宽金融限制、出台促进出口方面的综合对策，这显然是十分必要的。同时，中国政府的另一个担心是美元的暴跌。为了防止美元资产缩水，有人主张减持美元资产。从中长期来看，美元占中国外汇储备比率过大，显然是不合理的。然而，如果拥有世界最多外汇储备的中国大量抛出美元资产，反而会导致美元汇率的暴跌。因此，中国从稳定大局考虑，没有采取直接抛出的措施。

但面对新的金融危机，中国改变过去依赖投资和出口的经济增长方式被提上议事日程。因为中国国内消费占国内生产总值的比率尚不到 40%，这种状况显然不能持续过久。中国应调整经济结构，振兴内需，用 5 年左右时间调整外汇结构，逐渐将外汇储备分散到美元以外的货币。为此，建立能够反映宏观经济基础的市场型汇率形成机制已成当务之急。

于是，2008 年 11 月 5 日，温家宝主持召开国务院常务会议，研究部署进一步扩大内需、促进经济平稳较快增长的措施，决定在未来两年投资 4 万亿元以刺激经济。

为了应对金融危机，会议确定进一步扩大内需、促进经济增长的十项措施：

一是加快建设保障性安居工程。加大对廉租住房建设支持力度，加快棚户区改造，实施游牧民定居工程，扩大农村危房改造试点。

二是加快农村基础设施建设。加大农村沼气、饮水安全工程和农村公路建设力度，完善农村电网，加快南水北调等重大水利工程建设和病险水库除险加固，加强大型灌区节水改造。加大扶贫开发力度。

三是加快铁路、公路和机场等重大基础设施建设。重点建设一批客运专线、煤运通道项目和西部干线铁路，完善高速公路网，安排中西部干线机场和支线机场建设，加快城市电网改造。

四是加快医疗卫生、文化教育事业发展。加强基层医疗卫生服务体系建设，加快中西部农村初中校舍改造，推进中西部地区特殊教育学校和乡镇综合文化站建设。

五是加强生态环境建设。加快城镇污水、垃圾处理设施建设和重点流域水污染防治，加强重点防护林和天然林资源保护工程建设，支持重点节能减排工程建设。

六是加快自主创新和结构调整。支持高技术产业化建设和产业技术进步，支持服务业发展。

七是加快地震灾区灾后重建各项工作。

八是提高城乡居民收入。提高 2009 年粮食最低收购价格，提高农资综合直补、良种补贴、农机具补贴等标准，增加农民收入。提高低收入群体等社保对象待遇水平，增加城市和农村低保补助，继续提高企业退休人员基本养老金水平和优抚对象生活补助标准。

九是在全国所有地区、所有行业全面实施增值税转型改革，鼓励企业技术改造，减轻企业负担 1200 亿元。

十是加大金融对经济增长的支持力度。取消对商业银行的信贷规模限制，合理扩大信贷规模，加大对重点工程、"三农"、中小企业和技术改造、兼并重组的信贷支持，有针对性地培育和巩固消费信贷增长点。

实施上述工程建设，到 2010 年年底约需投资 4 万亿元。为加快建设进度，会议决定：2008 年第四季度先增加安排中央投资 1000 亿元，2009 年灾后重建基金提前安排 200 亿元，带动地方和社会投资，总规模达到 4000 亿元。

2008 年 11 月 10 日，国务院又在北京召开省区市人民政府和国务院部门主要负责同志会议。温家宝在会上发表重要讲话，部署了落实中央政策措施的七项工作：

一是加大投资力度和优化投资结构。

二是着力扩大消费需求特别是居民消费需求。

三是促进房地产市场平稳健康发展。

四是努力保持出口稳定增长。

五是着力提高企业素质和市场竞争力。

六是认真做好金融财政工作。

七是推进关键环节和重点领域改革。

这些工作对保障上述十大措施的贯彻落实，起到重要的作用。

（二）多项措施避免千亿资金浪费

为确保 2008 年新增 1000 亿元中央投资用在规定的领域，最大限度地刺激内需、改善民生、促进经济的可持续发展，国家采取了行政、经济包括法律手段，确保资金的使用安全和工程质量，避免盲目投资、浪费等各种违法违纪行为。

（1）制定落实投资工作方案，严格依法办事。

2008 年 11 月 10 日，国家发展改革委员会主任张平在国务院有关部门和地方发展改革委员会负责人会议上，重申了上述资金的投资方向和原则，要求严格依法办事，相关过程要公开透明、"阳光操作"。他声明：对违规乱纪行为，国家发改委将采取收回投资、扣减次年项目投资等惩罚性措施。11 月 14 日，国家发改委负责人在国务院新闻发布会上再次强调：为管好、用好上述资金，中央采取了加强组织领导、制定缜密的工作方案、保障建设程序、制度保障、组成联合检查组派驻各地等五项措施。各级政府和部门要按照"出手要快、出拳要重、措施要准、工作要实"的总体要求，迅速把有关扩大内需、促进经济平稳较快增长政策落实到位，"绝不能放松管理上的要求，绝不能降低管理上的标准。要确保各项工作落实，确保资金的安全和工程的质量。这个管理难度是比较大的，不仅关乎到我们这一轮政策效应的发挥，也要对得起黎民百姓"。为加强组织领导，国家发改委、财政部等有关部门成立了扩大内需协调工作组，共同研究部署和协调重大问题，各个省、自治区、直辖市也将成立相应的领导协调机构。

为避免千亿资金浪费，发改委在征求有关部门和地方意见的基础上，制定并印发了紧急落实新增 1000 亿元中央投资的工作方案。这项方案中明确了资金的投入方向、安排的原则、建设任务的分工和责任、工作的程序和各项管理的要求。如严格限制把资金用于"高污染、高排放"行业、产能过剩行业以及修建党政机关的办公楼等楼堂馆所。方案要求所有项目必须严格遵循规划、计划、项目审核、用地管理、环境评价、决算验收等建设管理的程序。同时要求依法实行项目法人责任制、招标投标制、工程监理制、合同管理制，强调"这些法规上有规定的管理程序都要严格履行"。

为加强监督检查，中纪委、监察部、审计署、财政部、发改委还组成联合检查组，派驻每个省、自治区、直辖市，通过两到三个月的时间，对全部 1000 亿元投资的实施进行全程监控。财政部认真贯彻落实各项规定，积极配合有关部门，抓好监督检查工作。特别是加大制度建设和制度完善的力度，通过落实国库集中收付制度，来保证从源头上解决问题，防止问题的发生，保证了中央投资资金的安全、高效落实。

（2）央行六大举措加大金融支持力度。

中国人民银行于 2008 年 11 月 17 日发布了第三季度货币政策

执行报告，提出六大举措，以加大金融对经济增长支持的力度。

一是根据形势变化，及时启动保障经济金融稳健运行的各项应对预案，加强国际协作，应对金融危机的不确定冲击。

二是确保金融体系流动性充足，及时向金融机构提供流动性支持。

三是促进货币信贷总量稳定增长，加大银行信贷对经济增长的支持力度。

四是加强窗口指导和政策引导，着力优化信贷结构。

五是进一步发挥债券市场融资功能。

六是加强对国际经济金融形势和资本流动性的监测分析。

这就说明，中国将通过保持经济增长和扩大内需来帮助稳定国际金融市场。同时，密切关注国际金融市场形势，以确定下一步利率调整政策。而中国经济的稳定增长，将有助于国际金融市场恢复正常。正如世界银行行长佐利克在 2008 年 11 月 8 日二十国集团财长和央行行长年会当天举行的记者会上指出："中国政府成功利用了前几年国际金融形势较好的机会，通过吸纳大量外资来改善基础设施，这是'十分明智的政策'"。而"中国积累的巨额外汇储备使得中国目前抵御金融危机的能力强于其他任何国家，具备了在金融危机肆虐的时刻实行扩张性经济政策的条件，从而起到保证经济平稳发展的作用"。

（3）各地固定资产投资将超 10 万亿元。

国务院常务会议 4 万亿经济刺激方案激起地方政府新一轮投资热情。会议结束后的一周里，似乎成了各地政府的投资数字竞赛，纷纷宣布大规模投资蓝图：上海 5000 亿元；吉林 4000 亿元；海南 2070 亿元；安徽 3890 亿元；浙江 3500 亿元；河北 5889 亿元；河南 1.2 万亿元；辽宁 1.3 万亿元；重庆 1.3 万亿元；广东 2.3 万亿元；江苏计划到 2009 年年底前完成 3000 亿元，2010 年再投 6500 亿元，等等就一周内各地公布的数据来看，全国各省、自治区、直辖市已公布的固定资产投资总额已逾 10 万亿元，远远超出国务院所设想的拉动地方和社会投资规模达到 4 万亿元的目标。

但是，根据各地政府公布的投资规模和项目情况，这 10 万亿总投资乃是此后三到五年的投资总蓝图，其中相当部分原本已经列入"十一五"甚至"十二五"规划中。按照中央的部署，此次新增投资的头号重点是民生工程。在各地方政府公布的投资蓝图中，其重点仍然是铁路、公路、电厂、房地产等基础设施工程，不少地方的投资规模高达数千亿。在各地有限的"民生"盘子里，保障性住房字眼频现。事实上，根据各地公布的投资计划，即使是医疗卫生和教育的那部分资金，也将相当多资金投向基层卫生机构和农村初中校舍修缮等基建计划。比如，在医疗方面，山东提出加快建设 3 万所村卫生室，推进 11 家重点市级中医院建设，搞好财政困难县的县级医院改造，加快 31042 所村卫生室规划建设，继续开展农村社区服务中心建设试点。在教育方面，山东提出完善义务教育经费保障机制，加快实施农村中小学危房改造、"两热一暖一改"和办学条件标准化工程，推进 66 个中职学校基础能力建设规划项目，争取到 2010 年年底每县建成一所合格的中职学校。

由此可见，此后三到五年全国投资蓝图规模空前，重点为铁路、公路、电厂、房地产等基础设施。个别地方虽然也有医疗和教育投资，但其中大部分仍属于基础设施投资建设项目。医疗和教育属于对人力资本的投资，这一块必须与保障性住房等投资相配套，否则劳动力素质难以提高，将影响有效需求的产生。

（4）中央追加千亿元政策性银行贷款。

2008 年 12 月 3 日，温家宝主持召开国务院常务会议，研究部署当前金融促进经济发展的政策措施。

会议指出：应对国际金融危机，保持经济平稳较快发展，必须认真实行积极的财政政策和适度宽松的货币政策，进一步加大金融对经济发展的支持力度。要通过完善配套政策措施和创新体制机制，调动商业银行增加信贷投放的积极性，增强金融机构抵御风险能力，形成银行、证券、保险等多方面扩大融资、分散风险的合力，更好地发挥金融支持经济增长和促进结构调整的作用。

会议研究确定了确保金融促进经济发展的政策措施。

一是落实适度宽松的货币政策，促进货币信贷稳定增长。综合运用存款准备金率、利率、汇率等多种手段，保持银行体系流动性充分供应，追加政策性银行2008年度贷款规模1000亿元。

二是加强和改进信贷服务，满足资金合理需求。鼓励地方政府通过资本注入、风险补偿等多种方式增加对信用担保公司的支持；设立多层次中小企业贷款担保基金和担保机构，提高对中小企业贷款比重；对符合条件的中小企业信用担保机构免征营业税；建立农村信贷担保机制，扩大农村有效担保物范围，积极探索发展农村多种形式担保的信贷产品；积极扩大住房、汽车和农村消费信贷市场。

三是加快建设多层次资本市场体系，发挥市场的资源配置功能。稳定股票市场运行，推动期货市场稳步发展，扩大债券发行规模，优先安排与基础设施、民生工程、生态环境建设和灾后重建等相关的债券发行。

四是发挥保险的保障和融资功能，促进经济社会稳定运行。积极发展"三农"、住房和汽车消费、健康、养老等保险业务，引导保险公司以债权等方式投资交通、通信、能源等基础设施和农村基础设施项目。

五是创新融资方式，通过并购贷款、房地产信托投资基金、股权投资基金和规范发展民间融资等多种形式，拓宽企业融资渠道。

六是改进外汇管理，大力推动贸易投资便利化。适当提高企业预收货款结汇比例，方便企业特别是中小企业贸易融资，提高外汇资金使用效率，支持外贸发展。

七是加快金融服务现代化，全面提高金融服务水平。进一步丰富支付工具体系，扩大国库直接支付涉农、救灾补贴等政府性补助基金范围，优化出口退税流程，继续推动中小企业和农村信用体系建设。

八是加大财税政策支持力度，发挥财政资金的杠杆作用，增强金融业化解不良资产和促进经济增长的能力。

九是深化金融改革，完善金融监管体系，强化风险监测和管理，切实维护金融安全稳定。

（三）国际社会热评中国刺激经济政策

中国政府的一系列经济重拳，博得了国际上的热评。

2008 年 9 月 15 日，中国人民银行宣布下调利率和准备金率，路透社称"中国果断出手推动经济"。中国宣布两年投资 4 万亿元后，国际社会更是好评如潮。

澳大利亚报纸称"四万亿投资堪比当年邓小平'南方视察'"。国际货币基金组织总裁多米尼克·斯特劳斯－卡恩 11 月说："中国为促进内需而采取的大规模政府支出计划是一个'好消息'，将帮助全球经济渡过金融危机。""这是一项庞大的计划。它不仅将在鼓励需求方面对世界经济产生影响，还对中国经济自身有着许多影响。"美国财政部一名高级官员说："美国欢迎中国为促进内需以及帮助这个大国渡过金融危机而采取的大规模政府支出计划。"摩根公司的经济学家说："这是中国的大动作，相比之下，之前宣布的种种货币和财政措施都显得微不足道。这项计划显示了中国不断增强的经济力量，将在全球带来连锁反应，甚至波及拉美。"①

　　随着北京批准一项庞大的经济刺激计划，世界最大经济体欧盟开始求助于中国，希望中国协助减轻预计将在许多国家出现的经济衰退。这是全球推动经济增长的最新转机。出席巴西圣保罗二十国集团会议的世界银行行长和其他高级官员都认为，中国是全球努力推动经济增长活动中的重要角色。

　　香港《亚洲时报在线》11月14日发表文章说，与成功举办2008年夏季奥运会相比，中国进行大规模经济刺激将被认为是一个更加重要的标志，说明中国正在成为经济超级大国。

　　这项为期两年、耗资4万亿人民币的财政刺激计划主要集中于铁路和能源等经济上非常重要的基础设施以及低收入家庭住房和医疗保健等政治上非常重要的基础设施的建设。中国"新政"的历史重要性至少表现在五个方面。

　　第一个方面，中国迅速采取的行动说明这个共产党国家能很灵活地接受那种使资本主义世界在大萧条后保持繁荣的主流凯恩斯经济理论。

　　第二个方面，中国的行动比美国还迅速、还坚决，学生现在反过来教先生了。事实上，中国官员似乎比美联储主席本·伯南克等美国官员更迅速地明白光靠降息是无法迅速恢复经济的。

　　第三个方面，中国的财政刺激一揽子计划突出说明世界各大经济体是紧密相连的。虽然中国仍然保持对美国和欧洲很大的贸易盈余，但美国、欧洲，甚至亚洲国家对中国的出口也同样是经济增长的重要组成部分。

　　第四个方面，中国财政刺激的重点主要放在基础设施，这说明中国完全懂得什么是建设强大的经济所必需的，而美国似乎就不明白这一点。在发展的下一个阶段，中国的铁路系统必须更好

――――――――――

　　① 《参考消息》2008年11月17日。

地服务于中国内陆地区。迅速建设铁路和公路、建设更可靠和更庞大的电网和供水系统正是中国所需要的。

第五个方面，中国的"新政"将对国内需求产生强大的刺激。如今，中国经济过于依赖出口带动的增长。通过刺激国内需求，中国就可以不再受制于变幻莫测的全球贸易。扩大内需还有利于减少由于中国保持对美国和欧洲大量贸易盈余而引起的贸易摩擦。

中国的财政刺激将开始结束中国为美国的预算和贸易赤字融资的历史。将近10年来，中国把很多出口挣来的美元都送回美国证券市场，这使美国可以保持低利率并使美国消费者可以寅吃卯粮。现在，中国需要把其外汇储备和出口收入用于国内，这肯定意味着可以送回美国的美元将大大减少。因此，中国的财政刺激可能会大大压制美国成功实施其财政刺激的能力。①

在此期间，中国宣布将无限期延长《北京奥运会及其筹备期间外国记者在华采访规定》，也赢得国际社会的好评。该规定原定于2007年1月1日起实施，在2008年10月17日到期。这体现了中国坚定不移地坚持改革开放的政策，大大增强了中国共产党的自信。

（四）全面实施"一揽子计划"

进入2009年，金融危机对中国经济影响继续加深。中国人民银行在公布的《2008中国区域金融运行报告》中指出，国际金融危机继续发展和蔓延，对中国经济的影响还在加深，虽然中国经济运行出现了一些积极的变化，但基础尚不稳固，经济下行压力仍然较大。为此，中国政府在2008年的基础上进一步完善、实施了应对金融危机的"一揽子计划"。

---

① 《参考消息》2008年11月17日。

（1）再向国际社会申明中国积极负责的举措。

在这场危机的冲击下，中国经济受到的主要影响是在实体经济，因为中国的金融经过十多年的改革，已经具备应对危机的良好基础，总体运行是稳定、健康的。但中国管得了自己的事，管不了世界的事情。世界市场的萎缩，经济发展的下行压力趋大，对中国经济特别是外部需求造成很大冲击，最主要影响东部沿海地区、外向型企业和劳动密集型产业。由于外部需求减少，产品缺乏市场，工厂经营困难，也就造成农民工大批返乡失业。为应对金融危机，中国从 2008 年开始采取了一系列措施，到 2009 年年初已形成了一个比较完整的应对方案，称之为"一揽子计划"。2009 年 1 月 28 日，温家宝总理在瑞士达沃斯世界经济论坛 2009 年年会上说：由于正确判断形势、及时果断调整宏观经济政策，中国经济仍然保持了平稳较快发展。中国政府制定并实施的既应对当前困难又着眼长远发展的"一揽子计划"，开始见到效果，2009 年将发挥更大作用。温家宝坦承：这场国际金融危机对中国经济造成较大冲击，中国正面临严峻挑战，主要是外部需求明显收缩，部分行业产能过剩，企业生产经营困难，城镇失业人员增多，经济增长下行的压力明显加大。作为一个负责任的大国，中国在危机中采取了积极负责的态度。中国政府把扩大国内有效需求特别是消费需求作为促进经济增长的基本立足点，及时调整宏观经济政策取向，果断实施积极的财政政策和适度宽松的货币政策，迅速出台扩大国内需求的十项措施，陆续制定和实施一系列政策，形成了系统完整的促进经济平稳较快发展的"一揽子计划"。

一是大规模增加政府支出和实施结构性减税。中国政府推出了总额达 4 万亿元的两年计划，规模相当于 2007 年中国 GDP 的 16%。主要投向保障性安居工程、农村民生工程、铁路交通等基础设施、生态环保等方面的建设和地震灾后恢复重建，这里既有

"十一五"规划内加快实施的项目，也有根据发展需要新增的项目。这个计划经过了科学论证，在资金保证上作了周密的安排，其中中央政府计划投资1.18万亿元，并带动地方和社会资金参与建设。中国政府还推出了大规模的减税计划，主要是全面实施增值税转型，出台中小企业、房地产交易相关税收优惠政策等措施，取消和停征100项行政事业性收费，一年可减轻企业和居民负担约5000亿元。

二是大频度降息和增加银行体系流动性。中央银行连续5次下调金融机构存贷款利率，其中一年期存、贷款基准利率累计分别下调1.89和2.16个百分点，大幅度减轻企业财务负担。连续4次下调存款准备金率，大型金融机构累计下调2个百分点，中小型金融机构累计下调4个百分点，共释放流动性约8000亿元，使商业银行可用资金大幅增加。中国政府还出台一系列促进经济增长的金融政策措施，扩大贷款总量，优化信贷结构，加大对"三农"、中小企业等方面的金融支持。

三是大范围实施产业调整振兴规划。抓住机遇全面推进产业结构调整和优化升级，制定汽车、钢铁等重点产业的调整和振兴规划，既着眼于解决企业当前存在的困难，又致力于产业的长远发展。采取有力措施，推进企业兼并重组，淘汰落后产能，发展先进生产力，提高产业集中度和资源配置效率。鼓励企业技术进步和技术改造，支持企业广泛应用新技术、新工艺、新设备、新材料，调整产品结构，开发适销对路的产品，提高生产经营水平。不断完善和落实金融支持政策，健全信用担保体系，放宽市场准入，支持中小企业发展。

四是大力度推进科技创新和技术改造。加快实施国家中长期科学和技术发展规划，特别是16个重大专项，突破一批核心技术和关键共性技术，为中国经济在更高水平上实现可持续发展提供科技支撑。推动发展高新技术产业群，创造新的社会需求，培育新的经济增长点。

五是大幅度提高社会保障水平。加快完善社会保障体系，继续提高企业退休人员基本养老金，提高失业保险金和工伤保险金的标准，提高城乡低保、农村五保等保障水平，提高优抚对象抚恤和生活补助标准。2009 年，中央财政用于社会保障和就业的资金投入增幅将大大高于财政收入的增幅。积极推进医药卫生体制改革，力争用三年时间基本建成覆盖全国城乡的基本医疗卫生制度，初步实现人人享有基本医疗卫生服务，预计三年内各级政府将为此投入 8500 亿元。坚持优先发展教育，正在制定国家中长期教育改革和发展规划纲要。2009 年将进一步提高农村义务教育公用经费标准，加大对家庭经济困难学生的资助，提高中小学教师待遇，继续促进教育公平和优化教育结构。实施更加积极的就业政策。特别是出台了促进大学毕业生和农民工就业的各项措施，进一步开辟公益性就业岗位，千方百计减缓金融危机对就业的影响。

总的来看，这些重大政策措施，注重标本兼治、远近结合、综合协调、相互促进，把扩大国内需求、调整振兴产业、推进科技创新、加强社会保障结合起来，把增加投资和刺激消费结合起来，把克服当前困难和促进长远发展结合起来，把拉动经济增长和改善民生结合起来，对于动员全社会力量共同应对危机，起到了关键性作用。

温家宝说："严冬终将过去，春天就要来临。让我们坚定信心，加强合作，共同推动世界经济新一轮增长。"他并就如何渡过当前难关、努力推动建立世界经济新秩序提出五点意见：

一是深化国际经贸合作，推进多边贸易体制健康发展。历史经验证明，越是危机关头越要坚持开放与合作。贸易保护主义不仅会加大危机的严重程度，还会使危机持续更长时间，是损人不利己的行为。中国坚定地支持推动多哈回合谈判早日达成平衡的结果，建立公正、开放的多边贸易体制。

二是推动国际金融体系改革，加快建立国际金融新秩序。要加快主要国际金融组织治理结构改革，建立合理的全球金融救助机制。增加发展中国家在国际金融组织中的发言权和代表性。鼓励区域货币金融合作，稳步推进国际货币体系多元化。

三是加强国际金融监管合作，防范金融风险积聚和扩散。各国金融当局应加强信息交流与沟通，加大对全球资本流动的监测力度，防范金融风险跨境传递。扩大国际金融体系监管的覆盖面，特别要增强对主要储备货币国家的监督，建立及时高效的危机早期预警系统。

四是切实保护发展中国家利益，促进世界经济共同发展。国际金融组织应该通过放宽贷款条件等措施，及时救助有需要的发展中国家。积极推进国际减贫进程，特别要加大对最不发达国家和地区的援助力度，增强他们的自我发展能力。

五是协同应对全球性问题挑战，建设人类共有的美好家园。面对气候变暖、环境恶化、疫病和自然灾害、能源资源和粮食安全、恐怖主义蔓延等关系人类生存和发展的问题，国际社会须加强合作，共同应对挑战。①

上述讲话，再次向国际社会表明了中国积极负责的大国态度和所采取的切合实际的举措。

实际上，自 2008 年华盛顿 G20 峰会以来，作为国际社会负责任的国家，中国已通过各种方式，向一些国家和地区提供了大量的帮助和支持。与有关国家和地区签署了 5800 亿元人民币的双边货币互换协议；参与清迈倡议多边化项下的货币储备库建设；参与国际金融公司贸易融资计划；建立"与美洲开发银行合作联系机制"；中美两国进出口银行洽谈签署了 200 亿美元贸易

———

① 中国网 2009 年 1 月 29 日。

融资协议。在此期间，中国政府组织企业采购团赴欧洲进行采购，采购额达136亿美元。还在南南合作的框架下，继续向其他发展中国家提供援助。

（2）"两会"解读应对金融危机的"一揽子计划"。

2009年3月13日，温家宝总理在人民大会堂三楼金色大厅会见采访全国人大、全国政协会议的中外记者，谈到有关财经方面的问题，他突出强调"应对危机最重要的还是信心"。他说：2009年的两会是在应对国际金融危机的关键时刻召开的。人民代表大会通过了政府工作报告，也批准了政府应对金融危机的"一揽子计划"。在2008年9月24日，他在纽约就讲过一句话："信心要比黄金和货币还要重要。"那时，世界还是一片迷茫，中国对于金融危机的发展前景也看不清楚。时间过去不到半年，中国已经提出了一揽子应对计划。实现这个计划，首要的还是要坚定信心。只有信心才能产生勇气和力量，只有勇气和力量才能战胜困难。

温家宝进一步解读指出：人们没有读懂中国所采取的"一揽子计划"的全部内涵，他需要借这个机会再扼要地向大家介绍一下。

第一，经过半年的努力，中国形成的"一揽子计划"包括四项内容，就是大规模的政府投入、大范围的产业调整和振兴、大力度的科技支撑和大幅度的社会保障水平提升。这四项是互相联系、不可分割的整体，它体现了该计划的远近结合和标本兼治。

第二，大规模的政府投入是最直接、最有力、最见效的措施。它包含着中央政府直接投资1.18万亿元，也包含着通过投资项目的实施，吸引社会投资和民间投资，以及银行这1.18万亿元完全是新增的。在2009年的预算中已经落实5950亿元。

第三，中央政府投入的1.18万亿元主要用于民生工程、技术改造、生态环境保护、重大基础设施建设和地震灾后恢复重建。其他若干方面都不在这两年 4 万亿元的计划当中。比如减免税费实际将超过 5000 亿元，达到 6000 亿元；提高了企业退休工人养老金的标准；对 1200 万教师实行绩效工资，提高他们的工资水平；增加农民的收入，扩大补贴范围，提高补贴标准；将在三年内使用 8500 亿元实行医药卫生体制改革。所有这些资金都不在 4 万亿元当中。

第四，新增的两年 4 万亿元投资，有些项目确实是原来"十一五"规划当中的项目，比如公路和铁路等基础设施建设。这些项目是经过充分论证的，是有准备的，要加快速度推进。不然的话，在这么短的时间内难以确定这么多的基础设施建设。有些项目是新安排的，比如保障性安居工程建设，计划三年要解决 750 万户困难群众的住房问题、240 万户棚户区改造问题。所有这些项目都是经过论证的，而且将会全部公开，全过程接受监督。

第五，应对这场金融危机，中国政府做了长期应对困难的准备，预留了政策空间，已经准备了应对更大困难的方案，并且储备了充足的"弹药"，随时都可以提出新的刺激经济的政策。

谈到"一揽子计划"的实施和成效，温家宝指出：第一，中国正处在工业化、市场化和城镇化加快发展的时期，也处在消费扩大和结构升级的时期。中国 13 亿人口有 8 亿农民，在农村有多少的投资都不算多。中国的市场无论从人口和面积来看，都比欧美的市场更大。第二，中国有充裕的劳动力资源，而且有众多的人才优势。虽然当前就业存在困难，但从长远看，这是发展的重要条件。第三，经过十年多的改革，中国的金融体系基本是健康和稳定的，这对经济发展提供了强有力的支持。如果说美国、欧洲是在金融领域和实体经济两条战线上作战的话，那么中国只是防范金融风险，没有拿财政的钱去补金融的窟窿。相反，金融为经济建设提供了大量的贷款：2008 年 11 月份贷款 4700 亿元，12 月份 7700 亿元，2009 年 1 月份 1.62 万亿元，2 月份 1.07 万亿元。

经过几个月的努力，中国人的心开始暖起来了。温家宝以为，心暖则经济暖，他深知这场金融危机任何国家都不可能独善其身，克服困难也不能脱离国际经济的影响。但是中国政府懂得一个道理，那就是"乞火莫若取燧，寄汲莫若凿井"，就是说向人借火不如得到燧石，想得到水不如自己去凿井。

关于在金融危机下中国政府如何防范财政风险的问题，温家宝认为，9500 亿元财政赤字是可控的，将全程监管被用在最重要最关键最紧迫的环节。

他明确回答了三点。第一，中国的财政赤字还在可控的范围内，债务也还是安全的。这同这几年来不断削减赤字有关。2003年的财政赤字是 3198 亿元，占 GDP 的 2.6%，而到 2008 年的赤字降到 1800 亿元，占 GDP 的 0.6%。2003 年发行国债 1400 亿元，2008 年仅发行 300 亿元。这几年的经济发展和财政增收，给赤字和债务预留了空间。第二，要深刻理解积极财政政策的重要性。在当前应对金融危机最直接、最有力、最有效的办法就是加大财政的投入，而且越快越好。另外，防止经济下滑，经济好转了，财政也会增加。这就要辩证地看待财政赤字的问题。第三，在财政投入上必须把握两点：一是要把财政用在解决金融危机最重要、最关键、最紧迫的环节；二是要通过财政的投入给子孙后代留下宝贵的财富。在整个财政运行当中，一定要加强监管，包括中央财政和地方财政，都将会实行全程监管，并且向人民公开。

关于有记者问中国国外资产的安全、中国能不能保证不会让人民币贬值、中国会不会向国际货币基金组织提供资金支持等问题，温家宝强调：中国确实是美国最大的债权国，美国又是世界上最大的经济体，中国十分关注美国经济的发展。奥巴马总统的新政府采取了一系列应对金融危机的措施，中国对这些措施的效果予以期待。中国把巨额资金借给美国，当然关心中国资产的安全，也确实有些担心。因而他再次重申要求美国保持信用，信守承诺，保证中国资产的安全。

经过多年的改革和建设，中国积累了巨额的外汇，这显示了中国的经济实力。在外汇储备这个问题上，中国首要是维护国家的利益。始终坚持外汇"安全、流动和保值"的原则，并且实行多元化的战略。同时，也要考虑国际金融市场的稳定。因为这两者是相互联系的。

关于人民币贬值问题，温家宝认为这不符合实际情况。从2005年7月份，中国实行汇率改革以来，人民币相对美元升值21%。特别是最近这一年，虽然人民币对美元升值的幅度并不那么大，但是由于欧洲货币、亚洲货币大幅地贬值，人民币实际上也处在升值的状况。这对中国外贸出口带来了压力。中国的目标是在合理、均衡的水平上保持人民币币值的基本稳定。但是，这是由市场和中国自己决定的，任何国家不能对人民币升值或贬值施加压力。[①]

2009年5月8日，温家宝在厦门与企业负责人举行座谈时，进一步澄清了大家对4万亿投资计划的看法。他表示，中国应对金融危机远远不止4万亿投资计划，其他政策将在年内不断出台。"人家说，好像你这4万亿就算用完了。其实他很不理解我们，我们应对金融危机远远不止4万亿，那只是我们四项内容的一个，就是政府对于民生工程和基础设施的投入。我们还有十大产业的振兴规划、有科技支撑、有社会保障，这是一体的。我们几乎每个礼拜都有政策，政策恐怕这一年都会不断地出，那远远不是4万亿之内的东西。"[②]

---

① 参见新华网 2009 年 3 月 13 日。
② 新华网 2009 年 5 月 18 日。

三、中国经济形势率先回升向好

自 2009 年 3 月两会以后，经过近半年的不懈努力，中国经济出现向好迹象。2009 年 9 月 15 日至 18 日，中共十七届四中全会在北京举行。全会全面分析了当前形势和任务，强调经过全党全国共同努力，2008 年下半年以来中国经济增长明显下滑趋势得到遏制，经济形势总体呈现企稳向好势头。同时，世界经济复苏将是一个缓慢曲折的过程，中国经济回升基础还不稳定、不巩固、不平衡，国际国内不稳定不确定因素仍然很多，中国经济发展仍处在保增长的关键阶段。全会指出：必须增强信心，增强忧患意识和风险意识，科学判断国际国内经济形势，继续把保持经济平稳较快发展作为经济工作的首要任务，继续实施积极的财政政策和适度宽松的货币政策，保持宏观经济政策的连续性和稳定性，充实完善应对国际金融危机冲击的一揽子计划和政策措施，更加注重推进结构调整，更加注重加快自主创新，更加注重加强节能环保，更加注重城乡统筹和区域协调发展，更加注重深化改革开放，更加注重保障和改善民生，切实抓好维护社会大局稳定工作，有效防范各种潜在风险，善于趋利避害，积极化危为机，努力实现今年经济社会发展预期目标。①

在中共十七届四中全会精神指导下，又经过几个月的努力，中国经济进一步稳定向好发展。2009 年 11 月 27 日，中共中央政治局召开会议，分析研究了 2010 年经济工作，认为中国经济处在企稳回升的关键时期，"保八"任务可以完成，但并不意味着经济已完全进入自主平稳增长的轨道。为此，会议明确，2010 年

① 参见人民网 2009 年 9 月 19 日。

继续保持宏观经济政策的连续性和稳定性，继续实施积极的财政政策和适度宽松的货币政策。

"实施积极的财政政策和适度宽松的货币政策"，是 2008 年年底应对金融危机"一揽子计划"中的核心政策。这两大政策对经济企稳回升发挥了关键作用。在下一年经济尚存不少困难和矛盾的背景下，财政、货币政策的取向不能改变。美国经济虽然向好，但失业率还是很高，世界经济复苏不排除出现第二轮"见底"。从国内看，经济增长的内生机制还没有完全形成，主要靠政府投资拉动，外需也不乐观。在这种情况下，保持宏观政策的基本取向非常必要。当然，现实情况有很多变化，又出现了通胀预期、担心资产泡沫等问题，所以增强政策的灵活性和针对性也有必要。对此，这次政治局会议明确提出，要根据新形势新情况着力提高政策的针对性和灵活性。

为更好地应对金融危机，保持经济平稳发展，这次政治局会议提出"五个更加注重"，透露出明年经济工作的新重点：更加注重提高经济增长质量和效益，更加注重推动经济发展方式转变和经济结构调整，更加注重推进改革开放和自主创新、增强经济增长活力和动力，更加注重改善民生、保持社会和谐稳定，更加注重统筹国内国际两个大局。

总体来看，虽然中国经济回升趋势还待巩固，但最困难的时刻已基本过去。"五个更加注重"其实是经济社会发展的中长期战略，是中国未来发展的方向。只有做到这五个方面，才能够遇危不乱，才能在危机中抓住发展的机遇。在应对金融危机的背景下，过去高增长的外需将难以为继，而国内由"重化工化"带来的动力也基本释放。新格局下恰恰为提高增长质量和效益、转变发展方式、深化改革提供了非常好的机会。历史一再证明，中国经济保持一定增速并不难，难的是提高增长的质量和效益。我们要抓住机会调整结构，谋求一个稳定、协调、可持续的发展。按照这次政治局会议的部署，促进消费需求、鼓励民间投资、推动战略性新兴产业发展、积极应对气候变化等被列为 2010 年调整经济结构新的着力点。

相对于 2008 年至 2009 年间高速增长的投资，2010 年消费需求将被放到更加突出的位置。因为消费是扩大内需最核心的方面，但当时中国经济增长内生动力依然不足。当时全球经济格局正在重构，各国也都在积极抢占经济发展制高点。在这一形势下，发展战略性新兴产业不仅对经济结构转变起到关键作用，对新一轮经济增长也至关重要。从经济实力和产业基础方面来看，中国已具备参与新一轮科技革命的条件，应抓住时机，实现中国产业结构的新一轮提升。全球经济正向低碳经济转型，应对气候变化，抓好节能减排，可以作为中国解决经济结构性矛盾的切入点，推动新兴产业发展和传统产业升级。

越是困难时，越要重视改善民生。此次政治局会议提出，2010 年"要加快解决涉及人民群众切身利益的问题"。就业、住房、社会保障、贫困地区办学条件、医疗、安全生产、公共卫生等民生问题，是 2010 年解决民生问题的几个主攻方向。

在中央政治局会议决策基础上，2009 年 12 月 5 日至 7 日，一年一度的中央经济工作会议在北京召开。会议对当时国内经济形势和国际经济形势进行了分析，重点就 2010 年加快经济发展方式的转变作了部署，强调保持经济平稳较快发展依然是经济工作的首要任务，为此必须继续实施积极的财政政策和适度宽松的货币政策；调整结构、转变经济发展方式是经济工作的重点；而管理好通胀预期是经济工作的一条重要方针。会议明确，2009 年中国全年经济工作比年初预计要好，在全球率先实现经济形势回升向好，突出表现在 6 个方面：经济增长较快回升，全年后三个季度连续增长，国内生产总值预计增长 8% 以上（实际增长接近 8.5%）；农业连续 6 年增产（全年粮食产量 10600 多亿斤，比

2009 年增长 40 多亿斤。2010 年 12 月 27 日至 28 日召开的中央农村工作会议进一步透露，2009 年中国粮食总产量预计 10616 多亿斤，首次实现连续 3 年超万亿斤，农民人均纯收入首次突破 5000 元大关，实际增幅 6% 以上）；金融改革不断深化；经济结构调整加速；对外开放迈出新步伐（全年出口额经过 13 个月的下降后，12 月份出口额高于 2008 年同期，中国取代德国成为世界上最大的出口国，占全球出口份额的 10%）；人民生活继续改善。

　　当然也不能忽视自身存在的问题，中央经济工作会议明确指出：中国经济发展的"基础不牢固，调整难度加大"，总的特点是"形势依然十分复杂"，短期与长期问题相互影响，潜在与现实矛盾相互影响，积极因素和消极因素相互影响，仍处于矛盾凸显期、重要战略机遇期。正如温家宝在 2009 年年底就当时经济形势和 2010 年经济工作接受新华社独家专访时所说：应对国际金融危机，中国已经取得了明显的成效，但"经济企稳向好并不等于经济根本好转"。摆在我们面前的还是一条不平坦的道路。"在这种情况下，过早地把促进经济的政策退出的话，就可能前功尽弃，甚至使形势发生逆转。"① 这次美国次贷危机也警示中国，在金融业积极稳妥地推进对外开放的同时，全球金融体系中的风险不容忽视。而当时中国商业银行的信用风险管理活动才刚刚起步，尚不具备建立内部信用风险模型的条件。由于缺乏信用风险预警和评估的有力工具，商业银行不能从源头识别、防范和控制风险，信用风险居高不下，严重困扰整个经济体系的正常运行。所以，中国银行业金融机构必须深化改革，改进风险管理能力，提高综合竞争力。而在该过渡期间，需要借鉴国外信用风险管理技术，选择最适当的信用风险识别理论模型并将其与中国信用风险管理的实际情况相结合，构建中国商业银行信用风险识别

---

① 《北京晨报》2009 年 12 月 28 日。

模型。这将有效控制和化解商业银行的信用风险，提高中国银行业信用风险管理水平和国际竞争能力。同时，中国金融企业"走出去"是大势所趋，但是"走出去"一定要注意审慎经营，不能盲目地搞粗放型扩张。

四、坚决维护民族地区社会大局稳定

进入新世纪以来，在以胡锦涛同志为总书记的中共中央领导下，在全国各族人民的共同努力下，中国改革开放不断深入，中国特色社会主义事业不断发展，民族区域自制制度不断完善，少数民族地区的政治、经济、文化和社会发展取得了可喜成绩，各民族安居乐业、友好相处、团结和谐。但就在这样的大好形势下，2008 年、2009 年却在西藏、新疆发生了严重的打砸抢烧暴力犯罪事件（简称拉萨"3·14"事件、乌鲁木齐"7·5"事件），极少数坏人以十分残忍的手段打伤以至打死无辜群众，给各族人民生命财产造成极大损失，严重破坏了当地正常的社会秩序和民族团结。事实证明，这是两起典型的境外指挥、境内行动，有预谋、有组织的打砸抢烧事件，是境内外破坏中国统一的分裂势力精心策划和煽动起来的。为此，中共中央、国务院和当地政府及有关部门依照宪法和法律，在广大人民群众支持下，采取十分克制的态度，迅速平息和处置了这两起事件，维护了西藏、新疆以及全国各族人民的根本利益。

（一）拉萨"3·14"事件及被平息

在雪域高原——中国的边陲西藏，2008 年 3 月中旬发生了持续数日的暴徒打砸抢烧事件。3 月 14 日上午，有一些僧人在小昭寺用石头攻击执勤民警，随后，一些暴徒开始在拉萨市八廓街聚集，呼喊分裂国家口号，大肆进行打砸抢烧活动。暴徒对拉萨市区主要路段的临街铺面、中小学校、医院、银行、电力、通信设施、新闻单位等实施打砸抢烧，焚烧过往车辆，追打过路群众，冲击商场、电信营业网点和政府机关，给当地百姓的生命财产造成重大损害，社会秩序陷入混乱。暴徒打砸抢烧的重点，在拉萨八廓街、林廓北路、色拉路、纳金路、二环路、北京中路等地段，遭打、砸、抢、烧的单位有拉萨市二中、海城小学、冲赛康商场、中国银行西藏分行北京东路支行、电信移动营业网点，以及新华社西藏分社、西藏日报社等部门机构。暴徒手段极其残忍，令人发指。据公安部门截至 3 月 21 日的统计，由"3·14"事件所引发的系列骚乱中，暴徒共砸烂、烧毁车辆 56 辆，纵火 300 余处，焚烧民宅、店铺 214 间；有 18 名无辜群众被残害致死，382 名群众受伤（其中重伤 58 人），242 名公安民警、武警官兵在值勤中伤亡（其中牺牲 1 人、重伤 23 人）。

（1）事件发生的国内外背景。

事件发生后，凡有良知的人都不禁发出疑问：在西藏为什么会发生如此恶劣的暴力犯罪，究竟是谁制造了这一事件？经过公安等部门的查证，有充分证据证明，"3·14"事件并非孤立和偶然，与达赖集团策划组织指挥的所谓"西藏人民大起义运动"密不可分，是所谓"西藏人民大起义运动"的重要组成部分。

2008 年是中国改革开放 30 周年，30 年来中国人以自己的艰苦奋斗创造了世界瞩目的"中国奇迹"。2008 年也是北京奥运会举办之年，这一国际性体育盛会也使全世界的目光投向中国。此时，流亡海外多年的达赖集团却认为这是"一次最后的机会"，决定在境内外发起"西藏人民大起义运动"，图谋"通过唤醒、协调西藏境内的行动给中国制造危机"。2007 年 5 月，达赖"流亡政府"首席"噶伦"桑东出席在比利时布鲁塞尔举行的"第五届国际声援西藏组织大会"，会议决定启动抵制"奥运会运动"计划。接着，在美国的"藏独"组织提出了"西藏人民大起义运动"构想，决定利用奥运会前的"有利时机"，在境内藏区全力动员，组织闹事。2007年年底，为研究落实"西藏人民大起义运动"构想的具体措施，一批"藏独"组织在印度召开会议，提出了"允许达赖喇嘛返回西藏、中国人退出西藏、释放所有政治犯"等多项无理诉求，还妄称如中国政府不能满足其要求，就将在境内外发起"西藏人民大起义运动"。为此，他们要建立流亡藏人和境内藏人的联系网络，以组织分裂活动。

2008年1月4日、1月25日，7个"藏独"组织在印度新德里召开新闻发布会，公布所谓"西藏人民大起义运动"倡议书，并在多个网站上传播。他们不顾西藏自古以来就是中国领土这一铁的事实，称"西藏和中国是两个不同的国家"，提出"共产党撤出西藏""未解决西藏问题前，没有资格举办奥运会"等所谓"建议"，称"将从2008年3月10日开始，举行不间断的大规模的'西藏人民大起义运动'"，妄图使这一"运动"成为"西藏自由斗争史上的伟大转折点"。为实施其分裂活动，"藏青会"等组织举办了两期培训班，宣讲"西藏人民大起义运动"的宗旨和目的，传授实施暴力恐怖活动的具体方法。同年2月3日至10日，达赖借在印度"哲蚌寺"讲经、主持开光仪式、举行"大威德灌顶法会"等宗教活动之机，企图煽动当地不明真相的群众。达赖集团还拟订了行动计划：组织自3月10日开始的从境外到西藏的"和平挺进西藏行动"；开展包括西藏藏人在内的"全球大起义"，要求"全世界的藏人在3月10日请假一天，走上街头抗议游行"；开展"自由火炬接力""全球火炬接力"和"全球行动日"等活动；组织冲击中国驻外使领馆、发起绝食和大规模抗议活动等。

于是，从2008年3月10日起，在达赖集团的指挥下，"藏独"分子实施了一系列行动。3月10日下午，拉萨哲蚌寺约300

名僧人无视有关法律及寺庙有关管理规定，企图进入拉萨市区制造事端；此后几天，拉萨又有部分不法僧人多次企图上街滋事；3月14日，一些不法分子在拉萨制造了打砸抢烧严重暴力犯罪活动。据不完全统计，从3月10至25日，西藏、四川、青海、甘肃四个藏区共发生打砸抢烧事件150起，许多公安民警、武警官兵和人民群众伤亡，数千间房屋被烧毁。就此公安部新闻发言人说："今年3月份以来在境内外出现的一系列'藏独'事件，都是按照'西藏人民大起义运动'的'路线图'有组织、有计划进行的。"达赖集团是"西藏人民大起义运动"的直接组织者、策划者、指挥者。如"自由西藏学生运动"负责人在培训班上就鼓动学员说，达赖喇嘛是"大起义"的精神领袖、激励力量，引导着这次行动。"3·14"事件发生当天，达赖即发表声明称："这些抗议是西藏人民对当前统治方式的刻骨仇恨情绪的发泄。"3月16日，达赖在记者招待会上再次声称："拉萨抗议是中国多年来在西藏有意或无意推行文化清洗政策的必然结果"，"尽管中国动用军队镇压此次行动，但拉萨及其他地方的藏人也将决意抗争到底。"3月下旬，达赖还召集"藏青会""藏妇会""自由西藏学生运动"等组织负责人开会，研究如何应对藏区形势。

在煽动组织策划"3·14"打砸抢烧暴力事件的一名骨干分子住宅中，警方依法搜查到达赖集团传送的"西藏人民大起义运动"倡议书、达赖2008年"3·10"讲话复制件、达赖集团从事民族分裂活动现场照片、与达赖集团"流亡政府""安全部"联系的电脑设备等犯罪证据。3月15日，该骨干分子因涉嫌接受达赖集团指令，从事民族分裂活动，参与拉萨"3·14"严重打砸抢烧事件，被依法刑事拘留。证据表明，自2006年11月，该骨干分子即与达赖集团"流亡政府""安全部"某负责人建立联系，并在其授意、指使下积极从事民族分裂活动，在境内建立地下情报网络。该骨干分子与该负责人建立联系后，根据其授意，先后在西藏物色了 12 名关系人，建立起地下情报网。为确保信息传递安全、保密，他们在彼此联系时使用化名，在联系过程中使用暗语。如将"达赖"改称"叔叔"，"雪山狮子旗"改称为"裙子"，"闯关入境的境外僧人"改称为"客人"等。在 2007 年 3 月至 2008 年 3 月的一年时间内，该骨干分子以电话或电子邮件方式，先后与该负责人联系 36 次，对方向其通报达赖集团境外活动情况，下达搜集情况的指令。该骨干分子按照指令，使用化名和暗语，先后与其 12 名关系人联系 200 余次，搜集所谓"境内僧人抵制揭批达赖""西藏猎杀动物""西藏生态环境被破坏"等情况，通过互联网发向境外，并接收境外有关达赖喇嘛的活动动态，制成光盘，在西藏拉萨等地散播。公安部门抓获了一批与境外达赖集团有联系、参与组织策划实施"3·14"事件的犯罪嫌疑人，初步查明了达赖集团"安全部"主要负责人在境内的活动网络。

达赖集团为了扩大暴力事件的影响，专门派出骨干分子潜入境内，散布谣言，用钱收买不明真相的人，上街进行打砸抢烧。事件发生后，境外分裂势力频繁给四川甘孜藏区联系人打电话，煽动"把事件搞大"。种种事实，揭示了"3·14"暴力事件的组织性和指向性：事件发生时，凡是门口悬挂哈达的商铺都"幸免于难"，而其他一些在门口做了"大起义"英文缩写"T·G·C"标记的店铺则被洗劫一空，甚至付之一炬，"以纯服装店"5 个花季少女更是葬身火海，最小的才 18 岁。

事实充分说明，发生在拉萨等地的打砸抢烧事件，实际上是达赖集团组织的"西藏人民大起义运动"的一部分，由达赖集团及其"藏独"势力一手操纵。

（2）从容应对，重建家园。

在"3·14"事件发生后，一些西方媒体对于事件的故意歪曲、张冠李戴和不实报道引发了中国人民的强烈愤慨。一些中国网民自发在网上搜集和揭露这些媒体歪曲报道拉萨打砸抢烧严重暴力犯罪事件的事实，以此对西方媒体违反新闻操守的行为予以声讨。

有位中国青年饶谨，专门建起网站，搜集整理国外媒体对拉萨事件的不实报道。在他创建的网站上，搜集了众多西方媒体报道中的谬误，包括美国的 CNN、福克斯电视台、《华盛顿邮报》、英国的《经济学人》、BBC、《泰晤士报》、德国的 N-TV、RTL 电视台等西方主流媒体，也有南亚的一些新闻媒体如 ANI。从网站搜集的证据来看，国外媒体关于"3·14"事件报道的谬误可分为四类：一是"以偏概全，混淆视听"；二是"看图说话，编造故事"；三是"张冠李戴，指鹿为马"；四是"颠倒黑白，肆意歪曲"。

为了让西方国家了解事实真相，不再盲目报道，中国政府特意组织了一批外国驻中国使馆的人员前往拉萨。于是，15 名外国驻华外交官于 3 月 28 日至 29 日访问了拉萨，这 15 名外交官分别来自巴西、日本、加拿大、欧盟、英国、德国、法国、意大利、西班牙、斯洛文尼亚、新加坡、坦桑尼亚、澳大利亚、俄罗斯和美国。① 28 日下午，考察团来到拉萨市中心北京中路的"以纯服装店"被烧毁现场，"3·14"事件中，5 位少女在店内葬身火海。外交官们拿出相机拍下了骇人景象，并向服装店老板唐清宴和当时在大火中幸存的 23 岁藏族女孩卓玛详细询问事件经过。西藏自治区政府主席向巴平措专门同代表团成员座谈，向他们介绍"3·14"事件的情况及西藏自治区政府为平息此次事件和恢复社会秩序依法采取的相关处置措施。考察团的外交官对因"3·14"事件而受伤的人员表示同情，多数成员表示通过这次访问，他们对"3·14"事件的真相和性质有了更多了解，一些外

① 参见新华网 2008 年 3 月 29 日。

交官对中国政府在处理此事件中所采取的措施表示理解和支持。

此外，中国驻国外大使馆也纷纷通过各种场合向海外介绍这次事件的真相，以驳斥西方国家的傲慢与偏见，维护中国大国形象。

"3·14"事件发生后，国务院总理温家宝在2008年3月18日全国人大、政协中外记者招待会上答记者问时说：最近在西藏，主要是在拉萨发生了打、砸、抢、烧事件。在这起事件中，极少数暴徒打伤以至致死无辜群众，其手段十分残忍。这起事件严重破坏了拉萨正常的社会秩序，给人民群众生命财产带来极大的损失。这就更加暴露了达赖集团一贯标榜的"不追求独立、和平对话"是一派谎言。伪善的谎言掩盖不了铁的事实。当地政府和有关部门依照宪法和法律，采取十分克制的态度，迅速地平息了这起事件，维护了拉萨以至西藏各族人民的利益。他表示，从西藏和平解放，实行民主改革到现在，西藏进步了、发展了，那种所谓"中国政府灭绝西藏文化"完全是一派谎言。中国政府不仅有能力维护西藏的稳定和正常的社会秩序，而且要继续支持西藏的经济发展和社会进步，提高西藏各族人民的生活水平，保护西藏的文化和生态环境。这个立场不会动摇的。

面对"藏独"分子的暴力行径，面对达赖集团的分裂活动，中国政府表现了极大克制，希望西藏和平繁荣，西藏人民安居乐业。温家宝在3月18日中外记者会上还表示："我们多次郑重地申明，如果达赖放弃'独立'的主张，承认西藏是中国领土不可分割的一部分，承认台湾是中国领土不可分割的一部分，停止一切分裂破坏活动，我们同他对话的大门始终是敞开的。这一条是我们提出的，至今也没有改变。但是最近发生的事件，恰恰证明在这两个关键性的问题上他的虚伪面目。即使这样，我还想重申，我们原有的主张，说话是算数的，关键是要看他的行动。"

可是，克制并不意味容忍分裂，容忍杀害无辜平民。任何民族、任何宗教，必须遵守国家的宪法和其他法律法规，这是一个国家长治久安的基本法则，没有什么讨价还价的余地。在暴行面前，许多民众纷纷要求严惩凶手和分裂分子。针对这次严重暴力犯罪事件，司法机关以事实为依据，以法律为准绳，以最快的速度，依法处置了参与打砸抢烧等违法犯罪活动的暴徒。这一行动，得到了包括西藏各族人民在内的全国人民的拥护，也得到了世界上越来越多国家政府的支持，彰显了法制威力，彰显了依法治国基本方略的正确。事件发生后，西藏自治区公安机关迅速采取行动，依法破获了两起纵火导致 10 人死亡的暴力案件，犯罪嫌疑人已经抓捕归案，并受到惩处。历史和现实都证明，在中国，稳定压倒一切。社会稳定是中国各族人民的共同心愿、根本利益所在，是改革发展的重要前提。没有稳定的社会环境，什么事情也干不成，已经取得的成果也会丧失掉。没有稳定就没有发展，就没有西藏各族群众的幸福生活。

在严惩犯罪分子的同时，西藏自治区政府设立了救助站，用于救助那些受害群众。截至 2008 年 3 月 27 日，位于拉萨市蔡公堂乡的拉萨救助站累计救助受害群众 801 名。受救助的人中 70% 是汉族群众，也有一些藏族、回族群众。为安抚受害群众，帮助他们重建家园，西藏自治区政府 3 月 28 日发布公告，决定对"3·14"事件中死亡的 18 名无辜群众家属给予特殊抚恤金，特殊抚恤金额为每人 20 万元人民币。公告中说，对拉萨"3·14"打砸抢烧严重暴力事件中受伤的无辜群众和受损商铺、民房的恢复重建，自治区人民政府将研究出台措施进行救助。同日，西藏自治区财政厅、国税局、发改委、国资委、工商局、交通厅、民政厅、劳动和社会保障厅、商务厅以及中国人民银行拉萨中心支行等单位联合下发通知，明确了在"3·14"事件中受损商户可享受的优惠政策。优惠政策涉及五大方面十几个小项，包括税收优惠及减免部分行政事业性收费的政策，受损商户恢复生产经营所需资金贷款贴息的政策，经营用房租金的减免政策，社会救助方面的政策，以及受损商户再就业和医疗保险方面的政策等。其中，税收优惠政策规定，对受损商户免征应缴纳的营业税、企业所得税、城市维护建设税和教育费附加；对受损商户缴纳的增值税全部返还；同时对受损商户免征应缴纳的个人所得税；减半征收出租车司机应缴纳的个人所得税。税收优惠政策执行期限为两年。

通知还规定，在自治区和拉萨市工商部门注册的受损商户，"3·14"事件之前在区内商业银行有生产经营资金贷款的，且贷款余额部分在100万元以内的，由自治区财政进行贴息，贴息期限为1年；受损商户为恢复生产经营在区内商业银行取得生产经营资金贷款的，由自治区财政在100万元贷款额度以内实行全额贴息，贴息期限为3年。对受损商户租用生产经营用房需缴纳的租金，由自治区财政在3年内按其实际缴纳的租金给予补助。对受损商户给予生活救助，暂无居住条件的受损商户，可到拉萨市救助管理站接受救助；其余生活困难的受损商户，按拉萨市现行城镇居民最低生活保障标准给予救助。通知还对受损商户再就业和医疗保险方面规定了优惠政策。对受损商户及因受损而暂时失业的人员，按照现行失业保险金标准，由自治区劳动和社会保障厅从失业保险基金中给予失业救助。

事件发生后，98岁高龄的阿沛·阿旺晋美说："我是西藏百年历史变迁的目睹者，也是亲身经历了西藏两种不同社会制度的见证人。只要曾经在西藏新旧两个社会制度下生活过的人，不管是上层人士还是基层群众，只要他站在客观、公正的立场上，只要他尊重历史，正视现实，都会得出一个共识，那就是西藏人民只有在中国共产党的领导下走中国特色社会主义道路才能真正当家作主。西藏只有在中华人民共和国这个大家庭中，社会才会进步发展，西藏人民才会幸福安康。"和平解放50多年来，西藏翻天覆地的变化有力地证明了这一论断。

（二）乌鲁木齐"7·5"事件及被平息

20 世纪 90 年代来，特别是美国"9·11"事件之后，国外主张新疆"民族独立"的组织不下数十个，大部分组织在中亚及美、欧等国家和地区建立活动基地，以土耳其最多，并与西藏和台湾"独立"组织同声相应，保持联络。2009 年乌鲁木齐"7·5"事件的发生，上述国际背景不可忽视。①

（1）"疆独"分裂祖国活动及其背景。

1998 年 12 月 10 日，来自哈萨克斯坦等 11 个国家"新疆异议组织"的领袖或代表，在土耳其首都的"突厥民族俱乐部"召开第三届"民族大会"，正式决定在土耳其成立"土耳其斯坦民族中心"（执行主席阿不力克木），以争取"新疆独立"为宗旨，涵盖所有的"新疆异议组织"。该组织已在美国、德国、土耳其和沙特阿拉伯等国驻有代表，在土耳其、沙特等 11 个国家积极活动。而"东土耳其斯坦青年之家"，则是一个武装组织，拥有 2000 多名成员，多是年轻人而且很多都在土耳其军队服过役，有的能开军机、驾驶坦克。该组织被称为新疆的"哈马斯"，以自杀式爆炸著称。此外，如"全世界东土耳其斯坦解放组织联盟""东土耳其斯坦维吾尔圣战组织""东土耳其斯坦民主伊斯兰党""东土耳其斯坦正义党""东土耳其斯坦民族团结联盟"等组织，都曾策动境内势力在新疆制造多起恐怖爆炸事件，致多人死伤。

上述组织显然想借助外力实现自己的目的，企图通过暴力把新疆从中国版图中分裂出去，这是无可否认的事实。

冷战结束后，正像世界其他许多地方民族分裂活动愈演愈烈

———————

① 本节主要材料来源于新华网在事件发生过程中的实时报道和后续介绍。

一样，新疆的"独立运动"在许多"狼外婆"的关心呵护下，也是发展迅速。从 1992 年到 1997 年，新疆自治区警方共摧毁在境内的"东突"恐怖组织 30 多个，抓获恐怖分子数百人。1997 年以后，在境内的"东突"恐怖组织骨干成员相继叛逃出国，同境外的国际恐怖势力勾结起来，继续在新疆制造暴力恐怖事件。

事实证明，早在"7·5"事件前，新疆就发生了许多暴力恐怖活动，造成汉、维吾尔及其他少数民族人员伤亡。按照西方主流舆论所下的定义，上述活动只能被认定为恐怖主义活动，而且带有国际性。

而上述多起暴力事件的幕后元凶，就是"世界维吾尔代表大会"（简称"世维会"）现任主席、民族分裂分子热比娅·卡德尔。作为"7·5"事件的幕后操纵者，热比娅在该组织成立时，尚在乌鲁木齐的监狱中服刑。此人 1951 年出生于新疆阿尔泰山脚下的阿勒泰市，曾坐拥"新疆女首富"名号，历任新疆维吾尔自治区工商联副主席、新疆女企业家协会副会长，并且被选为第八届全国政协委员。2000 年，热比娅因向境外组织非法提供国家情报被判刑 8 年。2005 年，由于她信誓旦旦地保证绝不参与危害中国国家安全的任何活动，得以赴美保外就医。然而翌年，她摇身一变成为"世维会"新一任主席，并连任至今。正是从她开始，"世维会"凭借"民主""人权"的外衣，逐渐将所谓"新疆问题"国际化，向中国政府施压。当然，在"非暴力"的外衣下，热比娅从来不吝惜暴力的使用。现已证明的是，2008 年发生在新疆的"8·4""8·10""8·12"三起严重暴力恐怖案件，热比娅等人是真正的幕后元凶，是名副其实的罪魁祸首。

2009 年 6 月 26 日，广东省韶关市一家玩具厂部分新疆籍员工与该厂其他员工发生冲突，数百人参与斗殴，致 120 人受伤，两名新疆籍员工经抢救无效死亡。这是一起普通的治安案件，已经进行了妥善处理。但事件发生后，"世维会"借此竭力污蔑中国民族宗教政策，借此煽动造势，制造事端，境内一些人也别有用心地在网上炒作鼓噪。从 7 月 4 日晚开始，一些别有用心的人在 QQ 群、论坛发帖，呼吁 7 月 5 日 17 时在乌鲁木齐市人民广场等地聚集，响应"世维会"在境外组织的游行示威。有人大量发送短信，号召人们向乌鲁木齐聚集。"世维会"头目热比娅公开讲，7 月 5 日乌鲁木齐会发生一起大的事件，要求境内关系人关注和搜集事件的相关情况。

应当说，国外特别是美国的支持使"疆独"组织感到有恃无恐。2001 年 9 月底，在谈到中国支持美国打击恐怖主义势力时，美国国务卿鲍威尔公然表示美国在台湾问题和中国少数民族问题上"不会放弃原则"。这同布什政府信誓旦旦地宣称要反对一切恐怖主义活动的诺言，相去甚远。

（2）"7·5"事件的发生及被依法处置。

2009 年 7 月 5 日下午，新疆维吾尔自治区首府乌鲁木齐市人民广场，休闲的人群正在享受黄昏前和暖的阳光，鸽子不时从人们头顶飞过，一些孩子争着给鸽子喂食，与鸽子嬉戏，一些年轻情侣在广场正中央的"新疆和平解放纪念碑"下拍照留影。18 时许，广场开始出现人群聚集，人们没有意识到，一场灾难正迅速向他们袭来。

据乌鲁木齐市公安局指挥中心介绍：5 日 1 时 6 分，指挥中心接到报警，称有人在网络上散发非法集会信息，号召 5 日 19 时在乌鲁木齐市人民广场进行非法集会。凌晨 3 时 10 分，指挥中心又接到生产建设兵团公安局电话，称在其辖区内发现类似情况。新疆公安政法部门立即在自治区公安厅启动应急预案，在乌鲁木齐市人民广场、二道桥布置警力，以防不测。地处乌鲁木齐市中心的人民广场是周边居民的休闲去处，平日里舞步不绝、乐曲缭绕。新华社记者当日 18 时 40 分赶至这里时，有三五成群的人散布在广场上，人数明显多于平常，且多以男性青年为主。另一路赶赴乌鲁木齐市老城区二道桥的记者遭遇严重堵车，由广场向南的二道桥也出现大量人流聚集，部分聚集者情绪激动。有人目睹一辆101路公交车的车窗玻璃、车门被砸损，二道桥一带出现明显暴力情形。20时许，乌鲁木齐始自人民广场的聚集事件迅速演变成打砸抢烧事件，数千名暴力分子分散在市区多处打砸抢烧，杀害数十名无辜群众，伤者数百人，砸毁烧毁数十辆机动车。20时50分，新华社记者在二道桥目睹了打砸抢烧杀情形，看到有人倒在血泊中，现场情形较为混乱。新疆公安厅迅速调集武警、特警赶赴现场维护秩序，驱散人群，并对施暴者进行抓捕，消防武警、医院救护车也赶往现场救治受伤群众。记者在现场看到，一辆警车被暴力分子掀翻，暴力分子蜂拥而上踩踏车辆，一名暴力分子还将车辆点着，瞬间火光冲天，看到前来救援的特警队员，歹徒迅速逃散。在龙泉街，几名暴力分子将一名路过的中年男子围住，二话没说便拳脚相加，这名受害者很快被打翻在地。一名穿着红色T恤衫的暴力分子上前用刀猛刺受害者颈部，顿时鲜血直流，血腥场面令人发指。另一伙丧心病狂的暴力分子还继续用砖头、石块砸向中年男子的头部。在团结路高架桥下，躺着一位被暴力分子打伤的市民，血流满地；在新华南路的马路边，俯卧着一位刚被杀害的女性市民，身上还背着一个小包；在延安路昌乐园，一间洗脚屋被烧毁，两名员工被打死，横尸街头。在自治区外经贸委大楼旁边，一个规模很大的烟酒店被暴力分子纵火烧掉，店面的玻璃窗发出震耳的炸裂声，惊慌失措的群众四处奔跑。一辆被暴力分子袭击过的出租车停在马路中央，司机满身是血躺在车中，生死不明。

新华社记者分赴二道桥、新华南路、三屯碑、赛马场、新疆大学等现场，所到之处一片狼藉，暴徒在乌鲁木齐赛马场、新疆大学、团结路、电视台、二道湾、幸福路等区域制造打砸抢烧杀暴力恐怖事件。他们烧毁沿途的公交、民用、私家车辆，在沿街店铺打砸抢，街上的行人被无端暴打。

对此，自治区总指挥部迅速调集警力向团结路、赛马场、外环路、二道湾等暴力分子聚集区域集结。新疆公安厅调动 2 万余人，以小分队形式开赴各处，打击和制止暴力分子。令人感动的是，新华社记者在现场追踪时看到，不少群众发现被打的市民时，纷纷上前帮扶指路，引领他们到安全场所；同时阻止不明真相的路人前往暴力分子活动地区。

截至 6 日凌晨，事态基本平息，公安部门开始部署实施抓捕犯罪分子和后续防控工作。6 日 0 时 30 分，乌鲁木齐市人民政府发布《关于维护社会正常秩序的紧急通告》，根据《中华人民共和国道路交通安全法》有关规定，自 2009 年 7 月 6 日 1 时至 8 时，由公安机关对乌鲁木齐市部分区域实行交通管制。6 日 5 时，新疆维吾尔自治区政府主席就 6 月 26 日在广东韶关发生的新疆籍务工人员与当地员工发生群体性斗殴事件（简称 "6·26" 事件）及 "7·5" 事件发表电视讲话，明确指出：境外 "三股势力" 借 "6·26" 事件大肆炒作，制造 "7·5" 打砸抢烧事件，严重破坏了民族团结、破坏了和谐稳定的社会局面。这起打砸抢烧严重暴力犯罪事件，是一起典型的境外指挥、境内行动，有预谋、有组织的打砸抢烧事件。在各民族团结坚如磐石的情况下，"三股势力" 煽动的袭击一定会遭到各族人民的唾弃，敌人的分裂破坏活动注定要彻底失败。讲话强调指出：历史无数次证明，稳定是福，动乱是祸。凡是民族团结搞得好的时期，新疆经济社会发展就快，各族人民得到的实惠就多；反之，凡是民族团结遭到破坏的时期，就会导致社会动荡，发展停滞，各族人民遭殃。各民族人民大团结和社会和谐稳定是包括新疆 2100 多万各族群众在内的中华民族的最高利益所在。在新疆，没有稳定一切无从谈起。多年来新疆旗帜鲜明地反对民族分裂主义和非法宗教活动。现在新疆各项事业欣欣向荣，各民族群众和睦团结、安居乐业，这一大好局面来之不易，大家应该倍加维护各民族共同团结奋斗、共同繁荣发展的大好局面，倍加珍惜和谐稳定的社会政治局面。

到 6 日上午，乌鲁木齐市发生打砸抢烧严重暴力犯罪事件的主要街区开始逐渐恢复正常。

据 7 月 16 日 18 时的统计，"7·5"事件死亡人数升至 197 人（其中绝大多数为无辜群众）；1721 人受伤（已有 900 多人伤愈出院，仍在医院救治的有 881 人），其中重伤 179 人、危重 66 人。这起事件还造成了重大财产损失，有 331 个店铺、627 辆汽车被砸被烧，直接经济财产损失达 6895 万元。全市累计确认 108 具遗体身份，已安葬无辜死难者 39 名，发放抚恤金 800 万元，安葬费 56 万元。

（3）多方努力，化解矛盾，确保稳定。

"7·5"事件发生后，"疆独"势力代表人物热比娅·卡德尔及其 150 余名分裂分子于 7 日下午 2 时，在美国华盛顿市区杜邦环岛附近聚集闹事，热比娅发表煽动性讲话，要求外国政府支持他们的分裂活动。他们还步行前往中国驻美大使馆，企图为他们分裂中国的活动造势。种种迹象及已掌握的证据表明，"世维会"是新疆"7·5"事件的主要策划者。

对此，中共中央、国务院及新疆维吾尔自治区党委、政府沉着应对，积极处置，多方努力化解矛盾，以确保社会秩序稳定。7 日中午 12 时 30 分，乌鲁木齐市委、市政府召开"7·5"事件新闻发布会，有约 60 家境外媒体和 80 家国内媒体参加。其中，海外华文媒体高层代表赴新疆考察一行由中国新闻社组织发起，旨在向世界客观报道新疆经济、社会、文化等方面情况，真实反映新疆各地建设与发展的成就。所以，"7·5"事件后乌鲁木齐第一时间对这些外媒开放。自治区党委书记王乐泉 7 日 17 时发表电视讲话，宣布为了大局需要，乌鲁木齐从 7 日 21 时到 8 日 8

时实施全面交通管制。同日，中华人民共和国外交部发言人秦刚举行例行记者会，及时澄清事件真相，称外交部已就中国驻荷、德使领馆遭袭击提出严正交涉等。

鉴于新疆局势的复杂性，国家主席胡锦涛在结束对意大利国事访问后于当地时间 7 月 8 日凌晨提前回国。当日晚，中央政治局常委会召开会议，研究部署维护新疆社会稳定工作。受党中央、国务院委托，国务委员、公安部部长孟建柱 8 日专程来到乌鲁木齐市，看望慰问在"7·5"事件中无辜受伤的干部群众、遇害同胞家属和奋战在反分裂斗争第一线的广大干部群众、公安民警、武警官兵，并前往殡仪馆悼念事件中英勇牺牲的武警战士和不幸遇害的各族群众。在努力平息打砸抢烧严重暴力犯罪事件的同时，自治区党委、政府及乌鲁木齐市各级政府组织和职能部门采取多项措施，保证城市水、电、气以及市民生活必需品的调动和供应，保证了市政基础设施的正常运转和投入使用。事件发生后，乌鲁木齐市还立即开展善后工作，筹资亿元用于抚恤伤者和亡者家属，市政府制定了《乌鲁木齐"7·5"打、砸、抢、烧严重暴力犯罪事件无辜死亡者、伤残者抚恤办法》，对事件中死亡的无辜群众的家属和伤者给予抚恤。

9 日下午，中央政法委领导率团飞赴新疆，代表党中央、国务院和中央军委，看望在乌鲁木齐打砸抢烧严重暴力犯罪事件中受伤的各族无辜群众和部队官兵、公安民警，慰问奋战在执勤执法一线的部队官兵、公安民警，实地指导维护稳定工作。当日，乌鲁木齐市行人、车辆明显增多，大部分商店、银行网点、药店、菜市场等开始营业，公园里重新迎来游人，市民们的生活逐渐恢复正常。代表团还到喀什、和田，看望慰问各族干部群众、部队官兵、公安民警，检查中央关于维护新疆稳定各项决策部署的落实情况。

随着中央一系列维护新疆稳定措施的实施，乌鲁木齐市社会秩序进一步好转，市场供应、公共交通、企业生产以及市民出行等完全恢复正常，新疆全区各地州县市的局势也非常平稳，总体事态稳定。乌鲁木齐"7·5"事件是新疆解放60年来发生的性质最恶劣、伤亡人数最多、财产损失最严重、破坏程度最大、影响最坏的一次暴力犯罪事件，严重干扰了新疆的民族团结和社会稳定。大量事实证明，这不是一般的民族问题，也不是宗教问题，而是以热比娅为首的境内外"三股势力"精心策划和组织的一场反国家、反民族、反人类的暴力恐怖事件。事件的平息，证明中国政府完全有能力控制局面，完全有能力确保各族人民群众的生命和财产安全。目前，"7·5"打砸抢烧严重暴力事件的犯罪嫌疑人绝大部分已经抓获归案。2009年下半年特别是12月以来，新疆维吾尔自治区乌鲁木齐市中级人民法院依法对"7·5"暴力犯罪事件中多起案件进行了一审公开审理，判处多名犯罪嫌疑人死刑、无期徒刑或有期徒刑，使他们受到了应有的法律惩处。① 但分裂与反分裂的斗争是长期的、复杂的，中国政府已做好足够的思想准备。不管分裂势力用何种方式、何种手段，企图破坏祖国统一、民族团结、社会稳定，都必将失败。

---

① 参见《北京晨报》2009年12月4日、5日。

第十三章　积极探索中国特色军事变革

进入新世纪，伴随着党的历史方位发生的重大变化，国际战略形势发生的重大变化，中国国防和军队建设事业也发生了重大变化。中共中央、中央军委坚持以毛泽东军事思想和中国特色社会主义理论体系为指导，进一步探索和努力回答三个基本问题：一是在国家安全环境发生重大变化、世界新军事变革加速推进的大背景下，军队未来打什么仗、怎么打仗；二是在市场经济和科学技术迅猛发展的条件下，建设什么样的人民军队、怎样建设人民军队；三是在国家改革发展进入关键阶段、国防和军队建设处于重大转型时期，什么是国防和军队建设的科学发展，怎样又好又快发展。围绕这三大基本问题，在江泽民国防和军队建设思想、胡锦涛关于国防和军队建设重要论述指导下，全党全军在理论和实践上进行了积极探索，人民军队革命化现代化正规化建设取得了前所未有的成果，战斗力和履行使命任务的能力有了很大提高，中国国防和军队建设提高到了一个新的水平，并沿着正确的方向不断向前发展。

一、推进中国特色军事变革的提出

面对国际形势的复杂多变、国防和军队建设的繁重任务，江泽民深入思考新世纪军队的建设和发展问题，提出积极推进中国特色军事变革等战略思想，丰富和发展了毛泽东军事思想和邓小平新时期军队建设思想，指导国防和军队现代化建设取得了巨大成就。

（一）确立新形势下国防和军队建设的根本指导思想

2002 年 11 月，江泽民在中共十六大报告中明确提出："坚持以毛泽东军事思想、邓小平新时期军队建设思想为指导，全面贯彻'三个代表'重要思想，按照政治合格、军事过硬、作风优良、纪律严明、保障有力的总要求，紧紧围绕打得赢、不变质两个历史性课题，坚定不移地走中国特色的精兵之路，加强军队的革命化现代化正规化建设。"同年 12 月 27 日，江泽民在中央军委扩大会议上进一步提出："要坚持'三个代表'重要思想在军队建设中的指导地位，使军队永远保持坚定正确的政治方向。"

将"三个代表"重要思想确立为新形势下国防和军队建设的根本指导思想，是新形势下确保部队建设正确方向的重要举措和推进部队建设的必然要求。2003 年 7 月，中央军委印发总政治部组织编写的《江泽民国防和军队建设思想学习纲要》，指出：江泽民国防和军队建设思想贯穿的根本性指针，就是坚定不移地走中国特色的精兵之路；贯穿的历史性课题，就是打得赢、不变质；贯穿的主导性思想，就是积极推进中国特色的军事变革。正是在江泽民国防和军队建设思想指引下，军队革命化现代化正规化建设进入新的发展阶段，党对军队绝对领导的根本原则和制度得到有力贯彻，思想政治建设进一步加强，军事斗争准备更加深入扎实，依法治军、从严治军水平不断提高，国防科研和武器装备建设取得突破性进展，综合保障的质量和效益有了很大提升，高技术条件下的防卫作战能力显著增强。

（二）信息化是新军事变革的本质和核心

2002 年 12 月 27 日，江泽民在中央军委扩大会议上的讲话中，向全军明确提出了积极推进中国特色军事变革的战略任务。2004 年 3 月 11 日，在第十届全国人民代表大会第二次会议解放军代表团全体会议上，他再次强调：要积极推进中国特色军事变革，努力加快军队现代化建设进程。中国特色的军事变革，就是适应世界新军事变革发展趋势，从中国的国情和军情出发，走以信息化带动机械化、以机械化促进信息化的跨越式发展道路，通过深化改革，实现军队建设的整体转型，建设一支能够打赢未来信息化战争的强大的现代化正规化的革命军队。推进中国特色的军事变革，是一场深刻的革命，是实现军队建设总目标，解决好打得赢、不变质两个历史性课题的必由之路。

江泽民指出：“信息化是新军事变革的核心。人类社会的战争形态正由机械化战争转变为信息化战争。”目前正在发生的新军事变革，是迄今人类历史上影响最广泛、最深刻的一次军事变革，是从机械化战争向信息化战争的深刻转变。它是人类文明由工业时代向信息时代转变的产物，工业时代的机械化军队正在转变为信息化军队。建立在新的物质技术基础上的新军事变革，必然导致军队建设和作战方式等一系列方面发生革命性变化，信息化武器装备将成为军队作战能力的关键因素，非接触、非线式作战将成为重要作战样式，体系对抗将成为战场对抗的基本特征，太空将成为国际军事竞争新的战略制高点。

信息化正在成为军队战斗力的倍增器。正因如此，发达国家都把信息化作为 21 世纪军队现代化建设的主要目标。2003 年爆发的伊拉克战争，是人类社会一次信息化水平比较高的战争。这次战争使人们更清楚地认识到信息化战争的一些基本特征。江泽民根据当代战争形态的演进，指出要根据信息化战争的特点来研究军事斗争准备的基点问题和战略指导的根本原则，要把军事斗争准备基点由准备应对工业时代的战争转到准备应对信息时代的战争上来，在军事战略指导上要把提高信息化作战能力摆到更加突出的位置。根据这一思想，2004年6月，中央军委对新时期军事战略方针的内涵进行了充实和完善，从而进一步明确了信息化条件下人民军队战略指导的基本思想和原则。

在世界新军事变革迅猛发展的时代浪潮中，如何走出一条具有中国特色的军事变革之路，加快实现建设信息化军队的战略目标，是中国国防和军队建设面临的一个重要时代课题。面对这一课题，江泽民不仅明确提出了推进中国特色军事变革的战略任务，还从国情军情出发，提出了一系列具有鲜明中国特色的军事变革思想观点和方针原则。

发挥后发优势，实现跨越式发展，是中国特色军事变革的发展道路。在中国军队处于机械化尚未完成、又需要努力实现信息化的特殊阶段，江泽民正确把握中国国情和军情，科学分析中国国民经济与社会信息化加快发展所提供的有利条件，明确提出了推进中国特色军事变革必须走跨越式发展道路，即最大限度地发挥后发优势，努力跨越机械化的某些发展阶段，努力跨越信息化的某些发展阶段，在更高的起点上推进机械化、信息化建设。

推进机械化和信息化的复合式发展，是中国特色军事变革的双重任务。推进中国特色的军事变革，必须以建设信息化军队为战略目标，实现军队建设的整体转型。但是，由于受国家经济技术发展水平所限，军队现在仍处于机械化半机械化的发展阶段。面对这一矛盾，江泽民提出了军队必须完成机械化和信息化的双重历史任务。他指出："我们必须乘国家加快国民经济和社会信息化发展之势，在加强军队机械化建设的同时，加快信息化建设……以信息化带动机械化，最大限度地发挥后发优势，努力争取我军现代化的跨越式发展。"

国防和军队现代化建设"三步走"构想，是中国特色军事变革的战略步骤。20世纪90年代，中央军委提出了从20世纪末到21世纪中叶，国防和军队现代化建设分"三步走"的发展战略。随着世界新军事变革的加快发展，2002年12月27日，江泽民进一步提出："三步走"战略构想所确定的目标，就是在21世纪前50年逐步实现国防和军队的信息化。他要求根据这个总的战略目标，调整和补充国防、军队建设的远景规划，在更高的起点上推进国防和军队现代化建设。这一构想，从战略高度指明了中国特色军事变革的方向、目标和发展步骤。

（三）推进中国特色军事变革的基本要求

江泽民指出："推进中国特色的军事变革，必然给我军建设的各个领域带来深刻变化，也必然需要我们进一步思考和解决一些深层次的矛盾和问题。必须坚持解放思想、实事求是、与时俱进，使我们的思想认识从那些不合时宜的观念、做法和体制的束缚中解放出来，通过艰苦扎实的工作，力争在本世纪中叶完成信息化建设的战略任务。"一是要加紧培养大批高素质新型军事人才。人才是兴军之本，要根据战争的发展方向和军队信息化武器装备建设的发展需要，努力造就一支能驾驭高技术战争和信息化战争的人才队伍。二是要加快发展信息化武器装备。信息化武器装备建设是军队现代化建设的当务之急、重中之重。发展先进的武器装备，重点是围绕信息化装备、精确制导武器、高技术作战平台等方面开展高新技术攻关、加大信息技术应用、强化作战和保障效能，构建适应信息化战争需要的新型武器装备体系。三是要加快调整改革军队体制编制。要适应武器装备现代化发展水平和信息化条件下作战方式变化，逐步建立起规模适度、结构合理、机构精干、指挥灵便、适应现代战争特点、具有中国军队特色的新型体制编制。四是要加快军事理论创新步伐。军事理论创新要着眼于信息时代的军事发展，筹划未来的信息化军队建设和信息化战争。五是要坚持依法从严治军。要适应新的形势和任务，深入研究改革开放和社会主义市场经济条件下军队正规化建设的规律，推动军队正规化建设不断迈上新的台阶，为建设信息化军队、打赢信息化战争提供可靠保障。六是要大力加强思想政治建设。迎接世界新军事变革的严峻挑战，要坚定不移地把思想政治建设摆在全军各项建设的首位，坚持用科学理论武装全军，帮助官兵树立正确的世界观、人生观、价值观。

信息化战争的一个显著特点，就是知识和技术高度密集。必须把培养和造就大批高素质人才作为军队现代化建设的根本大计来抓。2003 年 9 月，中央军委正式颁发《实施军队人才战略工程规划》。《规划》强调着眼履行打得赢、不变质的历史使命和完成机械化、信息化建设的双重历史任务，为军队现代化建设和军事斗争准备提供强大的人才和智力支持。《规划》着眼建设信息化军队，打赢信息化战争的需要，对全军未来一二十年人才建设应达到的数量规模、知识结构、复合素质等提出了相应的目标要求，并紧紧围绕建设高素质的指挥军官队伍、参谋队伍、科学家队伍、技术专家队伍和士官队伍，突出培养人才、提高素质这个核心，按照各支队伍的特点进行了分类设计，并提出了具体的对策和措施。

二、统筹实施中国特色军事变革

2002 年 11 月，中共十六届一中全会选举胡锦涛为中共中央总书记。2004 年 9 月，中共十六届四中全会决定，同意江泽民辞去中央军委主席职务，决定胡锦涛任中共中央军事委员会主席。胡锦涛担任中央军委主席以后，着眼党和国家工作全局，密切关注世界军事发展动向，坚定不移地推进中国特色军事变革。在党的十七大报告中，胡锦涛指出：国防和军队建设，在中国特色社会主义事业总体布局中占有重要地位；必须站在国家安全和发展战略全局的高度，统筹经济建设和国防建设，在全面建设小康社会进程中实现富国和强军的统一；必须加快中国特色军事变革，做好军事斗争准备，提高军队应对多种安全威胁、完成多样化军事任务的能力。① 在中共中央、中央军委的领导下，中国特色军事变革不断深化，国防和军队建设走上又好又快的发展轨道。

（一）把科学发展观作为国防和军队建设的重要指导方针

2005 年 3 月 13 日，胡锦涛在第十届全国人大第三次会议解放军代表团全体会议上讲话指出，要牢固树立科学发展观。同年 4 月 1 日，他在中央军委保持共产党员先进性教育民主生活会上指出，要坚持在国防和军队建设中贯彻落实科学发展观。在党的十七大报告中，他更明确指出："必须坚持以毛泽东军事思想、邓小平新时期军队建设思想、江泽民国防和军队建设思想为指导，把科学发展观作为国防和军队建设的重要指导方针。"② 这反映了新形势新任务新使命对军队建设的新要求，是党的军事指导理论的又一次与时俱进，是党的理论创新成果在国防和军队建设中的生动运用和具体展开，为实现国防和军队建设又好又快发展提供了强大思想武器。

把科学发展观作为国防和军队建设的重要指导方针牢固确立起来，是带方向性、全局性、根本性的重大战略问题，在中国军

① 参见《中国共产党第十七次全国代表大会文件汇编》，人民出版社 2007 年版，第 40 页。
② 《中国共产党第十七次全国代表大会文件汇编》，人民出版社 2007 年版，第 40 页。

队发展史上具有重要意义。在科学发展观指导下，适应国内外形势的发展变化，以胡锦涛同志为总书记的党中央积极推进军事理论创新和军事实践发展，以在军事领域贯彻落实科学发展观为主线，以全面履行党和人民赋予的新世纪新阶段军队历史使命为着眼点，以中国特色军民融合式发展为基本道路，以坚持革命化现代化正规化相统一、推进国防和军队建设又好又快发展为目标，以奋发有为地推进中国特色军事变革为动力，全面回答了在新的历史起点上国防和军队建设一系列根本性、全局性、方向性的重大问题，提出了一系列新思想、新观点、新论断，为在新的历史起点上开创国防和军队建设现代化新局面提供了科学指针。

在国防和军队建设的指导上，提出必须把科学发展观作为国防和军队建设的重要指导方针；在人民军队的使命任务上，提出军队要全面履行党和人民赋予的新世纪新阶段军队历史使命；在坚持军队建军基本方向、铸造军队核心价值理念上，提出要建设一支听党指挥、服务人民、英勇善战的革命军队；在军队革命化建设上，强调把思想政治建设作为军队的根本性和基础性建设抓紧抓好；在军队现代化建设上，强调坚持科技强军，把全面推进军事领域改革创新作为军队发展的动力；在军队正规化建设上，强调坚持依法治军、从严治军，完善军事法规，加强科学管理，推动正规化建设向更高水平发展；在建军治军的理念上，强调军队要把以人为本作为重要的建军治军理念；在推进国防和军队建设又好又快发展的根本方法上，强调按照革命化现代化正规化相统一的原则加强军队全面建设，搞好"五个统筹"；在军事斗争准备上，强调军事斗争准备是最重要、最现实、最紧迫的战略任务，必须坚持以军事斗争准备为龙头带动军队现代化建设整体发展；在军事训练上，强调积极推进机械化条件下军事训练向信息化条件下军事训练转变；在国防发展模式上，强调坚持勤俭建军，走出一条中国特色军民融合式发展路子；在国防和军队建设的组织保证上，强调大力加强军队党组织的先进性建设和能力建设，加强高中级干部队伍作风建设；在军政军民关系上，强调军队要为构建社会主义和谐社会作贡献。

胡锦涛在党的十七大报告中指出："国防和军队建设，在中国特色社会主义事业总体布局中占有重要地位。必须站在国家安全和发展战略全局的高度，统筹经济建设和国防建设，在全面建设小康社会进程中实现富国和强军的统一。"① 为此他多次强调，国防和军队发展战略应与国家发展战略相适应，积极探索军民融合、寓军于民的发展路子，把国防和军队现代化建设融入国家经济社会发展体系之中，实现国防建设和经济建设相互促进、协调发展。这就为科学统筹国防建设和经济建设提供了基本原则和崭新思路。党的十七大报告进一步提出，要"建立和完善军民结合、寓军于民的武器装备科研生产体系、军队人才培养体系和军队保障体系，坚持勤俭建军，走出一条中国特色军民融合式发展路子"②。

这是在全面建设小康社会进程中实现富国和强军统一的重要战略抉择，是对经济建设和国防建设相互关系思想的最新发展。走中国特色军民融合式发展道路，其核心思想就是把国防和军队建设深深融入经济社会发展体系之中，把相对独立的国防发展体系和经济社会发展体系融合起来，利用丰厚的经济社会资源，提高国防和军队建设效益，使国防和军队建设与国家经济建设能够相互兼顾、相互促进、协调发展。

---

① 《中国共产党第十七次全国代表大会文件汇编》，人民出版社2007年版，第40页。
② 《中国共产党第十七次全国代表大会文件汇编》，人民出版社2007年版，第41页。

（二）全面履行新世纪新阶段军队历史使命，科学统筹国防和军队建设

2004 年 12 月 24 日，胡锦涛在中央军委扩大会议上明确指出，新世纪新阶段人民军队的历史使命是：为党巩固执政地位提供重要的力量保证，为维护国家发展的重要战略机遇期提供坚强的安全保障，为维护国家利益提供有力的战略支撑，为维护世界和平与促进共同发展发挥重要作用。在党的十七大报告中，胡锦涛进一步指出：要"全面履行党和人民赋予的新世纪新阶段军队历史使命"①。这是胡锦涛运用科学发展观深入思考和研究国防与军队建设问题得出的科学结论，进一步指明了国防和军队建设的发展方向。

国防和军事发展是一个大系统，需要多方面进行统筹，对国防和军事发展的各个领域、各个方面、各项工作进行方法论的指导。为此，胡锦涛指出：要坚持统筹中国特色军事变革与军事斗争准备，统筹机械化建设和信息化建设，统筹诸军兵种作战力量建设，统筹当前建设与长远发展，统筹主要战略方向和其他战略方向。

推进中国特色军事变革与做好军事斗争准备，是新世纪新阶段全军面临的两大战略任务。做好军事斗争准备，是当前最重要、最现实、最紧迫的战略任务，着眼解决的主要是国家现实、紧迫和当前的安全需求，侧重强调军队保持或迅速形成强大的战斗力；中国特色军事变革着眼解决的主要是长久的、潜在的和未来的国家安全需求，侧重强调军队提高战斗力，要求军队按照长远发展目标，进行系统改革和建设，不断提高部队整体作战能

① 《中国共产党第十七次全国代表大会文件汇编》，人民出版社2007 年版，第 40 页。

力，以满足未来打赢信息化战争的需要。

机械化和信息化是军队现代化的两个不同发展阶段，二者既有各自的规定性，又密切联系。中国军队建设处在机械化任务尚未完成、同时又面临信息化任务的特殊历史时期，现代化建设的总体水平还很低，面临着要完成机械化和信息化的双重历史任务，实现由机械化半机械化向信息化的整体转型。中国军队处于特殊的历史阶段和较低的机械化信息化水平，要求紧紧抓住信息化这个本质和核心，按照建设信息化军队、打赢信息化战争的要求，走机械化信息化复合发展的道路。

军队是由多军兵种构成的一个复杂统一体。因此，诸军兵种作战力量建设是一项复杂的系统工程，必须站在系统的高度来认识，把各方面建设统筹起来，把各方面力量整合起来，把各方面积极性调动起来，使之协调发展、全面推进、整体提高。

在国防和军队建设中，始终要处理当前建设与长远发展的关系问题。军队当前建设最重要、最现实、最紧迫的任务是军事斗争准备，而长远目标是建设以信息化为核心的现代化军队，打赢信息化战争。为此，必须把军事斗争准备融入军队改革和现代化建设全局当中，科学统筹运用好相关的人力、物力、财力等重要资源，使当前建设和长远发展有机结合起来。

主要战略方向与其他战略方向是既有区别，又相互联系、密不可分的有机整体，辩证地统一于捍卫国家领土主权与安全利益的任务之中。在新世纪新阶段，要把握好战略方向与战略全局的关系、主要战略方向与其他战略方向的关系、其他各战略方向间的关系，做到突出重点，兼顾一般，多手准备，有备无患。

（三）全面加强军队革命化、现代化、正规化建设

胡锦涛在党的十七大报告中指出："军队革命化、现代化、

正规化建设是统一的整体，必须全面加强、协调推进。"① 全面、协调、可持续发展是科学发展观的重要内容，全面加强、协调推进军队革命化、现代化、正规化建设，是在军队建设中深入贯彻落实科学发展观的基本要求。革命化是军队建设的政治方向，现代化是军队建设的中心任务，正规化是军队建设的重要基础。革命化、现代化、正规化建设相互联系、相互促进，构成军队全面建设的基本内容，是一个有机的统一整体。

2005 年 12 月 21 日，胡锦涛在军队一次重要会议上指出，要着力推动军事理论创新、军事技术创新、军事组织体制创新、军事管理创新。在党的十七大报告中，他又指出：要"适应世界军事发展新趋势和我国发展新要求，推进军事理论、军事技术、军事组织、军事管理创新。"② 面对新军事变革带来的机遇和挑战，必须解放思想，开拓创新，通过军事理论创新、军事技术创新、军事组织创新和军事管理创新，为军队建设的科学发展提供更有活力的保证。先进的军事理论历来是军队建设实践创新发展的前提和必要条件，只有占领了军事理论制高点，才能把握军事发展的战略主动权。军事组织体制是影响军队整体效能发挥的关键因素，是生成部队战斗力的重要条件。胡锦涛指出，体制编制调整改革总的方向，是逐步建立起适应武器装备现代化发展水平和信息化条件下作战方式变化的新型体制编制。科技创新始终是推动军队建设发展的强劲动力。要获得军队长久的发展，必须拥有自主知识产权和技术创新的能力。军事管理是形成战斗力的关键环节，军事管理创新是提高国防和军队建设质量效益的重要途径。

---

① 《中国共产党第十七次全国代表大会文件汇编》，人民出版社 2007 年版，第 41 页。
② 《中国共产党第十七次全国代表大会文件汇编》，人民出版社 2007 年版，第 41 页。

必须在军事管理方面进行创新，以提高军队建设的整体质量和
效益。

在这次会议上，胡锦涛还明确提出："军队要把以人为本作
为重要的建军治军理念。"只有在军队内部有效地贯彻"以人为
本"，在军队的条令条例、规章制度的框架内最大限度地尊重官
兵的主体地位、维护官兵的合法权益、促进官兵的全面发展，才
能有效地激发广大官兵的创造性和积极性，把官兵的智慧和能量
凝聚到建设信息化军队、打赢信息化战争的历史重任上来，才能
有效地履行新时期军队的历史使命，才能在更高的层次上、更大
的范围内维护广大人民群众的根本利益。

2007 年，胡锦涛在庆祝中国人民解放军建军 80 周年暨全军
英模代表大会上的讲话指出："人民解放军的优良革命传统，集
中起来就是听党指挥、服务人民、英勇善战。"① 这三者是相互
联系、有机统一的整体，一起统一于新世纪新阶段军队的历史使
命。听党指挥是军队不可动摇的根本原则，是党和人民对人民军
队的最高政治要求，是军队鲜明的政治特色，是建军治军之本；
服务人民是军队必须永远坚持的根本宗旨，是人民军队一切奋斗
发展的出发点和归宿；英勇善战是军队履行职能使命的根本要
求。听党指挥、服务人民、英勇善战，深刻揭示了军队建设的基
本规律，是军队克敌制胜的法宝和建设发展的基本遵循。

2008 年年底，胡锦涛在军队一次重要会议上提出，要围绕强
化官兵精神支柱，大力培育"忠诚于党、热爱人民、报效国家、
献身使命、崇尚荣誉"的当代革命军人核心价值观。

军人核心价值观对军人思想道德和行为方式起着主导作用。
在新的历史条件下，坚持军队在长期实践中形成的革命军人核心
价值观，并赋予新的时代内涵，着力培育当代革命军人核心价值

---

① 《胡锦涛文选》第 2 卷，人民出版社 2016 年版，第 598 页。

观，是建设社会主义核心价值体系的重要方面，是发展先进军事文化的现实需要，是履行新世纪新阶段军队历史使命的必然要求。

三、中国特色军事变革的实践与成就

进入新世纪以来，中共中央、中央军委准确把握世界新军事变革发展趋势和国家军事安全态势，适时进行军事战略调整，果断提出中国特色军事变革的战略任务，对军队建设和军事斗争准备相继作出一系列战略规划和部署，国防和军队建设在改革中不断迈出新的步伐，取得令人瞩目的新成就。

（一）军事训练由机械化条件下向信息化条件下转变

推进机械化条件下的军事训练向信息化条件下军事训练转变，是实现建设信息化军队、打赢信息化战争战略目标的必然选择，是抓紧做好军事斗争准备的迫切需要，也是加速推进中国特色军事变革的重要内容。2006 年 6 月 24—27 日，全军军事训练会议在京召开。27 日，胡锦涛在会上发表重要讲话强调，进入新世纪新阶段，军事训练面临新形势新任务新环境，必须在已有成绩的基础上创新发展，把军事训练提高到一个新的水平；加强新世纪新阶段军事训练，要着眼有效履行军队历史使命，以新时期军事战略方针为统揽，以提高一体化联合作战能力为目标，围绕推进机械化条件下军事训练向信息化条件下军事训练转变的主题，坚持从实战需要出发从难从严训练，坚持全面提高官兵素质，坚持走科技兴训之路，坚持以改革创新推动训练发展，为确保军队打得赢、不变质服务；要按照打赢信息化条件下局部战争的要求，从实战需要出发从难从严训练。

这次会议，是在军队建设进入机械化信息化复合发展、加速推进中国特色军事变革和军事斗争准备的关键时期，军事训练处在向信息化条件下训练发展的重要阶段召开的一次重要会议。以这次会议为标志，全军部队从机械化条件下军事训练向信息化条件下军事训练全面转型迈出新的步伐。全军着眼信息化战争条件下一体化联合作战，结合未来可能执行的各种作战任务，组织不同级别不同样式的军事演习。2007年8月中旬，南京军区某集团军组织了一场信息化条件下军兵种联合对抗演练。此次演练，体现了信息化战争的基本特征，实现了由单一军种对抗向诸军兵种联合对抗、由一般电磁环境向复杂电磁环境、由自我保障向三军一体保障的三大转变。同年秋，北京军区某机械化步兵旅举行复杂电磁环境下的野战指挥演练。该旅通过信息技术手段，对当时指挥系统进行技术改造，实现了多系统间的互联互通，初步形成了一个以情报侦察为主线、网络传输为核心、交互作业为手段、信息共享为平台的野战指挥控制系统，使作战指挥实现了情报获取实时化、信息传输网络化、指挥控制可视化、系统建设配套化。2008年8月下旬至9月，总参谋部组织济南军区某机械化步兵旅和北京军区某装甲团，进行了以信息化条件下联合作战为背景的"砺兵2008"实兵对抗演练，突出了千里跨区机动、实兵对抗、联合作战立体攻防等内容，为谋划军队建设转型提供了科学决策依据。

（二）军队体制编制的调整改革

坚定不移地走中国特色精兵之路，是军队建设的既定方针。20世纪80年代中期以来，中国已经完成两次大规模裁军，共裁减军队员额150万。2003年9月，中共中央、中央军委决定，2005年前再裁减军队员额20万，军队总规模将保持230万人。

2005年年底，中国完成裁军20万任务，军队体制编制的调整改革取得巨大成果。一是压缩军队规模。陆军部队是精简重点，共减少编制员额 13 万余人。军区机关和直属单位、省军区系统，裁减 6 万余人。通过调整，海军、空军和第二炮兵占全军总员额的比例提高了 3.8%，陆军部队的比例下降了 1.5%。二是精简机关、直属单位和院校。团以上机关部门共减少 3000 余个，团以上机关直属单位减少 400 余个。农副业生产机构、文体单位、驻铁路车站军代表处、物资机构等有较大压缩。全军共减少院校 15 所、训练机构 31 个。三是优化军兵种内部编成。陆军撤销部分集团军及师、团，增加实行军一旅一营体制集团军的数量，组建了一批高新技术装备部队。海军、空军撤销部分舰艇大队和航空兵师、团、场站，组建了一些技术含量较高的水面舰艇、航空兵、地空导弹部队。预备役部队减少部分步兵师，增加了兵种师（旅）的数量。四是改革领导指挥体制。通过调整总部有关部门的职能和联合作战指挥功能，完善了总部领导指挥体制。海军撤销航空兵部机关，基地改为保障基地。空军撤销军（基地）机关，组建区域性指挥所。调整后，海军、空军作战部队分别由舰队、军区空军直接领导。五是深化联勤保障体制改革。扩大以军区为基础的联勤保障范围，减少重复设置的保障机构。除总部和海军、空军、第二炮兵保留专用仓库和总医院外，其他后方仓库和医院、疗养院均划归联勤系统统一整合。全军共减少 8 个联勤分部（办事处）、94 座后方仓库、47 所医院和疗养院。六是改善官兵比例。全军共精简干部 17 万人。减少军职以上领导干部岗位 150 余个，近 7 万干部岗位改由士官担任，2 万余个文职干部岗位改为非现役的文职人员岗位。

这次体制编制调整改革，给人民解放军建设带来新的变化，有力地推进了中国特色军事变革和军事斗争准备工作；压缩了军队规模，优化了制度改革，从结构上提升了信息化条件下的作战能力。2006 年，全军按新的体制编制运行。人民解放军朝着规模适度、结构合理、机构精干、指挥灵便、战斗力强的目标迈出了新步伐。

（三）武器装备建设的新发展

武器装备建设的新发展，是国防和军队现代化的重要标志，是人民解放军由机械化向信息化转型的重要基础。在世界新军事变革潮流的推动下，中国的国防科技工业瞄准世界军事技术前沿，不断加大武器装备的自主研发和科技创新力度，提高了武器装备自主创新能力。中央军委和总部大力抓武器装备建设，着力完成人民解放军武器装备由半机械化向机械化，再由机械化向信息化转变的跨越式发展任务，使人民解放军武器装备现代化水平上了一个大台阶，在现有装备特别是新装备成建制、成系统形成作战能力和保障能力的建设方面收到明显成效，为人民解放军的现代化建设提供了强有力的保障。

（1）信息化装备的发展。武器装备不配套、不协调是制约人民解放军武器装备信息化建设的一个难题，为提高武器装备配套建设水平，加快转型步伐，全军上下开始对传统装备进行信息化改造。2005年，陆军对一大批老装备进行了高新技术改造，使老装备与新装备整体集成、信息融合，从而推动了陆军装备信息系统综合集成建设的发展。2007年5月，北京军区某装甲师在保持老旧装备火力强、机动快和具有良好装甲防护基础上，成功对老旧装备嵌入信息技术，实现装甲战车从信息传输到火力控制数字化。2008年1月，北京军区某集团军研制开发出"一体化指挥作业系统"，统一各指挥信息系统应用平台，实现装备系统互联互通，有效提高了信息化条件下的作战能力。

根据未来信息化作战需要，全军大力加强信息化装备建设。第二炮兵某部建成了集信息综合、数据处理、情报侦察等功能的"一体化"指挥训练中心，实现了网上指挥、网上演练、网上教学，大大提高了首长机关的快速指挥决策能力。装甲兵某研究所研制的模拟器，实现了从一代到三代、从主战装备到配套装备、从模拟技术到数字技术、从单车对抗到多车体系对抗的进步，完成了由模拟化向数字化、信息化的飞跃。总参谋部某测绘信息技术部队于 2006 年 5 月建成了具有国内先进水平的全数字航天遥感摄影测量、大地测量数据处理等系统，实现了规模化、网络化、数字化，为作战决策和数字化战场建设提供了有力保障。总参军训和兵种部于 2007 年 12 月研制成功全军"军事训练信息网综合管理"，推进军事训练信息化进程，提高了部队训练和人才培养质量。

2009 年 10 月，中国第一台千万亿次超级计算机——天河一号在国防科技大学诞生，其峰值性能达每秒 1206 万亿次，综合技术水平进入世界前列。天河一号的诞生，标志着中国超级计算机研制能力实现从百万亿次到千万亿次的重大跨越，对于破解中国经济、科技等领域重大挑战性难题，建设创新型国家、提升综合国力，具有重要战略意义。

（2）自主研发新装备的发展。进入新世纪，人民解放军新装备和新系统不断发展，为武器装备建设注入了新生力量。随着大量新型武器装备列装，作战部队武器装备高技术含量不断增加，现代化程度显著提高，各军兵种部队战斗力有了很大提高。2003 年，中国航空工业新型歼击机"枭龙"和高级教练机"山鹰"两种军用机型实现首飞成功。2004 年 10 月，"近程超低空便携式防空导弹"等一批国产导弹武器在珠海航展亮相，其中有的产品技术已达到世界先进水平。同年 11 月，成功研制三大系列直升机成熟产品，标志着中国在突破直升机最核心的旋翼系统设计、试验和制造技术方面取得了重大进展。歼-10 战斗机是中国自主研制生产的新一代多用途战斗机，2006 年 12 月空军航空兵部队首批成建制装备歼-10 战斗机，并组织了战斗特技、对地攻击、单机进攻、双机空战、编队出击、导弹攻击和防御战术机动等多个课题训练，多次参加和组织复杂气象条件下的紧急机动、远程奔袭、空中对抗、海空联合作战以及复杂电磁环境下的全员、全装、全要素、全过程对抗演练。2008 年 6 月，中国自主研发的新一代超音速教练机"猎鹰 03"在南昌首飞成功。该机是一种融合了多项最新航空技术的新一代超音速教练机，标志着中国在教练机的研制方面已经达到国际同类产品先进水平。

（3）航天装备的发展。航天装备在人民解放军装备建设中有着重要地位和作用，新世纪以来取得了可喜成绩。2004 年，中国成功发射"8 箭 10 星"，成为长征火箭历史上发射次数最多的一年。2005 年，中国建成陆海空天一体化载人航天通信网，达到世界先进水平。2006 年，在北斗一代导航卫星的基础上，开始建设拥有自主知识产权的全球卫星导航系统——北斗卫星导航系统。2008 年 5 月 1 日，中国首颗数据中继卫星"天链一号 01 星"经过 4 次变轨控制后成功定点，标志着中国航天器太空数据中转站正式建成。

载人航天工程不断取得新的突破。2003 年 10 月 15 日，"神舟"五号飞船载着中国人民解放军航天员大队航天员杨利伟首次进入太空，开启了中华民族载人航天的新纪元。2005 年 10 月 12 日，"神舟"六号载人飞船载着中国人民解放军航天员大队航天员费俊龙、聂海胜，在酒泉卫星发射中心成功发射。"神舟"六号载人航天是中国首次进行多人多天飞行，首次进行真正意义上有人参与的空间实验活动，标志着中国载人航天事业又迈出了新的重要一步。2008 年 9 月 25 日，"神舟"七号载人飞船载着中国人民解放军航天员大队航天员翟志刚、刘伯明和景海鹏发射升空，28 日成功返回内蒙古主着陆场。"神舟"七号载人航天飞行的圆满成功，实现了中国空间技术发展具有里程碑意义的重大跨越，标志着中国成为世界上第三个独立掌握空间出舱关键技术的国家。

绕月探测工程正式启动。2004年1月起，绕月探测工程正式启动，这是中国航天向深空探测迈出的第一步。2007年10月24日晚，中国第一颗绕月探测卫星"嫦娥一号"发射成功。11月7日，"嫦娥一号"传回语音数据和清晰的可见光图片，展现了月球的真实世界。这标志着中国首次探月工程取得圆满成功，是继人造地球卫星和载人航天飞行成功之后中国航天科技事业的第三个里程碑。

（4）各军兵种装备的现代化。随着大量新型武器装备列装，作战部队武器装备高技术含量不断增加，现代化程度显著提升，各军兵种部队战斗力有了很大提高。

首先，陆军武器装备体系得到改善。以导弹、主战坦克、轻武器、工程、防化、车船等为代表的一批技术含量较高的陆军武器装备相继问世，较大地改善了陆军武器装备结构体系，提高了部队的现代化水平和作战能力。其次，海军武器装备建设有了新发展。海军装备技术已由初期的以空（通用飞机）、潜（鱼雷潜艇）、快（鱼雷快艇）为主，走向以核潜艇与常规潜艇、大中型导弹舰艇和海上专用飞机为主；作战武器由火炮、鱼雷为主，发展到以火箭、导弹为主。中国自行设计研制和生产的导弹驱逐舰、导弹护卫舰、导弹艇、猎潜艇、扫雷舰实现了更新换代；由新型常规潜艇和核动力潜艇组成的水下力量，数量与总吨位比初建时期增加了几十倍。再次，空军逐步实现由国土防空型向攻防兼备型转变。空军新一代主战飞机逐步装备航空兵部队，形成了高、中、低档搭配的歼击机装备系列，轰炸机、强击机为主的对地攻击机装备系列，以及包括大、中、小型运输机在内的空中运输体系。新型的地空导弹开始进入导弹兵部队，多种型号的地空导弹和先进的高炮构建了高、中、低空和远、中、近程的防空火力配系；空降兵具备了在各种复杂气象、地形条件下实施空降作战的能力；防空预警及指挥系统等各方面得到不同程度的提高，形成了覆盖全国的防空雷达情报网；指挥控制装备实现了成片联网的格局。第四，第二炮兵通过加强导弹武器的改进和研发，提高导弹武器和指挥、通信、侦察等配套装备的信息化水平，初步形成了核常兼备、射程衔接、威力和效能明显增强的武器装备体系。

（四）深化军事后勤体制改革

实行联勤保障，是军队后勤保障体制的一次重大改革。联勤保障体制以军区为基础，采取区域保障与建制保障相结合、通用保障与专用保障相结合的方式。通用物资供应和通用勤务保障由军区统一组织，专用物资供应和专用勤务保障由军兵种按建制系统组织实施。总后勤部主管全军的联勤工作，军区联勤部主管战区内的联勤工作，联勤分部主要负责实施保障区域内诸军兵种部队的通用保障。为了适应世界军事后勤发展的大趋势，推进中国特色军事变革，建设信息化军队、打赢信息化战争，加速实现三军一体化保障，切实提高综合保障效益，中央军委决定深化联勤保障体制改革，于2004年7月1日起在济南战区启动大联勤试点体制，为在全军推行三军一体化保障探索路子，摸索经验。大联勤改革，是继2000年以军区为基础的联勤改革后，军队后勤保障体制的一次历史性跨越。改革的内容主要包括四个方面：联勤机关三军一体、保障内容三军一体、保障力量三军一体、保障渠道三军一体。济南战区启动大联勤试点后，运行和配套机制不断完善，提高了联合作战联合保障能力，完成了多次保障任务。中央军委决定，济南战区大联勤体制编制自2007年4月1日起正式运行。正式实行大联勤体制后，济南战区继续深化改革，不断探索三军一体化保障路子，搞好理论研究和实践验证，在更高层次上推动大联勤改革不断深入发展。

实现后勤保障社会化，是深化后勤改革的一项重要内容，是军队现代化建设的迫切需要，也是适应社会主义市场经济发展的客观要求。长期以来，人民解放军后勤保障"大而全""小而全"，与市场经济条件下的大生产环境越来越不适应。经过近3年试点，2002年9月，国务院、中央军委发出《关于推进军队后勤保障社会化有关问题的通知》；10月，中央军委批转《总后勤部关于实行军队后勤保障社会化若干问题的意见》。2004年1月，中央军委批准"十五"期间投入49亿元，用来补助军队饮食和营房保障社会化改革。为使军队后勤保障社会化按照"政府部门主导，军队组织实施，社会力量参与，市场机制运作"的原则进行，国家发展和改革委员会、财政部等六部委和全国24个省、区、市也相继出台了有关文件和规定，为支持改革提供了一系列优惠政策。全军驻大中城市的军以上领导机关和非作战部队，在各级地方政府的支持下，积极稳妥地推进军队后勤保障社会化，取得阶段性成果，初步走出一条投入较少、效益较高的后勤现代化建设路子，后勤保障社会化改革在饮食保障、商业服务、营房保障和职工管理制度改革等方面取得实质性进展，并在生活用车、油料保障、服装货币化供应等方面进行了有益尝试。

（五）坚持依法治军，不断提高正规化水平

依法治军是依法治国、建设社会主义法治国家基本方略的组成部分，是中国人民解放军及其他武装力量建设的指导方针。2002年11月，党的十六大报告明确提出"坚持从严治军，健全军事法规体系，提高依法治军的水平"的要求。2007年10月，党的十七大报告又进一步强调要"坚持依法治军、从严治军，完善军事法规，加强科学管理"。新世纪新阶段，中国的军事法制建设取得一系列重大进展，国防和军队建设的主要方面已经逐步实现了有法可依，军事执法和执法监督检查工作全面展开，军事

司法机构的职能作用得到强化，军队法律服务工作蓬勃兴起，军事法制宣传教育成效显著，军事法学的理论研究活动十分活跃，有力地推动国防和武装力量建设的进程。

2001 年 4 月 28 日，《中华人民共和国国防教育法》正式颁布实施，标志着中国国防教育事业走上了法制化轨道。2002 年 9 月，中央军委颁布了新的《中国人民解放军军事训练条例》，更为全面系统地规范了军事训练的组织领导与管理。2003 年 12 月重新修订颁布的《中国人民解放军政治工作条例》，坚持把政治工作作为实现党对军队绝对领导和军队履行职能的根本保证，明确提出政治工作是构成军队战斗力的重要因素，强调发挥政治工作的作战功能。2003 年、2009 年，中央军委两次修订颁布《军队基层建设纲要》，推动了基层战备、训练、工作和生活秩序的正规化。2003 年 4 月，中央军委颁布《军事法规军事规章条例》，规范了军事立法工作。2008 年 3 月，《中国人民解放军指挥军官考核评价纲要》《中国人民解放军指挥军官考核评价实施办法》和《中国人民解放军指挥军官考核评价标准（试行）》印发施行，标志着体现科学发展要求的指挥军官考评体系初步形成。2009 年 8 月，《中华人民共和国人民武装警察法》发布施行，从法制上规范和保障人民武装警察部队依法履行职责，维护国家安全和社会稳定，保护公民、法人和其他组织的合法权益。

截至 2008 年 12 月，全国人大及其常委会制定国防和武装力量建设方面的法律及有关法律问题的决定 15 件，国务院、中央军委联合制定的军事行政法规 94 件，中央军委制定的军事法规 215 件，各总部、军兵种、军区和武警部队制定的军事规章（含规范性文件）3000 多件。以国防法为核心，以条令条例为主体，结构严密、门类齐全、统一协调的军事法规体系进一步充实完善。

（六）对外军事交流与合作不断拓展

进入新世纪，人民解放军的军事外交继续高举"和平、发展、合作"的旗帜，发展同世界各国军队的友好合作关系，积极参与双边和多边军事交流，为营造和平稳定的国际安全环境，推动和谐世界的建设作出了积极贡献。

（1）促进国际军事交流与合作向深层次发展。新世纪，人民解放军积极开展与世界各国军队的友好交流与往来，保持与外国军队的高层交往，在多领域和多层次与各国军队开展广泛深入的友好合作，为国家的安全与发展营造长期稳定的国际和周边战略环境。2001年9月，中美海上军事安全磋商机制专门会议在关岛举行，一度中断的中美军事关系开始恢复。2003年10月，中央军委副主席、国务委员兼国防部长曹刚川成功访美，这是中国国防部长时隔7年后再次访问五角大楼。12月，曹刚川部长又率团访俄，促进了中俄战略协作伙伴关系的深入发展，中俄两军高层交往和战略合作得到新的加强。军队高层领导广泛出访，增进了中国与各国军队之间的互信与了解，对扩大共识、促进合作起到了积极的推动作用。

在军事外交中，中国向来把发展同周边国家军队的友好关系置于突出地位，始终坚持贯彻"与邻为善、以邻为伴"的方针，巩固和发展与周边国家军队的友好合作关系，积极维护周边地区的战略稳定。2001年6月，中国、俄罗斯、哈萨克斯坦、吉尔吉斯斯坦、塔吉克斯坦、乌兹别克斯坦六国成立了上海合作组织，顺利启动了安全、经济等领域的合作，成为促进地区安全、稳定和发展的重要机制。中国高度重视东盟地区论坛的作用，致力于论坛的健康发展。2004年1月，双方签署了《中国与东盟关于非传统安全领域合作谅解备忘录》。中日韩框架下的非传统安全领域合作也取得长足进展。2003年10月，中国、日本和韩国领导人举行会晤，发表《中日韩三方推进合作联合宣言》，决定三国在东亚地区加强安全对话，促进安全合作。

新世纪以来，开放、务实、活跃的军事外交新局面已经形成。中国已与150多个国家建立军事关系，在109个国家设立武官处，有98个国家在中国设立武官处。仅2007—2008年，人民解放军高级军事代表团出访60多个国家，有90多个国家的国防部长、三军总司令、总参谋长等高级代表团来访。

（2）人民海军舰艇编队出访和外国海军来访。新世纪以来，随着中国国际地位的提高、外交事务的扩大和中国人民解放军海军建设的发展，海军出访和外国海军来访的次数之多、规模之大，都是历史上所没有的。

2001年11月16日，中国海军舰艇编队圆满结束对德国、英国、法国、意大利等欧洲四国的友好访问。2002年5月15日，由"青岛"号导弹驱逐舰和"太仓"号远洋补给舰组成的中国海军舰艇编队开始了中国海军历史上首次环球远航。编队横跨太平洋、印度洋、大西洋，远涉亚洲、非洲、欧洲、南美洲和大洋洲，历时4个月，总航程3.3万海里，先后访问了新加坡、埃及、土耳其、乌克兰、希腊、葡萄牙、巴西、厄瓜多尔、秘鲁、法属波利尼西亚等十国十港。这是中国海军史上出访国家最多、时间最长、航程最远、影响最大的一次军事外交活动。2003年，"青岛"号导弹驱逐舰、"青海湖"号综合补给舰组成的编队，访问了美国关岛、文莱、新加坡。2005年，由"深圳"号导弹驱逐舰、"微山湖"号综合补给舰组成的编队访问了巴基斯坦、印度、泰国。海军舰艇互访，不仅全方位展示了人民海军威武之师、文明之师、和平之师的良好形象，增进了中外军队之间的友谊和相互了解，宣传了中国维护世界和平的立场和决心，而且在维护海洋通道安全、海上救护等方面的军事合作也取得了积极进展。

2009 年 4 月 23 日，是中国人民解放军海军成立 60 周年。来自五大洲 29 个国家的海军代表团和 14 个国家的 21 艘舰艇全程参加了 60 周年庆典举办的多国海军高层研讨、多国舰艇海上阅兵、舰艇专业交流、文化体育交流和海上舢板比赛等活动。巴西、法国、孟加拉国、加拿大、澳大利亚、俄罗斯、泰国、新加坡、印度、墨西哥、韩国、新西兰等 14 国的 21 艘驱逐舰、护卫舰、巡逻艇、登陆舰、补给舰参加了 23 日在青岛附近的黄海海域举行的海上大阅兵。这是中国第一次举办多国舰艇海上阅兵，也是人民海军历史上最大规模的海上阅兵。这次活动加强了各国海军的交流，搭建了增进了解的平台，创造了共商维护海洋安全的机制，促进了世界更多地了解中国和中国海军。

（3）与外国军队的联合军事演习。冷战结束后，特别是进入 21 世纪，世界局势风云变幻，总体稳定、局部动荡，非传统安全问题日益突出，恐怖主义威胁上升。中国军队不断加大在非传统安全领域的国际和地区间合作力度，就共同关心的安全问题进行广泛深入的合作，消除隐患，防止战争和冲突的发生。从 2002 年开始，中国军队有选择地逐步参与双边和多边联合军事演习，以拓宽中国与有关国家的安全合作领域。

2002 年 10 月 10 日至 11 日，中华人民共和国与吉尔吉斯共和国在上海合作组织框架内，于两国边境地区举行联合反恐军事演习。这是中国军队第一次与外国军队联合举行实兵演习。演习的成功举行，对显示中吉两国维护国家安全和统一的决心，震慑、遏制和打击恐怖主义、分裂主义和极端主义"三股势力"，维护地区的安全与稳定，推动上海合作组织军事合作向深层次发展，具有重要意义。

2003 年 8 月 6 日至 12 日，在哈萨克斯坦共和国和中国两国交界的边境地区，中国、哈萨克斯坦、吉尔吉斯斯坦、俄罗斯、塔吉克斯坦五国举行"联合 2003"反恐演习。这次演习，是上海合作组织成员国举行的首次多边军事演习，揭开了上海合作组织军事领域合作的新篇章。

2005 年 8 月 18 日至 25 日，中俄举行"和平使命—2005"联合军事演习。演习在俄罗斯联邦符拉迪沃斯托克和中华人民共和国山东半岛及附近海域举行，中俄双方参演兵力近万人，其中中方参演兵力 7000 余人。这次演习是中俄首次联合军事演习，演练课目多，协同难度大，组织比较复杂。演习展示了两国军队很高的军事素质和技能，展示了两军高级指挥员和机关组织指挥联合作战的实际能力，展示了参演部队英勇顽强的战斗作风。

2007 年 8 月 9 日至 17 日，由哈萨克斯坦共和国、中华人民共和国、吉尔吉斯共和国、俄罗斯联邦、塔吉克斯坦共和国、乌兹别克斯坦共和国六国武装力量共同组织实施的"和平使命—2007"联合反恐军事演习，在中国乌鲁木齐和俄罗斯车里雅宾斯克举行。总共有 6500 名军人和 80 架战机参加演习，中方参演兵力为 1600 人。这次演习是中国军事历史上第一次派出较大规模的陆空军部队到境外参加的多国联合军事演习，演习中每个作战行动的演练都体现出了反恐作战的特点，反映了多国部队训练水平，展示了联合部队反恐作战的能力。

此外，2004 年 3 月，中法海军在中国黄海以外的公海举行联合军事演习；2004 年 8 月，中国人民解放军与巴基斯坦武装部队在新疆帕米尔高原中巴边境地区举行了"友谊 2004"联合反恐军事演习；2005 年 12 月，中国海军在印度洋北部区域与印度海军举行"中印友谊 2005"联合搜救演习，与泰国海军在泰国湾南部海域举行"中泰友谊 2005"联合搜救演习；2006 年 9 月，中国与塔吉克斯坦共和国在塔吉克斯坦哈特隆州举行"协作—2006"联合反恐军事演习；2006 年 12 月，中国和巴基斯坦联合举行"友谊—2006"联合反恐军事演习；2007 年 3 月，中国海军参加"和平—07"海上多国联合军事演习；2007 年 9 月，中国海军与西班牙海军举行"中西友谊—2007"海上联合军事演习。这些合作演习都取得了明显的效果。

（七）执行多样化军事任务

进入新世纪，人民解放军坚决执行中共中央、中央军委的命令，忠实履行自己的神圣职责，在保卫国家领土主权、反对分裂、维护社会稳定的作战和斗争中，在参加社会主义建设和抢险救灾中，作出了巨大贡献，出色地履行了神圣使命。人民解放军的实践和功绩，充分证明胡锦涛所指出的：随着党领导的事业不断发展，人民解放军已经从革命战争时期在党领导下为夺取全国政权而进行武装斗争的重要力量，成为社会主义建设时期巩固人民民主专政的坚强柱石、保卫社会主义祖国的钢铁长城和建设社会主义的重要力量。

（1）参加国际维和行动。2003年4月，人民解放军派遣的"蓝盔部队"第一次走出亚洲，来到非洲大陆刚果（金）执行维和任务。这是中国在加入联合国维和待命安排机制后首次派出成建制非作战部队参加联合国维和行动。这支部队由工兵连和医疗分队组成，分三批共654人，于2006年8月28日圆满完成任务返程回国。在三年零四个月的时间里，赴刚果（金）维和官兵先后完成了营区修建、道路修复与维护、停机坪构筑、防御阵地构筑和武器弹药销毁等100余项任务，共勘察维修道路3600余公里、桥梁130余座，销毁收缴枪支80支（挺）、子弹5000余发，处理爆炸物1500多公斤。

从2003年12月初开始，中国向利比里亚派出维和部队，这是中国向联合国维和行动派出规模最大、人数最多的维和部队。2006年5月，435名中国维和军人，首次奔赴苏丹执行维和任务。同年4月16日，中国维和工兵营抵达黎巴嫩的贝鲁特国际机场，前往位于黎巴嫩南部的驻地哈尼亚特执行维和任务。2007

年9月和2008年6月，中国派出第三、第四批赴苏丹维和部队，负责营区建设、道路修筑、机场维护、医疗救护、物资输送等维和保障任务。2008年6月，中国第四批赴黎巴嫩维和部队由成都启程，开始执行为期8个月的维和任务。

人民解放军自1990年以来共参加18项联合国维和行动，累计派出维和官兵11063人次，有8名维和官兵在执行任务中牺牲。维和官兵们的优异表现不仅受到联合国机构、当地政府和民众的高度赞扬，同时也受到国际社会广泛赞誉。中国军队用自己的实际行动向世人充分展示了中国人民在国际事务中热爱和平、维护正义的风采，充分彰显了中国作为联合国安理会常任理事国负责任大国的形象，同时也为配合国家整体外交、维护国家利益、传播友谊作出了积极贡献。

（2）参加和支援国家建设。人民解放军和武装警察部队，在完成教育训练任务的同时，积极参加和支援国家的各项建设事业。人民军队先后参加了国家和地方的基础设施工程建设，支援农业和扶贫开发工作，转让科学技术成果、协助技术攻关、帮助培训人才，支持城乡社会公益事业发展，腾让部分军事用地和营房设施，开放部分军用机场、港口码头、通信线路，在三峡工程、"西电东送"、"西气东输"、青藏铁路等重点工程建设和地质勘探、森林防火、公路建设中作出了重要贡献。仅在2007—2008年，人民军队共投入劳动日1400余万个，出动机械车辆100万台次；支援能源、交通、水电、通信等重点工程建设200余项，参加黄河中上游、北京天津风沙源等生态环境建设170余项，完成荒山、荒地、荒滩造林300万亩，航空护林2400万亩；维修、新建贫困地区乡村公路2100余条，农村水电、人畜饮水、小流域治理等小型工程建设9万余个。巩固和新建扶贫点2.5万个，帮助8万余户群众脱贫；帮助培养各类人才近1万名，兴办科技示范点240个。援建中小学200余所，帮助24万名贫困学生完成学业。与贫困地区 470 所县、乡医院建立长期帮扶协作关系，派出医疗队 1.3 万个，为群众义务治病 4100 万人次；帮助少数民族地区新建扩建机场 3 个、电站 5 座、水利设施 12 处，修复公路 900 余公里，打井 300 余眼，修建小水窖、小电站、安装太阳能和电视差转设备 6000 余个。

2000 年 6 月，中央军委下发了《关于军队参加和支援西部大开发的意见》，要求全军和武警部队积极做好参加和支援西部大开发工作。此后，军队参加和支援西部大开发工作不断引向深入。

（3）参加抢险救灾。参加抢险救灾，是党、国家和人民赋予人民解放军和武警部队的重要使命。在抢险救灾中，人民解放军和武警部队主要担负解救、转移和疏散受困群众，排除或控制重大险情、灾情，保护重要目标安全，紧急抢救和运送重要物资，抢修道路、桥梁，进行潜水作业、核生化救援、重大疫情控制和医疗救护，协助地方人民政府开展赈灾和灾后重建等工作。

2003 年，人民解放军和武警部队全力支援地方抗击"非典"疫情，出动 3.7 万名官兵协助驻地控制疫情，组织防疫力量对重点部位、重点场所和疫情多发地区进行大面积消毒，18 所军队医院精心救治"非典"病人 420 多名。军事医学科学院率先在国内分离出传染性非典型肺炎的病原体，研制出快速诊断试剂。来自各部队的 1383 名医护人员，在北京小汤山医院连续奋战 50 多天，精心救治"非典"患者 680 名。

2008 年 1 月，中国南方部分省区出现严重低温雨雪冰冻灾害，人民解放军和武警部队共出动兵力 22.4 万人，动员民兵预备役人员 103.6 万人，派出军用运输机和直升机 226 架次，主要担负疏通交通干线、救助受灾群众、恢复电力线路等急难险重任务。在抗击冰雪灾害的斗争中，人民解放军和武警部队坚决响应中共中央、中央军委的号召，奋勇攻坚，连续作战，为抢险救灾、恢复重建作出了重要贡献。

2008 年 5 月 12 日，四川汶川发生特大地震。按照中共中央、国务院、中央军委的指示，军队和武警部队共出动兵力 14.6 万人，动员民兵预备役人员 7.5 万人，动用各型飞机和直升机 4700 余架次、车辆 53.3 万台次，救出生还者 3338 人，转移受困群众 140 万人，运送和空运空投救灾物资 157.4 万吨。派出 210 支医疗队、心理救援队和卫生防疫队，巡诊医治受伤群众 136.7 万人。救灾部队严格执行群众纪律，将从废墟中清理出来的数亿元现金和大量贵重物品详细登记造册，如数移交物主或当地政府有关部门。在抗震救灾的战斗中，人民解放军指战员、武警部队官兵、民兵预备役人员和公安民警冲锋在前、勇挑重担，发挥了主力军和突击队作用。

（4）赴亚丁湾、索马里海域执行护航任务。21 世纪初以来，亚丁湾、索马里海域海盗日益猖獗，作案数量逐年递增，严重危及过往船只和人员安全。针对亚丁湾、索马里海域的海盗行为，联合国安理会先后通过多项决议，呼吁和授权世界各国到亚丁湾、索马里海域打击海盗。

2008 年 12 月 26 日，中国人民解放军海军舰艇编队从海南三亚起航，赴亚丁湾、索马里海域执行护航任务。第一批护航编队由"武汉"号和"海口"号导弹驱逐舰、"微山湖"号综合补给舰、两架舰载直升机和部分特战队员组成，共 800 余名官兵。参加这次护航任务的 3 艘舰艇，都是由中国自行设计制造、武器装备性能先进的现代化军舰，具备了长期执行远洋非战争军事任务的能力。自执行护航任务以来，各护航编队密切协同，连续奋战。截至 2009 年 7 月 16 日，已顺利完成 78 批 432 艘中外船舶伴随护航和 121 艘中外船舶区域掩护任务，解救遭海盗袭击的外国船舶 5 艘，为有效保护航经亚丁湾、索马里海域的中外船舶航行安全作出了突出贡献。2009 年 10 月 30 日，我海军第四批护航编队启程亚丁湾、索马里海域执行任务，标志着中国护航行动的有序接替、常态运行又向前迈了一大步。

启程亚丁湾、索马里海域执行护航任务，是中国首次使用军事力量赴海外维护国家战略利益，是我军首次组织海上作战力量赴海外履行国际人道主义义务，也是我海军首次在远海保护重要运输线安全。这次护航充分体现了中国积极履行国际义务的负责任大国形象，对于维护亚丁湾、索马里海域的和平与安宁发挥了积极作用。

（八）国庆 60 周年阅兵展示新形象

2009 年 10 月 1 日上午，首都各界庆祝中华人民共和国成立 60 周年大会在北京天安门广场隆重举行，20 万军民以盛大的阅兵仪式和群众游行欢庆节日。阅兵总指挥、北京军区司令员房峰辉请中共中央总书记、国家主席、中央军委主席胡锦涛开始检阅受阅部队。检阅受阅部队完毕后，胡锦涛发表重要讲话。

上午 10 时，在胡锦涛依次检阅由中国人民解放军陆海空三军和人民武装警察部队、民兵预备役部队组成的 44 个地面方队后，阅兵分列式开始。受阅的有陆海空三军仪仗队组成的方队，由军区、军兵种、武警部队和总部直属部队以及北京市民兵预备役部队 8000 余名官兵组成的 13 个徒步方队，由坦克、战车、火炮、导弹等组成的 30 个装备方队，由陆海空三军组成的 12 个空中梯队，依次通过天安门广场，接受祖国和人民检阅。装备方队的装备全部为中国自主研制和生产，90% 是第一次公开展示。被誉为"拳头"和"尖兵"部队的特战兵方队，以及机动雷达方队、后勤装备方队、巡航导弹方队，都是首次在国庆首都阅兵中组队亮相。这是新中国成立以来第 14 次国庆首都阅兵盛典。同以往历次阅兵相比，这一次参阅要素更加齐全，装备类型更加多样，兵种专业更加全面，表现形式更加新颖。这次大阅兵，生动展示了中国人民解放军陆海空三军革命化、现代化、正规化建设的丰硕成果。

这次大阅兵向世界庄严宣示：中国的和平发展，不但有利于本地区的稳定发展，也有利于世界和平和人类进步事业。中国是世界上负责任的发展中大国，中国人民是爱好和平的民族，中国的军队是威武之师、文明之师！

值得一提的是，2009 年中国的军事外交也非常活跃。这一年，中央军委委员以上的领导访问了美国、俄罗斯、澳大利亚等 20 多个国家；中国与美国、德国、越南等 10 多个国家开展了防务磋商，组织了 7 场中外联合军事演习，其中安保、维和、卫勤、护航等领域的联合演练属于首次。军事外交背后，折射出中国军事走向透明、自信的轨迹。

站在新的历史起点上，在中共中央、中央军委的坚强领导下，中国国防和军队建设事业正在展开一幅全新的壮美画卷。

第十四章　不断推进祖国和平统一大业

自 2002 年 11 月党的十六大以来，以胡锦涛同志为总书记的党中央继续坚持"和平统一、一国两制"的基本方针，保持了对台政策的连续性与稳定性。同时，根据国际战略的新变化和两岸关系的新态势，在对台的具体政策上又有了新的调整和发展，更加体现了解决台湾问题原则的坚定性和策略的灵活性。这一时期中央政府的对台政策主要体现在胡锦涛先后发表的两个对台工作意见，以及全国人大制定的《反分裂国家法》上。这些政策的出台和实施，有力地推进了两岸关系的和平发展与祖国统一事业的进程。

一、坚决反对"台独"势力与《反分裂国家法》

2000 年 3 月，主张"台独"的民进党候选人陈水扁当选台湾地区领导人，使"台独"的危险性进一步扩大。台湾当局通过渲染悲情，挑动族群和两岸对立，造成岛内相当一部分人对两岸关系认识混乱，国家认同混乱，文化认同混乱，由此催化岛内本土化民意朝"台独"极端方向发展，并使"台独"活动发展至谋求"新宪"的阶段，企图从法律上割断台湾同祖国大陆的历史血脉关系。

（一）制定《反分裂国家法》的背景

随着"台独"分裂活动的不断升级和"台独"思潮在岛内的蔓延，岛内政治生态发生了不利于遏制"台独"的变化。

（1）两岸关系陷入僵局，"台独"危险十分严重。

从 2003 年下半年开始，陈水扁的"台独"分裂活动变本加厉，几乎一个月就有一次大的动作，并明目张胆地提出"台独"时间表，声称在"2006 年出台新宪法，2007 年公投新宪法，2008 年实施新宪法"，使台湾成为一个"崭新的独立国家"。2004 年台湾地方领导换届大选中，陈水扁的支持率又比 2000 年上升了近 11 个百分点，他更从信誓旦旦作出"四不一没有"的承诺到提出"正名""修宪"，抛出"一边一国"的分裂主张，图谋通过"公民投票""宪政改造"等方式，实现"台湾法理独立"。这就严重威胁到中国国家主权和领土完整，严重损害中华民族的根本利益，成为两岸关系发展与祖国和平统一的最大威胁。

针对"台独"分裂活动日益猖獗，使祖国和平统一面临严峻挑战的新形势，祖国大陆的对台方略进行重大调整，开始把"反独"列为现阶段的主要任务。2004 年 5 月 17 日，中共中央台湾工作办公室（以下简称中台办）、国务院台湾工作办公室（以下简称国台办）就当前两岸关系问题发表严正声明，强调："当前，两岸关系形势严峻。坚决制止旨在分裂中国的'台湾独立'活动，维护台海和平稳定，是两岸同胞当前最紧迫的任务。"①2005 年 3 月 4 日，胡锦涛在看望出席全国政协十届三次会议的民革、台盟、台联委员时，针对新形势下的两岸关系，明确提出了

① 国务院台湾事务办公室：《中国台湾问题外事人员读本》，九州出版社 2006 年版，第 376 页。

新形势下发展两岸关系的"四点意见"，即坚持一个中国原则决不动摇；争取和平统一的努力决不放弃；贯彻寄希望于台湾人民的方针决不改变；反对"台独"分裂活动决不妥协。

胡锦涛的"四点意见"，为中国政府在新世纪新阶段解决台湾问题提出了新的战略思想，为在新形势下处理两岸关系指明了方向。在上述"四点意见"的指导下，2005 年 3 月 14 日十届全国人大三次会议审议通过了《反分裂国家法》，以立法形式把反对和遏制"台独"，维护祖国统一，上升为国家意志。

（2）化解台湾民众对大陆的误解甚至敌意。

台湾岛内民进党执政后，凭借行政资源，不断以统"独"为议题，挑动族群对立和两岸对立，激起台湾社会非理性的政治狂热。每当"台独"活动升级时，台湾当局就对大陆采取挑衅行动；遇到选举，则在选战中大打"统独牌""族群牌"，将有关统独的议题定为选举主轴，不但加深岛内一些民众对大陆的误解甚至敌意，同时使民进党当局的政治目的得逞。淡化、化解台湾民众对大陆的误解甚至敌意，是大陆对台工作必须面对的问题；掌握主动，增进两岸人民的相互了解，以平等包容的态度和对台湾人民利益的关心体贴，展示大陆的真诚和善意，开创一个切实让台湾人民看到和感受到的有别于"台独"对抗路线的两岸和解、双赢的道路和局面，更是大陆对台政策新思维中工作的着力点。

本来，无论从历史上、血缘上还是现代公民国家认同的角度来看，"台湾人和大陆人都是中国人"的道理是不证自明、妇孺皆知的。但是，长达百年的特殊经历造成一些台湾民众对"中国"的认知混乱。面对中华人民共和国恢复联合国合法席位，以主权国家资格参加国际组织，台湾不仅失去了联合国合法席位，"外交"也日陷困境的现实，台湾民众在怀疑岛内当局的同时，对长期隔绝的大陆也难以了解、认知。20 世纪 90 年代后，李登辉、陈水扁刻意制造分裂，先是李登辉抛出"两个对等政治实体""阶段性两个中国""分裂分治的中国""一个分治的中国""特殊国与国的关系"等谬论，后是陈水扁"一边一国"，以及以"台独"为指向的"公投制宪"，在进一步制造台湾和大陆对立的同时，在台湾社会造成对"中国"认知的混乱。

客观地说，"台湾意识"是台湾百年特殊经历的产物，台湾意识随时代变迁而变迁。日据台湾时期，台湾意识源自台湾人寻求本土认同，维护汉民族文化，而作"台湾是台湾人的台湾"的坚持；国民党威权统治时期，台湾意识是追求民主，不满不公待遇，争取当家作主"出头天"的新"台湾意识"；李登辉、陈水扁主政10多年，台湾社会多元化，台湾意识复杂化，所谓"台湾主体意识"的诠释中夹杂着对"中国"认知的混乱和迷惘，也是不可否认的。"台湾是台湾，大陆是大陆"，更是将台湾与大陆对立起来。历史给台湾造成创伤。所以两岸只有互相尊重，求同存异，广泛交流，才能增进了解，融合亲情；只有共同发展、互利互惠，才能共同繁荣；只有对话谈判，平等协商，才能互利双赢。只有通过经济、文化、政治、教育等多个平台，相互融合，才能逐步建立两岸新的共同经历、共同记忆、共同感情。这正是抚平历史的创伤，厘清混乱的认同，走出认同误区的最好的方式方法。胡锦涛的"四点意见"，正是深刻表达了这些思想，《反分裂国家法》的许多条文从法律层面专门表达了这些理念。

如前所述，《反分裂国家法》除了为"台独"分裂势力画出红线，为大陆针对"台独"分子制造"台独"重大事变提供"采取非和平手段"的法律依据外，该法律还用了大部分主要条文，明确规定了要鼓励和推进两岸人员交往，鼓励和推进两岸经济合作和直接"三通"，鼓励和推进教育、科技、文化各个领域的交流，要保障台商的合法权益等。因此，《反分裂国家法》也很好地发挥了维护和发展两岸关系的功能，开启了大陆"以法促统"的新时期。代表国家意志的、集中体现人民意愿的法律，不仅是开创两岸和解新局面的依据，也是推进两岸关系持续发展、互利双赢的有力保障。

（3）为本世纪头 20 年大陆发展的重要战略机遇期，提供一个和平的外部环境。

国家的统一历来与国家的强盛紧密相连。香港、澳门的顺利回归，一个重要原因就是我们的国家强大起来了。台湾当局自认为有一定实力，又有美国的支持，拒绝同祖国大陆谈判统一问题。因此，实现祖国的完全统一，必须通过发展来解决。党的十六大把全面建设小康社会作为新世纪最初 20 年的阶段性目标，并指出新世纪的头 20 年，是我们必须紧紧抓住而且可以大有作为的重要战略机遇期。这个时期，和平与发展两大潮流为我们提供了难得的国际环境，高科技迅猛发展为我们创造了追赶的机会，改革开放以来的快速发展积累了可观的物质技术基础和宝贵经验。"机不可失、时不再来"，机遇的这种稍纵即逝、不可复生的特性，要求我们必须牢牢抓住这一重要战略机遇期，把机遇转化为经济社会发展的现实。因此，大陆要"聚精会神搞建设，一心一意谋发展"，实现全面建设小康社会的目标，就必须拆除"台独"战火的导火线，保持台海局势的相对稳定与两岸关系的和平发展。只有这样，才能为本世纪头 20 年大陆发展的重要战略机遇期，提供一个和平稳定的外部环境。

而科学发展观"以人为本"的本质要求，为对台方针政策的制定提供了正确的指导思想。对台工作"四点意见"正是以科学发展观为指导，同时又深刻体现了科学发展观的要求。其具体体现就是在解决台湾问题上，以中华民族的整体利益整合两岸同胞的共同愿景，把维护国家统一和民族复兴看做是中华民族最核心、最根本的利益。"四点意见"明确指出：和平解决台湾问题、实现祖国和平统一，符合两岸同胞的根本利益，符合中华民族的根本利益。这是我们始终坚持为实现和平统一而不懈努力的根本原因。

"四点意见"强调要坚决反对"台独"分裂活动，因为"台独"分裂势力及其活动日益成为两岸关系发展的最大障碍，成为对台海地区和平稳定的最大现实威胁，如不予以坚决反对和遏制，势必严重威胁国家主权和领土完整，断送两岸和平统一的前景，危害中华民族的根本利益。

在台湾问题上，体现坚持"以人为本"的科学发展观，就是要始终贯彻寄希望于台湾人民的方针。"四点意见"特别强调寄希望于台湾人民，对台湾人民在祖国统一大业中的特殊地位和作用给予了充分肯定，指出：台湾同胞是我们的骨肉兄弟，是发展两岸关系的重要力量，也是遏制"台独"分裂活动的重要力量。无论在什么情况下，我们都尊重他们、信赖他们、依靠他们，并且设身处地地为他们着想，千方百计照顾和维护他们的正当权益。只要是对台湾同胞有利的事情，我们都会尽最大努力去做，并且一定努力做好。这是我们对广大台湾同胞的庄严承诺。①

总之，科学发展观为新的对台方针政策的出台提供了正确的指导思想。"四点意见"充分体现了中国共产党在制定对台政策时以民为本、为民谋利的执政理念，始终把维护包括台湾同胞在内的最广大人民的根本利益作为对台工作的出发点和落脚点。

（二）胡锦涛的"四点意见"与《反分裂国家法》的主要内容

对台方针政策的主线，是根据两岸斗争的主线而决定的。在"两国"论、"一边一国"论成为台湾当局的基本立场，"台独"

---

① 参见国务院台湾事务办公室：《中国台湾问题外事人员读本》，九州出版社 2006 年版，第 328—329 页。

势力执政又连任后，特别是 2003 年台湾岛内政治生态进一步恶化以来，"台独"分裂势力急骤膨胀。台湾岛内日益猖獗的"台独"分裂行径已经成为危害国家主权与领土完整，危害台湾地区安全秩序，危害亚太地区和平与稳定的现实危险。海峡两岸之间的主要矛盾已经转化为"分裂和反分裂的斗争"，因此在发展两岸交流和推动两岸关系前进的同时，必须把反对和遏制"台独"作为首要任务。

（1）胡锦涛的"四点意见"的主要内容。

针对"台独"分裂活动日益猖獗，使祖国和平统一面临严峻挑战的新形势，祖国大陆的对台方略进行了重大调整，开始把"反独"列为主要任务。继 2004 年 5 月 17 日，中台办、国台办就当前两岸关系问题发表严正声明后，2005 年 3 月，胡锦涛对台工作提出了"四点意见"，被台湾媒体称为"胡四点"。其主要内容是：

"1. 坚持一个中国原则决不动摇。坚持一个中国原则，是发展两岸关系和实现祖国和平统一的基石。1949 年以来，尽管两岸尚未统一，但大陆和台湾同属一个中国的事实从未改变。这就是两岸关系的现状。这不仅是我们的立场，也见之于台湾现有的规定和文件。既然台湾和大陆同属一个中国，就不存在所谓大陆和台湾谁吞并谁的问题。当前两岸关系发展困难的症结，在于台湾当局拒绝一个中国原则，不承认体现一个中国原则的'九二共识'。解铃还需系铃人。只要台湾当局承认'九二共识'，两岸对话和谈判即可恢复，而且什么问题都可以谈。不仅可以谈我们已经提出的正式结束两岸敌对状态和建立军事互信、台湾地区在国际上与其身份相适应的活动空间、台湾当局的政治地位、两岸关系和平稳定发展的框架等议题，也可以谈在实现和平统一过程中需要解决的所有问题。对于台湾任何人、任何政党朝着承认一个中国原则方向所作的努力，我们都欢迎。只要承认一个中国原则，承认'九二共识'，不管是什么人、什么政党，也不管他们过去说过什么、做过什么，我们都愿意同他们谈发展两岸关系、促进和平统一的问题。……只要确立了一个中国的大前提，我们对任何有利于维护台海和平、发展两岸关系、促进和平统一的意见和建议都愿意作出正面回应，也愿意在双方共同努力的基础上寻求接触、交往的新途径。

"2. 争取和平统一的努力决不放弃。包括台湾同胞在内的13亿中国人民都热爱和平，真诚希望维护和享受和平，更希望自家骨肉兄弟能够和平解决自己的问题。和平解决台湾问题、实现祖国和平统一，符合两岸同胞的根本利益，符合中华民族的根本利益，也符合当今世界和平与发展的潮流。这是我们始终坚持为实现和平统一而不懈努力的根本原因。和平统一，不是一方吃掉另一方，而是平等协商、共议统一。实现两岸和平统一，是两岸同胞之福，是地区和世界之福。两岸和平统一了，可以弥合两岸因长期分离而造成的隔阂，使两岸同胞增进一家亲情；可以结束两岸在军事上的对抗，使两岸同胞共同致力于和平建设；可以使两岸经济更好地互补互利，使两岸同胞携手共谋发展；可以使两岸一起共同促进世界和平与发展的崇高事业，使两岸同胞共享伟大祖国的尊严和荣誉；可以真正确保国家主权和领土完整，使两岸同胞共同促进中华民族的伟大复兴。人民期盼和平，国家需要稳定。只要和平统一还有一线希望，我们就会进行百倍努力。我们真诚希望台湾有关人士和有关政党严肃思考这个重大问题，从民族大义出发，从两岸同胞的福祉出发，为保持台海和平、发展两岸关系、实现和平统一作出正确的历史性抉择。

"3. 贯彻寄希望于台湾人民的方针决不改变。台湾同胞是我们的骨肉兄弟，是发展两岸关系的重要力量，也是遏制'台独'分裂活动的重要力量。'台独'分裂势力越是想把台湾同胞同我们分隔开来，我们就越是要更紧密地团结台湾同胞。无论在什么情况下，我们都尊重他们、信赖他们、依靠他们，并且设身处地地为他们着想，千方百计照顾和维护他们的正当权益。台湾农产品在大陆销售的问题，事关广大台湾农民的切身利益，要切实解决。如果两岸客运包机实现了'节日化'，还可以向常态化发展。两岸货运包机问题，也可以由两岸民间行业组织交换意见。我们将进一步陆续出台解决台湾同胞关心的问题、维护台湾同胞正当权益的政策措施。只要是对台湾同胞有利的事情，只要是对促进两岸交流有利的事情，只要是对维护台海地区和平有利的事情，只要是对祖国和平统一有利的事情，我们都会尽最大努力去做，并且一定努力做好。这是我们对广大台湾同胞的庄严承诺。

"4. 反对'台独'分裂活动决不妥协。维护国家主权和领土完整，是国家的核心利益。任何人要危害中国的主权和领土完整，13 亿中国人民坚决不答应。在反对分裂国家这个重大原则问题上，我们决不会有丝毫犹豫、含糊和退让。'台独'分裂势力必须放弃'台独'分裂立场，停止一切'台独'活动。我们希望，台湾当局领导人切实履行 2 月 24 日重申的'四不一没有'的承诺和不通过'宪改'进行'台湾法理独立'的承诺，通过自己的实际行动向世人表明这不是一句可以随意背弃的空话。中国是包括 2300 万台湾同胞在内的 13 亿中国人民的中国，大陆是包括 2300 万台湾同胞在内的 13 亿中国人民的大陆，台湾也是包括 2300 万台湾同胞在内的 13 亿中国人民的台湾。任何涉及中国主权和领土完整的问题，必须由全中国 13 亿人民共同决定。"①

以上"四点意见"是以胡锦涛同志为总书记的党中央在继承历代中央领导集体对台政策的基础上提出来的，它充分体现了新一届中央领导集体对台政策的新思维、新政策。它的新意主要体

---

① 《胡锦涛提出新形势下发展两岸关系四点意见》，新华社 2009 年 12 月 30 日。

现在：

第一，在强调"一个中国原则"始终是中国共产党毫不动摇、一贯坚持的立场的同时，对两岸现状的定义更加客观、务实，即两岸虽然暂时处于"治权"尚未统一的状态，但从法理上来说，两岸"主权"从未分割，大陆和台湾同属于一个中国，所谓"一边一国"并非事实。这一新的提法出自中国最高领导人之口尚属首次，不仅从根本上解决了两岸在主权问题上的争议，回答了"两岸尚未统一"又为何还要"反分裂"的质疑，同时也反映了祖国大陆愿意在平等协商的原则下恢复两岸谈判的诚意和善意。

第二，为两岸接触、复谈提供了更为广阔的空间。对两岸复谈的条件，"四点意见"体现了我们一贯的、坚定的立场，这就是必须在一个中国的前提下进行谈判。但在推进两岸关系发展的政策层面，又展现了极大的灵活性。其一，搁置了两岸关于一个中国内涵的政治争议，将台湾当局曾认同的"九二共识"作为复谈的唯一前提，即只要台湾当局承认"九二共识"，两岸对话和谈判即可恢复，而且什么问题都可以谈。其二，对岛内出现的积极举动给予充分肯定，即对于台湾任何人、任何政党朝着承认一个中国原则方向所作的努力，我们都欢迎。其三，本着对历史现实的深刻理解和两岸同胞的亲情，扩大了谈判对象，即只要承认一个中国原则，承认"九二共识"，不管是什么人、什么政党，也不管他们过去说过什么、做过什么，我们都愿意同他们谈发展两岸关系、促进和平统一的问题。这种既往不咎的大度和在谈判问题上的开放态度，充分照顾到了台湾岛内因为历史形成的特殊政治生态和省籍隔阂，为抚平台湾同胞的历史伤痕，客观分析"台湾意识"，促进两岸人民共同关心发展，创造了新的历史机遇。

第三，提出在台湾和大陆同属一个中国的概念下，"不存在所谓大陆和台湾谁吞并谁的问题"。陈水扁当局和"台独"分子为推动"台独"、迷惑台湾民众，竭力对"和平统一、一国两制"进行抹黑，声称"一国两制就是并吞台湾"。为了争取台湾民众对一个中国原则的认同，以江泽民为核心的党中央曾对一个中国原则的内涵进行新的表述，提出了"台湾和大陆同属一个中国"的概念。此次胡锦涛在"四点意见"中对这一概念进一步阐述："中国是包括 2300 万台湾同胞在内的 13 亿中国人民的中国，大陆是包括 2300 万台湾同胞在内的 13 亿中国人民的大陆，台湾也是包括 2300 万台湾同胞在内的 13 亿中国人民的台湾。""既然台湾和大陆同属一个中国，就不存在所谓大陆和台湾谁吞并谁的问题。"① 这些对一个中国内涵的表述更为形象、具体，有利于纠正"台独"分子对"和平统一、一国两制"所作的歪曲宣传。

第四，在尽一切可能争取和平统一的目标下，提出了和平统一带给两岸同胞的五大好处。自 1979 年元旦全国人大常委会发表《告台湾同胞书》以来，中国领导人在多种场合提出两岸和平统一的好处，尤其是对台湾方面的获益谈得比较多。这次胡锦涛的"四点意见"的第二点则从"两岸同胞之福"入手，提出了和平统一带给两岸同胞的五大好处，即五个"可以"的表述。胡锦涛强调大陆会对和平统一进行百倍努力，一方面表明大陆为保持台海和平、发展两岸关系、实现和平统一的愿望是真诚的，另一方面也反衬出陈水扁当局为推动"台独"，向美国大量购买武器装备，损害了台湾民众的利益，影响了两岸和平统一的进程。

第五，在寄希望于台湾人民的方针上，提出了一些推动两岸交流交往的具体政策措施。"寄希望于台湾人民"是在邓小平时期提出来的，多年来祖国大陆在做台湾人民工作上取得了相当大

---

① 《胡锦涛提出新形势下发展两岸关系四点意见》，新华社 2009 年 12 月 30 日。

的成绩。对于台湾同胞的地位和作用，胡锦涛首次在"四点意见"中作了明确的表示："台湾同胞是我们的骨肉兄弟，是发展两岸关系的重要力量，也是遏制'台独'分裂活动的重要力量。"这既是对台湾同胞的尊重，也将其在祖国统一大业中的重要作用揭示出来，并认为"无论在什么情况下，我们都尊重他们、信赖他们、依靠他们，并且设身处地地为他们着想，千方百计照顾和维护他们的正当权益"。为此，胡锦涛提出了几个攸关台湾同胞切身利益的问题，例如：要切实解决台湾农产品在大陆的销售问题，提出两岸客运包机的节日化和常态化问题，进行两岸货运包机的行业协商问题等。在贯彻寄希望于台湾人民的方针上，胡锦涛提出了四个"只要"，即"只要是对台湾同胞有利的事情，只要是对促进两岸交流有利的事情，只要是对维护台海地区和平有利的事情，只要是对祖国和平统一有利的事情，我们都会尽最大努力去做，并且一定努力做好"。① 这样的庄严承诺，是为了让台湾民众切切实实地感到祖国大陆是在设身处地地为他们着想，是情真意切的承诺。

第六，对"台独"的性质、危害以及祖国大陆反对"台独"的原则立场作了最充分最明确的表述。讲话指出了"台独"已日益成为两岸关系发展的最大障碍，成为对台海地区和平稳定的最大现实威胁，如不予以坚决反对和遏制，势必严重威胁国家主权和领土完整，断送两岸和平统一的前景，危害中华民族的根本利益。中国人民反对"台独"的意志是基于五千年的中华历史，基于13亿人民的强大民意，是基于国际社会认同一个中国的基本事实。正是这些因素决定了祖国大陆在反对"台独"问题上的坚定立场，决定了维护国家主权和领土完整，是中华民族根本利益

----

① 《胡锦涛提出新形势下发展两岸关系四点意见》，新华社 2009 年 12 月 30 日。

和国家的核心利益，在这个重大原则问题上，绝不会有丝毫犹豫、含糊和退让。

胡锦涛的"四点意见"，发展了毛泽东、邓小平和江泽民关于实现祖国和平统一的基本思想，极大地丰富了党的对台方针政策的内涵，是新时期构建和平发展两岸关系的纲领性文件，对于推进祖国统一进程具有重要现实意义和深远历史意义。这一讲话，体现了中国人民坚决维护国家主权和领土完整的坚定意志、努力争取两岸和平统一前景的最大诚意、关心台湾同胞的骨肉深情，在海峡两岸和国际社会产生了重大反响，受到普遍欢迎和高度评价。在这个基础上，2007年10月，党的十七大又提出在"一个中国"原则的基础上，协商正式结束两岸敌对状态，达成和平协议，构建两岸关系和平发展框架，开创两岸关系和平发展新局面。这一重要主张，展现了我们维护台海地区和平稳定的诚意，指明了两岸关系发展的方向，符合两岸同胞的共同愿望，符合当今世界和平发展的潮流，日益深入人心。

（2）《反分裂国家法》的主要内容。

2005年3月4日，十届全国人大三次会议审议通过了《反分裂国家法》，试图运用法律框架制约管理台海问题，而非像以往那样被动地对台湾民进党的挑衅进行危机反应，使两岸关系走向稳定而非动荡。

《反分裂国家法》的制定颁布经过了严格的程序。《中华人民共和国宪法》明确规定："台湾是中华人民共和国的神圣领土的一部分。完成统一祖国的大业是包括台湾同胞在内的全中国人民的神圣职责。"这是制定反分裂国家法的宪法依据。邓小平、江泽民有关解决台湾问题的思想，中央一系列对台方针政策，为制定反分裂法提供了明确的指导思想和政策依据。为了把这部法律制定好，起草班子认真研究了全国人大代表、全国政协委员、社会各界人士和海外侨胞关于对台立法的意见和建议，全国人大先后召开四个座谈会，分别听取了部分省（市）负责同志、法学专家和对台事务专家、中央有关部门负责同志以及部分台港澳同胞和海外侨胞的意见。经对各方面的意见进行汇总研究，草拟了《反分裂国家法（草案）》（征求意见稿）。胡锦涛总书记主持召开各民主党派中央和全国工商联的负责人及无党派人士座谈会，吴邦国委员长召开法学专家和对台事务专家座谈会，听取了对草案征求意见稿的意见。在此基础上，经对草案征求意见稿进一步修改，形成了《反分裂国家法（草案）》。十届全国人大常委会第十三次会议认真审议了该草案，出席会议的常委会组成人员全票通过了《反分裂国家法（草案）》的议案，随后在十届人大三次会议上高票得以通过。

《反分裂国家法》未分章节，共计 10 条，主要由 4 部分内容构成。

第一，关于该法的立法宗旨和适用范围。

该法第一条开宗明义："为了反对和遏制'台独'分裂势力分裂国家，促进祖国和平统一，维护台湾海峡地区和平稳定，维护国家主权和领土完整，维护中华民族的根本利益，根据宪法，制定本法。"

第二，关于台湾问题的性质。

该法明确，台湾问题的性质是解决台湾问题的基点。该法第二条明确规定："世界上只有一个中国，大陆和台湾同属一个中国，中国的主权和领土完整不容分割。维护国家主权和领土完整是包括台湾同胞在内的全中国人民的共同义务。台湾是中国的一部分。国家绝不允许'台独'分裂势力以任何名义、任何方式把台湾从中国分裂出去。"第三条规定："台湾问题是中国内战的遗留问题。解决台湾问题，实现祖国统一，是中国的内部事务，不受任何外国势力的干涉。"第四条规定："完成统一祖国的大业是包括台湾同胞在内的全中国人民的神圣职责。"

第三，关于以和平方式实现国家统一。

该法第五条规定："坚持一个中国原则，是实现祖国和平统一的基础。以和平方式实现祖国统一，最符合台湾海峡两岸同胞的根本利益。国家以最大的诚意，尽最大的努力，实现和平统一。国家和平统一后，台湾可以实行不同于大陆的制度，高度自治。"

第六条规定："国家采取下列措施，维护台湾海峡地区和平稳定，发展两岸关系：（一）鼓励和推动两岸人员往来，增进了解，增强互信；（二）鼓励和推动两岸经济交流与合作，直接通邮通航通商，密切两岸经济关系，互利互惠；（三）鼓励和推动两岸教育、科技、文化、卫生、体育交流，共同弘扬中华文化的优秀传统；（四）鼓励和推动两岸共同打击犯罪；（五）鼓励和推动有利于维护台湾海峡地区和平稳定、发展两岸关系的其他活动。国家依法保护台湾同胞的权利和利益。"

第七条规定："国家主张通过台湾海峡两岸平等的协商和谈判，实现和平统一。协商和谈判可以有步骤、分阶段进行，方式可以灵活多样。台湾海峡两岸可以就下列事项进行协商和谈判：（一）正式结束两岸敌对状态；（二）发展两岸关系的规划；（三）和平统一的步骤和安排；（四）台湾当局的政治地位；（五）台湾地区在国际上与其地位相适应的活动空间；（六）与实现和平统一有关的其他任何问题。"

第四，关于以非和平方式制止"台独"分裂势力分裂国家。

我们一贯主张以和平方式实现国家统一。两岸同胞都是中国人，台湾同胞是我们的手足兄弟，没有人比我们更希望通过和平方式实现国家统一。和平统一即使只有一线希望，我们也要尽最大的努力争取而绝不会放弃。同时，必须明确，维护国家主权和领土完整，是我们国家、民族的核心利益，是包括台湾同胞在内的全中国人民的共同义务。我们从来没有承诺过放弃使用武力。

任何主权国家都不会容忍分裂国家的行为，都有权采取必要的方式捍卫国家主权和领土完整。采取非和平方式制止分裂国家、捍卫国家主权和领土完整，是我们在和平统一的努力完全无效的情况下，不得已作出的最后选择。这里需要强调，如果"台独"分裂势力一意孤行，迫使我们不得不作出最后选择，采取非和平方式及其他必要措施，完全是针对"台独"分裂势力的，绝不是针对台湾同胞的。

据此，该法第八条规定："'台独'分裂势力以任何名义、任何方式造成台湾从中国分裂出去的事实，或者发生将会导致台湾从中国分裂出去的重大事变，或者和平统一的可能性完全丧失，国家得采取非和平方式及其他必要措施，捍卫国家主权和领土完整。"依照前款规定"采取非和平方式及其他必要措施"，由国务院、中央军事委员会决定和组织实施，并及时向全国人民代表大会常务委员会报告。依照该法规定采取非和平方式及其他必要措施并组织实施时，国家尽最大可能保护台湾平民和在台湾的外国人的生命财产安全和其他正当权益，减少损失；同时，国家依法保护台湾同胞在中国其他地区的权利和利益。①

《反分裂国家法》的颁布顺应了中国民众要求以法律手段反对和遏制"台独"分裂势力分裂国家的活动、实现祖国统一的呼声，是国家政治生活中的大事，是海峡两岸关系发展史上具有里程碑意义的大事。这部重要法律，对推动两岸关系发展，促进祖国和平统一，反对和遏制"台独"分裂势力分裂国家，维护台海地区和平稳定，维护国家主权和领土完整，维护中华民族的根本利益，具有重大的现实作用和深远的历史影响；对维护亚太地区和平与稳定也将产生重大的积极影响。

---

① 参见国务院台湾事务办公室：《中国台湾问题外事人员读本》，九州出版社 2006 年版，第 311—312 页。

从长远考虑出台的《反分裂国家法》，主要是针对"台独"分裂势力的活动仍然在发展这样一个现实。如果大陆不能有效地、及时地遏制"台独"分裂势力的发展势头，"台独"分裂势力就会一再地冲撞大陆底线，进一步严重威胁台海地区的和平与稳定，破坏两岸关系的稳定发展。而反对和遏制"台独"分裂，目的也是为了和平。只有坚定地反对"台独"分裂，才能争取到台海和平稳定的局面。所以说《反分裂国家法》并不像有些人所说的会使台海局势紧张，而是有利于促进台海地区形势的和平稳定。有人认为，国家通过这部法律，表明对台政策有了重大调整。实际上，这部法律充分地体现了国家解决台湾问题的一贯和平努力的诚意，同时也体现了国家坚定反对"台独"的意志。实际上是把20多年来"和平统一、一国两制"的基本方针和发展两岸关系的"八项主张"，以及胡锦涛关于解决台湾问题的很多重要讲话，把对台的大政方针用立法的形式转化为法律，从而也使坚定地反对"台独"分裂的立场上升为国家意志。

但是，我们用法律手段反对"台独"的行为遭受到美国的非议和指责。当2005年3月14日通过《反分裂国家法》两天后，美国国会众议院16日竟然通过决议案，肆意歪曲中国全国人大通过的《反分裂国家法》立法宗旨，对中国正当的立法行动进行无端指责，公然干涉中国内政。这种霸权主义行径引起中国人民极大愤慨。全国人大外事委员会负责人在18日就美国国会众议院通过针对《反分裂国家法》的决议案发表谈话，表示中方对此立场强烈不满和坚决反对，并指出：《反分裂国家法》充分体现了中国以最大的诚意、尽最大的努力争取和平统一前景的一贯主张，同时也表明了全中国人民维护国家主权和领土完整，决不允许"台独"分裂势力以任何名义、任何方式把台湾从中国分裂出去的共同意志和坚定决心。世界上只有一个中国，台湾是中国领土不可分割的一部分，这已得到国际社会的普遍承认。虽然两岸

尚未统一，但大陆和台湾同属一个中国的事实从未改变，这就是
两岸关系的现状。"台独"势力加紧推行分裂活动，正是要改变
大陆和台湾同属一个中国的现状。《反分裂国家法》的制定和实
施，是为了维护大陆和台湾同属一个中国的现状不被改变。美国
众议院的决议不顾事实，反而指责中国改变台海现状，这完全是
颠倒是非。至于采取非和平方式制止分裂、捍卫国家主权和领土
完整，是我们在和平统一的努力完全无效的情况下，不得已做出
的最后选择。凡是认真研读过《反分裂国家法》的人都会明白，
这部法律关于非和平方式的规定，完全是针对"台独"分裂势力
的，绝不是针对台湾同胞的。凡是希望台海地区和平稳定、两岸
关系改善和发展的人，是会理解和支持我们这项立法的。

二、两岸关系的新变化与反"台独"活动的新举措

2008 年 1 月，台湾立法部门改选及 3 月"大选"两场重要选
举之后，岛内蓝绿政治实力对比发生重大变化，承认"九二共
识"的国民党实现了"全面执政"，而奉行"台独"路线的民进
党则沦为少数的在野党。

（一）岛内局势发生有利于两岸关系发展的积极变化

马英九上台后，积极推进两岸关系改善与发展，推出多项大
幅开放两岸经贸及其他各项交流的举措，并采取措施"去独"。

具体来说，在改善两岸关系方面，马英九先后利用多个重要
场合，多次发出改善和发展两岸关系的信号。首先，一再重申坚
持"一个中国"，反对"台独"，保证任内不搞"两国论"和
"法理台独"；提出两岸关系是"非国与国的特别关系"，彻底否
定李登辉时代的"两国论"和陈水扁时代的"一边一国"论；

多次提及"两岸人民同属于中华民族"等。其次，务实推动两岸交流与协商。马英九多次主张两岸在"九二共识"的基础上，"以和解代替对抗，以合作代替分裂""搁置争议、面对现实""先经济后政治"，恢复并坚持推动两会协商等。最后，对两岸谈判持积极态度，提出"愿努力在任内尽量完成两岸签署和平协议的问题"等。①

在推出多项大幅开放两岸经贸及其他各项交流举措方面，主要包括：一是全力推动两岸"三通"，2008年6月两会复谈达成周末包机协议并与7月4日实施首发，11月达成全面直接双向"三通"协议，并排除绿营反对于12月15日正式实施。二是扩大两岸人员往来：松绑了多年来对大陆居民赴台及专业人士交流的严格管制，包括开放大陆居民旅游、放宽大陆专业人士赴台申请时间、推动两岸新闻交流、放宽县市长赴大陆交流限制。三是放宽企业赴大陆投资限制，将企业赴大陆投资上限由原来的20%—40%放宽到60%，简化投资审查程序，放宽台商投资大陆产业的类别限制等。四是开放陆资入岛和开放两岸资本市场。

在采取措施"去独"方面，逐步对陈水扁主政8年疯狂推动的"去中国化""台湾正名"等"台独"分裂活动进行拨乱反正，从各方面推行"去独化"举措。其一，逐步去掉"政府机关"名称后加注的"台湾"字样，恢复"中华邮政"与"中华民国邮票"，恢复孙中山与蒋氏父子的历史地位等。其二，以"九二共识、一中各表"基调处理两岸问题：积极调整台当局对大陆的称呼，主张以"中华台北"的名义参与国际组织等。其三，全力清除军队中的"台独化"倾向，恢复军中"反台独"

---

① 参见《两岸经贸关系现状与经济合作机制内涵探讨》，《两岸关系》2009年1月总第139期。

教育传统等。①

总之，2008 年国民党重新执政后，岛内政局出现了重大积极变化，由此宣告了陈水扁持续 8 年的激进"台独"路线的彻底破产，为两岸关系的改善和发展创造了重要条件。

（二）适时推出多项惠台政策，促使两岸关系和平发展

2008 年，大陆面对岛内政党轮替后出现的积极变化，审时度势，牢牢把握两岸关系和平发展的历史契机，先后推出多项务实的对台方针政策，卓有成效地促进了两岸关系的和解与稳定发展。

2008 年 4 月 29 日，胡锦涛在钓鱼台国宾馆会见国民党荣誉主席连战时指出：当前台湾局势发生了积极变化，两岸关系呈现出良好发展势头。两岸双方应当共同努力，建立互信、搁置争议、求同存异、共创双赢，切实为两岸同胞谋福祉、为台海地区谋和平，开创两岸关系和平发展新局面。胡锦涛提出的上述"十六字方针"，已成为现阶段推进两岸关系和平稳定发展的务实而有效的指导方针。同年 5 月 28 日，胡锦涛在会见国民党主席吴伯雄率领的大陆访问团时强调，希望国共两党和两岸双方共同努力，建立互信、搁置争议、求同存异、共创双赢；继续依循并切实落实"两岸和平发展远景"，扎扎实实推动两岸关系不断取得实际进展，增强广大台湾同胞对两岸关系和平发展的信心。同年 6 月 3 日，全国政协主席贾庆林指出，两岸两会应"先易后难、先经济后政治，循序渐进，务实解决两岸同胞关心的问题"。在这些方针的指导下，大陆推出一系列方便台胞、深化两岸交流合作的惠台政策措施。如两次"陈江会"签署的两岸海、空直航、

① 参见《两岸经贸关系现状与经济合作机制内涵探讨》，《两岸关系》2009 年 1 月总第 139 期。

直接通邮以及大陆居民赴台旅游等；台胞身份证号码"一人一号、终身不变"，并增加签注点和换发、补发点。同年年底，大陆方面更通过"两岸经贸文化论坛"，推出加强两岸合作、携手应对国际金融危机的十项措施。

由于 2008 年两岸把握难得的历史性机遇，展开良性互动，务实推进两会恢复制度化协商，互信逐步积累，全面"三通"基本实现，经贸民间交往越发活跃。这一年，两岸两会恢复协商并取得多项重要成果，不仅打破了两岸自 1999 年以来的持续政治僵局，更促使两岸迅速进入了一个良性互动的新时期，两岸关系呈现全新的局面。

第一，两会重启商谈打破两岸多年政治僵局。6 月 12 日，海协会和海基会在"九二共识"的共同政治基础上，恢复中断近 10 年的协商。新任海峡两岸关系协会会长陈云林与台湾海峡交流基金会董事长江丙坤的这次握手非同寻常，代表了两岸协商新阶段的开始，标志着僵持多年的两岸政治僵局被打破，成为两岸关系改善和发展的良好开端。6 月 13 日，恢复了的两会首次协商，就两岸同胞高度期待的两岸周末包机、大陆居民赴台旅游等议题分别签署了会谈纪要、协议，既密切了两岸的交流交往，更增进了两岸双方的互信。

第二，两会首次台北会谈成为制度化协商的新起点。11 月 3 日，又是一个值得纪念的历史时刻。在延宕了近 10 年之后，海峡两岸关系协会会长陈云林终于踏上赴台商谈的旅程。在即将踏上为两岸关系书写新历史的旅程时，他感慨地说："我将初次赴台湾协商、访问，感到自己置身于历史与现实的坐标点上。"11 月 4 日，海协会与海基会在台北商谈，就两岸空运直航、海运直航、邮政合作、食品安全等四项议题签署协议。这是两岸隔绝近 60 年来大陆方面最高层级的人士首度抵台，是两岸制度化协商的新起点，标志着两岸关系又掀开了新的一页。

第三，两岸全面"三通"基本实现。12 月 15 日，依照"陈江台北会谈"协议，两岸海上直航、空中直航以及直接通邮的启动和庆祝邮政、空运、海运双向直接通行启动仪式分别在北京、天津、上海和台北、高雄、基隆等两岸各地的多个城市同时举行。这一历史性的跨越实现了两岸近 60 年来的首次全面开放性交流，被誉为年内"两岸关系改善最明显的象征"①。国务院台办主任王毅在庆祝仪式上表示，30 年前《告台湾同胞书》呼吁的两岸"三通"将从这一天迈开历史性步伐，两岸同胞期盼已久的梦想终于成真，两岸各界长达 30 年的努力终于得到了收获，两岸关系迎来了大交流、大合作、大融合和大发展的崭新局面。

（三）胡锦涛"六点意见"的提出及主要内容

2008 年 12 月 31 日，纪念《告台湾同胞书》发表 30 周年座谈会在人民大会堂隆重举行。中共中央总书记、国家主席、中央军委主席胡锦涛发表了题为《携手推动两岸关系和平发展、同心实现中华民族伟大复兴》的讲话。在这一讲话中，胡锦涛就推动两岸关系和平发展提出了六点意见（简称"胡六点"）。"胡六点"从两岸政治关系、经济合作、思想文化、人员往来、涉外事务与军事互信机制及和平协定等多方面全面展望与规划了两岸关系和平发展的进程，描绘了两岸关系和平发展的前景，政策新意颇多，主要有：

第一，讲话强调两岸统一是"结束政治对立"，并提出在一个中国的基础上推进两岸间政治互信的建立。同时强调，两岸目前尚未统一，不是领土与主权的分裂，而是国共内战所造成的政治对立，"1949 年以来，大陆和台湾尽管尚未统一，但不是中国

---

① 《两岸经贸关系现状与经济合作机制内涵探讨》，《两岸关系》2009 年 1 月总第 139 期。

领土和主权的分裂，而是上个世纪 40 年代中后期中国内战遗留并延续的政治对立，这没有改变大陆和台湾同属一个中国的事实。两岸复归统一，不是主权和领土再造，而是结束政治对立"，即两岸最终的统一是指政治上的统一，为此，需要从"增进政治互信"做起，"两岸应该本着建设性态度，积极面向未来，共同努力，创造条件，通过平等协商，逐步解决两岸关系中历史遗留的问题和发展过程中产生的新问题"。[①]

第二，讲话将结束两岸敌对状态，达成和平协议，构建两岸关系和平发展框架提到了两岸共同的议事日程。为了让这项事关两岸关系全面正常化工程能及早进行，"胡六点"首次提出：两岸可以就在国家尚未统一的特殊情况下的政治关系展开务实探讨；两岸可以适时就军事问题进行接触交流，探讨建立军事安全互信机制问题。[②] 这些积极、务实、具体、可行并富有创造性的建议，不仅可为两岸进行政治性协商谈判营造良好的气氛，而且还可以为两岸在一个中国原则的基础上协商正式结束敌对状态，达成和平协议铺平道路，体现了大陆以最大诚意、尽最大努力推动两岸关系和平发展，争取祖国和平统一的决心和意志。

第三，讲话对两岸经济交流与合作提出了新的目标和更高的要求。两岸经济贸易交流与合作，从 1979 年《告台湾同胞书》倡议两岸"尽快实现通航通邮"，"发展贸易，互通有无，进行经济交流"开始，30 年来发展迅速，特别是在国民党重新上台执政不到半年的时间里，更取得了基本上实现"三通"突破性进展。胡锦涛根据两岸经济关系发展出现的新形势，及时地提出了

---

① 胡锦涛：《在纪念〈告台湾同胞书〉发表 30 周年座谈会上的讲话》，《人民日报》2009 年 1 月 1 日。

② 参见胡锦涛：《在纪念〈告台湾同胞书〉发表 30 周年座谈会上的讲话》，《人民日报》2009 年 1 月 1 日。

"实现两岸经济关系正常化，推动经济合作制度化"，"建立具有两岸特色的经济合作机制"的新方向、新目标。为了实现这一目标，为两岸关系和平发展奠定更为扎实的物质基础、提供更为强大的经济动力，"胡六点"不仅倡导两岸同胞要"开展经济大合作，扩大两岸直接'三通'，厚植共同利益，形成紧密联系，实现互利互赢"，① 还对台湾领导人提出的签订两岸综合性经济合作协议作出了积极回应，展现了大陆领导人一心为两岸同胞谋福祉，全力推动两岸经济共同发展，两岸共同繁荣的极大诚意。

第四，讲话把寄希望于台湾人民的内涵和外延进一步扩大。讲话明确提出，要把寄希望于台湾人民的方针贯彻到各项对台工作中去，提出台湾同胞爱乡爱土的台湾意识不等于"台独"意识，并表示热忱欢迎曾经主张过、从事过、追随过"台独"的人，回到推动两岸关系和平发展的正确方向上来。意思是说，只要他们回到"推动两岸关系和平发展的正确方向"，即不是必须回到主张统一的道路上，只要是推动两岸关系和平发展，其方向就是正确的，就"热忱欢迎"。简言之，这样的提法是在建立"反台独统一战线"，而未必是"促统一的统一战线"，包容性更大了。

第五，讲话表示"将继续采取积极措施，包括愿意协商两岸文化教育交流协议"，以"推动两岸文化教育交流合作迈上范围更广、层次更高的新台阶"。这是大陆方面最高领导人第一次正式提出"协商两岸文化教育交流协议"的主张。

第六，讲话对台湾参与国际组织活动问题，明确提出在不造成"两个中国""一中一台"的前提下，可以通过两岸务实协商作出合情合理的安排。这样的主张不仅可以满足台湾同胞参与若

---

① 胡锦涛：《在纪念〈告台湾同胞书〉发表 30 周年座谈会上的讲话》，《人民日报》2009 年 1 月 1 日。

干国际组织的愿望与需要，如参与世界卫生大会的活动等，而且也顾及了大陆内部事实上存在的若干疑虑及由此产生的阻力，即台湾参与国际组织的活动，必须是在坚持一个中国的原则下进行，不可在国际上造成"两个中国"或者是"一中一台"的后果。①

应该说，"胡六点"是未来比较长时期内大陆对台政策的主轴，也是推动两岸关系和平发展新局面的指导性意见，它将对两岸关系和平发展新局面的开创、两岸互动新局面的建构与祖国的和平统一进程产生巨大的推动作用。

三、新世纪对台政策的积极影响及成效

胡锦涛两个对台工作意见的发表以及全国人大常委会关于《反分裂国家法》的出台和实施，对遏制"台独"分裂活动，促进两岸关系的发展和对台工作以及推进祖国统一事业的早日实现，产生了重要影响：中国国民党、亲民党和新党相继访问祖国大陆，两岸政党交流取得了历史性突破；祖国大陆相继出台50多项惠台政策措施，惠及岛内各个阶层，海峡两岸人员往来和经贸文化交流取得了新的进展；涉台外交工作也取得重要成果，连年挫败陈水扁当局挤进联合国的图谋，国际社会普遍反对或不支持台湾当局通过"宪改""申请入联""入联公投"等改变台湾地位、破坏台海地区和平稳定的活动，"台独"分裂势力在国际上更加孤立；国民党重新执政后，两岸共识增加，两岸两会成功恢复制度性谈判取得显著成果；民进党"大选"失败沦为在野党

① 参见胡锦涛：《在纪念〈告台湾同胞书〉发表30周年座谈会上的讲话》，《人民日报》2009年1月1日。

后，其"法理台独"活动宣告失败，"台独"势力猖狂反扑，力求扭转两岸关系和平发展趋势但未能如愿，两岸关系进入和平发展的新阶段。

（一）台执政当局积极回应胡锦涛对台重要讲话

胡锦涛对台重要讲话发表后，马英九当局与国民党高度重视，一致认为这是大陆的善意，期盼两岸关系取得更大发展。2009 年 4 月 22 日，马英九在"总统府"出席美国重要智库"战略暨国际研究中心"举行的"台湾关系法 30 周年研讨会"视讯会议，首度对胡锦涛于 2008 年年底提出的"六点意见"做出回应，传达了正视大陆实力、"认同'九二共识'"、"两岸关系至上"、两岸关系发展"先经济后政治"的重要信息，受到岛内外高度重视。马英九表示，"六点意见"是很正面的宣言，呼应了台湾过去几个月所做的诉求，因此，台湾的回应是"希望能够签署经济合作框架协议（ECFA），希望解决大部分的经济议题后，再来处理比较棘手、比较敏感的信心建立机制等议题"。马英九虽然没有就两岸政治关系及政治地位做明确回应，但他认为"两岸关系在新的地理观中有其特殊的地位"，而且两岸和解的核心就是"九二共识"，即"两岸认知到世界上只有一个中国，但双方的定义有所不同"。马英九还指出，国民党重新执政后便积极"降低两岸的紧张，以缔造区域稳定的新基础"，未来会"努力履行改善两岸关系的竞选承诺"。在两岸关系方面，马英九认为"和大陆经贸关系正常化是台湾维持与大陆相对力量的重要一步"，并表示"ECFA 有关键意义，其精神和台湾自由化与全球化的利益相合"。马英九称，"达成 ECFA 就是要将台湾建设成国际企业的创新与物流中心，这能强化与保障台湾在大陆市场，也有助于台湾全球市场的竞争优势"。在两岸文教交流方面，马英九表示，"台湾目前计划准备在明年春天开放大陆研究生到台湾来念书，明年秋天会开放大学部学生来求学"。①

（二）逐渐化解台湾民众对大陆的敌意

进入新世纪以来，与此前对台政策不同之处是大陆加强了对台湾民众的关心支持，以帮助台商、台湾民众的民生问题来争取台湾民意。胡锦涛指出，台湾同胞是发展两岸关系的重要力量，也是遏制"台独"分裂活动的重要力量，"无论在什么情况下，我们都尊重他们、信赖他们、依靠他们，并且设身处地地为他们着想，千方百计照顾和维护他们的正当权益"。"对台湾同胞在特殊历史条件下形成的心态和感情，对他们由于各种原因对大陆产生的误解和隔阂，我们不仅会基于同胞之爱予以充分理解和体谅，而且会采取积极的措施努力去疏导和化解。""我们将采取实实在在的措施，促进两岸同胞交往，消除隔阂、培养互信，相互关爱、相互扶持，累积共识、扩大合作，促进两岸同胞和衷共济，共同为中华民族的伟大复兴而奋斗。"

2005 年 5 月 12 日，距连战访问大陆不到十天，台湾亲民党主席宋楚瑜率领的亲民党大陆访问团也随之而来。宋楚瑜在接受采访时表示，此行受到了大陆乡亲的热情鼓励和加油，让自己感到非常温暖。这种热情里面一方面是乡情，另一方面则是期待，希望两岸一家亲的愿望，对此他有十分深切的体会。台湾的主流民意是希望和平、希望安定。在连战先生和他先后访问大陆之后，越来越多的台湾民众都赞成两岸多沟通、多对话。只要他们回到"九二共识"和相关的基本原则上来，两岸之间这样的沟通是可以让台湾的乡亲安心的。两岸应该多来往，多交流，慢慢建立互信。他还表示："再长的隧道也有出口，再长的黑夜也有天

---

① 《马英九期待 WHA"有正面结果"》，《台湾周刊》2009 年第 16 期。

明的时候。两岸血脉相连，只要我们有信心和诚意，两岸关系一定会有光明的未来。""我们深切地感受到了大陆同胞的热情、友爱，我们将把这些带回台湾，让两岸同胞一起努力，共同推动两岸和平，并抓住中华民族复兴的机会。"5 月 13 日宋楚瑜一行返回台北，面对前来迎接的台湾民众，他在机场发表的简短讲话中说：我们相信我们带回来的这些非常具体的成果，特别是对于我们农民的照顾，那就是在盛产期大陆承诺愿意来购买我们这些农产品，帮我们农民解决问题。我们了解到，两岸和平的愿景真正掌握在我们自己的手中。

由于做了大量化解敌意的工作，2007 年台湾民调显示，七成受访者赞同"三通"直航，八成赞同开放祖国大陆观光客赴台旅游，81% 的民众赞成祖国大陆开放台湾农产品到祖国大陆销售，特别是原本亲绿的企业界人士在报纸上与陈水扁四论"两岸和平共处法"，体现出台湾人民赞同两岸交流，实现两岸共同发展的心声。2008 年民调显示，60% 以上民众支持马英九改善两岸关系；70% 以上的民众支持通过两岸制度化协商处理两岸交流衍生问题，75% 至 85% 的民众对"陈江会"达成的四项协议表示满意和期待，体现出岛内主流民意热切期待两岸关系尽速缓和，朝向和平稳定的方向发展。

（三）开辟海峡两岸多渠道交流模式

在大陆的积极推动下，2002 年以来无论是两岸人员往来，还是经济文化交流，都呈现出不断向前发展的势头，祖国大陆多年来针对台湾民众的扎实工作取得了丰硕成果。2004 年，台湾同胞到大陆来探亲、旅游、访问的达到 368 万人次；两岸的民间贸易创纪录地达到 783 亿美元；台湾工商界的朋友到大陆来投资，协议的金额达到 80 亿美元，实际到位的也超过 35 亿美元。

2005 年春，针对当时台湾农产品市场形势非常严峻的现实，

"胡连会"达成多项共识，提出解决台湾农产品在大陆销售的问题。因为大陆有一个很大的 13 亿人口的市场。在"胡宋会"后发布的会谈公报中，提出"大陆方面提供通关、检验、检疫便利和部分农产品（水果）零关税等优惠待遇，以协助解决台湾水果丰收季节之滞销问题"。此后，大陆把台湾农产品在大陆销售的问题作为一个主要问题进行努力。5 月，中共中央台办、国台办主任陈云林宣布：大陆将台湾水果检验检疫准入品种由 12 种扩大到 18 种，并将对其中 15 种水果实施零关税。同月，大陆方面还宣布向台湾同胞赠送一对大熊猫、开放大陆居民赴台旅游。在中国共产党和中国国民党两党有关方面先后举办的三届两岸经贸文化论坛上，大陆方面共推出 48 项促进两岸交流合作、惠及台湾同胞的政策措施，包括扩大台湾农产品在大陆销售、认可台湾教育主管部门核准的台湾高等学校学历、准许符合规定条件的台湾同胞在大陆申请执业注册和短期行医等，受到台湾同胞的欢迎和国际舆论的好评。此外，两党有关方面还就台商权益保障等议题进行了多次讨论和沟通，推动解决了很多涉及两岸同胞权益的实际问题。中国共产党和亲民党有关方面也举办了两岸民间菁英论坛。

2006 年 4 月的两岸经贸论坛上，大陆又公布了 15 项惠台政策措施，涉及两岸农业合作和扩大台湾农产品在大陆销售的有 7 项。10 月 17 日，两岸农业合作论坛在博鳌闭幕，论坛达成"七点共同建议"，大陆方面出台了 4 大类 20 项两岸农业交流新的政策措施。连战在参加完论坛于 10 月 19 日下午乘机离厦返台时，对前来送行的中共中央台办主任陈云林等表示，台湾的香蕉出现滞销问题，台湾农民对此感到焦虑，希望通过国共两党的平台商量解决的办法。陈云林当即表示，为解决当前台湾出现的香蕉滞销问题，将由中华供销合作总社和超大集团循既有机制，迅速和台湾方面联系，根据需要和可能采购部分台湾滞销的香蕉。连战表示十分感谢，安心返回台湾。中国大陆超大集团及时与台湾省农会签署协议，紧急从台采购 200 吨香蕉。随后，大陆方面又急台湾蕉农之所急，及时从台湾采购大批香蕉。大陆方面的措施，带动产地价格上涨三成，台湾香蕉崩盘压力明显缓解。大陆还积极行动，宣布对台湾 10 余种水果采取零关税进口，后又扩大零关税进口水果范围，2006 年还扩大到采购蔬菜，使两岸农业交流与合作持续升温，大陆进口台湾水果等农产品迅速增加。据报道，2006 年前三季，仅厦门进口台湾水果就达 528 吨，计 64 万美元，分别较上年增长 3.8 倍与 3.3 倍。大陆的一系列暖农善举，让很多台湾人感到来自祖国大陆的涓涓暖流。大陆广阔的市场让台湾农民看到了希望，许多台湾农户都意识到转销大陆才是振兴台湾农业的出路。

除帮助台农之外，大陆还积极推动两岸全面、直接、双向通航、通邮、通信。如大陆积极推动春节包机，大力开展双方往来，让投资大陆的台商能够顺利返台与家人团聚，颇受台湾民众欢迎。2003 年春节，首次实现两岸春节包机；2005 年，两岸春节包机增加航点和航班，扩大搭乘对象，并首次实现两岸对飞；2006 年，两岸就客运包机扩大至清明、端午、中秋、春节，以及开通紧急医疗救援包机、残疾人包机和有特殊要求的货运包机等达成框架性安排。对此，国民党大陆事务部主任张荣恭也表示，春节包机给在大陆的台商吃了定心丸，他期待此举能为今后包机常态化打下基础。

在经贸投资方面，截至 2007 年 6 月底，累计批准台商投资项目 73000 多项，台商实际投资 446 亿美元；两岸贸易总额累计达 6500 多亿美元，其中大陆对台出口 1100 多亿美元，大陆自台进口 5400 多亿美元。

2008 年，尽管金融危机冲击全球，但在大陆惠台政策及马英九当局开放大陆政策等因素的激励下，两岸经贸交流仍取得新进展。1月至11月，两岸贸易总额达1223.1亿美元，同比增长8.4%；大陆共批准台商投资项目2092个，实际使用台资金额17.1亿，同比增长3.5%。大陆已成为台湾第一大投资市场、第一大贸易市场、第一大出口市场和第一大贸易顺差来源地。[①] 两岸在教育、文化、科技、体育、卫生、影视、出版、民族、宗教等各领域的交流都获得了新进展。同时，两岸人员交流向高层次、宽领域、多数量、双向性发展。在层次上，两岸各级互访不断，两岸两会、旅游主管部门实现互访，大陆地方省市一级官员入岛，岛内包括绿营在内的多个县市长赴大陆参访等。在领域上，既有传统的学术交流、经贸考察，又有一般民众的赴台旅游观光，还有具领导身份的两会人员往来协商谈判。在人数上，开放大陆居民赴台旅游与实现周末包机后，两岸人员来往大幅增长，仅2008年"十一"长假期间，大陆居民赴台旅游即超过4000人。根据台湾"交通部"观光局的统计，从2009年农历大年初一（1月26日）至初七（2月1日）春节期间，共有509个旅行团约1.34万大陆游客到台，为当地创造了8.5亿元新台币的商机。开放大陆民众赴台旅游拉动了岛内旅游业、餐饮业、零售业等行业的景气，截至2009年3月底，大陆居民赴台旅游已为岛内带来了100亿元新台币以上的直接经济利益，对台湾经济增长贡献度为0.5个百分点。2008年，是中华民族多灾多难的一年。大陆刚刚送走冰冻雨雪灾害，迎来奥运圣火之际，四川汶川又发生特大地震，受灾面积和人数创中国历史之最。此时此刻，台湾同胞伸出友谊之手，大陆也彰显包容精神，因一切为了救人，台湾派出的救援队没有采取春节包机转道香港的形式，而是直接飞到成都双流国际机场，及时投入到抗震救灾中。这不仅体

---

① 参见《新年三愿：两岸和平经济繁荣社会和谐》，《台湾周刊》2009年第2期。

现了台海两岸人民心连心、同呼吸、共命运的华夏精神，而且也似乎在暗示海峡两岸人一直期望的"三通"有了很大希望。

2009年，中共中央、国务院牢牢把握两岸关系和平发展的主题，积极构建两岸关系和平发展框架，努力开创两岸关系和平发展新局面。由于两岸展现高度政治智慧，两岸交流成果丰硕，从而使两岸关系愈趋平顺，两岸互信初具。这年4月，海基海协两会在南京举行第三次陈（云林）江（丙坤）会，签署了包机补充、金融合作、共同打击犯罪及司法互助三项协议，以及陆资来台共同声明。5月，两岸卫生部门负责人首度在日内瓦世界卫生组织年会（WHA）上握手致意，台湾成功地以观察员身份参与世卫年会。这项突破性的进展，与两岸关系改善息息相关。7月，第五届两岸经贸文化论坛在湖南揭幕，首次以文化教育为主题，出席代表530多人，创下论坛新纪录。11月，两岸重量级学者、退休官员和将领，以民间学者身份出席在台北举行的"两岸一甲子"学术研讨会，首次共同展开政治对话，深入探讨一中原则、军事安全机制等敏感议题。12月，在台中举行的第四次"陈江会"，签署3个协议，并首次就"两岸经济合作框架协议"进行对话。两岸关系良性互动，台海和平稳定，国际社会均表赞赏。

几年来，台湾居民来往大陆累计达2080万人次，大陆居民往来台湾累计88万人次，其中应邀赴台交流19万人次。可以说，当时两岸人员往来之频密、各项交流之深入、合作领域之广泛，前所未有。这种可喜局面的形成，是两岸同胞共同努力的结果，同时也表明两岸关系不断向前发展，是一个必然的趋势，是任何人、任何势力都不可阻挡的。

（四）两岸政党对话交流取得历史性突破

1987年年底两岸同胞隔绝状态被打破后至2005年，两岸人员往来和民间交流蓬勃发展，但两岸政党之间一直没有正式交往。2005 年以来，台湾地区的国民党、亲民党、新党等相继受邀来大陆探亲访友，寻根问祖，展开"和平之旅""搭桥之旅""民族之旅"，增进双方了解，促进了两岸政党交流和民众和解。2005 年 4 月底 5 月初，连战应邀率领国民党大陆参访团飞赴大陆进行"和平之旅"，受到热情欢迎，尤其是引起世人关注的"胡连会"更是连战来大陆掀起的新高潮。距连战访问大陆不到十天，台湾亲民党主席宋楚瑜率领的亲民党大陆访问团也随之而来进行了"搭桥之旅"。胡锦涛分别与连战、宋楚瑜举行正式会谈，就反对"台独"、坚持"九二共识"、推动两岸关系发展等重大问题达成共识，并分别发表了会谈新闻公报和会谈公报。这一历史性事件，举世瞩目，在两岸关系史上写下了浓墨重彩的一笔，谱写了开启两岸政党交流的新篇章，展现了促进两岸关系和平稳定发展的决心和诚意，受到了台湾各界民众的普遍肯定和国际舆论的高度评价。

此后，台湾最鲜明主张反对"台独"的新党主席郁慕明也到大陆进行"民族之旅"。此次郁慕明来访，不同于国、亲两党，着重的并非两岸事务的行政层面。由于适逢抗战胜利 60 周年纪念，所以新党先去广州、继而南京，还去了大连，最后才到北京。访问团所到之处，再现了连宋来访时热情欢迎、真诚相待的场景。无论与民众的互动、与领导人晤谈、与专家切磋，还是在大学演讲，都受到大陆同胞的高度关注和亲切礼遇。郁慕明主席说得好："没有比较，只有互补。"连、宋访大陆，大陆方面通过他们向台湾同胞送出"六件大礼"，涵盖面广，涉及行政范畴的实务。新党另辟蹊径，将此行定位为"精神层面"，契合实际，也符合岛内"泛蓝一盘棋"的格局。

上述泛蓝三党短短 90 天内接连参访大陆，促进了台海局势走向和缓，彰显了两岸同根同源，强化了一中意识，对于"台独"势力打击甚大，为此后国民党赢得大选奠定了坚实基础。

中共中央和胡锦涛总书记邀请连战、宋楚瑜来访，打开了两岸政党交流的新局面，开创了国共两党政党交流的新模式，经过双方磋商，成立了国共论坛，成为国共两党和两岸交流的一个重要平台。借助国共党际交流平台，胡锦涛总书记与国民党主席吴伯雄已举行了两次高层会晤，并积极朝国共两党领导人年度会晤机制化方向规划。5年来，国共论坛已经举办了5届。国共论坛以两岸经济、文化交流为中心，每届一个议题，聚焦于两岸经济和文化发展中最需要解决的问题，对两岸关系的良性发展做出了重要贡献。与此同时，"胡连会""胡宋会""胡郁会""胡吴会"达成的诸多重要共识，极大地缓和了两岸紧张气氛，增进了两岸同胞间相互了解，使两岸四党确立了坚持"九二共识"、反对"台独"、谋求台海和平稳定、维和两岸同胞利益的共同主张，建立起反"台独"统一战线，激活了发展两岸关系的重要力量。这是大陆长期以来对台政策的催生以及台湾岛内民意驱动的结果。两岸政党交流已呈不可逆转之势，两岸政党的接触交流乃至党际交流逐步经常化、制度化。

（五）"台独"逆流受到强有力遏制

正是台湾人民在"台独"活动猖獗以及岛内异常复杂的政治形势之下，坚持不懈地与"台独"活动斗争，有效挫败了一系列"台独"势力的图谋。例如：挫败了"台独"势力操弄的"统独公投""入联公投""法理台独"图谋，打乱了陈水扁的"宪改时间表"，巨额军购案遭遇台湾民意的阻拦。特别是台湾民众用选票终结了民进党的执政地位，这是台湾民意对陈水扁推行的"正名""公投""修宪""入联"路线的否决，是大陆理性善意的两岸政策开始影响台湾民众选举意志，是两岸追求"和平、安定、繁荣、共存"主流民意的胜利，这是大陆长期坚持"寄希望于台湾人民"方针取得的最显著的成果。民进党丧失执政权后，利用公权力推动"台独"的能量急剧下降。陈水扁等绿营高层及县市长相继因弊案被检方羁押，沉重打击了"台独"士气。尽管民进党不断通过制造舆论、暴力游行等手段丑化、攻击大陆，煽动民众"反中""仇中"情绪，但影响已很有限。

总之，进入 21 世纪以来，我们始终不渝地坚持一个中国原则，坚决反对一切"台独"分裂活动，团结海内外同胞，有力地阻止了"台独"分裂势力的倒行逆施，挫败了企图将台湾从中国分裂出去的各种图谋，捍卫了国家主权和领土完整，确保了台海地区和平，维护了中华民族的根本利益，也推动了两岸关系越来越呈现的和平发展的势头。

第十五章　谋划新世纪
和平发展的国际战略

随着经济全球化的发展和世界科技进步的突飞猛进，当今的时代已经和正在发生深刻的变化。由于世界格局变幻未定，各大国都在根据新的情况，制订新的战略和策略，力图在新的力量对比和国际格局调整的基础上，占据一个有利位置。在这种背景下，中国要在 21 世纪通过和平发展成为真正意义上的世界强国，今后 20 年是一个关键时期，必须抓住机遇，高举和平、发展、合作的旗帜，积极开展全方位的务实外交，维护世界和平，构建和谐世界，在 21 世纪的世界舞台上更加有所作为。

一、推动建设共同繁荣的和谐世界

中国领导人在国际上第一次提出建设"和谐世界"的理念，是在 2005 年 4 月 22 日雅加达亚非峰会上。2005 年 7 月 1 日签署的《中俄关于 21 世纪国际秩序的联合声明》中，"和谐世界"第一次被确认为国与国之间的共识。同年 9 月 15 日，在纪念联合国成立 60 周年首脑会议上，胡锦涛全面阐述了"和谐世界"理念的深刻内涵，郑重向国际社会提出"建设持久和平、共同繁荣的和谐世界"的理想目标。此后，"和谐世界"——一个充满东方智慧的新名词，频频出现在重大国际场合，它所描绘的国际关系的理想状态，得到越来越多国家的理解和赞同。"和谐世界"就是持久和平、共同繁荣。具体来说，它应该是一个民主平等的世界，和睦互信的世界，公正互利的世界，包容开放的世界。

（一）积极促进世界多极化趋势，推动多种力量和谐并存

世纪之初，美国试图构建一个以其为主导的单极世界，但实现这一目标受到诸多因素的制约。所以，在"一超多强"的格局下，多极化的趋向有了进一步发展。当前世界的主要战略态势，是"世界多极化趋势继续发展，但单极还是多极的斗争依然深刻复杂；经济全球化趋势继续发展，但国际经济竞争依然深刻复杂；不同文明交流继续发展，但国际思想文化领域的斗争依然深刻复杂；国际战略安全形势总体稳定态势继续发展，但人类面临的安全挑战依然深刻复杂；国际协调合作继续发展，但围绕国际秩序的斗争依然深刻复杂。综合看来，和平与发展仍然是当今时代的主题，国际环境保持总体稳定，但影响和平与发展的不稳定不确定因素增多"①。因此，世界多极化的最终形成还将经历一个深刻复杂的演变过程。

在这一过程中，中国的综合国力继续上升，成为推动建设和谐世界的重要力量。2008 年国民生产总值超过 4.3 万亿美元，贸易进出口总额超过 2.5 万亿美元，国家外汇储备 2009 年超过 2 万亿美元。以实力为后盾的中国外交空前活跃，在国际上的影响力与日俱增；欧盟一体化的进程加速，更加强调独立地处理欧洲事务；俄罗斯开始走出低谷，出现回升的趋势，在外交上趋向务实；而美国受到反恐战争和伊斯兰反美浪潮的牵制，其独霸世界

---

① 《坚持和平发展道路　推动建设和谐世界》，《人民日报》2006 年 8 月 24 日。

的企图难以实现。

特别是由美国开始的金融危机和经济危机席卷全球，造成了难以估量的损失，不能不对当今的国际战略力量对比和世界格局的走向产生深刻影响。美国历史学家保罗·肯尼迪指出："在国际关系史上，一场跨越国界的大动荡常常会动摇旧世界的根基。"而战略学家的责任，就是要在"随后的混乱和喧嚣中"，通过冷静和客观的分析，透过纷繁的表象和迷雾，来"认清已被改变的战略版图"，并由此确立自己的战略和策略。在这场金融风暴中，美国、欧洲、日本相继遭受重创，2009年都进入了负增长的困难时期，实力地位受到一定程度的削弱。据世界银行估计，2009年发达国家经济体将是负增长4%。中国经济也受到冲击，但毕竟没有处在震源的位置，仍以8%以上的增长速度，率先走出低谷。金融危机使全球经济发生了深刻变化，主要战略力量对比也在发生变化，由此必然影响到世界格局。从G7到G8，再到G8+5，一直到G20，这一过程再好不过地体现了世界经济格局和世界经济秩序在过去几十年中变化的轨迹和发展的趋向。曾几何时，以美国为核心的G7，一直主导着全球经济和金融事务。但在金融危机爆发之后，这个集团的局限性和新兴大国参与世界经济的政策协调和金融合作的重要性已为越来越多的政治家所认识。巴西财政部长曼特加在伦敦G20峰会前表示，G7已不再是世界经济问题的主导者，G20的有效性和机构体制需要得到进一步加强。法国总统萨科齐在多哈举行的联合国会议上也意识到：如今，没有中国、巴西等新兴国家，解决不了全球经济危机，因此G8已经过时了。

与此同时，世界经济格局的变迁也在呼唤新兴国家发挥更大作用，取得更多的话语权和投票权，但这不会一蹴而就，而将是一个渐进的过程。在G20峰会上，新兴大国和发展中国家已经发出了自己的声音，开始谋求发展中国家在国际货币金融体系中的更多地位，提出提升发展中国家在金融体系中的知情权、话语权和投票权的正当要求。当然，希望以美元为主导的国际金融体系立刻发生根本改变是不现实的，但我们可以看见的是，以美国为核心的 G7 主宰世界经济事务已经难以为继，变革时代已经来临。发达国家为了渡过难关，也在不断调整和适应新的情况，开始接受和正视新兴大国正在崛起这一巨大的现实，这是一种趋势性的变化。现在的美国经济，在世界经济中的比重已从本世纪初的 32%左右逐渐回落至 2008 年的 22%左右。可以预见的是，经过本轮金融危机的冲击，美国经济在世界经济中的比重还会继续下滑，而不是上升。这表明，美国维持霸权的经济能力受到严重削弱，随之而来的是美国操控国际局势的能力也在下降。

虽然美国经济迟早能够复苏，美国也有走出危机的能力，在危机过后它仍是世界上最大的经济体，仍有着超群的军事实力，仍是世界上最为强大的国家。但这不能改变美国在世界战略格局中的优势地位已呈相对下降之势的客观事实，而且这一趋势由于近些年中、印等新兴大国经济的强势增长，而变得更加清晰可辨，美国的实力地位和对国际事务的操控能力已很难再回到 2000 年的高点。美国奥巴马政府当选后放低身段，开始向多边主义靠拢，不仅仅是个人风格的问题，深层次的原因使美国已很难再一手遮天。2009 年 4 月，英国外交大臣米利班德在接受意大利媒体采访时，将 G20 伦敦峰会的意义表述为：单极时代在 4 月 2 日结束。我们将会得到重要机会，使我们能够开始在同一个平面上讨论和分析具有重要意义的国际问题。多极时代将会开启。20 国集团领导人会谈真正的政治意义就在于此。2009 年 9 月在美国匹兹堡召开的 G20 峰会再次强化了 20 国集团的作用。

在这种背景下，中国要努力推动多极化格局的趋向继续朝着有利于和平发展的方向发展。经济全球化趋势对中国有利也有弊，在确定中国和平发展的国际战略时，我们既充分考虑了世界的现状和发展趋势，又将中国的发展与世界各国的共同发展紧密相连。因此，以胡锦涛为总书记的中共中央提出的"推动建设持久和平、共同繁荣的和谐世界"，具有重大战略意义。胡锦涛指出："新的世纪为人类社会发展展现了光明前景。""在机遇和挑战并存的重要历史时期，只有世界所有国家紧密团结起来……才能真正建设一个持久和平、共同繁荣的和谐世界。"为此"中国将始终不渝地把自身的发展与人类共同进步联系在一起"。[①]

"推动建设持久和平、共同繁荣的和谐世界"的理念，已经正式写进党的十七大报告中。中国的和平发展与世界的共同繁荣息息相关。世界人民面临着共同的发展机遇，同时也面临着共同的各种挑战。从机遇看，当今的世界已经发生深刻变化，和平与发展已成为时代的潮流，人类社会出现了光明的前景，国际大环境有利于世界人民分享发展机遇，推动建设和谐世界。世界局势从总体上看趋向缓和，世界上维护和平的力量持续增长，制约战争的因素不仅仍然存在，而且还将继续增长。同时，经济全球化的迅猛发展和世界科技进步的突飞猛进，使各国之间的相互依存和互有所求不断加深，使包括中国和世界各国的利益紧密相连，共同利益日益增多，从而使各方通过双赢、多赢方式实现共同发展成为可能。全球化的经济需要全球性的合作。另一方面，许多全球性问题，诸如生态环境恶化、能源短缺、流行性疾病传播、核扩散、国际恐怖主义等问题也对人类造成新的挑战，需要世界各国加强合作，共同面对。正是在这种情况下，胡锦涛在党的十七大报告中指出："共同分享发展机遇，共同应对各种挑战，推进人类和平与发展的崇高事业，事关各国人民的根本利益，也是各国人民的共同心愿。我们主张，各国人民携手努力，推动建设

---

① 胡锦涛：《努力建设持久和平、共同繁荣的和谐世界——在联合国成立 60 周年首脑会议上的讲话》，《人民日报》2005 年 9 月 16 日。

持久和平、共同繁荣的和谐世界。为此，应该遵循联合国宪章宗旨和原则，恪守国际法和公认的国际关系准则，在国际关系中弘扬民主、和睦、协作、共赢精神。政治上相互尊重、平等协商，共同推进国际关系民主化；经济上相互合作、优势互补，共同推动经济全球化朝着均衡、普惠、共赢方向发展；文化上相互借鉴、求同存异，尊重世界多样性，共同促进人类文明繁荣进步；安全上相互信任、加强合作，坚持用和平方式而不是战争手段解决国际争端，共同维护世界和平稳定；环保上相互帮助、协力推进，共同呵护人类赖以生存的地球家园。"①

中国和平发展外交政策的宗旨，是维护世界和平，促进共同发展。中国外交的战略目标是要积极争取较长时期的和平环境，以推进中国和平发展，构建一个和谐的世界。中国的经济、军事、科技实力与美、欧、日、俄相比还有一定的差距，因此在外交上把自己定位于一个发展中的大国，外交战略的出发点是维护国家安全和经济利益，为发展经济创造更好的条件。为此，我们要继续坚持不结盟、不当头、不称霸的既定方针，不因突发事件而动摇，争取在国际社会中有更大的主动性和回旋余地。总之，从长远的观点看，多极化将不可避免地成为主流。中国从自身的战略利益出发，应当顺应历史发展的潮流，积极促进世界多极化的趋势，推动多种力量和谐并存，保持国际社会的和谐稳定。

（二）推动国际政治经济秩序向更加公正合理的方向发展

国际秩序是处理国与国之间关系的准则和机制，具有重要的意义。在新的世纪，建立一个什么样的国际政治经济秩序，关系到每个国家的切身利益。因此，许多国家都提出了自己的设想，

---

① 《中国共产党第十七次全国代表大会文件汇编》，人民出版社2007年版，第45页。

试图建立一个有利于自己的国际政治经济秩序。美国等西方国家要维护它们的既得利益，中国主张在和平共处五项原则和公认的国际关系准则的基础上，推动国际政治经济秩序向更加公正、合理的方向发展。这必将经历一个长期和充满曲折的过程。

中国所主张的国际秩序，应该是各国不论大小、强弱、贫富都应是国际社会平等的一员；各国应该互相尊重主权与领土完整、互不侵犯、互不干涉内政、平等互利与和平共处，反对使用武力或以武力相威胁；国际事务应由联合国与有关当事国平等参与、共同协商解决，而不能由一个或少数几个大国包办代替，任何国家都不应谋求霸权和推行强权政治。而在国际经济事务中，则要贯彻平等互利的原则，逐步建立起公平公正合理的国际生产、贸易与金融体系，促进人类的共同繁荣和发展。

冷战结束后，虽然有科索沃战争、阿富汗战争和伊拉克战争的冲击，但维系当代国际秩序的主要机制——联合国的核心地位和作用仍然是不可替代的，《联合国宪章》确认的联合国安理会五个常任理事国仍然是主导当代国际关系的主要力量。现有的国际秩序，确有许多不公正不合理的地方，但中国和发展中国家在现有的国际政治经济秩序中的地位已呈逐步上升之势。在此情况下，中国不会挑战现有的国际政治经济秩序，而将以负责任的大国身份参与国际政治经济秩序的建设与变革，以渐进的方式、和平的方式、民主的方式改革现有国际政治经济秩序中的不合理方面，以此确立中国在国际社会中作为一个负责任的大国的和平形象。

和平共处五项原则是推动国际政治经济秩序向更加公正、合理的方向发展的最佳手段。中国所提倡的和平共处五项原则，既包括指导国家政治关系的原则，也包括指导国家经济关系的原则，切实可行，得到了国际社会越来越多国家和国际组织的认同，其主要精神也写进了包括联合国在内的许多国际组织与国际会议通过的很多宣言与决议书中，完全可以作为指导国家关系和国际政治经济秩序的基本准则。由于和平共处五项原则顺应了和平与发展时代主题的客观需要，顺应了世界多极化和民主化公平化发展的潮流，顺应了世界各国多样化的事实，它必将表现出越来越旺盛的生命力。当今世界处在一个大发展、大变化、大调整的时期。当前的金融危机不仅冲击现存的世界格局，而且前所未有地激起了发展中国家要求变革国际秩序的愿望与决心。这对中国这样一个后起的大国而言，也蕴涵着巨大的机遇。现在很多国家不仅希望倾听中国的声音，而且期待中国在国际秩序的变革中发挥更大的作用。因此，中国应当首先把自己的事办好，在保持国内稳定和持续发展的基础上，也应义不容辞地积极参与建立在共同利益基础之上的应对金融危机的国际合作和协调行动，并以此为契机，推动国际秩序朝着公正合理的方向发展，以渐进的方式、和平的方式、民主的方式改革现有国际政治经济秩序中的不合理的方面，不断提升自己的作用和影响力，并由此逐步确立起中国是一个负责任大国的地位和形象。

（三）坚定奉行互利共赢开放战略

胡锦涛在党的十七大报告中郑重指出："中国将始终不渝走和平发展道路。这是中国政府和人民根据时代发展潮流和自身根本利益作出的战略抉择。"①

（1）始终不渝走和平发展道路。

为什么要强调始终不渝走和平发展道路？近年来，中国的迅速发展引起了国际社会的关注。中国强大起来后向何处去？引发了种种的议论。有人说中国崛起是威胁，也有人说中国崛起后具

---

① 《中国共产党第十七次全国代表大会文件汇编》，人民出版社2007年版，第46页。

有很大的不确定性。而在人类历史上，后起大国的崛起，往往导致国际格局和世界秩序的严重失衡，甚至引发世界大战。德国和日本就是例证，苏联在这方面也有深刻的历史教训。

在如此背景下，中国作为负责任的大国需要掌握话语的主动权，公开、坦诚地向国际社会阐明自己的战略取向。为此，经过深思熟虑，"始终不渝走和平发展道路"成为党的十七大报告第十一部分的标题，占有十分突出的位置。在经济全球化的时代条件下，中国没有通过扩张并破坏对方利益来实现崛起的强烈动机和需求，当今和平与发展的时代特点也决定了中国的抉择只能是走和平发展的道路。通过和平发展来推动经济社会进步，不断改善亿万人民的生活是中国的自身根本利益。为此，中国需要而且能够与国际社会形成一种良性互动。中国需要争取和平的国际环境来发展自己，又会以自身的发展来维护世界和平，促进共同发展。

中国的和平发展道路，"新"就新在它将在人类历史上第一次超越后起大国传统的崛起之路。即中国的发展，不是通过军事扩张、掠夺资源、争霸或称霸，而是通过和平的、渐进的方式，主要依靠自己的力量来发展内需，挖掘潜力，改革创新，走中国特色的富民强国之路。中国积极参与国际经济技术合作与竞争，在与经济全球化相联系而不是相脱离，更不是相背离的历史进程中，在改革开放的大背景下，独立自主地建设中国特色的社会主义，促进国际社会互利共赢和共同发展，争取在本世纪中叶实现和平发展的战略总目标。正因如此，中国对内寻求和谐，对外寻求和平。胡锦涛在党的十七大报告中指出："中国致力于和平解决国际争端和热点问题，推动国际和地区安全合作，反对一切形式的恐怖主义。中国奉行防御性的国防政策，不搞军备竞赛，不对任何国家构成军事威胁。中国反对各种形式的霸权主义和强权政治，永远不称霸，永远不搞扩张。"①

（2）坚定奉行互利共赢的开放战略。

党的十七大报告在阐述中国开放战略时，特别强调"互利共赢"四个字。这是因为，以加入世界贸易组织为标志，中国对外开放已发展到一个新的阶段，开始在更大范围、更广领域、更高层次上参与国际经济合作和竞争。与此同时，一些国家对中国高速发展会不会损害别人的利益、妨碍别人的发展也深表关切。

对此，胡锦涛在党的十七大报告中指出："中国将始终不渝奉行互利共赢的开放战略。"其中"互利共赢"四个字反映了中国对外开放的新理念和新思维。这就是不仅顾及本国的利益，同时兼顾别人的利益，在开放中与世界各国共同发展，共同繁荣。

在互利共赢的开放战略引领下，一个更加开放和高速发展的中国对世界产生的影响是正面的、积极的，总体上有利于世界各国的共同繁荣和稳定。

二、维护和调整大国之间的关系

中国外交中有"大国是关键"的提法，表明了大国因素在国际秩序和国际政治中的重要性。冷战结束后，世界上大国之间的关系已发生重大变化，大国关系的特点是互相借重与互相竞争并存，各大国更注重综合国力的竞争。

改革开放以来，中国的综合国力大为增强，国际地位明显提高，成为制约战争维护世界和平的重要因素。总体和平、总体缓和的国际局势和大国关系的良性互动，给中国一心一意谋发展，

---

① 《中国共产党第十七次全国代表大会文件汇编》，人民出版社2007年版，第46页。

力争在 2020 年全面建成小康社会，2050 年最终实现人均达到中等发达国家的水平，提供了机遇。

（一）从战略高度和长远角度妥善处理中美关系

中国作为后起的大国，要和平发展就必须妥善处理大国关系，以减少阻力，创造有利的国际环境。从当时看，大国之间协作多于摩擦。中美关系进一步发展，美国正式承认"东突"为国际恐怖主义组织，明确表示反对"台独"，这是中美关系的重要进展。但美国与中、俄之间原有的深层次矛盾并未从根本上解决，美国对中、俄的发展潜力仍有戒心，仍有防范和牵制的一面。中俄战略协作伙伴关系的发展，以及中国和欧盟、俄罗斯和欧盟的关系良好的发展势头，有利于国际战略力量的平衡。在这种背景下，中国首先要发展自己，并致力于建立以不结盟、不对抗、不针对第三方为主要特征的新型大国关系。党的十七大报告强调，要"继续同发达国家加强战略对话，增进互信，深化合作，妥善处理分歧"[①]。这是促进大国关系良性互动的有效手段。今后，中国要进一步推动大国关系发展，以增加中国外交的回旋余地。

中国要和平发展，必须妥善处理中美关系，以缓和矛盾，减少阻力，创造有利于和平发展的外部条件。新世纪以来，中美关系进一步改善。美国以反恐和防扩散为第一要务，特别是反恐的艰巨性和长期性扩大了中美合作的基础，并且决定了美国在近中期不大可能把中国作为主要的敌手。此外，由于伊拉克战争，伊斯兰民众反美情绪高涨，伊拉克战后的局势不稳定，表明美国想以伊拉克为民主样板进而改造伊斯兰世界的如意算盘遇到较大的

---

① 《中国共产党第十七次全国代表大会文件汇编》，人民出版社 2007 年版，第 47 页。

阻力，不是短时期能够解决的。在这种背景下，美国很难有精力在东亚这个战略方向有大的动作。在此基础上，美国政府对中美关系的重要性有了一定的认识。2005 年 9 月 21 日，美国副国务卿佐利克在美中关系全国委员会的一个会议上，发表了一篇题为《中国何处去？——从正式成员到承担责任》的政策讲话，为美国未来的对华政策设计了一个新的框架。佐利克在讲话中说："美国现在需要鼓励中国成为国际体系中一名负责任的利益攸关方（stake holder）。"[1] 外界普遍认为，这是美国对华政策思路的一个转折点。因为，这表明美国对中国的看法，已从把中国当作一个游离于"体制外"的国家，转变成认为中国可以成为融入国际体系中的一个负责任的利益攸关方。这是美国面对中国"和平崛起"作出的新的战略评估和战略设计。美国《纽约时报》就此发表评论指出，亚洲在 21 世纪面临的最大挑战是适应一个经济上不断强大的中国，而不是陷入过去那种军事敌对的状况。正是在这样的情况下，布什总统愿意与中国领导人共同讨论双方关切的重要议题，并且期待用双赢的方式达成更多的共识，用沟通的方式解决双方的分歧。

在此之后，美国政府另一位重量级人物、财政部长保尔森于 2006 年 9 月明确表示："一个繁荣稳定的中国，一个能够而且愿意在全球经济中发挥领导作用的中国，与美国利益息息相关。"因此，美国要用"世世代代"的战略眼光看待中国。这表明，美国已意识到中国在世界经济与政治中的分量，以及中国正在融入国际社会并且与美国形成了互为依存的关系，因此要在务实的基础上与中国合作而不是对抗。

2007 年 9 月 6 日，胡锦涛在悉尼会见出席亚太经济合作组织第十五次领导人非正式会议的美国总统布什时，从进一步促进合

---

[1] 《参考资料》2005 年 9 月 26 日。

作的角度，提出了中美"既是利益攸关方又是建设性合作者"的概念。胡锦涛指出："近来中美关系继续取得积极进展，两国高层保持经常性沟通，战略经济对话和战略对话成功举行，各领域务实合作有效推进，在重大国际和地区问题上保持了良好沟通和协调。事实表明，中美既是利益攸关方又是建设性合作者。"布什赞同胡锦涛对两国关系的评价，他说："中美关系很好，这对两国至关重要，美中都是世界上有重要影响的国家，两国加强合作能够解决许多问题。"①

进入 2009 年以来，中美两国元首三次会晤，为中美关系注入新的动力。胡锦涛与奥巴马的第一次会晤，于 2009 年 4 月 1 日在伦敦 20 国集团领袖金融峰会期间举行，距奥巴马就任美国总统仅过去两个多月。在第一次"胡奥会"上，双方确立要共同建设 21 世纪的"积极、合作、全面的中美关系"。这是奥巴马上任后两国元首对中美关系的新定位，内涵非常丰富。胡锦涛阐释了中国对"积极""合作""全面"三个词的看法，概言之，即两国关系未来应朝着积极的方向发展，展开广泛的合作，努力深化各个领域的全面关系。这一定位不仅继承了此前"建设性合作"的总体精神，而且朝前又迈进一步，凸显了"积极"面向和"全面"内涵，充分反映了中美关系过去 30 年的发展成就及两国关系的复杂性。更重要的是，体现出中美关系只能进不能退的政治意愿，是 21 世纪中美关系发展的方向，具有重要意义。这次两国元首会谈的成果表明，中美之间的共同利益大于分歧，中美关系仍有继续改善的空间，中美关系有理由进入一个新的相对稳定的时期。会见中，两国元首还一致同意建立中美战略与经济对话机制。这一机制的建立，则从具体政策层面体现新定位的精神实质。美方开始以"战略对话"替

---

① 《胡锦涛会见美国总统布什》，《人民日报》2007 年 9 月 7 日。

代此前惯用的"高层对话"，提升了对话的层级，不仅凸显中美关系的特殊重要性，而且宣告了中美新型合作模式的创建。

第二次"胡奥会"于 2009 年 9 月 22 日在纽约进行。当时正值联合国系列峰会和 20 国集团领袖第三次金融峰会召开期间，两国元首谈及的议题非常广泛，包括保持高层交往、加强战略与经济对话以及经贸、反恐、防扩散、执法、能源、环境、人文等各领域的交流与合作。胡锦涛与奥巴马的第二次双边会见，意义在于使新时期中美关系的基础进一步巩固，也表明在美国新一届政府上台后，中美之间的政治互信不断加强，平稳走过"过渡期"。

2009 年 11 月 17 日，胡锦涛与首次来华访问的奥巴马举行会谈，这是两国元首的第三次双边会晤。全世界的目光聚焦北京。会见中，奥巴马首次全面回应了中方在一些重大问题上的关切，表示在台湾问题上，美方坚持一个中国政策立场没有改变。美方对两岸关系缓和表示赞赏，认为这有利于亚洲和平稳定。美国不支持"西藏独立"。在涉藏、涉疆问题上，美国尊重中国主权和领土完整。会谈后，两国发表联合声明，再次确认美国会遵守"一个中国"政策和中美关系三个联合公报的精神，并指互相尊重主权和领土完整这一根本原则是指导中美关系的核心。此前，中美两国都进行了很好的预热和铺垫，无论是军事互动，还是经济协商，抑或是美国众议院通过决议纪念孔子诞辰两千五百六十周年，都显示出双方的诚意，也表明奥巴马政府对稳定和发展中美关系的用心。在上海访问期间，奥巴马还与中国青年学生进行了交流。他向这些青年人，也通过他们向中国民众释放善意，表达合作的意愿，为他与胡锦涛的会谈营造了友好的气氛。值得注意的是，奥巴马访华前，美国副国务卿提出了中美关系的新口号——"战略再保证"，这一概念或将取代"负责任的利益攸关方"，成为美国对华政策的新框架。

从三次"胡奥会"释放出的信号不难看出，中美重新"定义"了新时期的两国关系。当然，现在中美关系中仍然存在着一些深层次的矛盾和分歧，例如美国坚持对台军售问题、人权问题、涉藏涉疆问题，以及中美贸易摩擦问题等。但中美之间存在的这些问题尚处于可以控制的范围之内，而解决这些问题的关键，则在于要从战略的高度和长远的角度来审视和处理中美关系，这样才能推动中美关系不断向前发展。

（二）继续保持同俄罗斯的友好合作关系

苏联解体后，俄罗斯的实力受到很大削弱，但它仍然是世界上幅员最为广阔的国家，具有东山再起的潜力，并且拥有很强大的军事力量，仍是国际社会中一支不可忽视的力量。中国和俄罗斯在推进世界多极化进程、反对美国的霸权主义政策，相互支持对方维护领土主权完整，促进中亚和朝鲜半岛的安全与稳定，发展双方经济贸易合作和民间交往等方面具有广泛的共同点。因此，进一步发展中俄关系对世界的和平与稳定具有战略意义。

近年来，中俄关系得到长足发展，接连迈出新的步伐。2001年7月16日，中俄签署《中俄睦邻友好合作条约》，用法律形式将中俄两国"世代友好，永不为敌"的好邻居、好伙伴和好朋友关系确定下来。随着条约的签署，双方在平等协商、互谅互让的基础上彻底解决了历史遗留的边界问题。2005年7月1日，中国国家主席胡锦涛访问俄罗斯时同俄罗斯总统普京在克里姆林宫共同签署了《中华人民共和国和俄罗斯联邦关于21世纪国际秩序的联合声明》，表明"两国决心与其他有关国家共同不懈努力，建设发展与和谐的世界，成为安全的世界体系中重要的建设性力量"①。这份新的政治文件，为中俄战略协作伙伴关系赋予了新的内涵。两国元首正式宣布，为全面推动两国战略协作伙伴关系向前发展，双方决定于 2006 年首先在中国举办"俄罗斯年"、2007 年在俄罗斯举办"中国年"。在推动建设和谐世界过程中，中俄两个大国关系保持了良好发展势头。

2006 年 3 月，随着普京访华，拉开了"俄罗斯年"的序幕。开幕式上俄罗斯国立大剧院表演了精彩的节目，俄方派出芭蕾舞团、合唱团、歌剧团、交响乐团共计 280 人的强大阵容，创造了该剧院 230 年历史上一次性派出人数之最。在华举办的"俄罗斯文化节"是俄罗斯年框架下的重要文化交流活动，参加文化节的俄方艺术团体所涵盖的艺术种类十分丰富，不仅包括俄罗斯的传统经典如芭蕾、交响乐，还有歌剧、合唱艺术、流行音乐、室内乐、话剧、民间歌舞等。双方商定的 9 个展览项目也都极具分量，种类有绘画展、珍宝展、考古文物展、当代艺术展、文学展、民俗展等。通过举办多种形式的演出、展览活动，深入发掘俄罗斯深厚的传统文化底蕴以及蓬勃的现代活力，向公众展示了一个全面而又生动的俄罗斯形象。同年 11 月 9 日晚，在柴可夫斯基交响乐团的激扬乐声中，"俄罗斯年"在人民大会堂缓缓落下帷幕。

在"俄罗斯年"期间，俄罗斯所有的高层领导都对华进行了访问，包括总统、总理、各位副总理、联邦议会上下两院的议长、最高法院院长、总统办公厅主任等，共有 400 多个正式代表团对华进行访问，其中有 120 多个代表团是副部级以上的级别。其间，俄罗斯还举行了 20 多个地区的专项推介会，中方参加人

① 《中华人民共和国和俄罗斯联邦关于 21 世纪国际秩序的联合声明》，《国务院公报》2005 年第 21 号。

员的人数超过 50 万人，观众达几亿人。而互办"国家年"活动，为推动经贸合作水平、提升双边贸易额发挥了特殊重要的作用。据有关部门统计，2006 年中俄两国的贸易额 340 亿美元，达到了历史最高点，有 50 多万俄罗斯人到过中国，表明俄罗斯人对中国的兴趣与日俱增。

　　2007 年 3 月 26 日，胡锦涛对俄罗斯进行国事访问并出席"中国年"开幕式等活动。在机场发表的书面讲话中，他指出：2006 年是中俄关系取得重要进展的一年。双方认真贯彻《中俄睦邻友好合作条约》的原则和精神，以互办"国家年"为契机，全面推动中俄战略协作伙伴关系向前发展。两国政治互信增强，务实合作成果丰硕，人文交流十分活跃，在国际事务中的战略协作日益加强。中俄关系全面快速发展给两国人民带来实实在在的利益。在为期三天的访问中，胡锦涛同普京总统和其他俄罗斯领导人会晤，就进一步加强中俄战略协作伙伴关系和共同关心的重大国际和地区问题深入交换意见。两国元首签署了《中俄联合声明》，表示愿共同努力，不断深化务实合作，加强战略协作，提高中俄战略协作关系水平。访问期间，双方还签署了一系列合作协议，胡锦涛还同普京共同出席俄罗斯"中国年"开幕式、中国国家展开幕式并参观了展览。活动期间，共举办了 200 项形式多样的活动，为中俄战略协作伙伴关系长期健康稳定发展增添了新的活力。随着中俄两国互办"国家年"活动的展开，中俄两国的老百姓有了更多的渠道去了解对方，感知对方，人民之间的交往越来越密切，越来越深入。

　　2009 年 12 月 12 日，俄罗斯总理普京到中国访问，并出席中俄总理第 14 次定期会晤和上海合作组织成员国总理第 8 次会议。这是他任总理后首次对华正式访问，被誉为"能源旋风"。其间，双方能源合作签署新的协议，取得重要进展。

（三）中日关系呈现从动荡到改善的局面

在 2001 年至 2006 年，日本首相小泉实行"挟美制华"的方针，中日关系因其多次以公开身份"强硬"参拜靖国神社而陷入低谷。在此期间，中日两国主要在四个重要问题上展开较量：一是历史问题升级；二是台湾问题浮出水面（日本在日美安保会谈中提出，把台湾作为日美共同关注的战略目标）；三是钓鱼岛和东海天然气开发问题引发纷争；四是日本争当联合国安理会常任理事国问题公开摊牌。

小泉的倒行逆施引起国际国内的强烈不满。在国际社会和国内形势的压力之下，2006 年 9 月，日本新首相安倍上任后，开始反思小泉"五年冰冻期"的对华政策，发出改善中日关系的信号。中国方面给予了积极的回应。在此背景下，同年 10 月，安倍访问中国，展开"破冰之旅"，终于打破了中日首脑互访长期中断的政治僵局，双方同意构建一种新的关系框架，即"基于共同战略利益的互惠关系"。

2007 年 4 月 11 日，温家宝总理访问日本，展开"融冰之旅"，就构筑"基于共同战略利益的互惠关系"的基本内涵与日方达成共识。中日双方发表的《中日联合新闻公报》指出，中日两国要相互支持和平发展，增进政治互信，保持并加强两国高层往来；要深化互利合作，实现共同发展，加强在能源、环保、金融、信息通信技术、知识产权保护等领域的合作，充实和完善合作机制；要加强防务对话与交流，共同致力于维护地区稳定；要加强人文交流，增进两国人民相互理解和友好感情；要加强协调与合作，共同应对地区及全球性课题，共同致力于维护东北亚和平与稳定，坚持通过对话和平解决朝鲜半岛核问题，支持东盟在东亚区域合作中发挥重要作用，共同在开放、透明、包容等三项原则基础上促进东亚区域合作。① 这是中日两国关系最重要的定位。

就在中日关系逐步回升之际，2007 年 9 月，安倍因国内问题突然下台，新首相福田康夫正式上任。福田外交的两大支柱是美日同盟和友邻（特别是中国和韩国）外交，有利于中美日三边关系之间的平衡。在此基础上，中日两国做出一系列的努力促进中日战略互惠关系实质化。同年 12 月，福田康夫正式访华，胡锦涛在会见中积极评价福田为中日关系改善和发展作出的贡献。胡锦涛强调：中方愿与日方一道，以两国高层互访和纪念中日和平友好条约缔结 30 周年为契机，遵循中日间三个政治文件确定的原则，本着"以史为鉴，面向未来"的精神，抓住机遇，多做实事，进一步加强对话与磋商，增进理解和互信，妥善处理两国间重大的敏感问题；进一步推进两国全方位、宽领域、多层次的交流与合作，拓展双方的共同利益；进一步扩大民间交往，特别是青少年的交流，加深两国人民的友好感情，努力构筑和发展中日战略互惠关系，共同开创中日睦邻友好与互利合作的新局面。对此，福田表示，日方期待和中方一道努力，加强合作，扩大交流，增进两国人民之间的相互理解和友谊，推动两国战略互惠关系不断取得更大成果。② 福田访华期间，中日双方还就保持领导人互访，开展能源、环保、金融等重点领域合作，扩大人文交流，东海问题，加强防务交流和政治安全对话等进行了商讨。

在此基础上，2008 年胡锦涛主席访日和日本首相麻生访华等两国重要高层往来，进一步推进了中日关系，不断丰富着中日战

① 参见《温家宝总理同安倍晋三首相会谈》，《人民日报》2007 年 4 月 12 日。

② 《胡锦涛会见日本首相福田康夫》，《人民日报》2007 年 12 月 29 日。

略互惠关系的内涵；同时，中日把人文交流合作放在突出位置，扩大了青少年往来。2009 年 9 月，日本自民党下台，重视回归亚洲的民主党人鸠山就任首相。在此背景下，中日关系改善面临着新的机遇。首先是中日经济贸易互补性强，这是更为长久的战略性因素；其次是双方在构筑东北亚的安全体系方面有共同点，维护东北亚的和平与稳定符合中日两国的根本利益；再次是东亚经济整合的大趋势，有利于中日合作，实现共赢。因此，中日两国应该通过双边或多边对话，解决东北亚和整个亚太地区的问题，并促成东北亚各国间关系的良性互动。中日两国还可在东亚经济一体化的框架内加强合作。

处理好中日关系对维护亚太地区和平与稳定至关重要。日本是中国的近邻，同时也是亚洲有影响的大国。因此，从中国走向现代化和维护国家安全的长远角度看问题，中国应以中日两国首脑互访为契机，着力改善和稳定中日关系。这是中日两国努力的方向。

（四）不断发展同欧盟国家平等合作关系

中国和欧盟国家都是推动世界多极化趋势向前发展的重要力量，双方在维护世界和平与稳定、倡导多边主义、促进经济共同发展方面有许多共同利益。这是进一步发展中国与欧盟国家关系的有利条件。

近年来，欧盟大多数国家对发展对华关系表现出了积极的姿态。中国和欧盟之间建立了领导人年度会晤机制，双方同意建立长期稳定的中欧建设性伙伴关系。这是一个重要的举措。2007 年 11 月 28 日，第十次中欧领导人会晤在中国北京举行。中国总理温家宝、欧洲理事会主席、葡萄牙总理索克拉特斯和欧盟委员会主席巴罗佐出席了会晤并发表联合声明。双方领导人在声明中回顾了 1998 年中欧建立领导人会晤机制以来双边关系的发展历程，一致认为，10年来，中欧关系实现了历史性跨越，全方位、宽领域、多层次的合作局面已经形成，全面战略伙伴关系日趋成熟。双方领导人对中欧政治关系的发展表示欢迎，认为双方建立的完整有效的政治对话机制对于增进相互理解与信任、扩大共识与合作发挥了积极作用，是中欧政治互信不断提升的重要基础。[①]

欧盟已成为中国第一大贸易伙伴，这有利于减少中国对美国市场的过分依赖。欧盟国家还一直是中国引进外资和先进技术的重点地区。因此，发展中欧关系具有重要的战略意义。值得注意的是，中德关系在德国总理默克尔上台后发生新的波折。2007年9月23日，默克尔为了国内政治和推行"价值观外交"的需要，不顾中方多次严正交涉，执意以"私人身份"在柏林会见长期从事分裂中国活动、破坏中国民族团结的政治流亡者达赖，严重损害了中德关系。对此，中国外交部发言人表示强烈不满。之后，中方作出了一系列决定：取消联大期间中德外长进行工作早餐的安排，两国政府间司法磋商、人权对话等活动也被取消。此外，中方还因"技术"原因，决定不出席2007年10月17日在柏林举行的伊朗核问题六国外交部总司长会议，并推迟了德国财政部部长施泰因布吕克原定2007年12月对中国的访问。默克尔的不明智之举不仅招致中国人民的强烈不满，而且已经引起德国政府内部越来越大的分歧。德国外交部长施泰因迈尔一再公开批评默克尔的对华政策，并且认为恢复与中国良好的关系符合德国的利益。对于中德关系出现起伏变化，中国既重视并且认真加以对待，更看到中德两国长期友好的基础并没有从根本上发生动摇，两国之间没有根本的利益冲突。因此，中国本着积极务实的态度去开展工作，着眼于中德两国长远的战略关系来处理暂时的困

---

① 《第十次中欧领导人会晤发表联合声明》，《人民日报》2007年12月4日。

难，在进行必要的斗争的同时，做到了有理、有利、有节，促进矛盾的转化。

就在中德关系出现困难之际，2007 年 11 月，法国总统萨科齐对中国进行国事访问。中国国家主席胡锦涛在 11 月 26 日与其举行会谈时，专门谈到中欧关系，他说：中国政府高度重视发展中欧全面战略伙伴关系。第十次中欧领导人会晤即将在北京举行，中方愿与欧方密切配合，为此次会晤取得积极成果而共同努力。法国是欧盟重要国家，一贯致力于中欧友好，积极推动中欧关系发展。希望法国在欧盟内继续发挥积极影响和作用，为中欧全面战略伙伴关系的深入发展作出更大贡献。萨科齐指出，法中各领域合作深入发展，双方在核能、环保、教育、旅游等领域的合作成果令人鼓舞，法方积极评价中方对两国经贸问题的开放态度，将继续同中方开展对话合作，在各领域建立更为密切的面向未来的伙伴关系。① 会谈后，两国元首共同出席了环保、核能、民用航空、通信等领域 20 多个双边合作文件的签字仪式。此次萨科齐访华，率领着由政府官员和商业界等 270 人组成的庞大团队，集中了主要工商界代表，包括 40 多名商业领袖，有世界最大核反应堆制造商——法国阿海珐集团、阿尔斯通集团、空中客车的母公司欧洲宇航防务集团和法国电力公司的首席执行官。这次访问是近年来法国领导人最大规模、持续时间最长的出访之一，共签订 200 多亿欧元的大订单。对此，德国《经济周刊》酸溜溜地说，萨科齐访华是"乘人之危"，把本该德国得到的订单据为法国所有。这反映了德国商界对默克尔以意识形态的偏见处理德中关系的忧虑。20 世纪 90 年代初，因法国对台军售，中法关系一度降温，德国则加强了和中国的关系，而此时德国与法国

① 参见《胡锦涛与法国总统萨科齐举行会谈》，《人民日报》2007年 11 月 27 日。

的角色正好对调。对此，德国经济界已是"忍无可忍"。11 月 27
日的《德国金融时报》在头版排上了《德国工业界要求默克尔
向中国低头》的醒目标题。默克尔偏执的对华政策已是难以
为继。

2008 年 2 月 15 日，中国总理温家宝应约与德国总理默克尔
通电话。默克尔对中国部分地区遭受雨雪冰冻灾害表示慰问，说
德国致力于同中国发展良好的战略伙伴关系，加强在双边和国际
事务中的合作。德国将继续坚定支持和奉行一个中国政策，反对
台湾"入联公投"，不支持"西藏独立"。德方祝愿北京奥运会
取得圆满成功。温家宝说，中国政府一向从战略高度和长远角度
重视中德关系。在当前形势下，中德间的共同利益不断扩大，面
临的共同挑战也日渐增多，需要两国加强合作，携手应对。双方
应本着相互尊重、平等互利、互不干涉内政等原则，共同努力，
确保中德关系健康顺利向前发展。①

在中德关系有所缓和之后，中法关系围绕西藏问题、北京奥
运会召开等问题发生矛盾。由于法国总统萨科齐执意要会见达
赖，并把西藏问题与是否参加北京奥运会挂钩，导致奥运会火炬
传递在巴黎进行时出现违背奥林匹克精神，伤害中国人民感情的
事件。尽管萨科齐后来参加了北京奥运会开幕式，但在 2008 年
年底却在波兰再次会见达赖，这种言而无信的做法招致中国人民
的强烈不满。中国政府取消原定的 2008 年中欧领导人会晤，两
国关系在某些领域出现倒退。直到 2009 年三四月间，经过双方
有关部门内部沟通，在法方明确作出有利于中国人民的表态后，
双方才发表联合声明，胡锦涛主席也才在参加世界大国领导人会
议时会见萨科齐，两国关系开始出现转机。

---

① 《温家宝与德国总理默克尔通话》，《人民日报》2008 年月 2 月
16 日。

应当说，欧盟国家与美国有相同的价值观，但欧盟国家在经济、全球战略等方面与美国也存在矛盾，不同意由美国来主导欧洲事务，这对促进世界多极化的趋势有利。

三、不断改善周边国家关系和外部环境

中国的周边环境从总体上看有利于自身的和平发展，但也存在一些隐忧。例如，一方面，在中国周边，美国借反恐之机，已在中亚立足，其着眼点固然有反恐之需，但也有防范中国和俄罗斯的一面。另一方面，日本在其新防卫计划大纲中，首次放宽了自从 1976 年起实施的针对所有国家的武器出口禁令，从而为与美国共同研制卫星支持的导弹防御系统打开了方便之门。同时，日本对中国的军事力量增长充满戒心，其新防卫计划大纲指出，中国正通过海军和空军的现代化加强核武器和弹道导弹的能力，表示"今后也有必要注意这些动向"①。此外，周边一些国家对中国的快速发展也有某种疑虑。

（一）不断改善同周边国家的友好关系

在这种背景下，为了确保中国的和平发展和周边安全，一方面，中国以上海合作组织和东亚区域合作构筑稳定周边的战略依托，妥善处理同周边的关系，以减低美日同盟对中国带来的不利影响，并消除邻国对中国的担忧，创造有利的周边氛围，确保中国在周边的战略态势中争取主动。另一方面，我们也密切关注地区热点引起的局部动荡对中国安全产生的负面影响。党的十七大

---

① 《参考资料》2004 年 12 月 16 日。

报告强调，要继续"加强同周边国家的睦邻友好和务实合作"①。当时，中国与周边国家之间的关系是新中国成立以来最好的时期之一。为了实现和平发展，中国努力实行"睦邻友好和务实合作"的周边战略，即以中国的和平发展为前提，以经济合作为主题，兼顾政治、军事、文化、环境等多种务实合作，营造安全可靠、经济繁荣、长期稳定的周边和平环境，坚持以邻为善、以邻为伴，奉行睦邻、亲邻、富邻的政策。为此，中国积极发展参与区域经济合作，采取积极有效的具体措施加速实现东亚自由贸易区的战略设想。这是实现睦邻友好和务实合作的有效途径。

21 世纪以来，中国与东盟的关系有很大进展，双方于 21 世纪初共同商定在 10 年内建立自由贸易区。在此基础上，中国进一步推动了东盟与中、日、韩以及中、日、韩三国之间的合作机制。中国与东盟签署了《南海各方行为宣言》，以及中国与东盟在非传统安全领域合作的宣言，表明东亚地区合作从经济领域扩大到政治安全领域。这些成就的取得，对增进周边国与国之间的睦邻友好和务实合作、维护地区和世界和平，提供了有益的启示。

中国还继续促进和发展同越南、老挝、韩国、泰国、柬埔寨和缅甸等国家的睦邻友好关系，继续巩固和发展同巴基斯坦等国的传统友好关系。与此同时，中国还积极谋求改善同印度这个地区大国的关系。当时，印度已成为核大国并有可能在国际事务中发挥越来越大的作用。中国同印度缓和关系，既可平衡美国在南亚的影响，又可加强同发展中国家的团结与合作，共同维护发展中国家的正当权益。在南沙等问题上，中国继续坚持"主权属我，搁置争端，共同开发"和"稳南保北"的方针，妥善处理领

---

① 《中国共产党第十七次全国代表大会文件汇编》，人民出版社 2007 年版，第 47 页。

海争端，以维护和改善中国同东盟国家的关系。这对于保证中国周边地区的安宁，改善中国的战略安全态势，具有重大意义。

在这期间，作为东亚大国，中国在推动朝鲜半岛无核化、维护东亚局势稳定，积极促成朝核"六方会谈"，力争将朝核问题引入到一个谈判协商的框架内方面，发挥了独特作用。从2003年开始的朝核问题北京六方会谈至2007年已进行六轮（第一轮于2003年8月27日至29日举行；第二轮于2004年2月25日至28日举行；第三轮于2004年6月23日至26日举行；第四轮于2005年7月26日至8月7日举行第一阶段会谈，同年9月13日至19日举行第二阶段会谈；第五轮第一阶段会谈于2005年11月9日至11日举行，第二阶段会谈于2006年12月18日至22日举行，第三阶段会谈于2007年2月8日至13日举行；第六轮于2007年3月19日至23日举行），并取得积极进展。在这些会谈中，尽管存在不同立场，但各方都表示愿意致力于通过对话以和平方式解决朝鲜半岛核问题，维护半岛和平与稳定，开创半岛持久和平；主张半岛应无核化，同时也认识到需要考虑和解决朝鲜在安全等方面提出的关切；主张保持对话、建立信任、减少分歧、扩大共识、继续谈判协商解决分歧等。虽然"六方会谈"后来由于朝鲜第二次核试验等方面原因，尚未恢复，但中国在国际上的协调努力从未中断，特别是2009年10月温家宝总理的访朝，取得了积极成果。

始于20世纪90年代的朝核问题堪称世界上最复杂、最敏感、最棘手的问题之一。由于朝鲜半岛局势关涉整个东亚乃至太平洋地区的稳定，半岛形势受到极大关注。几年的风风雨雨见证了和平解决朝核问题的艰难历程，也见证了中国为实现朝鲜半岛无核化，维护东北亚和平，致力于推动建设一个和谐世界所进行的不懈努力和作出的应有贡献。

（二）进一步加强同发展中国家的团结与合作

发展中国家历来是中国在国际事务中可以依靠的力量。党的十七大报告强调，要"继续加强同广大发展中国家的团结合作"①。在 21 世纪，加强同发展中国家的团结与合作仍然是中国和平发展外交战略的基本立足点，也是中国实行独立自主的全方位和平外交、扩大国际回旋余地的重要借重力量。

冷战结束后，尽管国际局势发生了巨大变化，但发展中国家始终是国际社会不容忽视的力量。尽管它们面临诸多困难和问题，但作为一个整体，政治、经济实力和世界影响都在增大。"可以预见，发展中国家的崛起，将成为下个世纪国际关系变化的一个重要标志，对结束数百年来美欧主宰国际政治、经济事务的状况将产生重大的影响。"② 因此，中国在重大国际场合注意支持发展中国家合理的政治、经济诉求，加强同发展中国家的战略对话与协调，拓展与发展中国家经济贸易和能源合作的渠道。

为进一步促进中国和发展中国家的友好合作，2005 年 9 月 14 日，国家主席胡锦涛在联合国成立 60 周年首脑会议发展筹资高级别会议上，发表了题为《促进普遍发展　实现共同繁荣》的讲话，宣布中国将尽最大努力支持和帮助其他发展中国家加快发展。为此采取以下新措施："第一，中国决定给予所有同中国建交的 39 个最不发达国家部分商品零关税待遇，优惠范围将包括这些国家的多数对华出口商品。第二，中国将进一步扩大对重债穷国和最不发达国家的援助规模，并通过双边渠道，在今后两年

① 《中国共产党第十七次全国代表大会文件汇编》，人民出版社 2007 年版，第 47 页。

② 《江泽民论有中国特色社会主义（专题摘编）》，中央文献出版社 2002 年版，第 555 页。

内免除或以其他处理方式消除所有同中国有外交关系的重债穷国2004 年底前对华到期未还的全部无息和低息政府贷款。第三，中国将在今后 3 年内向发展中国家提供 100 亿美元优惠贷款及优惠出口买方信贷，用以帮助发展中国家加强基础设施建设，推动双方企业开展合资合作。第四，中国将在今后 3 年内增加对发展中国家特别是非洲国家的相关援助，为其提供包括防疟特效药在内的药物，帮助他们建立和改善医疗设施、培训医疗人员。具体通过中非合作论坛等机制及双边渠道落实。第五，中国将在今后 3 年内为发展中国家培训培养 3 万名各类人才，帮助有关国家加快人才培养。"① 这些战略性的举措为中国在 21 世纪进一步加强同亚、非、拉发展中国家的团结与合作，开辟了广阔的前景。

2005 年 11 月，中非峰会在北京召开。举办这一峰会，不仅象征着中非友谊，而且是中国推动建设和谐世界的重要步骤。美国《侨报》以《北京盛装迎非洲元首》为题发表文章说，北京的大街小巷都在盛装迎接新中国成立以来这一规模最大的国际会议。这足以显示出中国发展中非关系的决心。法国《欧洲时报》刊登评论员文章说，如此众多的非洲国家元首与政要围坐北京同一张圆桌旁可谓盛况空前。这是中国全方位和平外交成果的体现，也显示了中国新一代领导人提出的建立和谐世界的理念。在这次中非峰会上，中非领导人充分交换意见，达成了许多重要共识。作为峰会两项具体成果的《中非合作论坛北京峰会宣言》和《中非合作论坛——北京行动计划（2007～2009 年）》，则是"凝聚了双方的共识"的"纲领性文件"。中国历来主张，国家不论大小，一律平等；国家不分强弱，一律相互尊重。《中非合作论坛北京峰会宣言》强调，要根据和平共处五项原则以及所有

① 《胡锦涛出席联合国成立六十周年首脑会议开幕式》，《人民日报》2005 年 9 月 15 日。

倡导多边主义和国际关系民主化的国际准则发展友好合作关系；尊重和维护世界的多样性，世界各国不分大小贫富强弱应彼此尊重、平等相待、和睦相处；不同文明和发展模式应相互借鉴、相互促进、和谐共存。在此基础上，与会领导人郑重宣示，建立和发展"政治上平等互信、经济上合作共赢、文化上交流互鉴"的"中非新型战略伙伴关系"。在峰会闭幕前夕，胡锦涛代表中国政府向非洲兄弟重申：中国永远是"促进非洲和平稳定""实现非洲发展繁荣""支持非洲积极参与国际事务"的"可靠伙伴"。胡锦涛的讲话受到了与会者的热烈欢迎。赞比亚前总统卡翁达说："中国以前是，现在仍然是非洲人民的好朋友。"埃及外长盖特则说，在过去 50 年，乃至在未来的 500 年中，中非都会保持和平、友好的关系。

友谊、和平、合作、发展是北京峰会的主题，也是推动中非和谐关系不断前进的力量源泉。北京峰会丰富了建设和谐世界的理论和实践，从而载入了中非关系乃至中国对外关系发展的史册。世界上最大的发展中国家中国，与发展中国家最集中的非洲，发展和谐的友好合作关系，必将为建设和谐世界作出新贡献。就是在这次中非合作论坛北京峰会上，中国政府宣布了包括扩大对非援助规模、免除非洲重债穷国和最不发达国家债务、向非洲开放市场、加强中非经济社会领域广泛合作等加强对非务实合作、支持非洲国家发展的 8 项政策措施，赢得 48 国非洲领导人的高度赞誉。随着非盟会议中心在亚的斯亚贝巴奠基、由国家开发银行出资并承办的中非发展基金有限公司在北京开业、首个援非农业技术示范中心揭牌等，8 项援非政策措施正在逐一得到落实。峰会的成功召开表明，中国愿意与非洲国家共同努力，尽快摆脱贫困，共享发展成果，走向共同富裕。正如科摩罗总统桑比所说，中国和非洲之间的合作堪称典范。

四、在多边外交舞台上发挥大国作用

冷战结束后，随着经济全球化的迅猛发展，国际政治生活的多元化，多边外交日趋活跃成为国际社会的一个重要现象。这是人类进步的具体表现。主权国家通过国际会议和国际组织在广泛的领域展开合作，有利于促进世界和平与共同发展，有利于促进国际关系民主化。因此，中国在和平发展的过程中要发挥负责任的大国作用，必须十分重视开展多边外交活动。中共十七大报告强调，要"继续积极参与多边事务，承担相应国际义务，发挥建设性作用"①。

在多边外交中，联合国是最重要的国际组织。胡锦涛在2005年9月15日联合国成立60周年首脑会议上讲话指出："60年来特别是冷战结束以来，广大会员国共同努力，推动联合国各项事业蓬勃发展，使联合国在维护世界和平、推动共同发展、促进人类文明等方面发挥了重要作用，取得了巨大成就。""60年来，尽管地区动荡不断、局部冲突时有发生，但各国更加重视对话合作，更加重视谈判解决争端，通过联合国预防和制止武装冲突、维护世界和平日益成为国际社会的普遍诉求。遵守国际责任，承担国际义务，以和平方式解决争端，采取有效集体措施，共同维护地区和全球安全，是成立联合国的初衷，也越来越成为国际社会实现持久和平、普遍安全的必由之路。"② 因此，中国在联合

---

① 《中国共产党第十七次全国代表大会文件汇编》，人民出版社2007年版，第47页。

② 胡锦涛：《努力建设持久和平、共同繁荣的和谐世界——在联合国成立60周年首脑会议上的讲话》，《人民日报》2005年9月16日。

国积极开展多边外交，坚决维护联合国权威和发挥安理会的重要作用，坚决支持联合国秘书长为倡导多边主义、加强联合国作用所作的努力。与此同时，积极推动联合国改革朝着有利于世界和平与发展的方向发展，增强联合国的威信，提高联合国的工作效率，扩大发展中国家的代表性。

中国积极参与多边外交活动的另一个方面，是在地区性国际组织中发挥重要的建设性作用。自 20 世纪 90 年代以来，中国积极参与创建了上海合作组织，并在其中发挥了重要作用，有力地维护了国家的安全，促进了地区的稳定和成员国之间的互利、互信与合作。中国在中非论坛、亚太经济合作组织（APEC）、亚欧首脑会议、东亚合作系列峰会，以及世界经济论坛年会中也积极展开多边外交活动，发挥出越来越重要的作用。此外，中国与欧盟、八国集团、非洲联盟、东南亚国家联盟、阿拉伯国家联盟、海湾合作委员会等国际组织的关系也取得一定进展。今后，中国和平发展将以联合国为主要舞台，以亚太特别是东亚地区为重点，积极参与多边外交活动，在多边外交场合和国际及区域性组织中发挥重要作用，争取在国际事务中有所作为，逐步扩大中国的影响，有力地维护中国的主权和正当权益，并为解决人类共同面临的重大问题作出应有的贡献。

2009 年，中国全方位外交以应对金融危机为主线，以多边峰会为重要平台，积极参与应对金融危机、气候变化等问题国际合作，各项外交工作取得新的重要进展，再上新台阶。全年中央政治局 9 名常委分别有 2 到 5 次的出访记录，出访之密集、访问国家之多，属历史罕见。特别是 9 月 21 日至 25 日，胡锦涛主席出席联合国气候变化峰会、第 64 届联大一般性辩论、安理会核不扩散与核裁军问题峰会和 20 国集团领导人匹兹堡峰会，多次阐述了中国政府在一系列国际问题和相关议题上的立场和态度。12 月 17 日至 18 日，温家宝总理出席哥本哈根气候变化会议领导人会议，促使会议取得一定的成果。正如外电所评："2009 年的中国外交自始至终高潮迭起。"①

总之，我们所生活的地球，就像一个美丽的大花园。不同文明背景、不同发展水平、不同社会制度的国家，就好像五颜六色的鲜花竞相绽放。世界是丰富多彩的，坚定不移地走和平发展道路，致力于建设一个持久和平、共同繁荣的"和谐世界"，是中共中央、国务院着眼于国内外形势发展而提出的一个重大战略任务。2005 年 9 月，胡锦涛在墨西哥参议院演讲时曾引用墨西哥著名诗人帕斯的一句名言："江水滔滔，奔流不息，百折不回，终归大海。"世界各国和平、发展、合作的大势，确如大江奔流，势不可挡。只要顺应时代潮流，遵从人民意愿，中国和世界各国就一定能够走向持久和平、共同繁荣的和谐世界。

① 《世界，为 2009 中国喝彩》，《人民日报海外版》2010 年 1 月 4 日。

第十六章　经济社会发展与
人民生活的变迁

党的十六大以来的十年，是中国经济社会发展进程中极不平凡的十年；是积极应对国际形势深刻调整，国内发展日新月异的十年；是战胜各种风险、困难和挑战，经济总量实现历史跨越的十年。十年来，在以胡锦涛同志为总书记的党中央的正确领导下，全国各族人民坚持以邓小平理论和"三个代表"重要思想为指导，深入贯彻落实科学发展观，全面推进改革开放和现代化建设，切实转变经济发展方式，国民经济快速增长，人民生活明显改善，社会事业全面进步，国际地位显著提高，经济社会发展取得举世瞩目的辉煌成就。

一、经济社会发展成就显著

2002—2012 年，国际环境波诡云谲，美国次贷危机引发的国际金融危机肆虐全球；国内"非典"、雨雪冰冻灾害、汶川特大地震等自然灾害和重大挑战接连不断，经济形势的复杂性和宏观调控的艰巨性空前加剧。面对国内外复杂环境和一系列重大风险挑战，党中央团结带领全国各族人民，同心同德，砥砺奋进，坚持科学发展，实施正确而有力的宏观调控，国民经济实现快速增长，经济社会呈现出稳定健康的发展局面。

（一）国民经济连上新台阶，社会生产力和综合国力显著提升

经济持续较快发展。2002—2012 年，国内生产总值年均实际增长 10.4%，其中有六年实现了 10% 以上的增长速度，在受国际金融危机冲击最严重的 2009 年依然实现了 9.2% 的增速。① 经济总量连续跨越新台阶。2012 年，中国国内生产总值达到 51.9 万亿元，扣除价格因素，比 2002 年增长 1.7 倍。经济总量居世界位次稳步提升。2008 年国内生产总值超过德国，居世界第三位；2010 年超过日本，居世界第二位，成为仅次于美国的世界第二大经济体。中国经济增长对世界经济的贡献不断提高。特别是 2008 年下半年国际金融危机爆发以来，在世界主要经济体增长明显放缓甚至面临衰退时，中国经济依然保持相当高的增速并率先回升，成为带动世界经济复苏的重要引擎。中国经济总量占世界的份额由 2002 年的 4.4% 提高到 2012 年的 11.5% 左右，对世界经济增长的贡献率超过 20%。在经济总量稳步增长的同时，人均国内生产总值也快速增加。2012 年，中国人均国内生产总值达到 38420 元，扣除价格因素，比 2002 年增长 1.6 倍，年均增长 9.8%。按照平均汇率折算，中国人均国内生产总值由 2002 年的 1135 美元上升至 2012 年的 6338 美元，增长 4.6 倍。

国家财政实力明显增强。经济快速增长带来了国家财政收入的稳定增长。2012 年，中国财政收入超过 11 万亿，达到 117253 亿元，比 2002 年增长 5.2 倍。财政收入的快速增长为加大教育、

---

① 本节引用数字主要出自中华人民共和国国家统计局编：《科学发展谱新篇：从十六大到十八大》，中国统计出版社 2012 年版，第 3—16 页。以下不再另注。

医疗、社保等民生领域投入，增强政府调节收入分配能力等提供了有力的资金保障。

国家外汇储备大幅增加。中国外汇储备 2006 年末突破 1 万亿美元，2009 年末突破 2 万亿美元，2011 年末突破 3 万亿美元，2012 年达到 33116 亿美元，比 2002 年增长 10.6 倍，外汇储备规模连续七年稳居世界第一位。

（二）结构调整迈出新步伐，经济发展的协调性和竞争力明显增强

党的十六大以来的十年，党中央始终坚持把加快经济发展方式转变作为深入贯彻落实科学发展观的重要目标和战略举措，始终坚持把经济结构战略性调整作为主攻方向，坚定不移调结构，脚踏实地促转变，从"快字当头"到"好字优先"，中国结构调整不断迈出新步伐，经济发展的全面性、协调性和可持续性明显增强。

三次产业协同性增强。农业基础稳固、工业生产能力全面提升、服务业全面发展的格局逐步形成。2002—2012 年，第一产业年均增长 4.5%，第二产业年均增长 11.4%，第三产业年均增长 10.9%，均保持较快发展态势。制造业大国地位初步确立。按照国际标准工业分类，在 22 个大类中，中国在 7 个大类中名列第一，钢铁、水泥、汽车等 220 多种工业品产量居世界第一位。据美国经济咨询公司环球通视数据，2010 年中国制造业产出占世界的比重为 19.8%，超过美国成为全球制造业第一大国。新能源、新材料、新医药等新兴产业蓬勃发展，成为经济增长新亮点。服务业不断发展壮大。信息服务业、快递业等现代物流业、商务服务业、高技术服务业等迅速发展，服务业对经济社会发展的支撑和带动作用日益凸显。

需求结构明显改善。在国家扩大内需战略的带动下，内需对

经济增长的拉动作用显著增强。尤其是在应对国际金融危机冲击中，内需的强劲增长有效弥补了外需的不足，对实现经济平稳较快发展起到了极为关键的作用。2012 年，内需对经济增长的贡献率由 2002 年的 92.4% 提高到 102.1%，外需贡献率则由 2002 年的 7.6% 转为负 2.1%。

城镇化步伐明显加快。2012 年，中国城镇化率达到 52.6%，比 2002 年提高 13.5 个百分点，中国城乡结构发生历史性变化。

区域结构不断优化。中西部地区加快发展，经济总量占全国的比重持续上升，区域发展呈现出协调性增强的趋势。主体功能区建设初见成效，西部大开发、振兴东北老工业基地、促进中部地区崛起等区域发展战略向纵深推进，区域间产业梯度转移步伐加快，中西部地区发展潜力不断释放。

（三）基础设施和基础产业发展实现新飞跃，经济发展的基础和环境得到进一步改善

党的十六大以来的十年，党中央不断加强和完善基础设施和基础产业发展，突出重点，优化布局，夯实发展基础，破解瓶颈制约，基础设施和基础产业发展成绩斐然。

农业基础不断巩固和加强。党的十六大以来，国家高度重视"三农"工作，坚持把"三农"问题放在经济社会发展全局的突出位置，有效克服了自然灾害频发的不利影响，农业综合生产能力稳步提高，特别是取消农业税、实施农业补贴，极大地调动了农民生产积极性。2012 年，粮食总产量达到 58958 万吨，与 2002 年的 45706 万吨相比增长 29%，连续 6 年稳定在 5 亿吨以上，实现半个世纪以来首次"九连增"。21 世纪初以来，中国谷物、肉类、花生、茶叶、水果等农产品产量稳居世界第一位。

固定资产投资特别是基础设施和基础产业投入快速增长。投资规模之大、增速之快为历史所少有。青藏铁路、京沪高铁等一

批关系国计民生的重大项目建成投产，西气东输、南水北调、长江三峡等重大工程进展顺利。为应对国际金融危机冲击，国家实施了四万亿投资计划，主要投向国民经济和社会发展的重点领域和薄弱环节，形成了一批利于长远发展的优良资产，增强了经济社会发展的后劲。

能源生产供应能力稳步提高。2012 年，中国能源生产总量达到 33.2 亿吨标准煤，比 2002 年增长 1.2 倍，是世界第一大能源生产国，能源自给率在 90% 左右。能源结构进一步优化。非化石能源占一次能源消费比重由 2002 年的 7.3% 提高到 2012 年的 9.4%。水电装机规模居世界第一位。

交通运输能力持续增强。铁路迎来了史无前例的跨越式发展，高速铁路从无到有飞速发展，生产出时速高达 350 公里的动车组，标志着中国铁路运输达到国际先进水平。"五纵七横"国道主干线和西部开发八条公路干线建成。截至 2012 年，铁路营业里程达到 9.8 万公里，比 2002 年增长 36.1%；公路里程达到 424 万公里，增长 1.4 倍，其中高速公路 9.6 万公里，增长 2.8 倍；民用航空航线里程达到 328 万公里，增长 1 倍。旅客周转量由 2002 年的 1.4 万亿人公里增加到 2012 年的 3.3 万亿人公里；货物周转量由 2002 年的 5.1 万亿吨公里增加到 2012 年的 17.4 万亿吨公里。沿海规模以上主要港口货物吞吐量 2012 年达到 66.5 亿吨，比 2002 年增长 3 倍。

邮电通信业蓬勃发展。传统业务继续发展，移动电话用户数快速增加。2012 年，固定电话年末用户达到 27815 万户，移动电话年末用户达到 111216 万户。新兴业务不断发展壮大，快递等新兴业务不断涌现，3G 移动用户迅猛发展，互联网规模快速壮大。2012 年，互联网上网人数达到 5.6 亿人，稳居全球第一。

（四）对外经济和对外贸易实现新跨越，对外开放的深度和广度得到进一步拓展

党的十六大以来的十年，世界多极化、经济全球化深入发展，世界经济结构加快调整，全球经济治理机制深刻变革。面对复杂多变的国内外形势，党中央紧紧抓住加入世界贸易组织的机遇，积极应对国际金融危机带来的冲击和挑战，坚持统筹国内国际两个大局，不断加快转变对外经济发展方式，努力促进国际收支基本平衡，中国经济同世界经济的互动和依存不断增强，国际地位和国际影响力空前提高。

进出口贸易规模不断扩大。2012年，货物进出口总额达到38671亿美元，其中，出口额20487亿美元，进口额18184亿美元。进出口贸易总额跃居世界第二位，其中货物出口额居世界第一位，货物进口额居世界第二位。

进出口商品结构不断优化。在出口总额中，工业制成品占比由2002年的91.2%提高到2012年的95.1%；机电产品由48.2%提高到57.5%；高新技术产品由20.8%提高到29.3%。与此同时，先进技术、设备、关键零部件进口快速增长，大宗资源能源产品进口规模不断扩大。

利用外资规模跃居全球第二。2002—2012年，中国实际使用外商直接投资从527亿美元增长到11171亿美元，增长20倍，连续多年成为吸收外商直接投资最多的发展中国家，全球排名也上升至第二位。对外投资从无到有，"走出去"步伐不断加快。

（五）人民生活持续获得新改善，人民群众享受到更多改革和发展的实惠

党的十六大以来的十年，党中央坚持民生优先，把保障和改善民生作为一切工作的出发点和落脚点，坚定不移走共同富裕道

路，人民生活明显改善，人民群众享有的公共服务水平明显提高，全体人民切实共享改革发展成果。

就业规模不断扩大。2012 年末，中国城乡就业人数达到 76704 万人，比 2002 年增加 3424 万人。其中，城镇就业人数从 25159 万人增加到 37102 万人，增加 11943 万人。乡村就业人数从 48121 万人减少到 39602 万人，减少了 8519 万人。随着工业化和城市化进程的不断推进，城镇吸纳就业的能力不断增强，城镇就业人员占全国的比重从 2002 年末的 34.3% 提高到 2012 年末的 48.4%。农民工数量不断扩大。2012 年，农民工总量达到 26261 万人。

城乡居民收入快速增长。2012 年，城镇居民人均可支配收入 24565 元，比 2002 年增长 2.2 倍，扣除价格因素，年均实际增长 9.3%；农村居民人均纯收入 7917 元，比 2002 年增长 2.2 倍，扣除价格因素，年均实际增长 8.3%。其中，2010、2011、2012 年农村居民收入增速连续三年快于城镇，城乡居民收入差距有所缩小。

居民生活质量明显改善。2012 年，城乡居民家庭恩格尔系数分别为 36.2% 和 39.3%，分别比 2002 年降低了 1.5 和 6.9 个百分点。主要耐用消费品拥有量大幅增长。2012 年底，城镇居民家庭平均每百户拥有家用汽车 21.5 辆，比 2002 年增加 22.9 倍；拥有移动电话 212.6 部，增长 2.4 倍；拥有家用电脑 87 台，增长 3.2 倍。农村居民家庭平均每百户拥有电冰箱 67.3 台，增长 3.5 倍；拥有空调机 25.4 台，增长 10 倍；拥有移动电话 197.8 部，增长 13.4 倍。

覆盖城乡居民的社会保障体系建设取得突破性进展，初步形成了以社会保险为主体，包括社会救助、社会福利、优抚安置、住房保障和社会慈善事业在内的社会保障制度框架。2012 年末，全国城镇职工基本养老、城镇基本医疗、失业、工伤、生育保险参保人数分别达到 30427 万人、53641 万人、15225 万人、19010 万人、15429 万人。建立新型农村社会养老保险制度并开展试点，2011 年末全国列入国家新型农村社会养老保险试点地区参保人数 3.3 亿人。城镇居民社会养老保险试点开始启动。全民医保体系初步形成，13 亿城乡居民参保，其中新型农村合作医疗制度从无到有，从有到好。最低生活保障制度实现全覆盖，城乡社会救助体系基本建立。2012 年末，2144 万城市居民得到政府最低生活保障，5345 万农村居民得到政府最低生活保障，分别比 2002 年增加 90 万人和 4937 万人。农村贫困人口不断下降。以低收入标准测算，农村贫困人口从 2002 年末的 8645 万人下降到 2010 年末的 2688 万人。2011 年，中央决定将农民人均纯收入 2300 元（2010 年不变价）作为新的国家扶贫标准，比 2009 年提高 92%，按照新标准，年末农村扶贫对象为 12238 万人，把更多农村低收入人口纳入扶贫范围，这是社会的巨大进步。2012 年，按照新的农村扶贫标准，年末农村贫困人口为 9899 万人，比上年末减少 2339 万人。

（六）各项社会事业发展取得新突破，经济社会发展的协调性增强

党的十六大以来的十年，党中央始终坚持经济发展与社会发展相协调，不断加大政策支持力度，科教文卫等各项社会事业全面进步，经济社会发展的协调性进一步增强。

全面实行城乡免费义务教育，教育公平迈出重大步伐。国民受教育程度大幅度提升，国民平均受教育年限达到 9 年以上。职业教育快速发展。2012 年，各类中等职业教育招生 754 万人。高等教育大众化程度进一步提高。2012 年，全国普通高等教育本专科招生 689 万人，比 2002 年的 321 万人增加 368 万人。

科技投入持续增加，科技发展成果丰硕。2012 年，全国研究

与试验发展（R&D）经费支出 10298 亿元，比 2002 年增长 7 倍，占国内生产总值的比重由 1.07%上升到 1.98%。2012 年，研究与试验发展人员全时当量 325 万人年，比 2002 年增长 2.1 倍。重要科学前沿和战略必争领域取得了一批重大创新成果。千万亿次超级计算机系统"天河一号"研制成功，载人潜水器"蛟龙"号创下了 7062 米的下潜纪录，百亩超级杂交稻试验田亩产突破 900公斤，嫦娥一号、二号探月卫星成功发射，神舟系列飞船实现了发射、空间出舱活动以及空间科学试验等重大突破，特别是天宫一号目标飞行器与神舟九号飞船顺利载人交会对接，标志着中国载人航天工程第二步战略目标取得了具有决定性意义的重要进展。

卫生工作成效显著。成功应对了突如其来的"非典"、高致病性禽流感、甲型 H1N1 流感等重大疫情。医疗卫生体制改革进入实质性启动阶段。医疗卫生服务体系建设步伐明显加快。2012年末，全国共有医疗卫生机构 95 万个，共有卫生技术人员 668万人，其中执业（助理）医师 262 万人，注册护士 250 万人。医疗卫生体制改革进入实质性启动阶段。从 2009 年开始，新一轮医改大幕拉开，中国逐步向城乡居民统一提供疾病预防控制、妇幼保健、健康教育等基本公共卫生服务。

文化事业进一步加强，公共文化服务体系建设进入快速、稳定的重要发展期。2012 年末，全国共有公共图书馆 3076 个，比2002 年末增加 379 个；博物馆 3069 个，增加 1521 个；艺术表演团体 7321 个，增加 4734 个。有线广播电视用户达 21509 万户，年末广播节目综合人口覆盖率为 97.5%，电视节目综合人口覆盖率为 98.2%。

从党的十六大到十八大，中国经济社会发展走过了十年极不平凡的伟大历程，经济社会建设取得了举世瞩目的辉煌成就，在全面建设小康社会的征程上迈出了坚实的步伐。这些伟大成就来之不易，是党中央科学决策、正确领导的结果，是全国各族人民齐心协力、顽强拼搏的结果。这些伟大成就充分证明中国共产党是伟大、光荣、正确的党，充分证明中国特色社会主义道路是实现国家富强、民族振兴、人民幸福的唯一正确道路，这些伟大成就进一步凝聚了全党全国各族人民的意志和力量，进一步增强了全国各族人民在中国共产党的领导下再铸辉煌的信心。

中国正处于经济社会发展的关键时期和改革开放的攻坚阶段，既面临难得的历史机遇，也面临诸多可以预见和难以预见的风险挑战，特别是中国经济发展中不平衡、不协调、不可持续的问题依然突出，支撑经济高速增长的优势有所弱化，经济增长面临的资源环境约束增强，收入分配差距较大，科技创新能力不强，城乡区域发展不平衡，制约科学发展的体制机制障碍依然较多等。因此，中国既要坚定发展信心，又要增强忧患意识，未雨绸缪，坚持用发展和改革来解决前进中遇到的问题。我们坚信，只要全国各族人民始终坚持中国共产党的领导，继续解放思想，坚持改革开放，推动科学发展，促进社会和谐，就一定能够夺取全面建设小康社会新胜利，不断开创中国特色社会主义事业新局面！

二、城乡居民收入快速增长

收入分配是社会再生产过程中的一个重要环节，在生产和消费之间起着承上启下的关键作用，它不仅反映出经济发展的成果为全体人民所共享的程度，而且还直接关系到国民经济能否持续、快速和健康稳定地发展，关系到社会的安定和国家的长治久安。改革开放以来，中国打破了单一公有制、计划经济和收入分配上的平均主义，建立了按照要素和贡献分配的机制，调动了各经济主体的积极性，优化了资源配置，使得国民经济实现了连续30多年年均9%以上的增长，使人民生活水平有了极大的提高。但是，还应该看到，在市场化快速推进并基本形成市场经济体制以及工业化加速的条件下，随着资本的快速扩张和劳动力转移阻力的减弱，居民收入差距呈现出不断拉大的趋势。2002年以来，在市场经济体制基本确立和工业化进入中后期，在资本扩张并主导分配的情况下，党和政府提出了科学发展观和建立和谐社会，以共同富裕为收入分配政策调整方向，开始加强对收入分配领域的政府干预，即试图通过规范市场和提高"二次分配"力度来制止收入差距的继续扩大和扩大内需。

（一）居民收入保持快速增长

统计资料显示，2002—2012年城乡居民收入保持快速增长。城镇居民人均可支配收入和农村居民人均纯收入分别由2002年的7702.8元和2475.6元增加到2012年的24564.7元和7916.6元，都大约增长了2.2倍，其中各年的实际增长速度见表16-1。继2010年农村居民人均纯收入开始高于当年国内生产总值的实际增长率，2012年城镇居民人均可支配收入和农村居民人均纯收入分别实际增长9.6%和10.7%，均高于当年国内生产总值的实际增长率，实现了居民收入增长与经济增长的同步。

2002—2012年，城镇居民人均可支配收入由7702.8元增至24564.7元，10年间增加了2.19倍；扣除价格因素的影响，年平均增长速度为9.66%。这一时期城镇居民人均可支配收入增速呈现出波浪式上升的态势。2002年城镇居民人均可支配收入增长率为13.4%，此后两年依次降至9.0%和7.7%。这是因为加入WTO初期，国内很多民营企业由于一时难以掌握国际市场的竞争规则，在国际竞争中处于下风，导致城镇居民收入增速放缓。2004年3月，《最低工资规定》开始实施，各地可根据规定的测

表16-1 2002—2012年城乡居民收入增长情况

	2002	2003	2004	2005	2006	2007	2008	2009	2010	2011	2012
农村居民人均纯收入（元）	2475.6	2622.2	2936.4	3254.9	3587.0	4140.4	4760.6	5153.2	5919.0	6977.3	7916.6
农村居民人均纯收入实际增长速度①	4.8%	4.3%	6.8%	6.2%	7.4%	9.5%	8.0%	8.5%	10.9%	11.4%	10.7%
城镇居民人均可支配收入（元）	7702.8	8472.2	9421.6	10493.0	11759.5	13785.8	15780.8	17174.7	19109.4	21809.8	24564.7
城镇居民人均可支配收入实际增长速度②	13.4%	9.0%	7.7%	9.6%	10.4%	12.2%	8.4%	9.8%	7.8%	8.4%	9.6%
国内生产总值（亿元）	121002.0	136564.6	160714.4	185895.8	217656.6	268019.4	316751.7	345629.2	408903.0	484123.5	534123.0
国内生产总值的增长速度	9.1%	10.0%	10.1%	11.3%	12.7%	14.2%	9.6%	9.2%	10.6%	9.5%	7.7%

资料来源：①②来源于历年国民经济和社会发展统计公报；其他来源于《中国统计年鉴（2014）》，中国统计出版社2004年版。

算方法设定不同的最低工资标准，并且每两年至少调整一次。2005 年以后，随着国内非公有制经济与国有经济对国际市场竞争规则的日渐熟悉，城镇居民收入的增长率又呈现出逐年递增的趋势，2007 年达到 12.2%。2008 年受全球性金融危机的影响，消费和投资规模大幅下滑，城镇居民人均可支配收入的增速降至 8.4%。中国政府当机立断，出台了一揽子的经济刺激计划，使国民经济没有发生严重衰退。2009 年以后，城镇居民人均可支配收入增幅开始缓慢回升，到 2012 年城镇居民人均可支配收入实际增幅上升到 9.6%。此外，社会保障体系的覆盖面逐步扩大到城镇居民和灵活就业者也是城镇居民收入增加的重要因素之一。

　　2002—2012 年，农村居民人均纯收入由 2475.6 元增至 7916.6 元，10 年间增加了 2.20 倍；扣除价格变动的因素，年平均增长速度达 8.05%。这一时期是改革开放以来政府对农业投入力度最大、农民收入增加最快的一个阶段。2003 年农村居民人均纯收入增长速度比上年降低 0.5%。2004 年以后，农村居民人均纯收入增速不断提高。到 2007 年，农村居民人均纯收入实际增速达到 9.5%。2008 年增速稍有回落，但随即又迅速回升。2010 年农村居民人均纯收入的增幅达到 10.9%，比上年增速提高 2.4 个百分点。2011 年和 2012 年，农村居民人均纯收入的增幅也都在 10% 以上。农村居民收入的快速增长与这些年来政府制定实施了一系列的支农惠农政策密切相关。比如，2003 年的"新农合"，2004 年的"两减免、三补贴"，2006 年以后中央政府全国范围内减免了农业税、增加对种粮农民的补贴，2009 年的"新农保"，各级财政加大对农村基础设施建设和公共产品的投入力度，效果明显。更为可喜的是，2010 年以来农村居民人均纯收入实际增速持续高于城镇居民人均可支配收入，城乡居民收入差距比由 2007 年的 3.33：1 下降到 2012 年的 3.10：1。

　　2002—2012 年城乡居民收入保持快速增长的原因：一是国民

经济在高位平滑化发展，经济总量规模迅速扩大。2002—2012年，中国的 GDP 从 121002.0 亿元增加到 534123.0 亿元，10 年间增长了 3.41 倍。若按不变价格计算，以 1978 年为 100，GDP 年平均增长率达到了 10.58%，人均 GDP 年平均增长率则为 9.90%。二是收入来源渠道和分配方式的多样化。2002 年以后，生产资料所有制结构日趋多元化，个体经济、私营企业等非公有制经济迅速发展，逐渐形成了劳动、资本、技术、管理等生产要素按贡献参与分配的制度，城乡居民所拥有的非劳动收入的份额越来越多。三是政府采取了一系列措施调整收入分配，使居民可支配收入在宏观收入分配格局中的占比止跌回升。如从 2003 年到 2007 年，中央财政对地方的转移支付累计 4.25 万亿元，87% 用于支持中西部地区。在税收方面，2006 年修改《中华人民共和国个人所得税法》，提高了个人所得税工薪所得费用扣除标准，由 800 元提高到 1600 元，减轻了中低收入者的税收负担，照顾了一部分低收入人员。调整了消费税、住房营业税的相关政策，强化对高收入人群的税收监管。

从宏观上看，居民可支配收入主要由劳动者报酬、总营业盈余、财产性收入和转移性收入构成。2002 年以来，尽管居民可支配收入总量逐年递增，但其在 GDP 中所占比重却呈现出不断下降态势。2002 年为 63.99%，此后一路下滑，2008 年下跌至 58.7%。2009 年开始回升，为 59.98%。到 2012 年又上升至 60.17%。根据资金流量表数据（见表 16-2），可以对居民可支配收入构成项目的变化情况做以下分析：一是劳动者报酬是居民收入的主要来源。2002—2012 年，劳动者报酬占居民可支配收入的比重基本稳定在 80% 左右，2011 年达到 77.8% 的最低点，2012 年有所回升，比上年上涨了 2 个百分点。不过，10 年间下降了 3.5 个百分点。二是总营业盈余是居民可支配收入的重要来源。其间，其比重多数年份稳定在 15% 上下波动。2008 年以后，呈现上升的走势，到 2011 年上升到 18%。三是财产性收入也是居民收入的重要来源，但所占比例偏低。2002—2005 年在 2%—3% 的区间里波动，2006—2008 年上升比较明显，比重超过了 4%。2009 年之后又小幅下降。

表 16-2　2002—2012 年居民收入来源构成　　单位：亿元

年份	居民可支配收入		劳动者报酬		总营业盈余		财产性收入		经常转移	
	总额	比重（%）	总额	比重（%）	总额	比重（%）	总额	比重（%）	总额	比重（%）
2002	77423.3	100	64501.5	83.3	10258.9	13.3	2041.2	2.6	621.8	0.8
2003	87268.4	100	71735.7	82.2	12531.8	14.4	2245.0	2.6	756.0	0.9
2004	98508.9	100	80950.7	82.2	13827.7	14.0	2711.2	2.8	1019.2	1.0
2005	112910.2	100	93148.0	82.5	16102.0	14.3	3267.1	2.9	393.1	0.3
2006	131426.4	100	106369.0	80.9	19514.3	14.8	5231.6	4.0	311.5	0.2
2007	158558.6	100	127918.9	80.7	23748.1	15.0	7138.3	4.5	−246.6	−0.2
2008	185926.3	100	150511.7	81.0	26753.8	14.4	8130.0	4.4	530.9	0.3
2009	207302.4	100	166957.9	80.5	31722.1	15.3	7864.0	3.8	758.3	0.4
2010	243121.7	100	190869.5	78.5	42724.2	17.6	8270.9	3.4	1257.2	0.5
2011	285772.6	100	222423.8	77.8	51335.4	18.0	10523.7	3.7	1489.6	0.5
2012	321399.2	100	256563.9	79.8						

资料来源：张东生主编：《中国居民收入分配年度报告（2013）》，中国财政经济出版社 2013 年版，第 7—8 页。

（二）居民收入差距变化

2002—2012 年，尽管居民的收入水平得到了很大提高，但是，由于不同群体间的收入增长速度存在较大差异，居民收入在城镇内部、农村内部、城乡之间的差距却一度呈现出不断扩大的态势。2013 年 1 月 18 日，国家统计局一次性公布了 2003 年以来全国居民收入的基尼系数：2003 年是 0.479，2004 年是 0.473，

2005 年为 0.485，2006 年为 0.487，2007 年为 0.484，2008 年为 0.491，2009 年为 0.490，2010 年为 0.481，2011 年为 0.477，2012 年为 0.474。[①] 从 2009 年开始，中国总体基尼系数由上升转为下降，这意味着居民收入差距由扩大转为缩小。

（1）城镇居民收入差距变化。

城镇居民收入差距是中国总体收入差距的重要组成部分，对总体收入差距的变化具有重要影响。根据《中国统计年鉴》对城镇居民家庭进行的收入五等份分组，20%低收入户与 20%高收入户人均收入之比从 2009 年开始由上升转为下降，由 2008 年的 5.7%下降到 2012 年的 5%。从表 16-3 还可以看出，2001—2005 年以及 2008 年，城镇 20%高收入户人均收入增长率高于低收入户人均收入增长率，导致这些年份城镇居民收入差距扩大。例如，2008 年城镇 20%高收入户人均收入上升了 17.6%，而 20%低收入户人均收入上升了 13.2%，二者收入差距比 2007 年上升了 0.2。反之，其他年份城镇 20%高收入户人均收入增长率小于 20%低收入户人均收入增长率，则城镇居民收入差距缩小。2012 年，城镇 20%高收入户人均收入增长率为 9.4%，而 20%低收入户人均收入增长率高达 17.8%，引起城镇居民收入差距快速缩小。

根据 2009 年《中国统计年鉴》公布数据，2001 年至 2008 年，城镇居民低收入户、中等偏下收入户、中等收入户、中等偏上收入户、高收入户的人均可支配收入分别增长了 1.8 倍、2.1 倍、2.2 倍、2.4 倍、2.7 倍，也就是说，收入水平越高的阶层，其收入增长越快越多。2008 年至 2012 年，城镇居民低收入户、中等偏下收入户、中等收入户、中等偏上收入户、高收入户的人

---

① 参见新华网 2014 年 1 月 20 日的报道《2013 年全国基尼系数 0.473，达到近十年最低》。

均可支配收入分别增长了 1.7 倍、1.6 倍、1.6 倍、1.5 倍、1.5 倍，即收入水平越低的阶层，其收入增长较快。这说明，2009 年以后城镇居民收入差距出现了缩小的态势。

表 16-3　城镇居民低收入户和高收入户人均可支配收入及增长率

单位：元、%

年份	20% 低收入户 可支配收入	20% 高收入户 可支配收入	20% 低收入户 增长率	20% 高收入户 增长率	收入 差距
2001	3319.7	12662.6	6.0	12.1	3.8
2002	3032.1	15459.5	-8.7	22.1	5.1
2003	3295.4	17471.8	8.7	13.0	5.3
2004	3642.2	20101.6	10.5	15.1	5.5
2005	4017.3	22902.3	10.3	13.9	5.7
2006	4567.1	25410.8	13.7	11.0	5.6
2007	5364.3	29478.9	17.5	16.0	5.5
2008	6074.9	34667.8	13.2	17.6	5.7
2009	6725.2	37433.9	10.7	8.0	5.6
2010	7605.2	41158.0	13.1	9.9	5.4
2011	8788.9	47021.0	15.6	14.2	5.4
2012	10353.8	51456.4	17.8	9.4	5.0

资料来源：《中国统计年鉴（2014）》，中国统计出版社 2014 年版。

（2）农村居民收入差距变化。

鉴于 2014 年的《中国统计年鉴》对农村居民收入进行五等份分组，2002—2012 年，农村居民家庭收入分布中收入最高 20% 家庭的平均收入与收入最低 20% 家庭的人均收入之比仅在 2004 年、2006 年、2008 年和 2012 年四年下降。2012 年出现小幅度下降，其值由 2011 年的 8.39 下降到 8.21，这说明农村居民收入差距扩大的局面得到一定程度的遏制，居民收入差距开始缩小。

根据 2014 年的《中国统计年鉴》公布数据，2002 年至 2008年，农村居民低收入户、中低收入户、中等收入户、中高收入户、高收入户的人均纯收入分别增长了 75%、90%、94%、96%、91%。可见，农村内部的中高收入户、中等收入户的收入增速较高，低收入户的收入增速较低。2008 年至 2012 年，农村居民低收入户、中低收入户、中等收入户、中高收入户、高收入户的人均纯收入分别增长了 54%、64%、68%、71%、68%。这说明，2008 年和 2012 年农村居民收入差距缩小并没有从根本上扭转农村居民收入差距扩大的长期趋势。

表 16-4　农村家庭收入分布中 20%低收入户和
20%高收入户人均收入增长率

	2003	2004	2005	2006	2007	2008	2009	2010	2011	2012
最低 20%	1.03	16.28	5.99	10.80	13.90	11.35	3.30	20.69	6.99	15.78
最高 20%	7.65	9.20	11.78	9.39	15.53	15.32	9.11	14.05	19.46	13.26

资料来源：《中国统计年鉴（2014）》，中国统计出版社 2014 年版。

（3）城乡居民收入差距变化。

2002 年城镇和农村居民的可支配总收入在全部居民收入中所占份额分别为 66.63%和 33.37%。此后，城镇居民的可支配总收入占比持续增加，到 2010 年占比为 76.31%，比 2002 年上升9.68 个百分点。2010 年农村居民的可支配总收入为 39724.25 亿元，勉强相当于城镇居民 2002 年的收入总量，比城镇收入规模落后将近 8 年。城乡居民可支配总收入份额之所以发生这种变化：一是中国城镇化水平逐步提高，城镇人口比重增加。2002 年城镇居民人口为 50212 万人，仅占全国人口的 39.09%；2010 年城镇居民人口达到 66978 万人，人口比例上升至 49.95%。二是城乡居民在要素占有、职业属性等方面存在的显著差异。①

2002—2012 年，虽然城乡居民人均收入水平都有大幅度的提升，但却存在着明显的差距。一是城镇居民人均可支配收入的年均增长率比农村居民人均纯收入的年均增长率高出了 1.61 个百分点；二是城乡居民收入差距的绝对值也在扩大，2002 年为 5227.2 元，2008 年为 11020.2 元，2012 年为 16648.1 元。不过，城乡居民之间的收入差距的变化大体上有一个"减小—增大—稍微减小"的过程。2003 年以后，政府注重统筹城乡和谐发展，加大了对"三农"工作的扶持力度，农村居民收入增速加快。城乡之间的收入差距虽仍在扩大，但相对缓和。2010 年农村居民人均纯收入的增长速度首次超过了城镇。尽管如此，城乡居民收入仍然存在较大差距，2010 年城乡居民收入比为 3.31∶1，2012 年仍为 3.10∶1。

（4）行业收入差距变化。

2002 年以后，随着市场化改革的深入和所有制结构的多元化，中国行业工资的市场化分配机制越来越明显。市场机制的优胜劣汰和不同行业间的内在差异性，使得不同行业的工资增长速度存在着巨大差异。2003—2012 年，全国按行业分城镇单位就业人员平均工资由 13969 元增加至 46769 元，9 年间增长了 2.35 倍，年均增长率高达 14.4%，但不同行业间增长速度差异很大。在国家统计局 2003—2012 年所统计的 19 个行业（见表 16-5）中，金融业、批发和零售业、采矿业的年均工资增速分别高达 17.7%、17.4%、17.2%，而信息传输、计算机服务和软件业，房地产业，住宿和餐饮业的年均工资增速仅为 11.3%、11.9%、12.1%。这一时期，金融业，信息传输、计算机服务和软件业，

---

① 参见宋士云：《2002—2010 年我国居民收入的实证分析》，《河南大学学报（社会科学版）》2013 年第 2 期。

科学研究、技术服务和地质勘查业属于高工资行业，而农林牧渔业、住宿和餐饮业、建筑业则属于低工资行业。

表 16-5　2003—2012 年按行业分城镇单位就业人员平均工资

单位：元

年份 指标	2003	2004	2005	2006	2007	2008	2009	2010	2011	2012
城镇单位就业人员平均工资	13969	15920	18200	20856	24721	28898	32244	36539	41799	46769
农林牧渔业	6884	7497	8207	9269	10847	12560	14356	16717	19469	22687
采矿业	13627	16774	20449	24125	28185	34233	38038	44196	52230	56946
制造业	12671	14251	15934	18225	21144	24404	26810	30916	36665	41650
电力、燃气及水的生产和供应业	18574	21543	24750	28424	33470	38515	41869	47309	52723	58202
建筑业	11328	12578	14112	16164	18482	21223	24161	27529	32103	36483
交通运输、仓储和邮政业	15753	18071	20911	24111	27903	32041	35315	40466	47078	53391
信息传输、计算机服务和软件业	30897	33449	38799	43435	47700	54906	58154	64436	70918	80510
批发和零售业	10894	13012	15256	17796	21074	25818	29139	33635	40654	46340
住宿和餐饮业	11198	12618	13876	15236	17046	19321	20860	23382	27486	31267
金融业	20780	24299	29229	35495	44011	53897	60398	70146	81109	89743

（续表）

年份 指标	2003	2004	2005	2006	2007	2008	2009	2010	2011	2012
房地产业	17085	18467	20253	22238	26085	30118	32242	35870	42837	46764
租赁和商务服务业	17020	18723	21233	24510	27807	32915	35494	39566	46976	53162
科学研究、技术服务和地质勘查业	20442	23351	27155	31644	38432	45512	50143	56376	64252	69254
水利、环境和公共设施管理业	11774	12884	14322	15630	18383	21103	23159	25544	28868	32343
居民服务和其他服务业	12665	13680	15747	18030	20370	22858	25172	28206	33169	35135
教育	14189	16085	18259	20918	25908	29831	34543	38968	43194	47734
卫生、社会保障和社会福利业	16185	18386	20808	23590	27892	32185	35662	40232	46206	52564
文化、体育和娱乐业	17098	20522	22670	25847	30430	34158	37755	41428	47878	53558
公共管理和社会组织	15355	17372	20234	22546	27731	32296	35326	38242	42062	46074

资料来源：《中国统计年鉴（2014）》，中国统计出版社 2014 年版。

不同行业间工资增长速度的差异导致了不同行业间收入差距的变化。2002 年，工资最高的行业是金融保险业（19135 元），高出社会平均工资 54.04%，为工资最低行业（农林牧渔业）的 2.99 倍。2003 年，工资最高的三个行业是信息传输、计算机服务和软件业，金融业，科学研究、技术服务和地质勘查业，分别高出城镇单位就业人员平均工资 121.18%、48.76%、46.34%；

工资最低的三个行业是农林牧渔业、批发和零售业、住宿和餐饮业，分别比城镇单位就业人员平均工资低 50.72%、22.01%、19.84%；工资最高行业的工资水平比最低行业的工资水平高出 3.49 倍。2008 年，工资最高的三个行业依然是信息传输、计算机服务和软件业，金融业，科学研究、技术服务和地质勘查业，分别高出城镇单位就业人员平均工资 90.0%、86.51%、57.49%；工资最低的三个行业是农林牧渔业、住宿和餐饮业、建筑业，分别比城镇单位就业人员平均工资低 56.54%、33.14%、26.56%；工资最高行业的工资水平比最低行业的工资水平高出 3.37 倍。2012 年工资最高的三个行业依次是金融业，信息传输、计算机服务和软件业，科学研究、技术服务和地质勘查业，分别高出城镇单位就业人员平均工资 91.89%、72.14%、48.07%；工资最低的三个行业是农林牧渔业，住宿和餐饮业，水利、环境和公共设施管理业，分别比城镇单位就业人员平均工资低 51.49%、33.15%、30.85%；工资最高行业的工资水平比最低行业的工资水平高出 2.96 倍。

另据人力资源和社会保障部统计，电力、电信、金融、保险、烟草等行业职工的平均工资是其他行业职工平均工资的 2—3 倍，如果再加上工资外收入和职工福利待遇上的差异，实际收入差距可能在 5—10 倍之间。①

（5）区域收入差距变化。

从全国四大区域比较来看，就城镇居民收入差距来说，不同地区的收入差距呈现缩小态势。2005 年，东、中、西部以及东北地区城镇居民人均可支配收入分别为 13374.9 元、8808.5 元、8783.2 元、8730.0 元，东部比中部高 51.84%，比西部高

---

① 参见彤新春：《"十一五"时期我国收入分配状况及展望》，《甘肃社会科学》2010 年第 6 期。

52.28%，比东北高 53.21%；2008 年，东、中、西部以及东北地区城镇居民人均可支配收入分别为 19203.5 元、13225.9 元、12971.2 元、13119.7 元，东部比中部高 45.20%，比西部高 48.05%，比东北高 46.37%；2012 年，东、中、西部以及东北地区城镇居民人均可支配收入分别为 29621.6 元、20697.2 元、20600.2 元、20759.3 元，东部比中部高 43.12%，比西部高 43.79%，比东北高 42.69%。就农村居民来讲，不同地区农村居民的收入差距也呈缩小态势。2005 年，东、中、西部以及东北地区农村居民人均纯收入分别为 4720.3 元、2956.6 元、2378.9 元、3379.0 元，东部比中部高 59.65%，比西部高 98.42%，比东北高 39.70%；2008 年，东、中、西部以及东北地区农村居民人均纯收入分别为 6598.2 元、4453.4 元、3517.8 元、5101.2 元，东部比中部高 48.16%，比西部高 87.57%，比东北高 29.35%；2012 年，东、中、西部以及东北地区农村居民人均纯收入分别为 13919.2 元、9829.4 元、8857.2 元、15711.0 元，东部比中部高 41.61%，比西部高 57.15%，而东北又比东部高出了 12.87%。

从全国省、自治区、市比较来看，省际的居民收入差距也比较大。2002 年，城镇居民人均可支配收入全国最高（上海 13249.80 元）和最低（贵州 5944.08 元）的省（自治区、市）之间的人均收入差距是 2.29 倍；2008 年，城镇居民人均可支配收入全国最高（上海 26674.90 元）和最低（甘肃 10969.41 元）的省（自治区、市）之间的人均收入差距是 2.43∶1；2012 年，城镇居民人均可支配收入全国最高（上海 40188.34 元）和最低（甘肃 17156.89 元）的省（自治区、市）之间的人均收入差距是 2.34∶1。2002 年，上海农村居民纯收入为 6223.55 元，到 2008 年增至 11440.26 元，收入增加了 1.25 倍；同期，贵州农村居民纯收入由 1489.91 元增至 2796.93 元，收入增加了 1.15 倍。2012 年，农村居民人均纯收入全国最高（上海 17803.68 元）是最低

（甘肃 4506.66 元）的省（自治区、市）的 3.95 倍。

（三）居民收入差距扩大的原因分析

2002 年以来，中国居民收入差距扩大的原因是多方面的，其中既有因特定历史阶段而造成的体制性原因，又有政府政策导向而形成的政策性原因；既有市场经济本身的自发作用，又有市场机制失灵的结果。

（1）工业化进程对居民收入差距的影响。

在中国工业化进程中，居民的收入差距所出现的阶段性扩大的现象，主要由两方面原因造成。一方面，城镇化水平远远落后于工业化水平，这使中国的产业结构和就业结构之间极不协调，农业和非农产业的劳动生产率相差很大。另一方面，在农村富余劳动力向城镇转移的过程中，转移劳动力的收入长期处于较低水平。随着工业化和城镇化进程的加快，中国产业布局会日趋合理、居民的收入差距会逐渐恢复到正常水平。

第一，城乡分割管理的户籍制度使中国城镇化水平严重滞后于工业化水平。2002 年以来，随着乡镇企业、私营企业的大发展，中国农村富余劳动力转移规模逐步扩大，城市化水平有了很大提高。2009 年城镇人口比重为 46.59%，第二产业在国内生产总值中占比 49.25%，两者相差仅为 2.26 个百分点。但是，中国的就业结构和产业结构与世界通行的"钱纳里标准"相比还存在着较大差距。[①] 2010 年，尽管中国的人均 GNP 已经达到 4283 美元，但城市化水平仅为 46.59%，低于"钱纳里标准"近 20 个百分点。2009 年中国农业劳动力份额为 38.1%；而按照"钱纳里

---

① 参见［美］霍利斯·钱纳里、莫伊思·赛尔昆著，李新华、徐公理、迟建平译：《发展的型式（1950—1970）》，经济科学出版社 1988 年版，第 31—32 页。

标准"，农业劳动力份额最多为 15.9%。城镇化水平大大滞后于工业化进程，农业和二、三产业之间的劳动生产率差异巨大。2009 年工业的劳动生产率仍然是农业的 6.13 倍，这一年农业的劳动生产率仅为 11857.41 元/人，还不到 1994 年工业的生产水平（14658.7 元/人）。

第二，城乡居民收入差距的阶段性扩大是一般国家经济发展过程中的必经阶段。拉尼斯和费景汉在刘易斯模型的基础上将二元结构下的农村剩余劳动力流动划分为三个阶段。在前两个阶段中，农村向城镇转移的劳动力因为其供给大大超过需求，其收入处于较低的水平，这与中国 2003 年的劳动力市场状况类似。在第二阶段即将结束时，劳动力市场会出现刘易斯转折点，而促进农村劳动力工资水平的上升。2004 年以来，长三角、珠三角等地区频现"民工荒"，这引起了许多学者对刘易斯转折点是否到来的争论。尽管不同学者对此认识各不相同，但伴随"民工荒"的出现，政府制定了一系列政策保障农村外出就业人员的工资水平和其他各项待遇，使农民工的工资水平逐步提高，已经成为一个不争的事实。李稻葵等借助刘易斯模型，通过对中国劳动报酬在 GDP 中比重的计量经济学分析，认为中国的劳动报酬份额与经济发展之间符合 U 型规律，中国正处于劳动份额的下降期，即 U 型曲线的左侧。这一 U 型曲线的最低点约为人均 GDP 6000 美元，中国未来两年的劳动份额会进入一个直线上升的通道，居民的收入差距会随着经济发展而逐步减小。[1]

（2）市场化改革对收入差距的影响。

社会主义市场经济体制的逐步完善使市场机制在居民收入分配的过程中起着越来越重要的作用。同时，由于中国市场经济体

---

[1]　参见李稻葵、刘霖林、王红领：《GDP 中劳动份额演变的 U 型规律》，《经济研究》2009 年第 1 期。

制还不成熟，居民收入差距的扩大越来越具有"非市场化"的特征。居民收入差距的扩大，既有市场化过度的原因，也有市场化不到位的原因。

一是市场机制的自发运行对收入差距的影响。市场经济的自发作用是居民收入差距产生的内在原因。这种差距的产生是市场机制自身运行的结果，符合一般经济规律。首先，中国市场经济体制还不完善，各行业、地区间市场化程度差距很大，市场机制在提高资源配置效率的同时极易诱发不同主体间财富的两极分化。其次，以按劳分配为主体、各生产要素按贡献参与分配的原则，明确了非劳动收入的合法性，提高了非劳动收入在居民收入中的比重，拉大了居民间的收入差距。最后，现阶段劳动者的人力资本存量差异导致了居民收入差距。劳动者受教育年限越长，人力资本存量越高，劳动生产率也就相对较高，更容易获得较高的收入。

二是市场经济体制不完善是居民收入差距扩大的主因。2002年以来，尽管中国的市场经济得到了长足发展，但是市场化过度与市场化不到位的情况并存。首先，正常的职工工资增长和协商机制尚未完全建立。尽管政府一直致力于健全工资增长机制，构建和谐劳动关系，但实践效果并不明显。到2010年，全国共有1300万家企业，其中近80%的中小企业尚未建立工资集体协商制度，工资集体协商覆盖面之窄可见一斑。① 其次，劳动力市场分割加剧了居民收入差距。尽管越来越多的农村劳动力为城镇经济发展做出了巨大贡献，但是很多劳动者仍面临许多市场歧视，绝大多数只能在次级劳动力市场就业。2009年，外出的农民工中，从事制造业的比重占39.1%，其次是建筑业（17.3%）和服务业

---

① 参见董广红：《工资协商，你的工资谁做主?》，《工会博览》2010年第7期。

（11.8%）。同一工种，农民工比城市劳动力平均报酬低 28.9%。其中，15.96% 来自于同一行业内的报酬歧视，26.93% 来自于行业的进入障碍。① 最后，行业垄断使居民收入差距加大。一些垄断行业一方面利用政府的税收、信贷优惠，享受着以较低的生产成本进行生产的优厚条件；另一方面通过制定较高的价格将行业内部成本转嫁，提高了行业利润和行业内部可供分配的工资总额，损害了竞争性行业的利益。

（3）政策性因素对收入差距的影响。

居民收入差距的扩大与政府的调控政策有着密切的联系。2002 年以来，政府"五个统筹"的发展思路，使城乡、行业、地区之间总体收入差距持续拉大的势头得到了一定程度的遏制，但政府在公共服务城乡差异、市场监管方面的不到位则是居民收入差距扩大的重要原因。

一是公共服务的城乡非均等化。中国政府公共服务政策长期以来非均衡供给的态势，加大了城乡之间居民的收入差距。城镇中各类公共产品的经费支出基本上都由政府财政拨付，城镇居民可以免费或低费享受到政府所提供的基本服务；而在广大的农村，政府财政仅仅给予少量的补贴，其主要供给责任则主要依赖于农村基层乡镇政权。2004 年税费改革以后，农民虽然不再缴纳农业税和"三提五统"等税费，但长期以来农村薄弱的公共服务基础，严重制约了农村公共服务建设，使城乡之间在教育、卫生、社会保障等公共服务领域存在不小的差距难以在短时间内消除。

二是政府监管措施的不到位。政府对城市居民收入的监管力度不够，形成了大量的隐性收入。著名学者王小鲁通过调查发

---

① 参见王美艳：《城市劳动力市场上的就业机会与工资差异——外来劳动力就业与报酬研究》，《中国社会科学》2005 年第 5 期。

现：2008 年全国居民可支配收入总额中有高达 9.3 万亿的隐性收入，其中灰色收入高达 5.4 万亿，占到了当年国民总收入的 15%。巨额灰色收入的存在，不仅说明中国现行法律和制度在收入分配的监管方面存在漏洞，还表明政府在立法、执法、监督之间存在脱节，对经济活动和公务人员的行为缺乏有效监管，致使钱权交易、以权谋私、公共投资与腐败等行为泛滥。①

三、城乡居民生活水平显著提高

2002—2012 年，在全面建设小康社会和构建社会主义和谐社会的背景下，国民经济保持快速、平稳发展，城乡居民收入水平得到了普遍的、大幅度的提高，消费能力进一步增强，整体生活质量明显改善。

（一）食品消费健康便捷

城镇居民食品消费由"鲜菜+粮食+动物性食品"的消费格局向"鲜菜+动物性食品+粮食"的消费格局转变，从量的扩张阶段进入质的提高阶段，高层次食品消费量上升，营养过剩问题开始显现。② 食品消费开始从传统的家庭式自我服务向省时省力的社会化服务过渡。

第一，城镇居民食品消费格局发生重大变化，农村居民变化缓慢。城乡居民食物消费呈现多元化趋势，对粮食、食用油等低层次食品消费量呈下降趋势，对猪牛羊肉、家禽、水产品、鲜奶

---

① 参见王小鲁：《灰色收入与国民收入分配》，《比较》2010 年第 3 期。
② 城镇居民食品消费数量依据是国家统计局公布的城镇居民人均食品购买量数据，购买量不包括城镇居民在外就餐消费数量。

产品等高层次食品消费量则呈现明显增加趋势。正是由于高层次食品消费量的不断增多，使城乡居民食品消费格局发生了重要变动。城镇居民动物性食品消费量逐步接近粮食消费量，并于2005、2012年一度超过粮食消费量，可以预言动物性食品将很快超过粮食，成为第二大消费对象，结束"鲜菜+粮食+动物性食品"的消费格局，顺利步入"鲜菜+动物性食品+粮食"的消费阶段。上海、北京、广州等地城市居民已经进入或基本接近"动物性食品+鲜菜+粮食"消费格局的门槛。与城镇居民食品相比较，农村居民动物性食品增长缓慢，在整个消费结构中所占比例甚小，对粮食的主体地位构成不了挑战，蔬菜与粮食的消费差距也甚大，2012年农村居民粮食、蔬菜、动物性食品消费量分别是164.27公斤、84.72公斤、39.97公斤，三者之间比例为4.1：2.1：1，相互之间差距很大，没有相互取代的优势，农村居民消费结构将长期保持"粮食+蔬菜+动物性食品"的消费格局。其时农村居民食品消费虽然处在第一阶段，但处在一种较为高级的第一阶段，表现为粮食地位不断下降，蔬菜、猪牛羊肉、蛋类、水产品、奶类的消费量不断上升。但这种变化速度太慢，造成三者之间差别很大，农村居民实现向第二阶段转移要经过一个漫长的时期。

表 16-6　中国城镇居民人均食品购买量　　单位：千克

年份 指标	2002	2003	2005	2010	2011	2012
粮食	78.48	79.52	76.98	81.53	80.71	78.76
蔬菜	116.52	118.34	118.58	116.11	114.56	112.33
动物性食品	74.4	79.19	77.45	78.03	77.81	79.33
猪肉	20.28	20.43	20.15	20.73	20.63	21.23
牛羊肉	3	3.31	3.71	3.78	3.95	3.73

（续表）

指标 ＼ 年份	2002	2003	2005	2010	2011	2012
禽类	9.24	9.2	8.97	10.21	10.59	10.75
鲜蛋	10.56	11.19	10.4	10	10.12	10.52
水产品	13.2	13.35	12.55	15.21	14.62	15.19
鲜奶	15.72	18.62	17.92	13.98	13.7	13.95
奶粉	0.6	0.56	0.52	0.45	0.53	0.50
酸奶	1.8	2.53	3.23	3.67	3.67	3.46

资料来源：国研网统计数据库。

　　第二，城乡居民食品消费质量不断提升。首先，城镇居民对粮食、蔬菜、植物油等生活必需品的消费量趋于稳定，农村居民对粮食、蔬菜消费量大幅下降，对植物油消费量基本稳定。城镇居民对粮食购买量从 2002 年的 78.48 千克增长到 2012 年的 78.76 千克，增长 0.28 千克；蔬菜购买量从 116.52 千克下降到 2012 年的 112.33 千克，下降 4.19 千克；食用油消费量从 8.52 千克上升到 2012 年的 9.14 千克，上升 0.62 千克。从农村居民来看，粮食消费量从 2002 年的 236.50 千克下降到 2012 年的 164.27 千克，下降 72.23 千克；蔬菜消费量从 110.55 千克下降到 84.72 千克，下降 25.83 千克；食用油消费量从 7.53 千克上升到 7.83 千克，上升 0.30 千克。其次，城乡居民对肉类、禽类、鲜蛋、水产品、奶制品等的消费量全面增加。2012 年与 2002 年相比，城镇居民人均猪肉增长 4.68%，牛羊肉增长 24.33%，禽类增长 16.34%；农村居民增长幅度更大，人均对牛肉、羊肉、禽类、蛋类和水产品的消费量分别增加了 96.56%、44.72%、54.28%、25.92%、22.91%，尤其是奶类，增长 344.12%，城乡居民对动物性食品，特别是对高营养、高蛋白的动物性食品消费增加较大。再次，鲜瓜果消费量在城乡居民食品消费中占据较重位置。人们对食物多样化、优质化需求不断增强，特别是对富含维生素的瓜果类食品需求旺盛，已经成为人们日常饮食中不可或缺的部分。2012年城镇居民人均消费鲜瓜果56.05千克，虽然较之2002年下降0.47千克，但整体消费量达到当年蔬菜消费量的一半，粮食消费量70%以上；农村居民瓜果及制品消费22.81千克，较之2002年增长4.04千克，增长21.54%。最后，酒、糖等享受类食品增降不一。随着城镇居民健康意识的提高和2011年5月1日中国酒驾入刑政策的实施，城镇居民对酒类消费量呈现稳定下降趋势，人均酒类消费量从2002年的9.12千克下降到2012年的6.88千克，下降24.56%；但中国农村居民呈现相反趋势，酒类消费量一直呈上升势头，从2002年的7.50千克上升到10.04千克，上升33.87%；在酒类消费增加的同时，农村居民对糖的消费量却出现下降趋势，从1.64千克下降到1.19千克，下降27.44%。

第三，食品消费正在从家庭走向社会。随着消费水平的不断提高，人们的生活方式和饮食习惯正在潜移默化地发生着改变。居民传统的以家庭自我料理为主的饮食模式逐步向省时省力的社会化服务模式转变。馒头、蛋糕、包子、油炸丸子、葱花大饼、速冻水饺、手工面条、凉拌凉菜、各种配菜、熏肉、熏鱼、火腿肠、方便面等等，从半成品到成品、从生食到熟食、从简单手工加工品到食品工业制成品，应有尽有。各种成品即开即食，各种半成品只要稍作加工即可食用，省去了淘米洗菜、生火做饭的诸多烦恼，大大减轻了居民的家务劳动负担。可是许多城镇居民连这还显麻烦，外出就餐就成为他们的必然选择。适应不同收入水平的需要，饮食设施从高档的酒楼到大街小巷的大排档、小吃摊，应有尽有，膳食品种繁多，早中晚餐齐全，有效地促进了居民外出饮食消费。外出饮食从过去只有与亲戚朋友聚会时才肯外出饱吃一顿的"奢侈行为"，逐渐变成了城乡居民的日常行为。

越来越多的城乡居民一日三餐不再拘泥于自家厨房，多选择学校食堂、单位食堂或饭店就餐。在居民食品消费的各项支出中，外出饮食支出是增长最快的项目，2002—2012 年，中国城镇居民人均出外就餐由 438.24 元上升到 1315.09 元，所占食品支出比重从 18.1% 上升到 21.8%。北京、上海、深圳等经济发达城市居民外出饮食支出约占食品支出的 1/3。正是中国居民饮食服务支出的增加，使社会消费品零售总额中餐饮业收入增长迅速，从 2000 年的 3836.1 亿元增长到 2014 年的 27860 亿元，增长 6.3 倍，年均增长 15.2%，远远超出同期国内生产总值的增长速度。

第四，营养过剩问题严重，富贵病急剧攀升。一个不容忽视的事实是，由于缺乏营养知识，大多数居民不知道怎样科学地搭配食物，盲目消费，无节制地吃喝，导致膳食结构出现严重失衡。由于动物性食物和油脂消费过度增加，导致居民营养过剩问题日益严重。据浙江省《居民营养与健康状况监测结果（2010—2012）》显示，脂肪营养素推荐摄入量为 20g~30g，而浙江大城市监测点居民摄入为 91.2g，高出推荐摄入量最大值的 3 倍，中小城市居民的摄入量更高，为 93.6g，农村监测点稍微少一些，但也有 79.5g。严重的营养过剩造成中国居民心血管疾病、高血压、糖尿病、肥胖症等"富贵病"的发病率大幅攀升。2012 年全国 18 岁及以上成人超重率为 30.1%，肥胖率为 11.9%，比 2002 年上升了 7.3 和 4.8 个百分点，其中城市超重率为 32.4%，肥胖率为 13.2%，农村超重率为 27.8%，肥胖率为 10.5%，城市居民营养过剩情况比农村严重。全国 18 岁及以上成人高血压患病率为 25.2%，糖尿病患病率为 9.7%，与 2002 年相比，患病率呈上升趋势。另据统计资料，无论城市居民还是农村居民，高血压、糖尿病、内分泌疾病发病率都呈急剧上升趋势，城镇居民上升速度更快。（见表 16-7）富贵病的出现显然与居民粮食消费量的急剧减少，肉类食品大量增加有着密切的关系。美国学者鲍普肯把居民膳食和营养状况变迁分为"饥饿减少""慢性疾病""行为改变"三个阶段。许多发达国家已处于第三个阶段，而中国像许多发展中国家一样正在从第一阶段向第二阶段过渡，进入慢性疾病多发时期。其特点是脂肪、能量摄入增多，体力活动减少，其结果会增加膳食相关慢性病的发生。因此，引导居民改变不科学的饮食习惯已刻不容缓。

表 16-7　中国主要年份调查地区居民慢性病患病率统计（2003—2013）

单位：‰

指　标	合计			城市			农村		
	2003	2008	2013	2003	2008	2013	2003	2008	2013
心脏病	14.3	17.6	22.1	32.8	34.4	25.9	7.9	11.7	18.3
高血压	26.2	54.9	142.5	54.7	100.8	161.8	16.4	38.5	123.1
脑血管病	6.6	9.7	12.2	13	13.6	12.1	4.4	8.3	12.3
内分泌、营养和代谢疾病	7.5	12.9	39.1	20.3	31.4	54.6	3.1	6.3	23.6
糖尿病	5.6	10.7	35.1	16.3	27.5	48.9	1.9	4.8	21.3

资料来源：《中国卫生和计划生育统计年鉴 2014》，中国统计出版社 2015 年版。

（二）衣着消费彰显个性

随着中国经济的蓬勃发展和生活水平的日益提高，中国居民的衣着消费进入一个新的阶段。人们不再满足于穿暖穿好的数量型消费，开始追求衣着的档次和款式，并发展到追求个性和品位。衣着消费逐步朝个性化、品牌化、休闲化方向发展。城镇居民人均衣着支出从 2002 年的 590.88 元上升到 2012 年的 1823.39 元，人均衣着支出比例呈稳定趋势，从 9.8% 上升到 2012 年的 10.94%，上升 1.14 个百分点；农村居民人均衣着消费支出从

2002 年的 55.33 元上升到 2009 年 232.5 元，支出比例从 7.19%
下降到 2009 年 6.62%，下降 0.57 个百分点。这一时期城乡居民
衣着消费的主要特点：

一是衣着消费趋于个性化、多样化。中国居民衣着消费趋于
理性化，不再像 80 年代盲目追求潮流，造成衣着消费雷同现象
严重，而是更加注重展现个人审美修养、生活品位及精神追求，
在衣着消费上注重挑选符合自己气质、个性、身材、身份的服
装。一项关于服装消费观念调查显示，除少数人仍具有从众和追
求流行趋势心态外，占 64.8% 和 55.7% 的消费者把追求个性的、
合适的服装作为选择服装的主要因素。① 衣着的个性化主要表现
在两个方面：从宏观上，把个人放到社会整体中来看，每个社会
成员总是追求个人风格的与众不同，在服装面料、色彩图案、款
式上做到特色独具。走上街头，表现不同个性、不同气质的服装
争奇斗艳，让人感到宛如走进了百花园。牛仔裤、直筒裤、夹克
衫、西装、休闲服、唐装、连衣裙、一步裙等铺天盖地地卷入到
你的视线。尤其是年轻人更善于追求新潮，张扬个性，衣着更加
前卫，超短裙、吊带衫、露背装、露脐裤、古仔服、邋遢服纷纷
上阵。清纯俏丽、风情浪漫、成熟练达、雍用华贵、不拘传统的
性情在不同的装束中尽现出来。从微观上，把个人作为一个独立
的个体来看，同一个人在不同的时间、环境下，穿衣打扮随着场
合的改变而改变。"新三年、旧三年，缝缝补补又三年"的老习
惯早已远离城镇居民，上班一身、下班一身、开会一身、做饭一
身、散步一身、睡觉一身的'一日多衣'的着装概念不知不觉中
走进人们的生活。富裕起来的城乡居民每天根据不同的角色在不
停地变换着自己的服装，人们的衣着消费从过去的"一季多衣"

① 参见中国服装时尚网 2006 年 12 月 12 日的报道《中国 10 大城市
品牌服装消费调查》。

向"一日多衣"转变。

二是衣着消费档次大幅度提升。按照经济学家凡勃伦的消费理论，服装档次的高低是一个人修养、气质、风度的重要体现，关系到社会和周围的人对自己的评价。在生活水平达到一定程度后，崇尚品牌、追求时尚、注重品位成为人们的内心需要。衣着作为生活必需品，其保暖、遮体的基本功能早已满足不了人们的要求，人们更加注重的是衣着的品位化、时尚化、个性化等特征。只要花色、款式、做工完美，不少人已不把价格放在购衣的第一位。追求高档次服装的一个重要体现是更多地挑选牌子、注重质量。从 2005—2006 年全国大型商场部分月份服装销售数据来看，中国居民品牌意识较强，服装消费档次大大提高。在各类服装中，前十位服装品牌综合占有率都比较高，防寒服、羊绒衫、保暖内衣的市场占有率分别达到 74.67%、78.07%、66.86%。在前十名服装品牌中，市场占有率各不相同，出现向少数品牌集中趋势。在防寒服中，波司登和其系列品牌雪中飞牢牢控制了市场，其销售量占整个市场销售量的 40% 左右；在羊绒衫中，鄂尔多斯独占鳌头，占市场销售量的 25% 左右；在鞋类销售中，百丽遥遥领先，占市场销售量的 12.8%。

城乡居民衣着消费品牌化趋势日益显著。男士服装、儿童服装品牌集中度普遍较高，都在 40% 左右。儿童服装品牌集中度较高的原因与儿童在服装消费上选择的自由度较小，受家长支配有关。儿童着装的档次直接关系到他人对家长能力和价值的衡量和评判，因此家长在儿童服装的选择上也比较注重品牌，这在消费经济学上称之为"代理消费"，类似西方贵族家庭仆人的消费，其目的是替主人显示地位和博取声誉。据调查，2003 年高档童装消费额占全部童装消费额的 25%，中档童装消费额占全部的消费额 37%，低档童装占全部消费额的 38%，中高档童装占整个消费额的 60% 以上。① 女装品牌消费集中度相对较低，且比较分散，从 2006 年 4 月份北京亿元商场服装销售来看，15 种女装品牌市场综合占有率仅为 18% 左右，每种品牌所占比例都在 1% 左右。② 女装品牌集中度较低，并不代表其消费档次低，这主要与女士穿着追求个性化有关，在服装品牌的选择上比较分散。

表 16-8　2005—2006 年部分月份全国大型商场

前十位品牌服装市场综合占有率　　　　单位:%

品名	华北	东北	华东	中南	西北	全国
童　装	48.66	45.43	33.16	42.59	47.06	43.38
防寒服	66.98	70.59	74.89	83.62	77.28	74.67
波司登	26.78	19.95	24.26	27.79	28.93	25.54
雪中飞	11.44	12.32	16.28	19.09	7.50	13.33
羊绒衫	77.09	85.63	69.82	74.14	83.66	78.07
鄂尔多斯	21.06	25.58	24.70	24.12	26.32	24.36
保暖内衣	66.61	68.40	54.05	70.23	74.99	66.86
夹克衫	27.72	40.34	29.83	43.95	46.92	37.75
T 恤衫	32.30	38.89	38.15	42.51	45.45	39.46
鞋类	53.32	43.91	47.40	46.27	57.38	49.66
百丽	16.66	7.65	13.65	12.60	13.44	12.80

资料来源：根据服装网公布的数字计算。

三是纯棉制品大行其道。"健康着装"的观念开始融入城乡居民的衣着消费中，人们在追求衣着美观的同时更加注重舒适和健康。纯棉制品在经历 80 年代的冷落之后，逐渐受到人们的推

---

① 参见梁志欣：《中国童装市场发展不平衡》，《在线国际商报》2004 年 1 月 1 日。

② 参见服装网 2007 年 3 月 10 日的报道《2006 年 4 月北京亿元商场女装品牌销售情况排序》。

崇，化纤服装失去了往昔的娇宠。化学纤维不透气、起静电和容易产生皮肤过敏的缺陷，让人穿起来既不舒适又不自在；而纯棉服装坚韧柔软、高透气性的特点，给人带来舒适自然的美妙感受。纯棉布料取代了化学纤维，逐渐成为服装市场的主流。据2005年1月美国国际棉花协会对中国内地消费者服装消费的调查报告，有64.9%的中国内地消费者认为其所购买的衣服是否由天然材质如棉花、羊毛制成非常重要；有82%的人愿意多花钱购买天然纯棉制品及天然纯毛制品。与此相对应的是中国内地消费者对于人造丝、弹性纤维、人造纤维等非自然材质则强烈抵触。对于弹性纤维，中国内地消费者不接受比例高达19%，远高于香港、日本消费者的不接受比例（1%）。①

　　中国消费者在对纯棉服装的消费上呈现出从小到大（孩子高于成人）、从内到外（内衣高于外衣）的特点。纯棉服装有利于保护儿童幼嫩的肌肤，在消费者中已形成共识。在被称为"人体第二肌肤"的内衣消费调查中，有90%的被访者认为内衣裤应以纯棉制造。② 这次纯棉服装的盛行不是对50、60年代棉布（制品）的简单重复，而是在面料中加入棉的成分，其工艺、质地、款式都远远超过当年的棉布（制品），既适应了人们追求自然舒适的需要，又满足了人们张扬个性、提升品位的需要。人们对棉布等天然纤维服饰的垂青，貌似回归，其实是在经历了现代化的洗礼之后，产生的更高层次的消费观念，在某种程度上也是西方"后现代文化"影响人们日常生活的一种反映。

　　四是休闲服装渐成主流。曾经代表经典、非凡、高尚的传统

---

① 参见胡笑红、熊欣：《2004全球时尚监测揭示中国消费者青睐纯棉服装》，《京华时报》2004年9月1日。

② 参见欧海光：《纯棉材质最受偏爱》，《中国纺织报》2005年3月1日。

正装——西服成为厚重、呆板的代名词，正在从人们的视野中淡去。休闲装以其注重宽松、彰显活力的特点，加上具有舒适耐穿、免熨、弹性好、无静电等功能，日益受到人们的欢迎，逐渐成为衣着消费的主流。2002 年全国重点大型零售企业服装类销售总额为 334.6 亿元，其中休闲服装销售额占 20% 左右。① 2005 年南京中央商场等大型零售企业服装销售情况显示，高价位的休闲服装在中青年和收入较高的消费者中大行其道，中档价位的休闲服装则受到工薪阶层的喜爱，而传统正装尤其是毛料西服需求趋缓。② 随着休闲服装的迅速升温，各地经销商纷纷看好休闲服饰的市场潜力，各大商场在服装经营上向休闲装倾斜，专门开辟专柜，甚至整层商场销售休闲装，各种类型的休闲装专卖店更是数不胜数。受衣着消费休闲化潮流的影响，国内原来很多生产传统正装的企业如杉杉、罗蒙、七匹狼等开始转向生产休闲服装。以生产防寒服著称的波司登厂家也紧紧抓住 2008 年北京举办奥运会，全民健身运动热潮到来的大好时机，向运动休闲装进军，推出了以户外运动、休闲、时尚为主题的外套、短裤、T 恤、休闲鞋等 10 多个系列 100 多个品种的男女运动休闲系列服装。③ 据不完全统计，2006 年国内休闲装品牌多达 2000 多个，专业的休闲装生产厂家已达万余家，休闲装已在中国服装产业中渐居主导地位。④

---

① 卢健：《从市场亮点看服装消费趋势》，《扬子晚报》2003 年 11 月 18 日。

② 《南京服装市场近日大刮运动休闲风》，中国时尚品牌网 2004 年 8 月 2 日。

③ 《波司登欲掀运动休闲风》，《服装时报》2004 年 10 月 10 日。

④ 叶灵燕：《CHIC 展：服装市场刮起"休闲风"》，《中国贸易报》2006 年 4 月 19 日。

（三）耐用品消费升级分化

进入 90 年代，城乡居民耐用品消费需求开始从传统耐用消费品向现代新型耐用消费品转移，从生存型向享受型、发展型耐用消费品转移。城乡居民，尤其是城镇居民对大多数耐用消费品的需求出现饱和，用品消费在居民消费支出中的比重开始下降。新型家电的出现，给一片沉寂的耐用品消费市场带来一线生机，中国居民耐用品消费支出数额继续呈增长之势。中国居民用品消费进一步融入世界潮流，与世界各国用品消费差距呈缩小之势。

（1）家庭设备用品支出减缓，新型用品支出上升。

经过转轨时期耐用品消费的高速增长，城镇居民家庭主要耐用品拥有量已达到了较高水平，增长速度自然放缓。同时，居民的消费心理逐步走向成熟，消费行为更加理智，从追求时髦、互相攀比转向讲究实用、注重服务。加上社会保障制度改革取得突破，城镇居民在医疗、教育和住房上的消费开支大大增加，耐用品支出受到压缩。短短的十几年中耐用消费品市场从萌芽期到发展期，很快又进入饱和期，耐用消费品增长势头与 80 年代相比大大减缓。城镇居民对彩电、冰箱、洗衣机等传统耐用消费品的消费需求出现饱和，自行车、收音机、缝纫机等老式耐用品拥有量呈负增长之势。城镇居民耐用消费品支出增长势头减缓，所占消费比重进入 21 世纪以来呈现先下降后上升的"U"字形之势，从 2000 年的 7.5% 下降到 2005 年的 5.6%，此后开始缓慢回升到 2010 年的 6.7%，随后 2011 年、2012 年一直保持不变；中国农村居民也呈现出同城镇居民一样的变化趋势，进入 21 世纪，耐用品消费支出比重延续上世纪 90 年代下降势头，到 2004 年下降到谷底，为 4.2%，2005 年开始缓慢、平稳上升，2008 年达到 4.75%，2012 年上升至 5.8%。城乡居民之所以出现这种先下降后上升趋势，主要是前期受上世纪 90 年代以来城乡居民耐用消费品趋于饱和的影响，造成耐用品消费支出比重出现持续下滑，耐用消费品对消费需求的拉动力趋于减弱。但城乡居民在对传统电器消费需求降温的同时，一些新兴电器产品成为新的消费热点。随着科学技术的进步，传统耐用品开始升级换代，数字电视、全自动洗衣机、节能冰箱、变频空调出现推动着居民消费热情，电脑、手机、微波炉等新兴消费品进入人们生活，拨动着人们的消费神经，导致耐用品消费掀起一股升级换代热潮，使城乡居民耐用品消费支出比重先抑后扬，呈现上升势头。

表 16-9　2000—2012 年城乡居民家庭设备用品及服务所占消费比重　　　　单位:%

年份	城镇居民	农村居民
2000	7.5	4.5
2001	7.1	4.4
2002	6.4	4.4
2003	6.3	4.2
2004	5.7	4.1
2005	5.6	4.4
2006	5.7	4.5
2007	6	4.6
2008	6.2	4.8
2009	6.4	5.1
2010	6.7	5.3
2011	6.7	5.9
2012	6.7	5.8

资料来源：2001—2013 年的《中国统计年鉴》，中国统计出版社 2001—2013 年版。

（2）耐用品消费从生存型向享受型、发展型转变。

　　进入新世纪以来，中国城乡居民耐用消费品消费进入升级换代阶段，城镇居民对电视机、冰箱、洗衣机、录音机为主的传统耐用消费品需求饱和，农村居民耐用品消费呈现传统与现代并存增长的态势，以电子化、信息化为特征的新型耐用消费品在城乡居民中广泛兴起，耐用品消费朝享受型、发展型方向转变。一是适应现代生活节奏，以减轻体力劳动和提高饮食卫生为主的电气化厨具融入了人们的生活。2012 年每百户城镇居民家庭拥有微波炉 62.2 台、消毒碗柜 19.5 台、洗碗机 0.9 台。大多数居民家庭基本完成了厨房用具的更新换代，一个个干净、快捷、省力的现代化厨房走进了千家万户。二是适应现代生活节奏，能够带来感官享受，帮助人们迅速恢复精力的享受类耐用消费品受到人们青睐。2012 年每百户城镇居民家庭中拥有淋浴热水器 91 台，拥有夏天用的太阳能热水器和冬天用的电热水器的家庭越来越多。面对炎热的天气，日益提高的空调普及率使人们过个凉爽的夏季成为现实。2012 年每百户城镇居民家庭空调拥有量达到 126.8 台，农村居民空调拥有量为 25.4 台，降温用品的大量普及使居民夏季居住更加舒适。三是适应现代生活节奏，以加强人们文化信息交流为主的发展类耐用消费品令人目不暇接。当今越来越多的城乡居民把消费兴趣转移到对家庭文化气氛的营造上，信息产品、文化娱乐产品受到人们的欢迎。2012 年每百户城镇居民家庭拥有彩色电视机 136.1 台，农村为 116.9 台，拥有两台以上的家庭越来越多。家用电脑和网络开始进入居民家庭。2012 年每百户城镇居民家庭拥有家用电脑 87 台，农村为 21.4 台。截至 2012 年 12 月，中国网民规模达 5.64 亿互联网普及率为 42.1%。人们通过网络进行交流、学习、购物甚至恋爱。移动电话成为人们形影不离的大众化生活必需品，2012 年每百户城镇居民家庭拥有移动电话 212.6 部，农村为 197.8 部。拥有家庭汽车的城乡居民家庭也在不断增多，其他如摄像机、影碟机、组合音响、钢琴、高中档乐器等文化类消费品拥有量也都有不同程度的增长。以上耐用品的普及，缩短了人与人之间的距离，加强人们之间信息的沟通与交流，提高了文化知识，扩大了人们的视野空间。

（3）城乡居民用品消费差距扩大，农村居民消费升级困难。进入 90 年代后，随着收入差距的不断扩大，城镇居民的消费差距也在日益拉大，作为主要支出项目的用品消费支出差距也随之扩大。从实物形态上看，城乡居民在传统耐用消费品上的差距在不断缩小，在现代耐用消费品上的差距逐步扩大。具体说来，主要表现在以下五个方面：一是在代步工具方面，城镇居民家庭以公共交通工具和家用汽车为主，农村居民家庭以自行车和摩托车为主。随着城市公共交通的不断完善和出租车队伍的日益壮大，人们出行越来越方便，自行车逐渐从人们生活中淘汰，私人摩托车拥有量呈下降趋势，交通工具由原来的个人负担转向社会，但私人交通工具的便捷性又使收入水平较高的城镇居民转向更加先进的交通工具，家庭轿车走进城镇居民家庭。农村居民受收入水平和交通条件限制，出行主要以自行车和摩托车为主。2012 年每百户城镇居民家庭拥有私人汽车 22 辆，摩托车 20 辆，农村居民拥有自行车 79 辆，摩托车 62 辆，家用汽车仍是统计空白。二是在降温工具方面，农村家庭靠电风扇降温，城镇家庭靠空调降温。受收入水平和居住活环境的限制，农村居民家庭空调拥有量偏低，2012 年每百户农村居民家庭空调拥有量为 25 台。由于大多数农村居民交不起电费收入较低，电风扇对空调具有超强的替代功能。在电风扇与空调之间，农村居民家庭只能选择增加电风扇数量的办法来降温。与农村居民不同，城镇居民家庭电风扇已经淘汰，空调严重饱和，每百户空调拥有量达到 127 台，城镇居民空调拥有量是农民的 5 倍多。三是在厨具、卫生方面，农村居民家庭新老厨具参差不齐，城镇家庭厨房革命已经完成。2012 年每百户城镇居民家庭拥有电冰箱 99 台、微波炉 62.25 台、消毒碗柜 20 台，厨房革命已经完成，各种现代化厨具一应俱全，部分厨具出现饱和；而农村居民现代厨具仅限于电冰箱和排油烟机，且远未普及，2012 年每百户农村居民家庭拥有电冰箱 62 台、排油烟机 15 台。四是在卫生用品方面，城镇居民卫生条件要远远高于农村居民。2012 年城镇居民家庭洗衣机、淋浴器拥有量分别为 98 台、91 台，农村居民除拥有一定数量的洗衣机外，其他卫生用品尚属空白。五是在文化娱乐方面，农村居民家庭主要靠电视，城镇居民家庭除电视之外，还有网络。2012 年每百户农村居民家庭拥有电视 117 台、电脑 21 台，互联网刚刚被农村居民认识和接受。城镇居民获取外界信息的途径除电视外，还有互联网。2012 年城镇家庭电脑的普及率已达到 87%。通过互联网学习、交友、购物，已经变成日常生活的一部分。在娱乐类耐用消费品方面，农村居民主要以影碟机、录音机等传统耐用品为主，其他娱乐类产品数量极少；而城镇居民娱乐类用品呈分散化、均衡化、高档化发展，在种类上、数量上、档次上都远远高于农村居民。

可以看出，农村居民在不同层次的耐用消费品的消费上以传统耐用品为主，具有现代生活气息的高档耐用消费品在农村才刚刚起步，基本处于以满足基本生活需要为目的低端消费阶段；而城镇居民已经完成了从传统耐用消费品向现代耐用消费品的转变，彩电、冰箱、洗衣机等传统耐用消费品在城镇居民生活中的地位和作用日渐下降，微波炉、饮水机、空调、电脑、抽油烟机、消毒柜、吸尘器等新型耐用消费品在城镇居民的生活中发挥着越来越重要的作用。中国农村居民耐用消费品总量仍然不足，与城市居民相比差距较大，产生巨大消费空档。农村居民对耐用品的消费还处于量的普及阶段，远未达到升级换代的消费层次。广大农村居民无力实现从低中档用品向现代高档用品的过渡，消费升级产生困难，导致整个社会消费需求不足。

（四）居住条件不断优化

（1）城镇居民的住房消费。

1998年7月，国务院颁布了《关于进一步深化城镇住房制度改革、加快住房建设的通知》，要求从1998年下半年开始停止住房实物分配，实行住房分配货币化制度，新建住房"只售不租"，不再进入无偿分配的旧体制。至此，中国实行了近四十年的住房实物分配制度退出历史舞台。住房问题的解决逐渐由国家转向个人，城镇居民开始在国家的帮助下解决自己的住房问题，居民住房消费支出迅速增加，居民住房私有率大量上升，居民住宅使用面积大幅度攀升，城镇居民的居住水平得到了前所未有的提高，中国终于告别了住房严重短缺时代，这是中国继吃饭问题解决后解决的又一个生存问题。

以私有住房为主的多种产权格局形成。十四大之后，城镇住房制度改革进入实质性阶段，开始大幅度提高住房租金，提高水电价格，实行居民住房商品化。在各种房改措施的推动下，城镇居民依赖国家实物分房、低租租房的观念得到转变，购房意识逐渐增强，特别是停止实物分房后，居民购买商品房由被动转向主动，购买住房的居民家庭迅速增加，尤其是1997—1999年更是城镇居民购买住房的集中期。以湖北省为例，三年内，城镇居民拥有住房（包括部分产权）的家庭比例已超过六成以上，到2008年达到87.07%，高出1992年76.4个百分点，其中租赁公房的家庭比例从1992年的88.81%迅速下降到7.76%。① 随着国家住房公积金贷款措施的完善和住房二级市场的开放，许多居民家庭通过购买住房或房屋置换等方式，拥有了属于自己的房屋。

---

① 参见湖北省统计局：《湖北统计年鉴1993》《湖北统计年鉴2009》，中国统计出版社1993、2009年版。

根据 2011 年 3 月国家统计局《全国城镇居民收支持续增长，生活质量显著改善——"十一五"经济社会发展成就系列报告之九》提供的数据，至 2010 年底，城镇居民家庭自有住房率为 89.3%，其中 11.2% 的城镇居民家庭拥有原有私房，40.1% 的家庭拥有房改私房，38.0% 的家庭拥有商品房。而且随着人们理财观念的逐步树立，在城镇居民中拥有两套以上住房的家庭越来越多，人们购买房产的目的不再是为了居住，而是为了增值、保值。据统计，2005 年广东省有超过 18%[1]、2006 年长沙市有超过 17%[2]的城镇居民家庭拥有两套以上住房（含两套），到 2006 年 9 月北京平均每 10 户居民就有 1 户至少拥有两套住房，[3] 2007 年 2 月杭州市统计局对本市 600 户居民家庭调查发现，20% 的家庭拥有两套以上住房。[4] 2008 年 1 月国家统计局安徽调查总队对安徽全省 25676 户调查表明，有 11% 的家庭拥有两套及以上住房。[5]过去公有住房独霸天下的所有制格局被打破，取而代之的以私有产权为主的所有制格局已经形成。

市场购房成为居民获取住房的途径。改革开放前，城镇住房分配是以单位为基础，按职位、职称高低进行行政化分配的。居住水平的好坏，既与所在单位的性质有关，又与个人职位或职称

---

① 赵燕华：《广东房价去年涨 7.8%，18%家庭拥有两套以上住房》，《重庆晨报》2006 年 2 月 10 日。

② 长沙市统计局：《2006 年长沙市城市主要设施水平再上新台阶》，长沙统计信息网 2007 年 3 月 13 日。

③ 殷丽娟：《北京十分之一的家庭至少有两套住房》，新华网 2006 年 10 月 19 日。

④ 新华社：《杭州两成家庭至少有两套住房》，《哈尔滨日报》2007 年 2 月 3 日。

⑤ 国家统计局安徽调查总队：《安徽省城镇居民住房情况分析》，《安徽调查》第 17 期，2008 年 3 月 17 日。

的高低有关。由于国家用于住宅建设方面的资金投入较少，在僧多粥少的情况下，一些掌握权力的中央、省属企事业单位的投资要多一些，人均住房面积相应大一些，市、区、街道企事业单位因住房投资少，人均居住面积也较小。居民享受住房福利的大小，在很大程度上取决于其受雇于不同国有企事业单位争取住房投资和建设住房的能力。另一方面，个人职位或职称的高低也直接影响着居住水平的好坏。凡国家企事业单位的雇员，甚至非国有企业的雇员，均被赋予一个与国家机关工作人员相同或相近的级别。级别越高，可分配到的住房面积越大，质量越高。实行住房分配货币化之后，城镇居民获得住房的途径不再通过单位，而是通过市场，一切围绕住房分配的不正之风基本消除。居民拥有住房的能力主要与自己的受教育年限、工作能力等后天自致因素有关。据贵州省 2005 年 1%人口抽样调查资料，人口居住水平与户主受教育程度呈正相关，主要表现在随着户主受教育程度的提升，其家庭人均住房建筑面积相应提高：户主未上过学的家庭人均住房建筑面积为 23.16 平方米、户主受教育程度为小学的家庭为 22.89 平方米、户主受教育程度为初中的家庭为 23.73 平方米、户主受教育程度为高中的家庭为 26.63 平方米、户主受教育程度为大专的家庭为 31.08 平方米、户主受教育程度为大学本科的家庭为 31.23 平方米、户主受教育程度为研究生的家庭为 34.12 平方米。① 住宅分配制度逐渐从原来的"福利制""配给制"转变成"商品制"，住宅供给主体逐步从国家转移到市场，国家不再通过住宅的供给而直接干预和控制居民的家居生活和空间。围绕住宅所发生的关系也不再是过去那种居民与国家、单位的关系，而更多的是居民与市场的关系。居民开始获得住宅的产权，拥有

---

① 《调查显示人口居住水平与户主受教育程度呈正相关》，贵州统计信息网 2008 年 2 月 1 日。

了"恒产"。那些还未分到房子的居民，则有了从市场上自由选择住宅的权利。尽管这种住宅选择自由是建立在货币收入的基础上，但对比建立在资历、权力和"搞关系"基础上的住宅配给，住宅的货币化和市场化大大简化了人们之间的关系，提高了个人的自由度，极大促进了居民的积极性，使得居民通过市场拥有住房的能力得到提高。

住房配套设施日趋完善。其一，卫生设施更加完备。2008年，住房内有独用自来水的家庭达98.4%，有厕所浴室的家庭为79.1%。每百户城镇居民家庭有淋浴热水器69台、吸尘器13台。厕所、浴室的不断完备及卫生设备的增加，反映出居民家庭生活的卫生状况，也反映出一个民族的文明与进步。其二，厨房设施不断齐全。大部分居民家庭的厨房摆脱了烟熏火燎，用上了快捷清洁的炊用燃料。到2008年，87.3%的家庭使用管道煤气和液化石油气，以煤为主要燃料的家庭比重降到8.3%，使用柴草作燃料的家庭大大减少。大多数家庭相继发生了一次厨房革命，干净、快捷的电炊具颇受欢迎，从电饭锅、电火锅到电磁灶、微波炉，电气化融入了人们的现代生活。2012年平均每百户城镇居民家庭拥有电冰箱98.5台、微波炉62.25台、消毒碗柜19.5台。厨房设施的改善，既减轻了居民家务劳累，又保证了室内的清洁卫生。其三，居室四季如春。北方地区的大多数家庭冬季室内取暖告别了过去烟熏火燎的煤炉子，改用暖气、电热器，甚至空调来取暖。居民冬季不怕冷，夏季也不怕热，2012年每百户城镇居民家庭空调拥有量达到126.8台，北京（178.7台）、天津（147.2台）、上海（207.1台）、浙江（203.8台）、江苏（198.2台）、广东（226.9台）、重庆（169.9台）、福建（199.8台）等夏季天气比较炎热的地区空调拥有量都超过100台。可谓冬季暖风阵阵，夏季凉风习习。其四，信息化程度不断提高。2012年末，城镇居民家庭平均每百户彩色电视机、移动电话、计算机拥

有量分别为 136.1 台、212.6 部、87 台，分别比 2000 年末增加
19.5 台、193.1 部和 77.3 台。通过网络进行学习、购物和交往，
成为人们生活的一部分。电视、网络、电话的普及，大大开阔了
人们的视野，加快了各种信息的交流和传播，使人们更加贴近了
生活、贴近了外界，融入到整个社会大潮流中。

居住环境不断优化转变。随着生活水平的提高，居民不断对
居住质量提出了更高的要求，不但强调房屋本身功能是否完善，
而且更加关注周围的居住环境是否协调。城镇居民居住水平有了
一次大的飞跃。其一，居民小区功能更加完备。过去的居民小区
各项服务功能欠缺，人们的衣食住行还离不开整个社会的大环
境。这时的居民小区只能算作住宅小区，还不能算作生活小区。
进入 21 世纪，居民小区开始由住宅小区向生活小区过渡，各项
社区服务从无到有建立起来。到 2012 年全国各类社区服务机构
20 万个，其中社区服务中心 1.6 万个，社区服务站 8.8 万个，其
他社区专项服务设施 9.6 万个。城市社区服务中心（站）覆盖率
72.5%。城镇便民、利民服务网点 39.7 万个。① 活动站、卫生防
疫站、理发店、饭店、商店、幼儿园、维修站、绿化队等各项社
会功能一应俱全。一个小区就是一个小型的社会，极大方便了居
民的生活。其二，居民小区交通更加便捷。进入 21 世纪后，城
市道路的不断扩展和公交车辆、出租车辆的迅猛增长，给人们出
行带来了极大方便。据统计，到 2012 年城市人均道路面积为
14.4 平方米，城市每万人拥有公交车辆达到 12.1 标台，出租汽
车数量增长到 102.7 万辆。其三，居民小区外部环境更加美化。
高质量的居住水平离不开周围优美的环境，城市绿地面积的多少
与居住环境的好坏息息相关。到 2012 年，城市园林绿地面积达

① 参见中华人民共和国民政部：《2012 年社会服务发展统计公报》，
中国统计出版社 2013 年版。

到 236.8 万公顷，人均公共绿地面积达到 12.3 平方米，公园个数
11604 个，公园面积 30.6 万公顷。

（2）农村居民的住房消费。

住房作为最基本的消费资料，是居民家庭消费和个人消费得
以进行的场所。随着国民经济的不断发展和国家支农惠农政策的
实施，农村居民的收入水平和生活质量逐步提高，其中居住条件
的改善是最为直接、明显的变化。进入 21 世纪，农村居民居住
消费的主要特点是支出快速增长，住宅面积不断扩大，住房质量
显著提高，居住环境明显改善。

农村居民住房消费支出一直成为第二大支出项目。住房支出
一直是农村居民消费支出的大头，自 20 世纪 80 年代以来，农村
居民居住消费支出成为仅次于食品消费支出的第二大支出项目。
改革开放以来，农村居民住房消费出现两次高潮，第一次发生在
上世纪 80 年代，到 1988 年达到顶峰，农民住房消费支出占据全
部消费支出的 20% 左右，之后急剧下滑，并在 1993 年降至最低
点。这一次建房热主要是解决居住空间问题，砖瓦房代替了土坯
房，房屋质量得到提高；第二次发生在本世纪初，随着国民经济
的发展和农村居民收入水平的进一步提高，其对住房的要求从满
足生存的需要，向发展型和享受型转变，农村居民住房消费支出
比重在波动中上升，到 2009 年达到最高点，占整个消费支出的
20.2%，此后虽然有所下降，但一直在 18% 左右高位徘徊，说明
农村居民这次住房消费升级尚未完成，建房热仍在持续。这次建
房热主要是解决居住功能完善问题，从原来住得下向住得舒服转
变，小二楼代替了砖瓦房，水、电、气、数字电视信号、网络信
号使住房的功能性更加完善。农村居民住房消费开支比重成为仅
次于食品消费的第二大支出项目，说明农村居民在经历上世纪 80
年代第一次建房热潮之后，进入新世纪开始掀起第二次建房
高潮。

农村居住面积扩大，居住质量进一步提高。中国农村居民家庭居住条件明显改善，人均住房面积明显扩大。全国农村人均住房面积由 2000 年的 24.82 平方米增加到 2012 年的 37.09 平方米，农村人均住房面积平均每年以 1 平方米的速度增加。中国农村居民居住面积不但扩大，而且住房结构得到显著改善，住房质量不断提升。在全国农村居民新建住房中，砖木结构从 2000 年的 41.4% 下降到 2012 年的 25%，下降了 16.4 个百分点，钢筋混凝土结构则从 2000 年的 54% 上升至 2012 年的 73%，上升了 19 个百分点，农村居民新建房屋转向主要以钢筋混凝土结构为主。绝大多数农户在新建住房的同时，加强了对住房的装潢，装潢所用材料档次不断提高，推动了新建房屋价值不断上升，平均每平方米新建房屋价值从 2000 年的 260.23 元上升到 2012 年的 829.51 元，上升 2.19 倍。

表 16-10 农村居民家庭住房情况

指标		2000 年	2005 年	2010 年	2011 年	2012 年
本年新建房屋	面积（平方米/人）	0.87	0.83	0.8	1.3	0.96
	价值（元/平方米）	260.23	373.31	673.35	804.51	829.51
	住房结构（平方米/人）					
	钢筋混凝土结构	0.47	0.51	0.56	0.92	0.7
	砖木结构	0.36	0.29	0.21	0.34	0.24
年末居住住房情况	面积（平方米/人）	24.82	29.68	34.08	36.24	37.09
	价值（元/平方米）	187.41	267.76	391.7	654.37	681.9
	住房结构（平方米/人）					
	钢筋混凝土结构	6.15	11.17	15.1	16.48	17.12
	砖木结构	13.61	14.12	15.24	15.92	16.35

资料来源：《中国统计年鉴 2013》，中国统计出版社 2013 年版。

农村居住环境持续改善。其一，农村饮水更加安全。长期以

来，不少农村地区居民依靠天然河塘饮水，西北干旱地方还存在
人畜饮水困难。2000 年后国家加大了解困支持力度，对农民自建
浅井、水池、水窖等进行补助，鼓励以村为单位集体建设供水设
施，对跨村跨乡的供水工程采取集中建设、有偿使用方式来解决
饮水问题，到 2004 年底基本解决了农村饮水困难的问题。2005
年后，农村饮水工程重点转向饮水安全建设。截至 2012 年底，
全国累计农村改水受益人口 9.12 亿人，改水受益人口占农村总
人口的 95.3%，农村自来水普及率为 74.6%。[①] 其二，卫生条件
有所改善。截至 2012 年底，农村累计使用卫生厕所 18627.5 万
户，其中当年新增卫生厕所 737.4 万户。农村卫生厕所普及率
71.7%。[②] 其三，能源使用更加清洁。党的十六大以来，国家重
点开展了农村电网完善、农村沼气建设、太阳能和风能等绿色能
源建设，使农村能源使用条件有了较大改善。"十五"期末，全
国县、乡、村通电率分别为 100%、99.9% 和 99.8%。[③] 2008 年
全国农村建设大中型沼气 2761 处，养殖小区和联户沼气等中小
型沼气工程 3.67 万处，用沼气农户已发展到 3050 万户。[④] 2010
年使用清洁燃料如沼气、燃气、燃油、电、太阳能的农户占
31.1%。其四，出行环境有较大改善。2010 年有 50.0% 的农户住
宅外有水泥或柏油状路面，比 2005 年提高 21.6 个百分点；有
21.3% 的农户住宅外有石头或石板等硬质路面，比 2005 年下降

---

①　参见国家卫生和计划生育委员会：《2012 年我国卫生和计划生育
事业发展统计公报》，中国政府网，2013 年 6 月 18 日。

②　参见国家卫生和计划生育委员会：《2012 年我国卫生和计划生育
事业发展统计公报》，中国政府网，2013 年 6 月 18 日。

③　参见刘振亚：《以发展农电事业助推新农村建设》，《人民日报》
2007 年 4 月 27 日。

④　参见国家发展和改革委员会编：《农村基础设施建设发展报告
（2009 年）》，第 97—98 页。

4.9 个百分点；有 28.7 的农户住宅外为土路等非硬质路面，比 2005 年下降 16.7 个百分点。

（五）文教娱乐消费乐重教轻

伴随着城乡居民收入水平和生活水平的提高，城乡居民消费结构发生了深刻变化。居民消费已从以物质消费为主向以非物质消费为主转变，吃、穿等生存资料消费比重进一步降低，享受资料和发展资料消费比重逐步上升，居民对文教娱乐的消费需求大大提高，呈现教育地位下降，娱乐地位上升趋势。

（1）从支出看，文教娱乐消费支出放缓，但所占比重较大。

进入 21 世纪，随着中国中小学实施"两免一补"和高校实施国家助学政策，中国城乡居民文化教育负担有所下降。2000—2012 年城镇居民文化教育娱乐服务支出从 669.6 元增长到 2033.5 元，增长 2.04 倍，增速明显慢于城镇居民人均可支配收入和人均消费支出的增长速度，慢于医疗保健、交通通讯，甚至不及食品、衣着的增长速度。但文化教育支出比重一直较高，其所占城镇居民消费支出的比例虽然从最高时 2002 年的 15% 下降到 2012 年的 12.2%，但依然是仅次于食品、交通通讯的第三大支出项目。农村居民文化教育消费支出从 2000 年的 186.7 元增长到 2012 年的 445.5 元，增长 1.39 倍，在八大类支出中增长速度最慢的项目，但所占比重一直偏高，2000—2007 年徘徊在 11% 左右，成为仅次于食品、居住的第三大支出项目，2008—2010 年徘徊在 9%，成为仅次于食品、居住、交通通讯的第四大项目，2010 年之后降为第五大支出项目。

（2）从内部结构上看，教育比重下降，娱乐比重上升。

按照现行的统计口径，文化消费包括教育、文娱用品及文化娱乐服务支出三部分。在文化教育消费稳步增长的趋势下，这三部分文化消费呈现出不同的变化特征，这主要表现在：①教育支出占绝对比重，但地位不断下降。中国家庭教育需求出现从义务型向自主型、从标准化向个性化、从单一性向多元性转变，家庭教育投入已经从子女扩大到所有成员，从某一种教育形式转向多样性的组合教育投资模式，引发了居民教育支出的大幅度增长。尽管居民教育支出数额在逐年增加，但增加幅度逐年趋缓，所占文化消费比重出现由上升到下降的趋势。城镇居民教育消费占整个文教娱乐消费的比重从2000年的57.94%下降到2012年的40.30%。这一方面是国家实行新的教育政策的结果。国家从2006年开始对西部地区农村地区处于义务教育阶段学生实行免除学杂费，对贫困家庭学生免费提供教科书并补助寄宿生生活费政策，2007年又将这一政策扩大到中部和东部地区农村，2008年再次扩大到全国城乡地区，大大减轻了城乡居民教育负担；另一方面与中国居民对教育消费逐渐趋于理性有关。在经历了非理性的教育消费扩张之后，中国居民教育负担已经很高。与此同时，高校大量扩招造成大学生就业困难，以及市场选择人才标准趋于理性，使得高学历与就业机会之间的相关性有所下降，高额的教育消费支出并没有得到预期的效用回报，合理定位的、与自身承受能力相适应的教育消费日益受到人们的认同。②文化娱乐用品支出比重下降，文化娱乐服务支出比重上升。随着多媒体、互联网和数字技术的兴起，文化产品传播方式发生新的变化，引发了居民文化消费方式的变革，大大刺激了城乡居民对家用电脑、移动存储器、手机、数码相机、学习机、电子字典等文化娱乐用品的需求。文化娱乐用品支出从2000年的146.92元增长到2012年的451.9元，增长2.08倍，但所占文教娱乐支出的比重从23.40%下降到22.22%，下降1.18个百分点。与此相反，文化娱乐服务出现支出和比重"双上升"态势。2012年城镇居民人均文化娱乐服务支出为762元，是2000年117.15元的5.5倍，文化娱乐服务支出所占比重上升迅速，由18.66%上升到37.47%，上升了 19 个百分点。文化娱乐服务支出迅速增长的原因：一是居民闲暇时间增加。中国自 1995 年实行了"双休日"和 1999 年 10 月开始实施"黄金周"后，国家法定假日增加到 114 天，使居民的休闲娱乐时间大量增加。居民闲暇时间的增多极大促进了文化娱乐产业的发展和居民文化娱乐消费支出快速增长。二是文化娱乐场所增多。当时，中国大部分省市都把完善城乡文化功能纳入到社会发展规划之中，加大了文化基础设施的投资力度，新建了一大批图书馆、博物馆、艺术表演场所、文化馆和艺术馆等公共文化设施，拓展了城乡居民文化娱乐消费的渠道，使居民观看影剧表演、参观美术摄影展览和进行各种健身、舞蹈、体育活动等在公共娱乐场所的消费支出增长显著。以上原因，导致中国城乡居民文化娱乐消费不但在绝对值上逐年增长，而且在文化消费中所占比重也呈现逐年上升趋势。

表 16-11　城镇居民人均文教娱乐支出及构成

单位：元、%

项　　目	支出		构成	
	2000 年	2012 年	2000 年	2012 年
文教娱乐	627.82	2033.5	100	100
文化娱乐用品	146.92	451.9	23.40	22.22
文化娱乐服务	117.15	762	18.66	37.47
教育	363.75	819.6	57.94	40.30

资料来源：《中国统计年鉴 2013》，中国统计出版社 2013 年版。

（3）从形式上看，文化娱乐形式单调。

中国城乡居民文化娱乐活动除上网、旅游属于新兴文化消费项目外，主要还是看电视、看消遣类书刊、看影碟、逛公园、打麻将、打扑克。尤其是在广大农村，看电视、听广播仍然是农民主要的娱乐消费方式，很少能有戏曲演出、电影放映活动。中国居民文化娱乐形式单一，仍然以传统的消遣性文化娱乐活动为主，这些活动消费范围和消费环境局限性较大，层次较低。调查表明，居民文化娱乐消费的主要目的首先是"放松自己、减轻压力"和"休闲娱乐"，选择这两项的人次分别占全部被调查对象的67.2%和65.2%；其次才是"增加知识"和"丰富精神世界，提高生活质量"，分别为64.6%和58.1%。① 这说明当时中国居民文化需求尚处于适当改善生活环境、休闲减压的初级阶段。

（4）从层次上看，文化娱乐消费低俗化现象严重。

在文化消费中，娱乐消费不断升温，出现了文化消费低俗化现象，而高层次、高品位的精神文化却鲜有问津。文化消费行业迎合市场需求，追求感官刺激的享乐主义、排斥精神追求的虚无主义以及追逐财富的拜金主义，忽视其内在人文价值和精神特质，使崇高与理想、理性与智慧的现代精神被拒绝和冷落，使文化价值取向与商业价值取向发生偏离，导致无节制的快餐式文化消费大行其道。文化消费的低俗化不仅严重损害了消费者的身心健康，而且对文化产业的发展，乃至整个社会风气都产生消极的影响作用。要认识到文化消费的实质是对精神食粮的享用和消费，一方面要督促文化产业机构肩负起塑造国民精神的神圣责任，另一方面要教育消费者谋求健康积极的文化消费，排斥消极病态的消费行为和观念。

（六）医疗消费农重城轻

随着人民生活的不断提高和快节奏、高强度的社会生活给居民带来的生活压力不断增大，中国城乡居民更加注重身体健康，用于医疗和保健的投入越来越多，医疗保健消费成倍增长。

---

① 参见国家统计局城市司：《2005中国城市社会经济热点问题调查报告》，中国统计出版社2006年版，第412页。

（1）城镇居民医疗保健支出显著增加，农村居民医疗保健增长速度快于收入增长速度。

表 16-12　城乡居民医疗保健支出　　　　　单位：元

年份	城镇居民				农村居民			
	城镇居民人均可支配收入	人均生活消费支出	人均医疗保健支出	医疗保健占消费支出比重	农村居民人均纯收入	人均生活消费支出	人均医疗保健支出	医疗保健占消费支出比重
1990	1510.2	1278.9	25.7	2.0	686.3	374.7	19	5.1
1995	4283	3537.6	110.1	3.1	1577.7	859.4	42.5	4.9
2000	6280	4998	318.1	6.4	2253.4	1670.1	87.6	5.2
2005	10493	7942.9	600.9	7.6	3254.9	2555.4	168.1	6.6
2006	11759.5	8696.6	620.5	7.1	3587	2829	191.5	6.8
2007	13785.8	9997.5	699.1	7.0	4140.4	3223.9	210.2	6.5
2008	15780.8	11242.9	786.2	7.0	4760.6	3660.7	246	6.7
2009	17174.7	12264.6	856.4	7.0	5153.2	3993.5	287.5	7.2
2010	19109.4	13471.5	871.8	6.5	5919.0	4381.8	326.0	7.4
2011	21809.8	15160.9	969.0	6.4	6977.3	5221.1	436.8	8.4
2012	24564.7	16674.3	1063.7	6.4	7916.6	5908.0	513.8	8.7

资料来源：《中国卫生和计划生育年鉴2012》，中国卫生和计划生育年鉴社2013年版。

医疗制度的改革使医疗支出由原来的国家或集体负担为主转向"谁看病，谁花钱"的个人负担为主，人们大病到医院，小病到社区或去药店购药的现象越来越普遍，城乡居民用在医疗方面的支出明显增多。2000—2012年，中国城镇家庭居民人均可支配收入由6280元增加到24564.7元，增加2.9倍；农村居民家庭人均纯收入由2253.4元增加到7916.6元，增加2.5倍。同期，中国城乡居民人均医疗保健费用支出分别增加 2.3 倍和 4.9 倍，农村居民医疗保健支出远远超过其收入的增长速度。城镇居民人均医疗保健支出占生活消费支出的比重由 2000 年的 6.4% 上升为 2005 年的 7.06% 之后出现持续下降，到 2012 年降到 6.4%；农村居民人均医疗保健支出占生活消费支出的比重一直处于上升状态，由 2000 年的 5.2% 上升到 2012 年的 8.7%，上升了 3.5 个百分点。可以看出，城镇居民医疗保健负担有所缓解，农村居民医疗保健负担与日加重，呈现"城轻农重"的态势。

（2）城乡居民医疗保健消费以病后治疗为主。

中国医疗保健消费支出由医疗器具、保健器具、药品费、滋补保健品和医疗费等费用构成，其中医疗器具、药品费和医疗费是治疗疾病的必要支出，具有刚性需求。2012 年城镇居民用于治病的消费支出占医疗保健消费支出的 83.2% 以上。保健器具、滋补保健品支出则多以强身健体、预防疾病为主，具有较强的需求弹性。虽然随着人们生活水平的提高，保健消费支出增长幅度大于医疗消费支出增长幅度，但其在整个医疗保健消费支出中所占比例还是偏少。2012 年城镇居民用于保健支出总额不足整个医疗消费支出的 16%。中国农村居民医疗保健支出的重点更是放在病后医疗上，处于有医疗无保健的状态，甚至连基本的医疗都难以保障。这反映出城乡居民在对待疾病的态度上，都是以病后治疗为主，以病前预防为辅，反映出一种被动消费的倾向。

表 16-13　城镇居民人均医疗保健支出构成　　单位：元

年份	医疗保健	1. 医疗器具	2. 保健器具	3. 药品费	4. 滋补保健品	5. 医疗费	6. 其他
2012	1063.7	8.9	16.4	492.7	151.4	383	11.3
2000	318.07	2.12	4.25	243.26	24.41	41.65	2.38

资料来源：《中国统计年鉴 2013》，中国统计出版社 2013 年版。

（3）城乡居民医疗保健消费差距较大。

对于任何人来说，生病的概率是平等的，但是否看病、怎样看病的差别却很大。但由于收入水平不同，不同群体在对待疾病的态度上略有不同，医疗保健消费差距较大。由于收入较低，低收入家庭医疗保健支出偏低，2008年城镇最低收入家庭人均医疗保健支出323.93元，不足最高收入家庭的1/6，其中药品费126.21元、医疗费支出52.55元，分别只有最高收入家庭的1/5和1/6；2009年农村居民最低收入家庭人均医疗保健支出176.50元，仅相当于高收入家庭的1/3。医药费的极度偏低，表明低收入家庭在看病的态度上，小病不敢上医院，大病不敢多花钱，能拖就拖的消极心态。相比较起来，高收入家庭比较注重身体健康，在求医看病上舍得花钱，吃药要吃最好的，看病要享受最好的医疗水平。整体说来，中国城乡居民在对待疾病的问题上都是被动消费，注重病后医疗而忽视病前防治。具体说来，收入越低，人们越愿意把钱花费在疾病治疗上。随着收入水平的提高，人们对疾病防范意识增强，人们用在保健上的支出比重不断上升，用在治疗疾病上支出比重不断下降。2008年城镇居民最高收入户用在保健器具和滋补保健品的支出383.89元，比重达到26.4%，占整个医疗保健支出的1/4，其对待疾病的态度上不是消极等待，不但注重病后医治，而且注重病前防范；而最低收入户用于购买保健器具和滋补保健品的支出仅3.14元，占整个医疗保健支出的1%，可以说低收入家庭有医疗无保健，对于疾病仅限于病后的消极医疗。

（4）城乡居民医疗负担不同。

其一，收入越低，其医疗保健增长的幅度大于其收入的增长幅度，收入越高，医疗保健增长的幅度小于其收入的增长幅度。2012年与2000年相比，城乡居民最低收入户、低收入户、中等偏下户、中等收入户、中等偏上户、高收入户、最高收入户的人均可支配收入分别增长 2.10 倍、2.44 倍、2.63 倍、2.80 倍、2.98 倍、3.20 倍、3.79 倍，人均医疗消费支出分别增长 2.37 倍、2.37 倍、2.36 倍、2.65 倍、2.34 倍、2.57 倍、2.06 倍，这说明随着收入水平的提高，居民医疗保健支出的增长速度在逐步减缓，并逐渐低于收入的增长速度。其二，收入越低，其医疗保

表 16-14　不同收入等级城乡居民人均消费支出和
医疗保健支出及增长率　　　单位：元、%

年份	项目	全国	最低收入户（10%）	较低收入户（10%）	中等偏下户（20%）	中等收入户（20%）	中等偏上户（20%）	较高收入户（10%）	最高收入户（10%）
2012	可支配收入	24564.72	8215.09	12488.62	16761.43	22419.10	29813.74	39605.22	63824.15
	现金消费支出	16674.32	7301.37	9610.41	12280.83	15719.94	19830.17	25796.93	37661.68
	医疗保健	1063.68	548.33	669.58	832.93	1096.04	1248.92	1580.04	1951.11
2000	可支配收入	6279.98	2653.02	3633.51	4623.54	5897.92	7487.37	9434.21	13311.02
	消费性支出	4998	2540.13	3274.93	3947.91	4794.56	5894.92	7102.33	9250.63
	医疗保健	318.07	162.71	198.92	247.84	300.29	373.83	442.7	638.3
2000—2012	可支配收入增长	2.91	2.10	2.44	2.63	2.80	2.98	3.20	3.79
	消费支出增长	2.34	1.87	1.93	2.11	2.28	2.36	2.63	3.07
	医疗保健增长	2.34	2.37	2.37	2.36	2.65	2.34	2.57	2.06

资料来源：《中国统计年鉴 2001》《中国统计年鉴 2013》，中国统计出版社 2001、2013 年版。

健增长的幅度大于其消费的增长幅度，收入越高，医疗保健增长的幅度小于其消费的增长幅度。2012 年与 2000 年相比，城乡居民最低收入户、低收入户、中等偏下户、中等收入户、中等偏上户、高收入户、最高收入户的人均生活消费支出分别增长 1.87 倍、1.93 倍、2.11 倍、2.28 倍、2.36 倍、2.63 倍、3.07 倍，人均医疗消费支出分别增长 2.37 倍、2.37 倍、2.36 倍、2.65 倍、2.34 倍、2.57 倍、2.06 倍，随着收入水平的提高，其医疗保健的增长速度在逐步减缓，并逐渐低于消费的增长速度。总之，收入越低，医疗保健消费支出所占生活消费份额越大，医疗保健压力越大；收入越高，医疗保健所占生活消费份额越小，压力越小。由于低收入家庭医疗保健的支出增幅大于其收入增幅，造成低收入家庭医疗保健消费在生活消费支出中支出份额过大，影响了其他消费支出的正常增长，导致其生活质量的下降。

（七）交通通讯消费急剧攀升

（1）城镇居民的交通消费。

中国日益完善的交通基础设施，四通八达的公共交通网络，形式多样的交通运输工具，使城镇居民出行更加方便、快捷。市场经济的发展使人力资源跨区域流动日益频繁，人与人之间的交往更加密切，人们活动的空间和范围不断扩大，导致人们用于交通消费呈现快速增长的势头。导致城乡居民交通支出增长的因素：

私人交通工具升级换代。当时，城乡居民日常交通工具正在由传统的代步型向舒适便捷型转变。随着收入水平的不断提高，部分消费者将潜在的消费需求转化为现实的消费行为，交通工具逐步升级换代，表现为自行车的拥有量大幅度下降，电动助力车拥有量大幅度上升，家用小轿车逐渐进入城乡居民家庭。对农村居民来说，自行车费力耗时、速度太慢的缺点已不能适应现代农

村居民出行要求，自行车的拥有量出现大幅度下降趋势。每百户
农村居民家庭自行车拥有量从 2000 年的 121 辆下降到 2012 年的
79 辆。比较适合农村交通状况，能够满足人们出行快、能载重要
求的摩托车拥有量不断增长，从 2000 年的 22 辆增长到 2012 年的
62 辆。对城镇居民来说，虽然自行车、摩托车仍然是出行的基本
交通工具，但随着生活节奏的加快和人们活动空间的扩大，自行
车、摩托车已经不能适应人们出行效率的需要，逐步被速度更快
的交通工具所替代，数量呈下降趋势。每百户城镇居民家庭摩托
车拥有量从 2005 年的 25 辆下降到 2012 年的 20 辆，相反，更加
轻便、快捷的电动助力车受到人们的青睐，拥有量成倍增长，从
2004 年的 6.5 辆增长到 2012 年的 34.5 辆。随着城乡居民购买力
的提高和家用汽车车型不断推陈出新，性能不断完善，车价不断
降低，特别是国家出台扶持小排量汽车消费政策，促使城镇居民
购车热潮不断升温。中国私人汽车拥有量从 2001 年的 770.8 万辆
增长到 2012 年的 8838.6 万辆，以平均每年 25%的速度增长，中
国城镇居民家用汽车的普及率到 2012 年已经达到 21.5%；发达
地区的农村居民家用汽车消费已经兴起，到 2012 年每百户北京
市农村居民家用汽车拥有量达到 21 辆，[1] 每百户天津市农村居民
家用汽车拥有量达到 18 辆[2]。家用汽车将成为城乡居民未来最具
潜力的消费热点。

城乡居民出行方式多种多样。现实生活中，城镇日常出行方
式主要以公共交通和私人轿车为主。2009 年，一份关于中国城市
居民出行方式调查报告显示，中国城市居民选用公共交通出行的

---

① 参见北京市统计局：《北京统计年鉴 2013》，中国统计出版社
2013 年版。

② 参见天津市统计局：《天津统计年鉴 2013》，中国统计出版社
2013 年版。

比例超过半数，高达 56.1%，有 32.5% 的居民选用私家轿车出行，步行排在第三位，占 20.1%，自行车或电动自行车占 16.5%，出租车占 14.7%。居民日常出行目的主要集中于通勤（包括上班、上学），占比高达 68.7%，其次是休闲或走亲访友（21.2%），仅有 9.3% 的居民将购买生活用品作为日常出行主要目的。① 随着农村经济的发展，农村居民的出行方式已从以往单一的步行方式转变为多样化的"以车代步"方式，自行车、电动车、摩托车成为他们常用的出行工具，出行的目的主要集中在购物、看病、走亲访友等。随着市场经济的运行，劳动力要素由市场规律进行配置，人员跨区域流动的频次和规模增多增大。据统计，全国客运量从 2000 年的 148 亿人增长 2012 年的 380 亿人，增长 1.6 倍，按全国 14 亿人计算，2012 年平均每人每年长距离出行 27 次。从居民出行选择的运输方式上看，主要以公路、铁路、水路和航运四种运输方式为主。其中，水路客运量及所占比例呈明显下降趋势，由 1978 年的 9.1% 下降到 2012 年的不足 1%；铁路客运量有所增长但所占比重继续下降，从 1978 年的 32.1% 下降到 2012 年的 5%；公路客运量和民航客运量增长较快，比例不断上升，公路所占比例从 58.8% 上升到 2012 年的 93.6%，民航从 0.1% 上升到 0.8%。② 中国居民出行由 80 年代以公路为主，公路、铁路、水路三分天下的运输格局转变为公路运输一家独大的格局。

（2）城乡居民的通讯消费。

电子信息技术的飞速发展使通讯工具和通讯服务的生产成本

---

① 参见《中国城市居民出行方式性选择调查报告》，《新华每日电讯》2009 年 11 月 2 日。

② 参见国家统计局：《中国统计年鉴 2013》，中国统计出版社 2013 年版。

不断下降，价格不断下滑，为人们使用通讯工具提供了条件。市场经济的发展，各种交往活动的频繁，使人们进行通讯交流成为客观需求。人们用于购买电话机、手机、电脑等通讯工具的支出不断攀升，用于通讯费、网络费等通讯服务方面的支出成倍增长。

通讯工具普及程度不断提高。改革开放之初，通讯业比较落后，人们之间的联系主要靠书信、电报。进入 90 年代，随着邮电通讯事业的发展，电话、传呼机、移动电话等通讯设备进入百姓家庭，人们相互之间传递信息变得更加快捷。如今，家庭固定电话基本得到普及，手机不再是奢侈品，逐步成为人们通讯交流的必需品，使用手机通话、收发短信、聊天、上网随处可见。2012 年，每百户城镇居民拥有手机达到 213 部，每百户农村居民拥有移动电话达到 198 部。与城乡居民手机拥有量不断攀升相比，固定电话拥有量呈现锐减趋势，城镇居民固定电话拥有量从 2002 年的 94 部减少到 2012 年的 86 部，农村居民从 2007 年的 68 部减少到 2012 年的 42 部。导致移动用户有增无减，而固定电话用户出现下降的主要原因是移动电话资费优惠于固定电话。中国移动和中国联通大打资费战，话费一降再降，优惠颇多，且低于固定电话的水平。随着国内固定电话普遍使用光导纤维，电信运营成本已大幅下降，然而多年未调整的月租费依然雷打不动。一般家庭用户每月即使不打电话，也要交纳 10~20 元的月租费，加上 3~5 元的来电显示，每月至少白白支出 13~25 元的费用。据陕西洛南县城调队对部分固定电话用户调查显示，有 43% 的用户有拆掉固定电话的意向，有 60% 的用户希望去掉月租，有 53% 的用户希望实行资费套餐。① 移动电话资费便宜，加之方便快捷，

① 参见王尚锋：《洛南居民通讯消费出现新变化》，《商洛日报》2005 年 11 月 30 日。

自然受到越来越多用户的青睐。

网络用户数量迅速上升。家用电脑作为高新技术产品，对人们的生活、学习、工作、娱乐等模式产生了越来越重要的影响，尤其在网络经济迅速发展的今天，电脑以更具平民化的特色而逐渐普及。2012年末，每百户城镇居民家庭拥有电脑87台，农村居民为21台。截至2012年12月，中国网民规模达5.64亿，互联网普及率为42.1%，上网人群从低龄群体逐步向中高龄群体扩展，从一般高收入者向低收入者覆盖，从无业、下岗、失业人员、农村外出务工人员，到个体户、自由职业者、农林牧渔劳动者、大中小学生等无所不包；在上网群体中，人均每周上网时长达到20.5个小时。人们利用电脑上网聊天、听音乐、玩游戏、购物、看新闻、查资料、收发电子邮件等成为日常生活的一部分，互联网日益成为人们获取信息的重要渠道。

四、覆盖城乡居民的社会保障体系初步形成

（一）公平的价值取向和共享的建制理念更加凸显

追求合理的分享和公平的普惠是现代社会保障制度的本质要求。2002年以来，党和政府对社会保障体系的定位和框架设计、社会保障制度改革的重点和任务的认识越来越清晰，即社会保障已不再仅仅被当作经济体制改革的配套措施，而是作为全面小康社会的关键目标和以改善民生为重点的社会建设的主要内容，社会保障制度建设的理念从效率优先兼顾公平转向更加注重公平和共享。

为贯彻落实党的十六大提出的战略部署，深化经济体制改革，促进经济社会全面发展，2003年10月，党的十六届三中全会通过了《中共中央关于完善社会主义市场经济体制若干问

题的决定》。该决定为未来一段时期社会保障制度改革与发展指明了方向，明确提出了要统筹兼顾、协调好改革进程中的各种利益关系，要保障非公有经济职工和流动人口的合法权益，做好农村居民有关社会保障制度的建设规划等；明确提出统一相关社会保障制度的要求，如基本养老保险制度逐步实行省级统筹，并最终使基本养老金基础部分实现全国统筹的目标；确立了统筹推进社会保障制度建设的思路，如提出推进机关事业单位社会保障制度改革，探索建立农村最低生活保障、新型合作医疗保障、贫困农民医疗救助等；提出要重视社会保障基金的监督与管理，以及中央与地方政府社会保障权责的划分；等等。这些都体现了统筹城乡社会保障制度建设和共享社会保障制度改革成果的基本取向。

2006年10月，党的十六届六中全会通过的《中共中央关于构建社会主义和谐社会若干重大问题的决定》，标志着党中央对全面建设小康社会的重要内容更加清晰、对构建社会主义和谐社会重大战略思想的逐渐成熟。该决定提出了到2020年构建社会主义和谐社会的目标和主要任务，其中就有"覆盖城乡居民的社会保障体系基本建立"。2007年10月，党的十七大报告进一步提出，"必须在经济发展的基础上，更加注重社会建设，着力保障和改善民生，推进社会体制改革，扩大公共服务，完善社会管理，促进社会公平正义，努力使全体人民学有所教、劳有所得、病有所医、老有所养、住有所居，推动建设和谐社会。""加快建立覆盖城乡居民的社会保障体系，保障人民基本生活"，"要以社会保险、社会救助、社会福利为基础，以基本养老、基本医疗、最低生活保障制度为重点，以慈善事业、商业保险为补充"。①

---

① 《高举中国特色社会主义伟大旗帜　为夺取全面建设小康社会新胜利而奋斗》，人民出版社2007年版，第37、39页。

可见，党中央在社会保障制度建设方面，追求公平的价值取向和共享的建制理念更加凸显。

为加快推进覆盖城乡居民的社会保障体系建设，2011 年，《中华人民共和国国民经济和社会发展第十二个五年规划纲要》明确提出要"坚持广覆盖、保基本、多层次、可持续方针"。该纲要强调"可持续"意指探索建立长效机制，即把解决现实突出问题、历史遗留问题和解决长远体制机制问题有机结合起来，这表明困扰社会保障制度改革多年的"碎片化"问题有望彻底解决。该纲要还指出未来五年社会保障发展的重点在农村，可见"十二五"期间社会保障工作的重心和财政投入的重点都将向农村倾斜，以求逐步缩小城乡社保在各方面的差距，新农合、新农保、低保、救助等各项支出都将有较大增长。[①] 2012 年 6 月，国务院印发了《社会保障"十二五"规划纲要》，进一步提出要深入贯彻落实科学发展观，"以增强公平性、适应流动性、保证可持续性为重点，加快建立覆盖城乡居民的社会保障体系，使广大人民群众得到基本保障，共享经济社会发展的成果，促进社会主义和谐社会建设"[②]。

（二）覆盖城乡居民的社会保障制度体系框架基本形成

2002 年以来，中国社会保障制度的改革与发展，可以说是开启了一种从效率优先兼顾公平向更加注重公平和共享转变的社会保障制度安排。这主要表现在：

（1）在深化社会保障制度改革的同时，社会保障覆盖面从城

---

① 参见陈圣莉：《社保改革进入制度定型阶段》，《经济参考报》2011 年 4 月 1 日。

② 《社会保障"十二五"规划纲要》，《中国劳动保障报》2012 年 6 月 29 日。

镇向农村拓展、从正规就业群体向灵活就业人员延伸。

　　首先，从医疗保险制度来看，2003 年 5 月，劳动和社会保障部下发《关于进一步做好扩大城镇职工基本医疗保险覆盖范围工作的通知》，提出加快建设和完善城镇职工基本医疗保险制度。同年，还启动了新型农村合作医疗的试点工作，并提出"到 2010 年，实现在全国建立基本覆盖农村居民的新型农村合作医疗制度的目标"。2004 年，医疗保险制度扩展到城镇灵活就业人员。2007 年，医疗保险又由职业人群拓展到城镇非职业人群。2009 年 4 月，《关于全面开展城镇居民基本医疗保险工作的通知》的发布，标志着中国从制度设计上实现了基本医疗保险对城乡居民的全面覆盖。其次，从养老保险制度来看，从 2005 年开始，扩大做实企业职工基本养老保险个人账户试点，积极推进养老保险覆盖范围由职工向城镇灵活就业人员的拓展，改革养老金计发办法，强化激励约束机制，建立长效机制。2008 年，在山西省、上海市、浙江省、广东省、重庆市先期开展事业单位工作人员养老保险制度改革试点，与事业单位分类改革配套进行。2009 年 9 月，国务院颁发《关于开展新型农村社会养老保险试点的指导意见》，提出按照"保基本、广覆盖、有弹性、可持续"的基本原则，探索建立个人缴费、集体补助、政府补贴相结合的新农保制度。2011 年，国务院又决定开展城镇居民社会养老保险试点，并要求到 2012 年基本实现城镇居民养老保险制度全覆盖①，标志着中国从制度设计上又实现了养老保险对城乡居民的全面覆盖。2009 年 12 月，《城镇企业职工基本养老保险关系转移接续暂行办法》的颁布，标志着社会保险关系首次实现了跨省区的顺畅转续，适应了劳动者的流动性，也增进了制度的可持续性。再次，

---

　　①　参见《国务院关于开展城镇居民社会养老保险试点的指导意见》，《中国劳动保障报》2011 年 6 月 15 日。

从社会救助制度来看，2003 年，国家对建立和实施农村医疗救助制度进行安排，救助对象是农村五保户和农村贫困户家庭成员。此后，又把对农村五保对象的供养纳入到以公共财政保障为主的范围。① 2007 年 7 月，国务院发布《关于在全国建立农村最低生活保障制度的通知》，指出全国要建立兜底性的城乡最低生活保障制度，标志着中国从制度设计上实现了最低生活保障对城乡居民的全面覆盖。最后，从对农民工与失地农民的保障制度来看，2006 年 1 月，国务院发布的《关于解决农民工问题的若干意见》，提出优先解决农民工工伤保险和大病医疗保障问题，逐步解决养老保障问题，探索适合农民工特点的养老保险办法。2008 年 10 月，党的十七届三中全会进一步提出，要解决好被征地农民的就业、住房保障问题，使被征地农民基本生活长期有保障。

最值得一提的是，《中华人民共和国社会保险法》于 2010 年 10 月 28 日颁布，2011 年 7 月 1 日起施行。《社会保险法》是社会保障体系建设最重要的法律之一，它的颁布实施对于促使中国社会保险制度定型化至关重要。

（2）各级财政的"公共性"在社会保障领域得到切实体现，对农村社会保障制度建设投入明显增加。

2002 年以前，除保证行政事业单位的社会保障支出外，财政的社会保障支出主要是服务于国有企业改革，目的是为了解决大批国有企业经营困难甚至关闭破产后无力缴纳社会保险费和因大量人员提前退休造成的社会保险基金缺口，以及为国有企业下岗职工提供基本生活保障。应当说，政府在安排这些社会保障支出时，更多体现了其作为国有企业所有者代表的身份，较少体现公共行政管理者或公民代表的身份。2003 年 1 月，国务院《关于建

---

① 《农村五保供养工作条例》，《人民日报》2006 年 1 月 27 日。

立新型农村合作医疗制度意见的通知》，要求"地方财政每年对参加新型农村合作医疗农民的资助不低于人均10元"，"从2003年起，中央财政每年通过专项转移支付对中西部地区除市区以外的参加新型农村合作医疗的农民按人均10元安排补助资金"。之后，国家开始有计划地安排新型农村合作医疗制度的试点，这是中国政府历史上第一次为解决农民的基本医疗卫生问题进行大规模的投入。2006年，党的十六届六中全会将社会保障视为"完善公共财政制度，逐步实现基本公共服务均等化"[①]的一个重要方面。2007年，党的十七大则进一步把社会保障制度建设推进到以政府基本公共服务均等化为主线的全面覆盖、加快发展的新阶段。各级财政社会保障投入的公共性特征日益明显，比如用于支持新型农村合作医疗、城镇居民基本医疗保险、城乡医疗救助制度建设的资金规模不断扩大。2009—2011年，全国各级财政共安排医疗保障补助资金7326亿元，年均增长30.17%。城镇居民医保和新农合财政补助标准持续快速提高，从2008年的每人每年80元提高到2011年的200元。其中，中央财政共拨付新农合补助资金1475亿元，城镇居民医保补助资金257亿元。支持扩大城乡医疗救助范围和提高救助水平，2009—2011年中央财政共安排补助资金321亿元。[②] 新型农村社会养老保险制度建设从2009年开始启动，中央财政对中西部地区的基础养老金（每人每月55元）给予全额补助，对东部地区给予50%的补助，地方财政对农民缴费实行补贴。

---

① 《中共中央关于构建社会主义和谐社会若干重大问题的决定》，《人民日报》2006年10月19日。

② 参见李继学：《织就13亿人的全民医保网》，《中国财经报》2012年3月9日。

（三）覆盖城乡居民的社会保障制度建设成效显著

（1）社会保障覆盖面迅速扩大。

2002年以来，各项社会保障制度覆盖范围从国有企业扩展到各类企业和用人单位，从单位职工扩展到灵活就业人员和城乡居民，越来越多的人享有基本社会保障。截至2012年底，全国城镇基本养老保险、城镇基本医疗保险、失业保险、工伤保险、生育保险的参保人数分别达到30427万人、53641万人、15225万人、19010万人、15429万人，分别是2002年的2.1倍、5.7倍、1.5倍、4.3倍、4.4倍，呈高速增长态势；全国有2566个县（市、区）开展了新型农村合作医疗，参合人口达8.05亿人，参合率为98.3%，基本实现全覆盖。① 截至2012年底，中国新型农村和城镇居民社会养老保险的参保人数达到4.84亿人，加上企业职工养老保险，总计覆盖人数超过7亿人，已建立了世界上最大的社会养老保险体系。

（2）社会保障水平较大幅度提高。

2005年以来，连续8年全国统一调整企业退休人员基本养老金。2011年全国企业退休人员人均每月基本养老金达到1531元，是2002年的2.56倍。医疗保险报销的"封顶线"提高到职工平均工资的6倍。城镇居民基本医疗保险和新农合财政补贴标准增加到200元，政策范围内住院费用报销比例不断提高，城镇职工已达到75%，城镇居民和农村居民达到60%，超过80%的地区开展了门诊统筹。国家还多次提高了低保标准和失业、工伤保险待遇标准，使广大低收入群众的基本生活得到有效保障。

---

① 参见《2002年度劳动和社会保障事业发展统计公报》；《2012年度人力资源和社会保障事业发展统计公报》；《2012年我国卫生和计划生育事业发展统计公报》。

（3）多层次社会保障体系得到进一步发展。

企业年金和企业补充医疗保险有了更快发展，2012年底全国已有5.47万家企业建立了企业年金，参加职工人数达到1847万人，企业年金基金累计结存4821亿元。① 商业保险的保障职能明显增强，2011年人寿保险的保费收入达到9721亿元，约是2002年的4.3倍，一些商业保险公司开始介入新型农村合作医疗等社会保障业务的经办工作。慈善事业迅速壮大，在社会保障体系中发挥着更大的补充作用，截至2012年底，全国共建立经常性社会捐助工作站、点和慈善超市3.1万个（其中慈善超市9053个）。2012年各地直接接收社会捐赠款物578.8亿元，为2002年的45倍。②

（4）社会保障管理服务体系初步建立，人民群众办理社保越来越方便。

这一时期已经形成了以各级社会保险经办机构为主干、以银行及各类定点服务机构为依托、以社区劳动保障工作平台为基础的社会保障管理服务组织体系和服务网络，并逐步向乡镇、行政村延伸。"金保工程"一期建设任务顺利完成，建立了中央、省、市三级网络，并全部实现省、部联网。③

总之，党的十六大以来中国社会保障制度建设进入了一个思路最明晰、推进速度最快的时期，建设一个无漏洞的、覆盖城乡居民的社会保障体系已经成为自觉的目标。

---

① 参见《2012年度人力资源和社会保障事业发展统计公报》，《中国组织人事报》2012年6月6日。

② 参见中国保险监督管理委员会的"2011年1—12月保险业经营情况表""2002年1—12月保险业经营情况表"。

③ 参见《社会保障"十二五"规划纲要》，《中国劳动保障报》2012年6月29日。

（四）中国社会保障制度的公平性与效率性分析

（1）社会保障制度的公平性。

公平是现代社会保障制度的核心价值诉求，是指平等地对待每一个国民并保障满足其基本生活需求，普遍性地增进国民的福利。社会保障对公平的追求和维护，都是通过共享机制来实现的，共享既是社会保障制度追求的基本目标，也是实现其他多重目标的基本手段。① 2002 年以来，社会保障制度改革的每一步进展无不显示出党和政府在统筹城乡社会事业发展和推进城乡公平、共享公共服务方面所做的努力。这突出表现在：在实现人人享有社会保障目标过程中遵循分步实施的原则，坚持社会保障福利水平与经济发展水平和各方面的承受能力相适应，先解决制度从无到有的问题，再循序解决覆盖面从小到大、待遇水平从低到高的问题，既量力而行，又积极作为。这一时期，中国社会保障制度具有公平性的制度框架已经基本确立，正在从较低公平向较高公平的方向迈进。

不过，仍然存在一些阻碍社会保障制度公平性提高的因素，主要表现在：一是社会保障项目尚未全覆盖和制度的碎片化。这一时期，尽管社会保障制度的覆盖面迅速扩大，但城乡发展不平衡，仍有相当一部分人处在没有保障的境地，尚未实现应保尽保。特别是社会保障制度的碎片化有失公平，比如同为城镇职工，机关事业单位与企业的制度不同；同为养老保险、医疗保险，但城乡不一。二是社会保障支出规模偏小，对农村社会保障投入尚需进一步加大。虽然国家财政对社会保障的支持力度逐年加大，2008 年财政社会保障支出占全国财政支出的比例已经提高

---

① 参见郑功成著：《中国社会保障 30 年》，人民出版社 2008 年版，第 349 页。

到 13.06%，全国社会保障总支出（包括财政投入和各类缴费筹资）占 GDP 的比例已经提高到 5.97%。① 但是，财政性社保支出占国家财政支出的比重亦不到 15%，社保全口径支出也不足 GDP 的 10%，② 这远低于西方国家财政性社保支出 30%~50% 的比例，即使是一些中等收入国家比例也在 20% 以上。对社会保障投入偏低，反映了政府责任的部分缺失。中国不仅存在财政社会保障支出规模偏小的问题，还存在财政资金分配结构失衡的问题，特别是社保支出的城乡结构失衡问题。社保财政支出的大部分用于城市，其中的大部分又用于城镇企业职工的社会保险，这对广大农民来说显然有失公平。三是在社会保险制度设计上，城乡间、不同群体间社会保障的负担不均衡、待遇差距仍然较大。比如，城镇职工医疗保险的封顶线大大高于新型农村合作医疗的封顶线，城市人和农村人得了大病以后需要负担的医疗费用基本是一样的，而两种制度设计的封顶线相差悬殊，这对农民来讲显然不公平。再比如，企业退休人员养老金明显低于机关事业单位退休金，等等。总之，中国社会保障制度离应达到的公平度要求仍有很大差距，某些社会保障政策对社会公平发挥的作用甚至是"逆调节"。其中，未按公正合理的标准划分人群的类别并确定相应的待遇水平和资金投入，是造成不公平问题的直接原因。

（2）社会保障制度的效率性。

这一时期，中国正处于工业化、城市化快速推进的阶段，社会主义市场经济体制正处于不断完善的过程之中。但是，经济社会中存在的结构性矛盾依然十分突出，诸如城乡二元结构尚未消

① 参见胡晓义主编：《走向和谐：中国社会保障发展 60 年》，中国劳动社会保障出版社 2009 年版，第 44 页。

② 《我国社保缴费率并非全球最高》，《人民日报》2012 年 9 月 11 日。

除，城乡差距、地区差距、居民收入差距不断拉大，社会事业发
展滞后等等。同时，中国正日益深入地融入全球化的过程中，这
使国内市场暴露于国际风险面前，劳动者的社会风险加大，加之
中国已步入老龄化社会，在这样一个背景下，社会保障制度只有
满足以下三个条件，才能有效促进经济社会的发展效率：一是社
会保障与经济发展水平相适应；二是社会保障能有效发挥维护社
会稳定、缩小差距的功能；三是社会保障政策有利于促进就业和
劳动力的流动。

从社会保障制度的宏观效率来看，中国社会保障制度在满足
上述三个条件方面还存在着一些问题。一是从社会保障与经济发
展水平的适应性来看，中国社会保障总体水平滞后于经济发展。
社会保障水平超前或滞后都不利于经济发展，水平超前会损害经
济效率，水平滞后会造成一定社会问题。社会保障水平偏低会使
居民未来预期支出增多，消费市场不旺，投资与消费比例失衡的
问题得不到扭转。不过，社会保障水平滞后于经济发展水平的问
题已经受到重视，并在逐步扭转。二是社会保障制度在维护社会
稳定方面发挥了积极作用，但在缩小收入差距方面的作用甚微，
甚至是逆向调节。这主要体现在：大量社会保障资源用于城市，
加剧了城乡结构失衡，拉大了城乡居民生活差距；社会保险统筹
层次低，统筹资金在不同地区之间不能调剂使用，不利于缩小地
区差距；社会保险制度设计过分强调效率，不利于缩小收入差
距。在社会保障制度比较健全的国家和地区，社会保障制度对缩
小收入差距的作用是显著的。比如英国，在1994—1995财政年
度，初始收入分配中20%高收入家庭与20%低收入家庭的平均收
入相差19.8倍，但经过收入和消费税以及社会保障等福利制度
的调节之后，最终收入差距缩小到3.7倍。再比如芬兰，单看收
入差距为15倍，但经过社会保障制度调节以后，享受养老金的

差距仅为 1.7 倍。① 三是社会保障制度对就业的促进效果较小。比如，社会保障制度的碎片化和保障项目设计上的很多福利待遇与户口挂钩，就缺乏促进劳动力流动的考虑。以上分析表明，中国社会保障制度对社会经济运行的效率贡献不大，对社会经济发展的促进作用还需要加强。

从社会保障制度自身的效率来看，社会保障制度的各项功能尚未得到有效发挥。在中国，社会保险效率低下是一个公认的问题，甚至有学者根据此而质疑其存在的合理性。中国社会保险制度效率低，其原因大致有四：一是资源配置失衡。比如，80%的医疗资源集中于大城市，其中的 80%又集中于大医院，医疗资源配置严重不合理。二是统筹层次太低，基金大量结余，使用效率低下。比如，从全国范围来看，养老保险统筹基金是有结余的，但由于不同统筹地区各自为政，资金不能调剂使用，中央财政每年要花大量的财政资金补贴入不敷出的地区。三是项目模式设计不尽合理。以城镇职工养老保险的平均替代率为例，2002 年之前其制度初始设计水平为 58.5%，但实际水平却高于这个比率。之后，退休金社会平均工资替代率呈直线下滑趋势，从 2002 年的 63%下降到 2008 年的 44%，而这个下降趋势却又是在中央政府连年上调待遇水平的情况下发生的。连年人为干预上调待遇水平虽然可以弥补制度参数存在的缺陷，但却不利于制度长期和健康的发展与建设，统账结合制度设计有蜕化之嫌。② 四是城乡社会保障相关制度的整合和衔接还不很到位，制度的碎片化制约着劳动力的顺畅流动。资源配置的不平衡是与传统社会保障制度条块

<hr/>

① 参见景天魁：《社会保障：公平社会的基础》，《中国社会科学院研究生院学报》2006 年第 6 期。

② 郑秉文：《中国社会保障制度 60 年：成就与教训》，《中国人口科学》2009 年第 5 期。

分割的老思路相联系的。统筹层次低是因为每一项社会保障项目都是沿着先在县市一级试点而后推广的路径来推行的。这种低层次的统筹模式，既是中央政府同地方政府博弈的结果，也是中央政府不敢承担太多社会保障责任的表现。制度设计中的上述种种问题，从根本上说都源于社会保障制度设计中对效率的过分突出与公平理念的缺失。此外，中国社会保障制度中存在的多头管理、各自为政、基金监管不到位的问题也增加了制度运行的成本。社会保障的社会化程度较低，社会组织发育不充分，社保基金的筹集、支付、运营都由政府部门经办，还谈不上按经济规律办事，影响了社会保障制度的效率。总之，中国社会保障制度的效率仍然比较低。但应指出，随着社会保障制度的逐渐完善和公平度的提高，其效率不高的状况正在改变，并呈现出逐渐提高的趋势。比如，以居家养老为重点的福利服务社会化改革，由于其充分利用了家庭和社区的资源，因而是一种符合中国老年人心理特点的成本低廉的养老方式。

综上所述，在社会保障制度体系建设中，公平与效率所呈现的是一种正相关关系。在发展中不断纠正自己的路径，在纠偏中趋向公平与效率的高度统一，是中国社会保障制度改革和发展取得的重要经验之一。

主要参考文献

1. 《江泽民论有中国特色社会主义（专题摘编）》，中央文献出版社 2002 年版。

2. 《江泽民文选》第 1—3 卷，人民出版社 2006 年版。

3. 《全面建设小康社会，开创中国特色社会主义事业新局面》，人民出版社 2002 年版。

4. 《胡锦涛文选》第 1—3 卷，人民出版社 2016 年版。

5. 《在"三个代表"重要思想理论研讨会上的讲话》（2003 年 7 月 1 日），人民出版社 2003 年版。

6. 《高举中国特色社会主义伟大旗帜　为夺取全面建设小康社会新胜利而奋斗》，人民出版社 2007 年版。

7. 《十五大报告辅导读本》，人民出版社 1997 年版。

8. 《中共十三届四中全会以来历次全国代表大会中央全会重要文献选编》，中央文献出版社 2002 年版。

9. 《中国共产党第十六次全国代表大会文件汇编》，人民出版社 2002 年版。

10. 《中共中央关于完善社会主义市场经济体制若干问题的决定》，民出版社 2003 年版。

11. 《十六大以来重要文献选编》（上），中央文献出版社 2005 年版。

12. 《十六大以来重要文献选编》（中），中央文献出版社

2006 年版。

13.《中国共产党第十七次全国代表大会文件汇编》，人民出版社 2007 年版。

14.《中国共产党第十六届中央委员会第六次全体会议文件汇编》，人民出版社 2006 年版。

15. 国务院台湾事务办公室：《中国台湾问题外事人员读本》，九州出版社 2006 年版。

16.《中国卫生年鉴（2003）》，人民卫生出版社 2004 年版。

17.《中国卫生年鉴（2004）》，人民卫生出版社 2005 年版。

18. 世界银行：《2020 年的中国》，中国财政经济出版社 1997 年版。

19. 世界环境与发展委员会著，王之佳、柯金良等译：《我们共同的未来》，吉林人民出版社 1997 年版。

20. 世界银行：《1998/99 年世界发展报告》，中国财政经济出版社 1999 年版。

21. 中国科学院可持续发展研究组编：《2000 中国可持续发展战略报告》，科学出版社 2000 年版。

22. 世界银行：《2000/2001 年世界发展报告》，中国财政经济出版社 2001 年版。

23. 胡锦涛：《坚持走中国特色自主创新道路　为建设创新型国家而努力奋斗——在全国科学技术大会上的讲话》（2006 年 1 月 9 日），《求是》2006 年第 2 期。

24. 胡锦涛：《牢固树立社会主义荣辱观》，《求是》2006 年第 9 期。

25. 胡锦涛：《切实做好构建社会主义和谐社会的各项工作，把中国特色社会主义伟大事业推向前进》，《求是》2007 年第 1 期。

26. 胡锦涛：《努力建设持久和平、共同繁荣的和谐世

界——在联合国成立 60 周年首脑会议上的讲话》，《人民日报》
2005 年 9 月 16 日。

27. 胡锦涛：《在纪念〈告台湾同胞书〉发表 30 周年座谈会
上的讲话》，《人民日报》2009 年 1 月 1 日。

28. 《中共中央关于构建社会主义和谐社会若干重大问题的
决定》，《人民日报》2006 年 10 月 19 日。

29. 《中共中央关于推进农村改革发展若干重大问题的决
定》，《人民日报》，2008 年 10 月 20 日。

30. 《中共中央关于加强和改进新形势下党的建设若干重大
问题的决定》，《人民日报》2009 年 9 月 28 日。

31. 《中共中央关于建立健全教育、制度、监督并重的惩治
和预防腐败体系实施纲要》，《人民日报》2005 年 1 月 17 日。

32. 《农村五保供养工作条例》，《人民日报》2006 年 1 月
27 日。

33. 《第十次中欧领导人会晤发表联合声明》，《人民日报》
2007 年 12 月 4 日。

34. 《亚太经合组织第十六次领导人非正式会议举行第二阶
段会议》，《人民日报》2008 年 11 月 25 日。

35. 《社会保障"十二五"规划纲要》，《中国劳动保障报》
2012 年 6 月 29 日。

36. 《中华人民共和国和俄罗斯联邦关于 21 世纪国际秩序的
联合声明》，《国务院公报》2005 年第 21 号。